고등국어
꼬꼬

문학

이 책으로 공부해야 하는 이유

1 국어 공부에 필요한 내용을 빠짐없이 수록!

- 고등학생들의 국어 기초 실력을 높이기 위한 핵심 내용으로 구성하였습니다.
- 수능형 문제를 배치하여 내신 대비는 물론 수능 학습에 활용할 수 있습니다.
- 핵심 개념과 필수 작품을 망라하여 단기간에 학습할 수 있습니다.
- 핵심 내용을 압축적으로 수록하여 선행 학습용으로 적합합니다.

갈래별로 알아야 할 핵심 개념	+	국어 교과서·수능 대비 필수 작품	+	내신형·수능형 실전 문제	+	문제에 활용되는 용어·어휘 학습

↓

국어 기본 실력 향상&
내신 및 수능 대비

2 갈래 이론·개념 학습으로 문학 기초를 튼튼히!

- 고등학생이 반드시 알아야 할 갈래 이론과 핵심 개념을 정리하였습니다.
- '개념 체크' 문제를 통해 배운 개념을 확인하고 적용할 수 있게 하였습니다.
- 그 밖에 시험 빈출 어휘, 필수 고전 어휘, 필수 한자 성어 등 시험 대비와 학습에 필요한 내용을 모두 정리하였습니다.

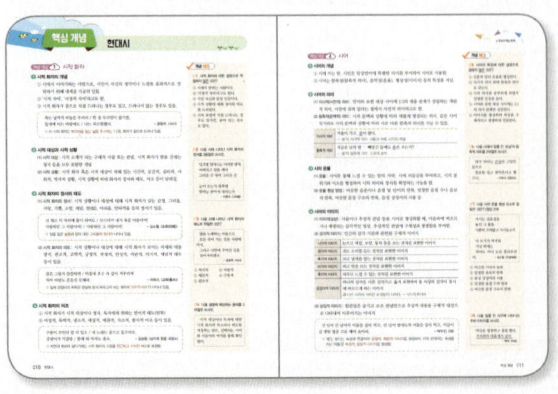

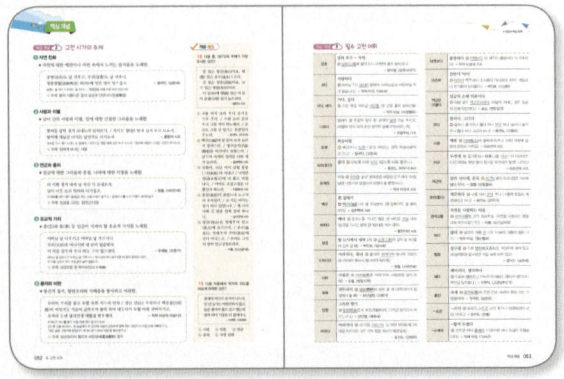

고등국어
고고
문학

교재 개발에 도움을 주신 모든 선생님들께 깊이 감사드립니다.

검토진

강영애 경기 일산	강지수 부산	강혜진 부산	고경은 일산	구민경 대구
기경민 서울	김건용 서울 강북	김경주 순천, 여수	김광철 광주	김명선 인천
김미경 경기 양주	김민석 창원	김상언 창원	김서현 대구	김성태 경기 이천
김솔미 부산	김영대 수원	김옥경 원주	김원석 대전	김유경 광주 북구
김은옥 서울 강남	김정옥 전남 남악	김정욱 용인 수지	김종극 경북 경산	김지수 익산
김지은 인천 논현	김 진 대치	김진호 경북 영양	김진홍 서울 도봉	김 흙 경기 분당
김희진 경기 광명	문소영 김해	민순기 파주	박성혜 서산	박여진 부산
박유건 대구 수성	박윤선 광주	박은영 서울 송파	박주환 인천	박향화 경기 안산
박호현 대구	배현아 서울 강남	백승재 경남 김해	서보람 충남 천안	성요신 경기 의정부
손윤정 강원 원주	송경님 판교, 이천	송화진 김해 장유	신영수 서울 광진	신혜영 부산
안정광 순천, 광양	안혜지 부산 동래	양주영 충남 천안	오성민 서울 반포	오지희 제주
우승완 강북	윤기한 광주, 나주	윤인희 서울	윤현우 경기	윤현호 서울 중랑
이경원 충북 청주	이경직 경기 화성	이기연 강원 원주	이동수 서울 관악	이상명 인천 연수
이석호 산본	이성우 경기 일산	이순형 평택	이승우 경북 포항	이애리 거제
이윤지 의정부	이정선 서울	이지훈 전주	이홍진 서울 성북	임지혜 거제
장수진 청주	장연희 대구	장지연 강원 원주	장철웅 세종, 청주	전용희 서울 목동
전현주 경남	전혜숙 대전	전희재 분당	정사랑 부평, 대치	정세영 베트남 호찌민
정윤선 인천 남동	정지용 대전	정지윤 안양 평촌	정해연 전남 순천	정혜채 서울
조미연 노원	조승연 대전	조용아 서울 목동	조은예 전남 순천	조혜정 분당
조효준 충남 천안	지영은 서울	채송화 서울, 제주	최수연 인천 남동	최원용 경기 수원
하 랑 서울 송파	하영아 창원, 김해	한광희 세종	함영훈 경북 상주	홍만나 서울
홍보영 서울, 구리	홍선희 인천 부평	홍현숙 광명		

3 교과서 주요 작품, 수능 필수 작품 총정리!

● 국어 교과서에서 수록 빈도가 높은 작품을 엄선하여 수록하였습니다.

● 수능이나 모의고사에 자주 출제되는 필수 작품을 수록하였습니다.

● 작품의 핵심 내용을 일목요연하게 정리하여 꼭 알아야 하는 내용이 무엇인지 한눈에 알 수 있도록 하였습니다.

현대시

고전시가

현대 소설

고전 소설

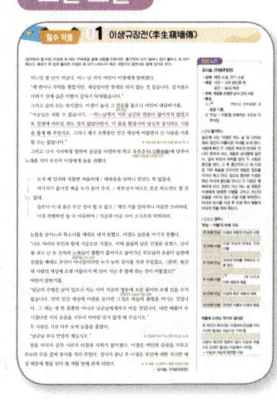

4 내신형&수능형 문제로 문제 해결력 기르기

● 작품의 핵심 내용을 반영한 내신형 문제를 수록하였습니다.

● 수능·수능 모의평가·전국연합 학력평가 기출문제를 배치하여 수능에 대한 감을 잡을 수 있도록 하였습니다.

● '문제 속 어휘&개념' 코너를 마련하여 빈출 어휘와 개념을 확실하게 익히도록 하였습니다.

현대시

고전시가

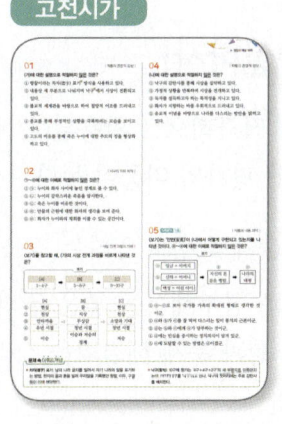

현대 소설

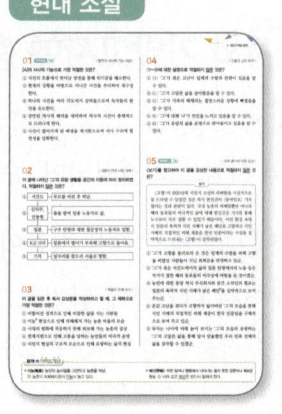

고전 소설

나만의 학습 계획 세우기

1 고등학생에게 맞는 학습 습관을 들이자!

중학생 때와 달리 고등학생 때는 모든 공부가 대학 입시와 직결되어 있다. 따라서 장기적인 학습 계획을 세우고 그에 맞는 학습 습관을 형성할 필요가 있다.

- 다른 모든 과목이 마찬가지지만, 특히 국어 실력은 하루아침에 늘지 않는다. 자신의 학습 능력과 수준을 파악하고 그에 맞게 학습 계획을 수립한다.
- 선배들이 입시를 어떻게 준비하는지 벤치마킹하여 자신의 입시 준비에 적용한다.
- 자신이 세운 학습 계획에 따라 매일매일 일정한 분량을 꾸준하게 공부한다.

2 1학년 때 배우는 '공통국어' 교과서가 기본이다!

주로 1학년 때는 공통 과목을, 2~3학년 때는 선택 과목을 배운다. 국어 교과의 경우, 1학년 때는 공통 과목으로 '공통국어'를, 2~3학년 때는 선택 과목으로 '문학', '독서와 작문', '화법과 언어' 등을 배우게 된다. 수능 역시 이러한 내용을 바탕으로 출제된다.

- 앞으로 어떤 과목을 배우든 그 바탕에는 '공통국어' 과목이 있으므로 1학년 때 기본기를 다져야 한다.
- 상대적으로 시간적인 여유가 있는 1~2학년 때 어휘력과 독해력 등 국어의 기초 실력을 기르는 것이 좋다.

3 중간고사와 기말고사에 충실하자!

대학 입시에 고등학교 내신 성적이 적극적으로 활용된다. 중학교 때와 마찬가지로 한 학기 내신은 두 번의 시험으로 결정되며, 수행 평가의 비중이 높다.

- 교과서에 수록되지 않은 작품이 출제될 수도 있다는 점을 기억하자.
- 고등 국어는 단기간에 암기식으로 공부해서는 좋은 결과를 얻을 수 없다. 사고력과 어휘력을 바탕으로 작품을 분석할 수 있는 힘과 문제 해결력을 길러야 한다.

진로를 구체적으로 고민하자!

대학 입시에서 가장 비중이 높은 '학생부 종합 전형'은 고등학교 1학년 때부터의 교과 성적이나 학교 활동 등을 반영한다.

- ▣ 교과 성적은 1학년 1학기부터 관리하자.
- ▣ 자신의 진로에 대해 고민해 보고, 그에 맞게 학교 활동을 계획하는 것이 좋다.

수능 모의고사를 잘 챙기자!

수능 대비를 위해 1학년 때부터 모의고사를 치르게 되므로 이에 대비해야 한다. 특히 내신 시험에서 모의고사 기출문제를 활용해 출제하기도 한다는 점에 주목할 필요가 있다.

〈전국연합 학력평가 및 수능 시험 일정〉

	3월	4월	5월	6월	7월	8월	9월	10월	11월	12월
1학년	○			○			○		○	
2학년	○			○			○		○	
3학년	○	○		모의평가	○		모의평가	○	수능	

* 지역에 따라 차이가 있을 수 있으며, 상황에 따라 일정이 변경되기도 한다.

과목의 특성에 맞게 공부하자!

문학	교과서에 실린 작품을 필수적으로 공부한 다음 교과서 밖의 작품으로 확장한다. 작품을 분석할 수 있는 안목을 길러야 한다.
독서(비문학)	다양한 글을 읽고 그 안에 담긴 정보를 제대로 파악하는 훈련을 한다. 모르는 어휘가 있으면 사전을 찾아보고 그 뜻을 예문과 함께 익혀 둔다.
언어(문법)	문법의 핵심 개념을 정확하게 이해하고, 그 개념이 문제에 어떻게 적용되는지 익혀 둔다. 문법 개념을 용례와 함께 이해하는 습관이 필요하다.
화법과 작문	화법과 작문의 기본 원리를 이해하고, 다양한 화법과 작문의 상황을 고려하여 정보를 정리하는 연습을 한다.

이 책의 차례

 **Ⅰ** **현대시**

 **Ⅱ** **고전 시가**

Ⅲ 현대 소설

Ⅳ 고전 소설

* 문학 작품에 대한 해석은 독자마다 다를 수 있습니다. 학교 선생님께서 작품을 어떻게 해석하고 있는지 확인해 주세요.

I

현대시

현대시

핵심 개념 1 시적 화자

❶ 시적 화자의 개념

① 시에서 이야기하는 사람으로, 시인이 자신의 생각이나 느낌을 효과적으로 전달하기 위해 만들어 낸 인물

② '시적 자아', '서정적 자아'라고도 함.

③ 시적 화자가 겉으로 직접 드러나는 경우도 있고, 드러나지 않는 경우도 있음.

> 죽는 날까지 하늘을 우러러 / 한 점 부끄럼이 없기를,
> 잎새에 이는 바람에도 / 나는 괴로워했다.   – 윤동주, 〈서시〉
>
> ⇨ 이 시의 화자는 부끄러움 없는 삶을 추구하는 '나'로, 화자가 겉으로 드러나 있음.

❷ 시적 대상과 시적 상황

(1) 시적 대상: 시의 소재가 되는 구체적 사물 또는 관념, 시적 화자가 말을 건네는 청자 등을 모두 포함한 개념

(2) 시적 상황: 시적 화자 혹은 시적 대상이 처해 있는 시간적, 공간적, 심리적, 사회적, 역사적 상황. 시적 상황에 따라 화자의 정서와 태도, 어조 등이 달라짐.

❸ 시적 화자의 정서와 태도

(1) 시적 화자의 정서: 시적 상황이나 대상에 대해 시적 화자가 갖는 감정. 그리움, 사랑, 기쁨, 소망, 체념, 한(恨), 아쉬움, 안타까움 등의 정서가 있음.

> 선 채로 이 자리에 돌이 되어도 / 부르다가 내가 죽을 이름이여!
> 사랑하던 그 사람이여! / 사랑하던 그 사람이여!   – 김소월, 〈초혼(招魂)〉
>
> ⇨ 임을 잃은 슬픔과 임에 대한 그리움의 정서가 나타나 있음.

(2) 시적 화자의 태도: 시적 상황이나 대상에 대해 시적 화자가 보이는 자세와 대응 방식. 관조적, 고백적, 긍정적, 부정적, 반성적, 비판적, 의지적, 체념적 태도 등이 있음.

> 검은 그림자 쓸쓸하면 / 마침내 호수 속 깊이 거꾸러져
> 차마 바람도 흔들진 못해라.   – 이육사, 〈교목(喬木)〉
>
> ⇨ 일제 강점하의 혹독한 현실에 맞서 싸우고자 하는 화자의 의지적 태도가 나타나 있음.

❹ 시적 화자의 어조

① 시적 화자가 시적 대상이나 청자, 독자에게 취하는 언어적 태도(말투)

② 여성적, 독백적, 냉소적, 애상적, 예찬적, 자조적, 풍자적 어조 등이 있음.

> 구름이 꼬인다 갈 리 있소 / 새 노래는 공으로 들으랴오.
> 강냉이가 익걸랑 / 함께 와 자셔도 좋소.   – 김상용, 〈남으로 창을 내겠소〉
>
> ⇨ 자연과 벗하며 살아가려는 시적 화자의 소망을 친근하고 소박한 어조로 표현함.

✔ 개념 체크

01 시적 화자에 대한 설명으로 적절하지 않은 것은?

① 시에서 말하는 사람이다.
② 시인과 동일한 인물이다.
③ '서정적 자아'라고도 한다.
④ 시적 상황에 대해 정서와 태도를 드러낸다.
⑤ 시의 표면에 직접 드러나는 경우도 있지만, 숨어 있는 경우도 있다.

02 다음 시에 나타난 시적 화자의 정서를 3음절로 쓰시오.

> 잉크병 얼어드는 이러한 밤에
> 어쩌고 잠을 깨어
> 그리운 곳 차마 그리운 곳
>
> 눈이 오는가 북쪽엔
> 함박눈 쏟아져 내리는가
>   – 이용악, 〈그리움〉

03 다음 시에 나타난 시적 화자의 태도로 적절한 것은?

> 별을 노래하는 마음으로
> 모든 죽어 가는 것을 사랑해야지.
> 그리고 나한테 주어진 길을
> 걸어가야겠다.
>   – 윤동주, 〈서시〉

① 의지적   ② 비판적
③ 체념적   ④ 수동적
⑤ 관조적

04 다음 설명에 해당하는 용어를 3어절로 쓰시오.

> 시적 대상이나 독자에 대한 시적 화자의 목소리나 태도를 지칭하는 말로, 선택되는 시어와 서술어의 어미를 통해 확인된다.

핵심 개념 2 시어

❶ 시어의 개념

① 시에 쓰는 말. 시인은 일상언어에 특별한 의미를 부여하여 시어로 사용함.

② 시어는 함축성(함축적 의미), 음악성(운율), 형상성(이미지) 등의 특성을 지님.

❷ 시어의 의미

(1) **지시적(사전적) 의미**: 언어와 표현 대상 사이에 1:1의 대응 관계가 성립하는 객관적 의미. 사전에 실려 있다는 점에서 사전적 의미라고도 함.

(2) **함축적(문맥적) 의미**: 시의 문맥과 상황에 따라 새롭게 생성되는 의미. 같은 시어일지라도 시의 문맥과 상황에 따라 서로 다른 함축적 의미를 지닐 수 있음.

지시적 의미	겨울이 가고, 봄이 왔다. → '봄'의 지시적 의미: 겨울과 여름 사이의 계절
함축적 의미	지금은 남의 땅 — 빼앗긴 들에도 봄은 오는가? → '봄'의 함축적 의미: 조국의 광복

❸ 시의 운율

(1) **운율**: 시어를 통해 느낄 수 있는 말의 가락. 시에 리듬감을 부여하고, 시의 분위기와 어조를 형성하여 시의 의미와 정서를 확장하는 기능을 함.

(2) **운율 형성 방법**: 비슷한 음운이나 음절 및 단어의 반복, 일정한 음절 수나 음보의 반복, 비슷한 문장 구조의 반복, 음성 상징어의 사용 등

❹ 시어의 이미지

(1) **이미지(심상)**: 사물이나 추상적 관념 등을 시어로 형상화할 때, 마음속에 떠오르거나 재생되는 감각적인 영상. 추상적인 관념에 구체성과 생생함을 부여함.

(2) **감각적 이미지**: 인간의 감각 기관과 관련된 구체적 이미지

시각적 이미지	눈으로 색깔, 모양, 동작 등을 보는 것처럼 표현한 이미지
청각적 이미지	귀로 소리를 듣는 것처럼 표현한 이미지
후각적 이미지	코로 냄새를 맡는 것처럼 표현한 이미지
미각적 이미지	혀로 맛을 보는 것처럼 표현한 이미지
촉각적 이미지	피부로 느낄 수 있는 것처럼 표현한 이미지
공감각적 이미지	하나의 감각을 다른 감각으로 옮겨 표현하여 둘 이상의 감각이 동시에 떠오르게 하는 이미지 예 나비 허리에 새파란 초생달이 시리다. → 시각의 촉각화

(3) **상징적 이미지**: 원관념은 숨기고 보조 관념만으로 추상적 내용을 구체적 대상으로 나타내어 이루어지는 이미지

> 산 넘어 산 넘어서 어둠을 살라 먹고, 산 넘어서 밤새도록 어둠을 살라 먹고, 이글이글 앳된 얼굴 고운 해야 솟아라. — 박두진, 〈해〉
>
> ⇨ '해'는 밝다는 속성과 연결되어 긍정적, 희망적 이미지를 형성하며, 이와 반대되는 속성을 지닌 '어둠'은 부정적, 절망적 이미지를 형성함.

✓ **개념 체크**

05 시어의 특징에 대한 설명으로 알맞지 <u>않은</u> 것은?

① 산문과 달리 운율을 형성한다.

② 지시적 의미 외에 함축적 의미도 갖는다.

③ 시의 의미를 풍부하게 하면서 선명한 인상을 준다.

④ 시어와 표현 대상 사이에는 1:1의 의미 관계만 성립한다.

⑤ 이미지를 형성하여 대상을 구체적이고 생생하게 전달한다.

06 다음 시에서 밑줄 친 '손님'의 함축적 의미를 2어절로 쓰시오.

> 내가 바라는 <u>손님</u>은 고달픈 몸으로
> 　청포를 입고 찾아온다고 했으니, — 이육사, 〈청포도〉

07 다음 시의 운율 형성 요소로 알맞은 것은? (정답 2개)

> 가시는 걸음걸음
> 놓인 그 꽃을
> 사뿐히 즈려밟고 가시옵소서.
>
> 나 보기가 역겨워
> 가실 때에는
> 죽어도 아니 눈물 흘리우리다. — 김소월, 〈진달래꽃〉

① 비슷한 시어의 반복

② 일정한 음보의 반복

③ 음성 상징어의 사용

④ 일정한 음절 수의 반복

⑤ 비슷한 문장 구조의 반복

08 다음 밑줄 친 시구에 나타나는 주된 이미지를 쓰시오.

> 여승은 합장하고 절을 했다.
> <u>가지취의 내음새가 났다.</u> — 백석, 〈여승〉

핵심 개념 ③ 시상 전개

① 시상 전개의 개념

(1) 시상: 시를 짓기 위한 실마리가 되는 생각. 시인이 표현하려는 생각이나 감정

(2) 시상 전개: 시인이 시를 통해 자신의 생각이나 느낌을 효과적으로 전달하기 위해 선택하는 시의 조직 방법

② 시상 전개 방식

(1) 시간의 흐름: '아침 → 점심 → 저녁', '과거 → 현재 → 미래' 등의 순서로 시상을 전개(순행적 방식)함. 시간 순서가 뒤바뀌어 전개되는 경우(역순행적 방식)도 있음.

> 까마득한 날에 / 하늘이 처음 열리고 〈중략〉
> 지금 눈 내리고 / 매화 향기 홀로 아득하니 〈중략〉
> 다시 천고(千古)의 뒤에 / 백마 타고 오는 초인이 있어 – 이육사, 〈광야〉
> ⇨ '과거 → 현재 → 미래'의 시간의 흐름에 따라 시상이 전개됨.

(2) 공간의 이동: 공간이나 장면의 이동에 따라 시상을 전개함.

> 구경꾼이 돌아가고 난 텅 빈 운동장 / 우리는 분이 얼룩진 얼굴로
> 학교 앞 소줏집에 몰려 술을 마신다 – 신경림, 〈농무〉
> ⇨ '운동장 → 소줏집'의 공간의 이동에 따라 시상이 전개됨.

(3) 시선의 이동: '원경 → 근경', '아래 → 위' 등 대상을 바라보는 시선의 움직임에 따라 시상을 전개함.

> 머언 산 청운사 / 낡은 기와집 // 산은 자하산 / 봄눈 녹으면 //
> 느릅나무 / 속잎 피어 가는 열두 굽이를 //
> 청노루 / 맑은 눈에 // 도는 / 구름 – 박목월, 〈청노루〉
> ⇨ '원경 → 근경'의 시선의 이동에 따라 시상이 전개됨.

(4) 수미상관: 시의 처음과 마지막에 같거나 유사한 시구를 배치함.

> 나는 나룻배 / 당신은 행인 // 당신은 흙발로 나를 짓밟습니다.
> 나는 당신을 안고 물을 건너갑니다. 〈중략〉
> 나는 나룻배 / 당신은 행인 – 한용운, 〈나룻배와 행인〉
> ⇨ 1연의 내용을 마지막 연에 다시 배치함.

(5) 선경후정: 앞부분에서는 풍경을 보여 주고 뒷부분에서는 화자의 정서를 드러냄.

> 낙엽은 폴란드 망명 정부의 지폐 / 포화(砲火)에 이지러진
> 도룬 시의 가을 하늘을 생각케 한다. 〈중략〉
> 호올로 황량한 생각 버릴 곳 없어 / 허공에 띄우는 돌팔매 하나.
> 기울어진 풍경의 장막 저쪽에 / 고독한 반원을 긋고 잠기어 간다. – 김광균, 〈추일서정〉
> ⇨ 쓸쓸한 가을날의 풍경을 먼저 보여 주고, 뒷부분에서 고독한 화자의 정서를 드러냄.

✔ 개념체크

09 다음 설명에 해당하는 시상 전개 방식을 쓰시오.

> 시의 처음과 끝에 형태적, 의미적으로 유사한 시구를 배열하여 형태적으로 안정감을 주는 방식

10 다음 설명에 해당하는 시상 전개 방식을 쓰시오.

> 시의 앞부분에서는 경치를 묘사하고 뒷부분에서는 화자의 정서를 표현하는 방식

11 다음 시에 나타난 시상 전개 방식을 쓰시오.

> 죽는 날까지 하늘을 우러러
> 한 점 부끄럼이 없기를,
> 잎새에 이는 바람에도
> 나는 괴로워했다.
> 별을 노래하는 마음으로
> 모든 죽어 가는 것을 사랑해야지.
> 그리고 나한테 주어진 길을 걸어가야겠다.
>
> 오늘 밤에도 별이 바람에 스치운다. – 윤동주, 〈서시〉

12 다음 시에 나타난 시상 전개 방식을 쓰시오.

> 파르란 구슬빛 바탕에
> 자주빛 호장을 받친 호장저고리
> 호장저고리 하얀 동정이 환하니 밝도소이다.
> 살살이 퍼져 내린 곧은 선이
> 스스로 돌아 곡선을 이루는 곳
> 열두 폭 기인 치마가 사르르 물결을 친다.
> 치마 끝에 곱게 감춘 운혜, 당혜 – 조지훈, 〈고풍의상〉

핵심 개념 4 표현

❶ 비유

■ 본래 표현하려고 하는 대상(원관념)을 다른 대상(보조 관념)에 빗대어 표현하는 방법

직유	보조 관념에 연결어(~같이, ~처럼, ~인 양 등)를 붙여 표현하는 방법 예 돌담에 속삭이는 햇발같이 / 풀 아래 웃음 짓는 샘물같이
은유	원관념을 보조 관념에 연결어 없이 빗대어 표현하는 방법 예 마음은 제 고향 지니지 않고 / 머언 항구로 떠도는 구름.
의인	사람이 아닌 대상에 감정과 인격을 부여하여 사람처럼 표현하는 방법 예 넓은 벌 동쪽 끝으로 / 옛이야기 지줄대는 실개천이 휘돌아 나가고.

❷ 상징

■ 추상적인 사물이나 관념을 구체적인 대상으로 대신하여 표현하는 방법. 원관념은 드러내지 않은 채 보조 관념만을 나타냄.

개인적 상징	시인에 의해 독창적인 의미로 사용되는 상징 예 흰 나비는 도무지 바다가 무섭지 않다. → '바다'가 '냉혹한 현실'을 상징
관습적 상징	오랜 세월을 두고 되풀이하여 사용되어 그 내용이 관습적으로 보편화된 상징 예 비둘기 → '평화'를 상징
원형적 상징	인류나 민족의 무의식 속에 내재되어 면면이 이어져 내려오는 보편적인 상징 예 물 → '생명력, 탄생, 정화' 등을 상징

❸ 변화

■ 문장이 단조롭고 평범하게 진행되지 않도록 변화를 주어 표현하는 방법

반어	실제로 말하고자 하는 의도와 반대로 진술하는 표현 방법 예 먼 훗날 당신이 찾으시면 / 그때에 내 말이 "잊었노라."
역설	논리적으로 이치에 맞지 않는 말이지만 그 속에 진리를 담아 표현하는 방법 예 나는 아직 기다리고 있을 테요, 찬란한 슬픔의 봄을.
설의	당연한 사실이나 결론이 분명한 내용을 의문문 형식으로 표현하는 방법 예 흔들리지 않고 피는 꽃이 어디 있으랴.
대구	같거나 비슷한 문장 구조를 나란히 배열하는 방법 예 꽃 피는 사월이면 진달래 향기 / 밀 익는 오월이면 보리 내음새.

❹ 강조

■ 선명한 인상을 주기 위해 강하고 두드러지게 표현하는 방법

반복	같거나 비슷한 단어, 어구, 문장 등을 되풀이하는 방법 예 접동 / 접동 / 아우래비 접동
영탄	감탄하는 말을 사용하여 놀라움, 슬픔, 감동 등의 감정을 나타내는 방법 예 님은 갔습니다. 아아, 사랑하는 나의 님은 갔습니다.
과장	대상을 실제보다 지나치게 크거나 작게 표현하는 방법
점층	문장의 뜻을 점점 강하게, 크게, 정도가 높아지게 표현하는 방법

⑤ 그 밖의 발상과 표현

감정 이입	화자의 감정을 대상에 이입하여 마치 그 대상도 화자와 동일한 감정을 가진 것처럼 표현하는 방법. 화자의 정서를 표현하기 위해 사용된 대상물을 객관적 상관물이라고 함. 예 산꿩도 섧게 울은 슬픈 날이 있었다.
주관적 변용	사물이 원래 가지고 있는 모습, 속성 등을 시인의 관점에 따라 주관적으로 변화시켜 표현하는 방법 예 문 한 번 열지 않고 / 반추 동물처럼 죽음만 꺼내 씹었다.
시적 허용	어법에 어긋나지만 시적 효과를 위해 허용하는 표현 예 갈 봄 여름 없이 / 꽃이 피네. → 운율을 살리고 의미를 강조하기 위해 '가을'을 '갈'이라고 표현함.

핵심 개념 5 작품 감상의 관점

❶ 내재적 접근 방법

① 작품을 시인, 시대, 독자와 분리된 독자적인 개체로 보고 작품 자체에만 초점을 맞추어 감상하는 방법

② 절대론적 관점이라고도 함.

> 나 보기가 역겨워 / 가실 때에는 / 말없이 고이 보내 드리우리다. //
> 영변에 약산 / 진달래꽃 / 아름 따다 가실 길에 뿌리우리다.
> – 김소월, 〈진달래꽃〉
>
> ⇨ 이 시는 민요적 율격과 여성적 어조로 이별의 정한을 노래하고 있다고 감상함.

❷ 외재적 접근 방법

① 작품에 영향을 끼칠 수 있는 외적인 요소를 근거로 하여 작품을 이해하는 방법

② 작가, 현실, 독자 중 무엇에 중점을 두는지에 따라 세 가지로 나눌 수 있음.

표현론적 관점	작품은 작가의 사상 및 감정과 같은 내면세계를 표현한 것이라는 관점. 작가의 개인적인 체험 및 창작 의도나 동기에 주목하거나 작가의 또 다른 작품과 관련지어 감상함.
반영론적 관점	작품이 현실 세계를 모방하거나 반영한다고 보는 관점. 작품 속 인물이 처한 생활상에 관심을 두거나 시대상, 역사적 상황, 사회상 등 현실 세계의 모습이 어떻게 작품에 반영되었는가를 파악함.
효용론적 관점	작품이 독자의 인생관과 세계관에 변화를 준다는 입장에서 작품을 감상하는 관점. 작품이 독자에게 교훈, 감동, 미적 쾌감 등 어떤 효과를 주었는가에 주목함.

> 그리운 그의 얼굴 다시 찾을 수 없어도 / 화사한 그의 꽃
> 산에 언덕에 피어날지어이
> – 신동엽, 〈산에 언덕에〉
>
> ⇨ 이 시를 반영론적 관점에서 감상하면, 시가 쓰인 시대적 상황을 고려하여 '그'는 4·19 혁명으로 인해 목숨을 잃은 이들을 의미한다고 볼 수 있음.

✓ 개념체크

17 다음 시에서 시적 화자의 감정이 이입된 대상을 쓰시오.

> 산에 / 산에 / 피는 꽃은
> 저만치 혼자서 피어 있네.
>
> 산에서 우는 작은 새여,
> 꽃이 좋아
> 산에서 / 사노라네.
> – 김소월, 〈산유화〉

18 다음 설명에 해당하는 시 감상의 관점을 쓰시오.

> 작품을 독자에게 미적 쾌감이나 교훈, 감동을 제공하는 매개물로 보기 때문에 작품이 독자에게 어떠한 영향을 미쳤는가를 중요시한다.

19 다음과 같이 작품을 감상했을 때 사용된 시 감상의 관점을 쓰시오.

> 이 작품은 임금이 낮고 빈부 격차가 극심하던 1980년대 우리 사회의 모습을 사실적으로 담아 내고 있다.

20 다음 시를 내재적 접근 방법에 따라 감상한 태도로 보기 어려운 것은?

> 하늘은 날더러 구름이 되라 하고
> 땅은 날더러 바람이 되라 하네.
> 청룡 흑룡 흩어져 비 개인 나루
> 잡초나 일깨우는 잔바람이 되라네.
> – 신경림, 〈목계 장터〉

① 토속적 어휘를 사용함.
② 1인칭의 독백 형식을 취함.
③ 4음보를 주된 율격으로 함.
④ 민중의 비극적 삶을 반영함.
⑤ 자연물을 활용해 정서를 표현함.

▶ 정답과 해설 06쪽

핵심 개념 ⑥ 그 밖의 시험 빈출 어휘&개념

※ (가)와 (나)의 표현상 공통점으로 가장 적절한 것은?
① 음성 상징어▪를 활용하여 생동감을 드러내고 있다.
② 색채어▪를 사용하여 대상의 이미지를 구체화하고 있다.
③ 의문형 어미를 활용하여 시적 긴장감▪을 유발하고 있다.
④ 행간 걸침▪을 사용하여 화자의 의도를 효과적으로 드러내고 있다.
⑤ 과거와 현재를 대비▪하여 화자의 의지를 선명하게 표출하고 있다.

▪ **음성 상징어**: 의성어나 의태어를 사용하여 표현하는 방법
예 어디선가 북소리는 왜 둥둥둥둥 울려 나겠니.

▪ **색채어**: 색깔을 나타내는 시어. 색채어를 사용하면 강렬한 시각적 심상이 나타남.
예 하늘 밑 푸른 바다가 가슴을 열고 / 흰 돛단배가 곱게 밀려서 오면

▪ **시적 긴장감**: 독자로 하여금 시를 끝까지 주의 깊게 감상하게 하는 힘. 시어의 함축적 사용, 생략이나 변화, 대립적 구도, 시적 분위기 조성 등으로 시적 긴장감이 형성됨.

▪ **행간 걸침**: 의미상 한 행으로 배열되어야 할 시어나 시구를 다음 행에 걸쳐 놓는 것
예 그립다 / 말을 할까 / 하니 그리워

▪ **대비**: 둘 이상의 대상이 지닌 상반되는 점을 견주어 표현하는 방법. 말하고자 하는 바를 강조하는 효과를 얻을 수 있음. 색채 대비, 과거와 현재의 대비 등

※ (가)와 (나)에 대한 설명으로 가장 적절한 것은?
① (가)는 (나)와 달리 방언을 사용하여 향토적 정감▪을 환기하고 있다.
② (가)는 (나)와 달리 청자를 명시적▪으로 설정하여 어조를 형성하고 있다.
③ (나)는 (가)와 달리 명사형으로 시행을 종결하여 시상을 집약▪하고 있다.
④ (나)는 (가)와 달리 연쇄적 표현으로 역동적인 분위기▪를 부각하고 있다.
⑤ (가)와 (나)는 모두 상승과 하강의 이미지▪를 통해 시적 의미를 강화하고 있다.

▪ **향토적 정감**: 고향의 정취가 묻어나는 느낌
예 얼룩백이 황소가 / 해설피 금빛 게으른 울음을 우는 곳

▪ **명시적**: 내용이나 뜻을 분명하게 드러내 보이는 것
예 그 신문은 사건의 진상을 명시적으로 다루지 않아 지탄을 받았다.

▪ **시상의 집약**: 시상을 한곳에 집중하여 강렬한 인상을 남기는 방법. 명사나 명사형으로 끝났을 때 시상이 집약되는 경우가 많음.
예 구름에 달 가듯이 / 가는 나그네.

▪ **역동적 분위기**: 힘차고 활발한 움직임이 느껴지는 분위기
예 모든 산맥들이 / 바다를 연모해 휘달릴 때도

▪ **상승과 하강의 이미지**: 낮은 데서 높은 데로 올라가는 느낌을 주거나(상승), 위에서 아래로 내려오는 느낌을 주는(하강) 이미지

✓ **개념 체크**

21 다음 시에 나타난 표현상의 특징으로 적절하지 <u>않은</u> 것은? (정답 2개)

> 복사꽃이 피었다고 일러라. 살구꽃도 피었다고 일러라. 너이 오오래 정들이고 살다 간 집, 함부로 함부로 짓밟힌 울타리에, 앵도꽃도 오얏꽃도 피었다고 일러라. 〈중략〉
> 기름진 냉이꽃 향기로운 언덕, 여기 푸른 잔디밭에 누워서, 철이야, 너는 넠널널 가락 맞춰 풀피리나 불고, 나는, 나는, 두둥싯 두둥실 붕새춤 추며, 막쇠와, 돌이와, 복술이랑 함께, 우리, 우리, 옛날을 옛날을, 뒹굴어 보자.
> – 박두진, 〈어서 너는 오너라〉

① 향토적 정감이 느껴진다.
② 음성 상징어를 활용하였다.
③ 하강의 이미지가 나타난다.
④ 유사한 문장 구조가 반복된다.
⑤ 명사형으로 시행을 종결하였다.

22 다음 시에 나타난 표현상의 특징으로 적절한 것은? (정답 2개)

> 괴로웠던 사나이,
> 행복한 예수 그리스도에게
> 처럼
> 십자가가 허락된다면
>
> 모가지를 드리우고
> 꽃처럼 피어나는 피를
> 어두워 가는 하늘 밑에
> 조용히 흘리겠습니다.
> – 윤동주, 〈십자가〉

① 색채어를 활용하였다.
② 행간 걸침이 나타난다.
③ 연쇄적 표현을 사용하였다.
④ 역설적 표현을 사용하였다.
⑤ 역동적인 분위기를 형성한다.

가 나 보기가 역겨워
몹시 싫어서
가실 때에는

말없이 고이 보내 드리우리다 ▶ 1연: 이별의 상황에 대한 체념

영변에 약산
진달래로 유명한 곳 – 구체적 지명을 통해 향토적 분위기 조성
㉠진달래꽃

아름 따다 가실 길에 뿌리우리다 ▶ 2연: 떠나는 임에 대한 축복
임을 향한 사랑의 크기를 시각화한 표현

가시는 걸음걸음

놓인 그 꽃을

사뿐히 즈려밟고˙ 가시옵소서 ▶ 3연: 임에 대한 희생적 사랑
자기희생을 통해 이별의 한을 숭고한 사랑으로 승화함.

나 보기가 역겨워

가실 때에는

죽어도 아니 눈물 흘리우리다 ▶ 4연: 인고를 통한 이별의 슬픔 극복

– 김소월, 〈진달래꽃〉

●**즈려밟고**: 위에서 내리눌러 밟고. '지르밟고'의 방언

나 그립다
화자의 정서를 직접적으로 제시함.
말을 할까

하니 그리워 ▶ 1연: 이별의 상황에서 느끼는 그리움

그냥 갈까
내면적 갈등과 망설임
그래도

다시 더 한 번…… ▶ 2연: 이별하는 순간의 망설임과 미련

저 산에도 ㉡까마귀, 들에 까마귀,

서산에는 해 진다고
갈 길이 바쁘다고, 시간이 없다고
지저귑니다. ▶ 3연: 이별을 재촉하는 까마귀

앞 ㉢강물, 뒤 강물,

흐르는 물은

어서 따라오라고 따라가자고
시간의 촉박함 – 이별의 재촉
흘러도 연달아 흐릅디다려˙. ▶ 4연: 이별을 재촉하는 강물

– 김소월, 〈가는 길〉

●**흐릅디다려**: '흐릅디다그려'의 준말. 평북 방언

만점 노트

가 김소월, 〈진달래꽃〉
• 갈래 자유시, 서정시
• 주제 이별의 정한(情恨)과 그 승화
• 특징
① 이별의 상황을 가정하여 시상을 전개함.
② (❶　　　　) 표현으로 화자의 정서를 드러냄.
③ 7·5조와 3음보의 민요조 율격, 각운, (❷　　　　) 구성을 통해 운율감을 형성함.

〉일등급 정리〈
1. 화자의 태도에 따른 시상 전개

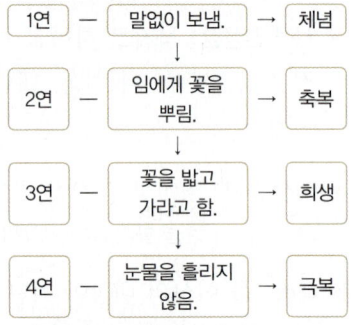

1연	말없이 보냄.	→ 체념
2연	임에게 꽃을 뿌림.	→ 축복
3연	꽃을 밟고 가라고 함.	→ 희생
4연	눈물을 흘리지 않음.	→ 극복

2. '진달래꽃'의 상징적 의미
① 화자의 분신
② 자기희생적 자세
③ 임에 대한 화자의 사랑과 정성

나 김소월, 〈가는 길〉
• 갈래 자유시, 서정시
• 주제 이별의 아쉬움과 미련
• 특징
① 3음보의 민요조 율격이 나타남.
② 시행의 길이와 (❸　　　)의 변화를 통해 화자의 정서를 드러냄.
③ 행간 걸침의 방법으로 망설임의 감정을 드러냄.

〉일등급 정리〈
1. 구성상의 특징

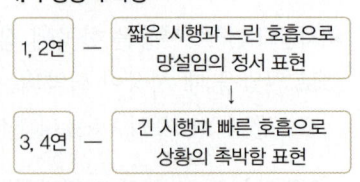

1, 2연	짧은 시행과 느린 호흡으로 망설임의 정서 표현
3, 4연	긴 시행과 빠른 호흡으로 상황의 촉박함 표현

2. '까마귀'와 '강물'의 기능
화자에게 이별을 (❹　　　)하는 객관적 상관물로, 임과 이별하는 화자의 안타까움을 심화시키고 작품의 애상적 분위기를 강화하고 있다.

01
| 작품 간의 공통점 파악 |

(가)와 (나)의 공통점으로 가장 적절한 것은?

① 이별의 상황에 대한 화자의 정서를 드러내고 있다.
② 화자가 지향하는 바람직한 삶의 자세를 드러내고 있다.
③ 자연 속에서 살고자 하는 화자의 소망을 드러내고 있다.
④ 이상과 현실의 괴리▪로 인한 화자의 갈등을 드러내고 있다.
⑤ 부정적 현실에 맞서고자 하는 화자의 의지를 드러내고 있다.

02 학력평가 기출
| 표현상의 특징 파악 |

(가)의 표현상의 특징 및 효과로 적절하지 않은 것은?

① 종결 어미 '−우리다'를 반복하여 리듬감을 살렸다.
② 각 연을 3행으로 배열하여 형태적 안정감을 얻었다.
③ 반어법을 사용하여 임에 대한 화자의 심정을 드러냈다.
④ 유사한 시구를 처음과 끝에 반복하여 주제를 강조했다.
⑤ 청각적 이미지로 시적 화자의 정서를 생동감▪ 있게 드러냈다.

03
| 시어의 의미 파악 |

㉠에 대한 학생들의 반응으로 가장 적절한 것은?

① 삶에 대한 화자의 강한 열정을 보여 주는 소재이군.
② 임에 대한 화자의 정성과 희생을 표상하는▪ 소재이군.
③ 떠나는 임을 증오하는 화자의 마음을 드러내는 소재이군.
④ 임을 보내야 할지 말아야 할지 갈등하는 화자의 심리를 형상화한 소재이군.
⑤ 이별의 슬픔을 달래기 위해 자연으로 돌아가려는 화자의 모습을 보여 주는 소재이군.

04 학력평가 기출
| 감상의 적절성 판단 |

〈보기〉를 참고하여 (나)를 감상할 때, 적절하지 않은 것은?

> **보기**
>
> 이 시는 사랑하는 사람을 두고 떠나야 하는 상황에서 화자의 정서가 드러난다. 이 '머뭇거림'의 정서는 '행동'과 '행동의 멈춤'의 이미지 대립을 통해 드러나며, 화자의 상황과 정서는 소재, 시어뿐만 아니라 행의 배열 기법을 통해서도 드러난다.

① '말을 할까'와 '그냥 갈까'에 사용된 어미를 통해 행동과 행동의 멈춤에 대한 내적 갈등을 드러낸다.
② '다시', '어서'의 부사는 화자가 떠남의 결단을 내린 것을 보여 준다.
③ '까마귀'와 지는 '해'는 화자에게 떠나가야 하는 상황임을 환기▪시킨다.
④ 의도적 행갈이를 통해 낭송 속도를 조절함으로써 화자의 머뭇거림의 정서를 드러낸다.
⑤ 1, 2연은 짧은 시행을, 3, 4연은 보다 긴 시행을 배열하여 화자의 심리 변화를 드러낸다.

05
| 시어의 기능 파악 |

㉡, ㉢에 대한 설명으로 적절하지 않은 것은?

① ㉡은 화자에게 시간이 촉박함을 일깨우고 있다.
② ㉡이 지저귀는 행동은 이별의 애상감▪을 심화하고 있다.
③ ㉢의 유동적인 속성은 화자에게 이별을 재촉하고 있다.
④ ㉡과 ㉢은 모두 화자가 추구하는 삶의 모습을 보여 주고 있다.
⑤ ㉡과 ㉢은 모두 임과 이별해야 하는 화자의 안타까움을 부각하고 있다.

문제 속 어휘&개념

▪ **괴리(乖離):** 서로 어그러져 동떨어짐.
  예 현실에서 괴리된 문학은 감동이 적을 수밖에 없다.
▪ **생동감(生動感):** 생기 있게 살아 움직이는 듯한 느낌 예 복잡한 시장 안에서는 살아 움직이고 있다는 생동감을 느낄 수 있다.
▪ **표상(表象)하다:** 추상적이거나 드러나지 아니한 것을 구체적인 형상으로 드러내어 나타낸다.

▪ **환기(喚起):** 주의나 여론, 생각 따위를 불러일으킴.
  예 선생님께서는 학생들의 흥미를 환기시키기 위해 커다란 도표를 펼치셨다.
▪ **애상감(哀傷感):** 슬퍼하거나 가슴 아파하는 감정
  예 지는 노을을 보며 우리는 애상감에 빠졌다.

가 죽는 날까지 ㉠하늘을 우러러

한 점 부끄럼이 없기를

잎새에 이는 ㉡바람에도

나는 괴로워했다.
▶ 1연 1~4행: 내적 번민으로 인해 겪었던 갈등(과거)

㉢별을 노래하는 마음으로

모든 죽어 가는 것을 사랑해야지
억압받는 모든 대상(일제 강점기의 우리 민족)에 대한 사랑

그리고 나한테 주어진 ㉣길을

걸어가야겠다.
의지적 태도
▶ 1연 5~8행: 순수한 삶에 대한 결의(미래)

오늘 ㉤밤에도 별이 바람에 스치운다.
▶ 2연: 순수한 삶에 대한 의지와 현실적 시련 간의 갈등(현재)

– 윤동주, 〈서시˙〉

• 서시(序詩): 책의 첫머리에 서문 대신 쓴 시

나 산모퉁이를 돌아 논가 외딴 우물을 홀로 찾아가선 가만히 들여다봅니다.
참된 자아를 발견하려는 태도 – 객관적 성찰
▶ 1연: 우물을 찾아가 자아를 성찰함.

우물 속에는 달이 밝고 구름이 흐르고 하늘이 펼치고 파아란 바람이 불고 가을이 있습니다.
▶ 2연: 우물 속의 평화로운 정경

그리고 한 사나이가 있습니다.

어쩐지 그 사나이가 미워져 돌아갑니다.
화자의 태도 ① – 식민지 현실에 안주하는 자신에 대한 부끄러움
▶ 3연: 초라한 자아에 대한 부끄러움

돌아가다 생각하니 그 사나이가 가엾어집니다.
화자의 태도 ② – 식민지 현실에 안주할 수밖에 없는 자신에 대한 연민
도로 가 들여다보니 사나이는 그대로 있습니다.
▶ 4연: 자아에 대한 연민

다시 그 사나이가 미워져 돌아갑니다.
화자의 태도 ③ – 부끄러움
돌아가다 생각하니 그 사나이가 그리워집니다.
화자의 태도 ④ – 과거의 순수했던 모습에 대한 그리움
▶ 5연: 자아에 대한 애증

우물 속에는 달이 밝고 구름이 흐르고 하늘이 펼치고 파아란 바람이 불고 가을이 있고 추억처럼 사나이가 있습니다.
▶ 6연: 추억 속 자아에 대한 그리움

– 윤동주, 〈자화상˙〉

• 자화상(自畵像): 스스로 그린 자기의 초상화

만점 노트

가 윤동주, 〈서시〉
• 갈래 자유시, 서정시
• 주제 부끄러움 없는 삶에 대한 소망과 의지
• 특징
① '과거 → 미래 → 현재'의 시간적 흐름에 따라 시상을 전개함.
② (❶   )적인 시어를 통해 시적 상황과 주제를 부각함.

> 일등급 정리 <

1. 시간의 흐름에 따른 시상 전개

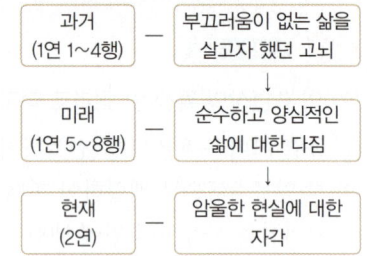

과거 (1연 1~4행)	— 부끄러움이 없는 삶을 살고자 했던 고뇌
미래 (1연 5~8행)	— 순수하고 양심적인 삶에 대한 다짐
현재 (2연)	— 암울한 현실에 대한 자각

2. 시어의 상징적 의미
① 하늘: 윤리적 판단의 절대적 기준
② (❷   ): 화자가 추구하는 희망, 이상적 가치
③ 바람: 화자의 내면적 갈등과 동요(1연 3행), 현실의 시련과 고난(2연)
④ 밤: 암담한 식민지 현실

나 윤동주, 〈자화상〉
• 갈래 자유시, 서정시
• 주제 자아 성찰과 자신에 대한 애증
• 특징
① 구체적 행동을 통해 내적 갈등을 형상화함.
② 평이한 구어체를 사용하여 산문적으로 표현함.

> 일등급 정리 <

1. 화자의 정서 및 태도 변화

화자의 행동	화자의 정서
우물 속 사나이를 봄	미움
돌아가다 생각함	(❸)
다시 가서 들여다봄	미움
돌아가다 생각함	그리움

2. '우물'의 기능
① 화자 자신의 모습을 (❹   )할 수 있게 하는 매개체
② 화자의 내면을 비추는 도구

01
| 작품 간의 공통점 파악 |

(가)와 (나)에 나타난 화자의 공통점으로 가장 적절한 것은?

① 자신의 삶에 대해 성찰적 태도를 보이고 있다.
② 미래의 삶에 대해 확고한 의지를 드러내고 있다.
③ 시상이 전개되면서 심리적 갈등이 심화되고 있다.
④ 현재의 부정적 상황을 냉소적▪으로 인식하고 있다.
⑤ 무기력하게 살았던 과거의 삶을 부끄러워하고 있다.

02 학력평가 기출
| 외적 준거에 따른 감상 |

〈보기〉를 참고하여 (가)를 이해할 때, 적절하지 않은 것은?

보기

　윤동주는 이상을 지향하는 자아와 이를 실천하지 못하는 현실적 자아의 충돌로 인해 나타나는 고뇌를 담은 작품을 다수 창작하였다. 그는 절대적 가치를 추구하는 윤리적인 삶을 꿈꾸지만 현실에서 이를 완전하게 실현하지 못하는 자신을 성찰하는 과정에서 부끄러움을 드러낸다. 그는 이러한 성찰과 이상 추구의 의지를 지속적으로 시에 반영하면서 시인으로서의 숙명을 보여 주고 있다.

① '죽는 날까지'는 이상을 지향하는 자아의 숙명을 강조하여 표현한 것이다.
② '하늘을 우러러'는 절대적 가치를 지향하는 자아의 모습을 표현한 것이다.
③ '괴로워했다'는 현실에서 이상을 실현하지 못하는 고뇌를 나타낸 것이다.
④ '별을 노래하는 마음'은 윤리적 삶과 현실의 삶 사이의 갈등을 표현한 것이다.
⑤ '주어진 길을 걸어가야겠다'는 이상 실현을 위한 의지를 드러낸 것이다.

03
| 시어의 의미 파악 |

㉠~㉢의 상징적 의미로 적절하지 않은 것은?

① ㉠: 윤리적 판단의 기준이 되는 대상
② ㉡: 부정적 현실에 따른 시련과 고난
③ ㉢: 화자가 꿈꾸는 이상적 삶이나 순수한 소망
④ ㉣: 고통 속에서도 피하지 않고 살아가야 할 인생길
⑤ ㉤: 지금도 계속되고 있는 암담한 현실 상황

04
| 표현상의 특징 파악 |

(나)의 표현상의 특징으로 가장 적절한 것은?

① 문어체 문장을 사용하여 압축적으로 표현하였다.
② 자연물에 인격을 부여하여 친근감을 드러내었다.
③ 공감각적 심상을 통해 화자의 내면을 구체화하였다.
④ 음성 상징어▪를 사용하여 대상에 생동감을 부여하였다.
⑤ 구체적 행동을 통해 화자의 심리 변화를 형상화하였다.

05 수능 기출
| 외적 준거에 따른 감상 |

〈보기〉를 참고하여 (나)를 이해한 내용으로 적절하지 않은 것은?

보기

　〈자화상(自畫像)〉은 1941년 《문우(文友)》에는 '우물 속의 자상화(自像畫)'라는 제목으로 게재되었다. 이 제목에서는 '우물'과 '그림'이 부각되어 있다. 상징적 관점에서 볼 때, 우물은 자신의 모습을 투영해 볼 수 있는 사물이고, 하늘을 향해 있는 동굴이며, 그 동굴의 원형인 모태(母胎)를 떠올리게 하는 공간이다. 이 점에서 보면, 이 시에서 우물 속의 자상화는 자신의 존재에 대한 화자의 인식과 태도를 다층적으로 담아내고 있는 그림이다.

① 제1연에서 '외딴', '홀로', '가만히', '들여다봅니다' 등으로 보아, '우물'은 화자의 모습을 투영해 볼 수 있는 내밀한 공간이겠군.
② 제2연에서 '우물 속'에 들어 있는 자연은 하늘을 향해 있는 우물 속의 그림이므로, 화자가 지향해 온 바를 담고 있겠군.
③ 제3연~제5연에서 '한 사나이'에 대한 화자의 반응들로 보아, 화자는 자신을 성찰하는 자세를 지니고 있겠군.
④ 제6연에서 자연과 '사나이'가 함께 나타나는 것은, 우물 속의 자상화를 들여다보는 화자가 존재 탐구를 끝냈음을 의미하겠군.
⑤ 제6연에서 '추억처럼'에는 고향과 같은 모태적 공간을 통해서 자신을 바라보려는 화자의 태도가 내포되어 있겠군.

문제 속 어휘&개념

▪ 냉소적(冷笑的): 쌀쌀한 태도로 업신여기어 비웃는 것 **예** 이 작품은 우리 사회의 여러 가지 문제들을 냉소적으로 풍자하고 있다.

▪ 음성 상징어(音聲象徵語): 의성어나 의태어를 사용하여 표현하는 방법 **예** 멍멍, 탕탕, 아장아장, 엉금엉금 등

가 까마득한 날에

하늘이 처음 열리고
'광야'의 탄생 – 천지개벽
어데 닭 우는 소리 들렸으랴.
　　　　　　　　　　　　　　　　　　　▶ 1연: 광야의 원시성(과거)

모든 산맥(山脈)들이

바다를 연모(戀慕)해 휘달릴 때도

㉠차마 이곳을 범(犯)하던 못하였으리라.
　침범하지는　　　　　　　　　　　　　　▶ 2연: 광야의 신성성(과거)

끊임없는 광음(光陰)˚을

㉡부지런한 계절(季節)이 피어선 지고

큰 강물이 비로소 길을 열었다.
　문명, 역사　　　　　　　　　　　　　　▶ 3연: 역사와 문명의 태동(과거)

지금 눈 나리고

㉢매화 향기(梅花香氣) 홀로 아득하니
　　　　　그윽하니
㉣내 여기 가난한 노래의 씨를 뿌려라.
　　　　　　　　　　　　　　　▶ 4연: 암담한 현실 상황과 극복 의지(현재)

다시 천고(千古)˚의 뒤에

백마(白馬) 타고 오는 초인(超人)이 있어
조국 광복을 가져오는 민족의 구원자, 지도자, 후손
㉤이 광야(曠野)에서 목 놓아 부르게 하리라.
　　　　　　　　　　　　　　　▶ 5연: 미래에 대한 기대와 확신(미래)

　　　　　　　　　　　　　　　　　　－ 이육사, 〈광야(曠野)〉

• 광음(光陰): 햇빛과 그늘, 즉 낮과 밤이라는 뜻으로, 시간이나 세월을 이르는 말
• 천고(千古): 아주 오랜 세월

나 매운 계절(季節)의 채찍에 갈겨
　일제 강점하의 가혹한 현실
마침내 북방(北方)으로 휩쓸려 오다.
　　　　　　　　　　　　　　　　▶ 1연: 현실의 수평적 한계 상황(기)

하늘도 그만 지쳐 끝난 고원(高原)
　　　　　　　　높은 산지에 펼쳐진 넓은 들판
서릿발 칼날진 그 위에 서다.
　　　　　　　　　　　　　　　　▶ 2연: 현실의 수직적 한계 상황(승)

어데다 무릎을 꿇어야 하나

한 발 재겨디딜 곳조차 없다.
　발끝이나 발뒤꿈치만으로 땅을 디딜　▶ 3연: 극한 상황에 대한 인식(전)

이러매 눈 감아 생각해 볼밖에
　극한 상황을 정신적으로 초극하려는 태도
겨울은 강철로 된 무지갠가 보다.
　　　　　　　　　　　　　　　　▶ 4연: 극한 상황에 대한 초극 의지(결)

　　　　　　　　　　　　　　　　－ 이육사, 〈절정(絶頂)˚〉

• 절정(絶頂): 사물의 진행이나 발전이 최고의 경지에 달한 상태

만점 노트

가 이육사, 〈광야〉
• 갈래　자유시, 서정시
• 주제　조국 광복에 대한 신념과 의지
• 특징
　① '과거 – 현재 – 미래'의 시간의 흐름
　　에 따라 시상을 전개함.
　② (❶　　　　) 모티프를 바탕으로
　　한 희생 정신이 드러남.

❯일등급 정리❮
1. 시간의 흐름에 따른 시상 전개

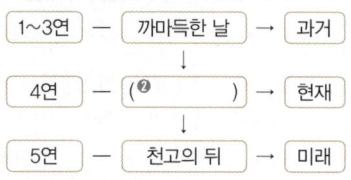

1~3연	—	까마득한 날	→	과거

↓

4연	—	(❷　　　)	→	현재

↓

5연	—	천고의 뒤	→	미래

2. 화자의 어조와 태도
① '가난한 노래의 씨를 뿌려라': 조국 광
　복을 위한 자기희생의 의지를 드러낸
　표현. 속죄양 모티프가 사용됨.
② '목 놓아 부르게 하리라': 미래에 대한
　확신을 담은 표현. 미래 지향적·예언
　자적 태도가 드러남.

나 이육사, 〈절정〉
• 갈래　자유시, 서정시
• 주제　극한의 현실 상황을 초극하려는
　강한 의지
• 특징
　① 역설적 표현을 통해 주제를 효과적
　　으로 형상화함.
　② 강렬한 시어와 남성적 어조로 내면
　　의 강인한 의지를 표현함.

❯일등급 정리❮
1. 구성상의 특징
① '북방 – (❸　　　) – 서릿발 칼날
　진 그 위'의 점층 구조를 통해 화자가
　처한 극한 상황을 보여 줌.
② '기승전결'의 방식으로 시상을 전개함.
　전반부에서는 시적 상황을, 후반부에
　서는 화자의 의식을 제시함.

2. 역설적 표현과 초극 의지
'겨울은 강철로 된 무지갠가 보다'

겨울	가혹한 현실의 시간
강철	싸늘하고 차가운 이미지
무지개	화려하고 아름다운 이미지

→ '강철'과 '무지개'의 (❹　　) 된 이
미지의 결합을 통해 극한 상황에 대한 초
극 의지를 드러냄.

▶ 정답과 해설 07쪽

01
| 시상 전개의 특징 파악 |

(가)와 (나)의 시상 전개에 대한 설명으로 가장 적절한 것은?

① (가)는 (나)와 달리 공간의 이동에 따라 전개되고 있다.
② (가)는 (나)와 달리 선명한 색채 대비를 통해 전개되고 있다.
③ (나)는 (가)와 달리 수미상관의 구조로 전개되고 있다.
④ (나)는 (가)와 달리 상황이 점층적■으로 고조되며 전개되고 있다.
⑤ (가)와 (나)는 모두 시간의 흐름에 따라 시상이 전개되고 있다.

02 학력평가 기출
| 시적 화자의 태도 파악 |

(가)에 나타난 시적 화자의 태도로 가장 적절한 것은?

① 자신의 삶을 되돌아보면서 반성하고 있다.
② 자연물에 대하여 친화적인 태도를 보이고 있다.
③ 자신의 현재 상황을 회의적■으로 바라보고 있다.
④ 주어진 운명을 거부하고 새로운 삶을 모색하고 있다.
⑤ 현실을 부정적으로 인식하고 그것을 극복하려 하고 있다.

03
| 시구의 의미 파악 |

㉠~㉤에 대한 이해로 적절하지 않은 것은?

① ㉠: '광야'를 그 무엇도 침범하지 못할 태초의 신성성을 지닌 곳으로 표현하고 있다.
② ㉡: 추상적 관념인 시간의 흐름을 꽃처럼 피고 진다고 구체적으로 형상화하고 있다.
③ ㉢: 고통스럽고 절망적인 상황에서도 고난을 극복하겠다는 의지를 드러내고 있다.
④ ㉣: 화자의 강한 의지를 효과적으로 드러내기 위해 명령형 종결 어미를 사용하고 있다.
⑤ ㉤: 삶의 터전인 '광야'에서 초인과 함께 노래 부르던 과거의 순수한 삶을 그리워하고 있다.

04
| 표현상의 특징 파악 |

(나)의 표현상의 특징으로 적절하지 않은 것은?

① 반어■적 표현을 사용하여 주제를 효과적으로 형상화하고 있다.
② '기승전결'의 한시적 구성 방식으로 절제된 형식미를 보여 주고 있다.
③ 현재형 시제를 사용하여 긴박감을 더하고 현실과의 대결 의식을 드러내고 있다.
④ 전반부에는 시적 상황이 제시되고, 후반부에는 화자의 의식 세계가 제시되고 있다.
⑤ 강렬한 시어와 단정적인 어조를 사용하여 극단적 상황을 초극하려는 의지를 나타내고 있다.

05 학력평가 기출
| 작품의 내용 이해 |

다음은 (나)를 읽은 학생이 쓴 감상문의 일부이다. ⓐ~ⓔ 중 적절하지 않은 것은?

> 보기
>
> 이 작품을 감상할 때, 계절의 이미지에 주목하여 읽으니 화자의 상황과 정서에 더 공감할 수 있었다. ⓐ작품 속 계절적 상황이 '매운'이라는 감각적 이미지로 제시되어 있으니 혹독한 추위가 실감나게 느껴졌고, ⓑ겨울을 연상시키는 '서릿발'이라는 시어에서는 겨울이 주는 시련의 의미가 더욱 분명하게 드러나는 것 같았다. ⓒ이러한 겨울의 이미지들이 '북방'과 '고원'이라는 극한적 공간의 이미지와 맞물리면서 화자가 처한 상황이 고통스럽다는 것에 쉽게 공감할 수 있었다. 그리고 ⓓ화자가 고난이 끝났음을 인지하고 '한 발 재겨디딜 곳'을 찾는 모습을 보면서 부정적 현실을 이겨내려는 자세를 본받고 싶어졌다. 또한 ⓔ겨울을 '강철로 된 무지개'의 이미지로 전환하여 현실 상황을 다르게 인식하려는 화자의 모습이 인상적이었다.

① ⓐ   ② ⓑ   ③ ⓒ   ④ ⓓ   ⑤ ⓔ

문제 속 어휘&개념

■ 점층적(漸層的): 그 정도를 점점 강하게, 크게, 고조되게 표현하는 방법
  예 이 몸이 죽고 죽어 일백 번 고쳐 죽어
■ 회의적(懷疑的): 어떤 일에 의심을 품는 것
  예 그들은 곡식을 제대로 거두게 될지에 대해서 회의적이었다.

■ 반어(反語): 나타내려는 뜻과는 반대가 되게 표현하는 방법으로, 원래의 의미가 부각되는 효과를 줌. 예 죽어도 아니 눈물 흘리우리다. → 임이 떠날 때 무척 슬퍼할 것이라는 의미를 담은 반어적 표현

님은 갔습니다. ⓐ아아, 사랑하는 나의 님은 갔습니다.

푸른 산빛을 깨치고 단풍나무 숲을 향하여 난 작은 길을 걸어서 차마 떨치고 갔습니다.

황금의 꽃같이 굳고 빛나던 옛 맹세는 차디찬 티끌이 되어서 한숨의 미풍(微風)에 날아갔습니다.
　　　　　　　　　　　　　　　　　　　　　　　약하게 부는 바람

날카로운 첫 키스의 추억은 나의 운명의 지침(指針)을 돌려놓고, 뒷걸음쳐서 사라졌습니다.
　　　　　　　　　　　　삶의 방향
　　　　　　　　　　　　　　　　　　　▶ 1~4행(기): 임과의 이별

나는 향기로운 님의 말소리에 귀먹고, 꽃다운 님의 얼굴에 눈멀었습니다.

사랑도 사람의 일이라, 만날 때에 미리 떠날 것을 염려하고 경계하지 아니한 것은
　　　　　　세속적 세계의 일
아니지만, 이별은 뜻밖의 일이 되고, 놀란 가슴은 새로운 슬픔에 터집니다.
　　　　　　　　　　　　　　　　　　　▶ 5, 6행(승): 이별 후의 슬픔

그러나 이별을 쓸데없는 눈물의 원천(源泉)을 만들고 마는 것은 스스로 사랑을 깨
치는 것인 줄 아는 까닭에, 걷잡을 수 없는 슬픔의 힘을 옮겨서 새 희망(希望)의 정수
깨뜨리는　　　　　　　　　슬픔을 새로운 희망으로 전환시킴.
박이에 들어부었습니다.

우리는 만날 때에 떠날 것을 염려하는 것과 같이, 떠날 때에 다시 만날 것을 믿습니다.
　　　　　　　　　　　　　　　　　　　▶ 7, 8행(전): 슬픔을 극복한 새로운 희망

ⓑ아아, ㉠님은 갔지마는 나는 님을 보내지 아니하였습니다.

㉡제 곡조를 못 이기는 사랑의 노래는 님의 침묵을 휩싸고 돕니다.
　　　　　　　　　　　　　　　　　　　▶ 9, 10행(결): 영원한 사랑의 다짐
　　　　　　　　　　　　　　　　　　　　　　　　　　– 한용운, 〈님의 침묵〉

● **지침(指針):** 생활이나 행동 따위의 지도적 방법이나 방향을 인도하여 주는 준칙
● **염려(念慮):** 앞일에 대하여 여러 가지로 마음을 써서 걱정함. 또는 그런 걱정
● **정수박이:** '정수리'의 방언. 머리 위의 숫구멍이 있는 자리

022　Ⅰ. 현대시

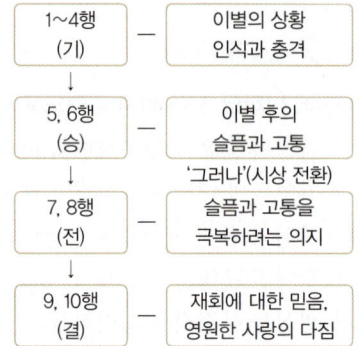

만점 노트

한용운, 〈님의 침묵〉
• **갈래** 자유시, 서정시
• **주제** 임을 향한 영원한 사랑
• **특징**
① 여성적 어조와 (❶　　　　)를 사용함.
② 역설적 표현을 통해 주제 의식을 강조함.
③ 불교적 비유와 고도의 상징이 돋보임.

▶**일등급 정리**◀
1. 시상 전개에 따른 화자의 정서 변화

1~4행(기)	—	이별의 상황 인식과 충격

↓

5, 6행(승)	—	이별 후의 슬픔과 고통

↓ '그러나'(시상 전환)

7, 8행(전)	—	슬픔과 고통을 극복하려는 의지

↓

9, 10행(결)	—	재회에 대한 믿음, 영원한 사랑의 다짐

2. 역설적 표현의 의미와 효과
① '향기로운 님의 말소리에 귀먹고, 꽃다운 님의 얼굴에 눈멀었습니다.': 임의 절대성
② '님은 갔지마는 나는 님을 보내지 아니하였습니다.': (❷　　　　)에 대한 믿음으로 이별의 슬픔을 극복함.
→ 역설적 표현을 통해 시상을 전개하고 임에 대한 사랑을 강조함.

3. '님'의 상징적 의미에 따른 주제

'님'의 의미	주제
조국	조국 광복에 대한 의지와 신념
(❸　　　)	사랑하는 사람에 대한 그리움
부처, 진리	종교적인 깨달음에 이르는 과정

01
| 표현상의 특징 파악 |

이 시에 대한 설명으로 적절하지 않은 것은?

① 시상의 전환을 통해 정서의 변화를 노래하고 있다.
② 경어체▪를 사용하여 부드러운 어조를 형성하고 있다.
③ 대조적 이미지의 시어를 사용하여 시적 상황을 나타내고 있다.
④ '질문 – 대답'의 구조를 통해 상황 극복 의지를 드러내고 있다.
⑤ 동일한 시구를 반복하여 임과 이별한 상실감을 강조하고 있다.

02
| 감상의 적절성 판단 |

이 시에 대한 감상으로 적절하지 않은 것은?

① '님'은 시인이 승려였다는 점을 고려하면 '부처'로 볼 수 있겠군.
② '차디찬 띠끌'은 사랑의 언약이 덧없고 보잘것없이 되었음을 의미하는군.
③ '날카로운 첫 키스의 추억'은 임을 만난 순간의 감동과 황홀함을 감각적으로 형상화한 것이군.
④ '꽃다운 님의 얼굴에 눈멀었다'는 것은 임과의 이별로 인한 화자의 번뇌를 나타내는군.
⑤ '만날 때에 떠날 것'을 염려하고 '떠날 때에 다시 만날 것'을 믿는 모습은 '회자정리(會者定離) 거자필반(去者必返)'이라는 불교적 세계관을 보여 주는군.

03
| 화자의 정서 이해 |

ⓐ와 ⓑ에 드러난 화자의 심리 상태로 가장 적절한 것은?

	ⓐ	ⓑ
①	슬픔	깨달음
②	탄식	무상감▪
③	비애	외로움
④	회한	허무함
⑤	충격	공허함

04
| 표현 방법의 이해 |

㉠과 같은 표현법이 사용되지 않은 것은?

① 찬란한 슬픔의 봄
② 결별이 이룩하는 축복
③ 겨울은 강철로 된 무지갠가 보다.
④ 괴로웠던 사나이 / 행복한 예수 그리스도에게 / 처럼
⑤ 외우기도 좋아라 하급반 교과서 / 활자도 커다랗고 읽기에도 좋아라

05 [수능] [기출]
| 외적 준거에 따른 감상 |

〈보기〉를 바탕으로 ㉡을 이해한 내용으로 가장 적절한 것은?

> **보기**
>
> 〈님의 침묵〉에서 '노래'와 '침묵'은 화자와 '님'의 관계를 이해하는 데 핵심이 되는 시어이다. 한용운은 시 〈반비례〉에서 "당신이 노래를 부르지 아니하는 때에 당신의 노랫가락은 역력히 들립니다그려 / 당신의 소리는 침묵이에요"라고 했다. 침묵이라는 부재의 상태에서 '님'의 실재를 본 것이다. 화자는 '님'을 향해 '노래'를 부르는데, 시 〈나의 노래〉에서 "나의 노래가 산과 들을 지나서 멀리 계신 님에게 들리는 줄"을 안다고 했다. 이는 화자가 자신의 노래에 '님'과 근원적으로 소통할 수 있는 힘을 부여한 것으로 볼 수 있다.

① 노래가 제 곡조를 못 이긴다는 것은 '님'이 침묵하는 상황을 화자가 감당하지 못한다는 뜻이야.
② 노래가 '님'의 침묵을 휩싸고 돈다는 것은 화자가 부재 속에 실재하는 '님'과 깊이 교감한다는 뜻이야.
③ '나의 노래'가 산과 들을 지나서 멀리 나아간다고 한 데서 '사랑의 노래'가 자연 친화적임을 알 수 있어.
④ 침묵을 휩싸고 도는 노래가 '사랑의 노래'라는 것은 침묵이 끝나야 사랑이 비로소 시작되리라는 것을 말하고 있어.
⑤ 침묵하는 '님'에게서 노랫가락을 역력히 듣는다는 데서 '사랑의 노래'가 화자의 노래가 아니라 '님'의 노래임을 알 수 있어.

문제 속 어휘&개념

▪ **경어체(敬語體):** 상대에 대하여 공경의 뜻을 나타내기 위해 사용하는 문체 **예** 선후배 간의 <u>경어체</u> 사용은 수평적 문화의 예이다.

▪ **무상감(無常感):** 모든 것이 덧없다는 느낌 **예** 나는 쌓이는 낙엽을 보면서 문득 인생에 대한 <u>무상감</u>을 느끼게 되었다.

넓은 벌 동쪽 끝으로

옛이야기 지줄대는* 실개천이 휘돌아 나가고,

얼룩백이 황소가

해설피* ㉠금빛 게으른 울음을 우는 곳,

㉮ — 그곳이 차마 꿈엔들 잊힐 리야.

▶ 1연: 평화롭고 한가로운 고향의 정경

질화로에 재가 식어지면

㉡비인 밭에 밤바람 소리 말을 달리고,

엷은 졸음에 겨운 늙으신 아버지가
           못 이기는
짚베개를 돋아 고이시는 곳,

— 그곳이 차마 꿈엔들 잊힐 리야.

▶ 2연: 겨울밤 풍경과 아버지에 대한 회상

흙에서 자란 내 마음
유년 시절의 순수하고 순박한 마음
파아란 하늘빛이 그리워

함부로 쏜 화살을 찾으려

풀섶 이슬에 함추름 휘적시던 곳,
       '함초롬'의 방언. 젖거나 서려 있는 모습이 가지런하고 차분한 모양

— 그곳이 차마 꿈엔들 잊힐 리야.

▶ 3연: 꿈과 호기심으로 가득 찼던 유년 시절 회상

전설(傳說) 바다에 춤추는 밤물결 같은

㉢검은 귀밑머리 날리는 어린 누이와

아무렇지도 않고 예쁠 것도 없는
평범하고 소박한 모습
사철 발 벗은 아내가

㉣따가운 햇살을 등에 지고 이삭 줍던 곳,

— 그곳이 차마 꿈엔들 잊힐 리야.

▶ 4연: 어린 누이와 아내에 대한 회상

하늘에는 성근 별

알 수도 없는 모래성으로 발을 옮기고,
동화적이고 신비로운 분위기
㉤서리 까마귀 우지짖고 지나가는 초라한 지붕,

흐릿한 불빛에 돌아앉아 도란도란거리는 곳,

— 그곳이 차마 꿈엔들 잊힐 리야.

▶ 5연: 가난하지만 단란하고 정겨웠던 가족의 모습

— 정지용, 〈향수(鄕愁)〉

• **지줄대는**: 낮은 음성으로 자꾸 지껄이는

• **해설피**: ① 해가 질 무렵 ② 소리가 낮고 느리게

만점 노트

정지용, 〈향수〉

• **갈래** 자유시, 서정시

• **주제** 고향에 대한 그리움

• **특징**
  ① 토속적 시어를 사용하여 향토적 분위기를 조성함.
  ② 다양한 감각적 이미지를 사용하여 고향의 모습을 생생하게 그림.
  ③ (❶   )를 통해 안정감과 통일성을 주고, 그리움의 정서를 강조하는 효과를 얻음.

〉일등급 정리〈

1. 이 시에 나타난 고향의 모습

1, 3, 5연	—	아름답고 정겨운 고향의 모습

↓

2, 4연	—	(❷)하고 고단한 고향의 모습

→ 가난하고 힘겹지만 동시에 아름답고 평화로운 고향의 모습을 표현함.

2. 후렴구의 기능

① 각 연의 시상을 매듭지어 연과 연을 구별함.

② 시 전체에 안정감과 (❸   )을 부여함.

③ 동일한 구절의 반복을 통해 운율감을 형성함.

④ 고향에 대한 화자의 그리움을 강조함.

3. 이 시에 쓰인 감각적 심상

시각적 심상	파아란 하늘빛, 검은 귀밑머리, 흐릿한 불빛
청각적 심상	옛이야기 지줄대는 실개천, 서리 까마귀 우지짖고, 도란도란거리는 곳
촉각적 심상	풀섶 이슬에 함추름 휘적시던, 따가운 햇살
공감각적 심상	금빛 게으른 울음, 밤바람 소리 말을 달리고

→ 고향의 모습을 감각적으로 드러내어 고향에 대한 그리움을 생생히 느낄 수 있게 함.

01
| 표현상의 특징 파악 |

이 시의 표현상 특징으로 적절하지 않은 것은?

① 후렴구를 통해 안정감과 통일성을 주고 있다.
② 의도적으로 어순을 도치해 화자의 정서를 강조하고 있다.
③ 다양한 감각적 심상으로 고향의 모습을 형상화하고 있다.
④ 토속적 시어를 사용하여 향토적▪ 분위기를 조성하고 있다.
⑤ 자연물에 인격을 부여하여 대상을 친근감 있게 그리고 있다.

02
| 시구의 기능 파악 |

㉮의 기능으로 적절하지 않은 것은?

① 반복적으로 사용되어 운율감을 형성하고 있다.
② 설의▪적 표현을 통해 시의 주제를 강조하고 있다.
③ 각 연의 시상을 매듭지어 연과 연을 구별하고 있다.
④ 고조된 화자의 정서를 차분하게 절제할 수 있게 한다.
⑤ 각 연의 끝에 위치시켜 형태적 안정감을 부여하고 있다.

03 수능 기출
| 작품의 내용 이해 |

이 시의 각 단계의 장면들을 그림으로 표현하려 할 때, 시적 화자의 시각과 거리가 먼 것은?

① 멀리서 바라본 농촌의 들판을 그리되, 평화롭고 향토적인 분위기가 나도록 한다.
② 시골집 방 안에 누워 계신 아버지를 그리되, 노년의 서글픔이 느껴지도록 한다.
③ 풀숲을 달리는 소년을 그리되, 동심이 꾸밈없이 드러나도록 한다.
④ 들판에서 이삭 줍는 여인네들을 그리되, 소박한 삶의 모습이 나타나도록 한다.
⑤ 불빛이 새어 나오는 초가집을 그리되, 따뜻하고 아늑한 느낌이 들도록 한다.

04
| 시어의 이미지 이해 |

㉠~㉤에 나타난 이미지에 대한 설명으로 적절한 것은?

① ㉠: 청각을 시각화한 공감각적 심상으로 한가로운 고향의 정취를 그리고 있다.
② ㉡: 시각을 청각으로 전이▪한 공감각적 심상으로 겨울밤 고향의 세찬 바람 소리를 표현하고 있다.
③ ㉢: 후각적 심상을 활용하여 어린 누이의 구김살 없는 모습을 회상하고 있다.
④ ㉣: 청각적 심상을 활용하여 가난하고 고단한 삶을 형상화하고 있다.
⑤ ㉤: 촉각적 심상을 활용하여 고향의 쓸쓸한 가을 분위기를 환기하고 있다.

05
| 감상의 적절성 판단 |

이 시를 읽은 독자의 반응으로 가장 적절한 것은?

① 밤의 분위기를 통해 고독감이 드러나고 있어.
② 현실에 대한 불만을 억제하려는 느낌을 받았어.
③ 고향을 그리워하는 모습이 눈에 보이는 것 같아.
④ 자연 속에서 살고 싶은 소망이 느껴지는 것 같아.
⑤ 고된 노동을 하는 사람들의 모습에서 우울함이 느껴져.

문제 속 어휘&개념

▪ **향토적(鄕土的)**: 고향이나 시골의 정취가 담긴 것 예 이 작품은 고향의 향토적인 정서를 소박하게 다루었다.
▪ **설의(設疑)**: 쉽게 판단할 수 있는 사실을 의문의 형식으로 표현하여 상대편이 스스로 판단하게 하는 방법. 진짜 궁금해서 묻는 것이 아니라, 상대편이 스스로 생각해 보거나 판단해 보게 하여 의미를 강조하려는 의도이다.
▪ **전이(轉移)**: 자리나 위치 따위를 다른 곳으로 옮김. 예 이 작품은 현실 세계에서 상상 세계로의 전이를 시도하고 있다.

가 ⓐ유리에 차고 슬픈 것이 어린거린다.

열없이 붙어 서서 입김을 흐리우니
기운 없이 – 자식을 잃은 상실감
길들은 양 언 날개를 파닥거린다.   ▶ 1~3행: 유리창에 어린 죽은 아이의 영상

㉠지우고 보고 지우고 보아도

새까만 밤이 밀려 나가고 밀려와 부딪치고,
죽음의 세계
물 먹은 별이, 반짝, 보석처럼 박힌다.   ▶ 4~6행: 창밖에 보이는 밤의 풍경

밤에 홀로 유리를 닦는 것은

외로운 황홀한 심사이어니,   ▶ 7, 8행: 유리를 닦으면서 느끼는 외롭고 황홀한 심사

㉡고운 폐혈관*이 찢어진 채로

아아, 늬는 산새처럼 날아갔구나!   ▶ 9, 10행: 아이의 죽음을 인식한 데서 오는 탄식
잠시 머물다 떠나버린 자식에 대한 허망함과 안타까움

                                             – 정지용, 〈유리창〉

● **폐혈관**: 허파 동맥, 허파 정맥 및 허파 꽈리에 얽혀 있는 많은 모세 혈관을 통틀어 이르는 말

나 산이 저문다.

노을이 잠긴다.

저녁 밥상에 애기가 없다.
아기의 부재 인식
애기 앉던 방석에 한 쌍의 ㉢은수저

은수저 끝에 눈물이 고인다.   ▶ 1연: 죽은 아기를 떠올리며 슬픔에 잠김.

한밤중에 바람이 분다.
상실감이 고조되는 시간
바람 속에서 애기가 웃는다.

애기는 방 속을 들여다본다.

ⓑ들창*을 열었다 다시 닫는다.   ▶ 2연: 죽은 아기의 환영을 봄.

㉣먼 들길을 애기가 간다.

맨발 벗은 애기가 울면서 간다.

불러도 대답이 없다.
이승과 저승 사이의 거리감, 단절감
㉤그림자마저 아른거린다.   ▶ 3연: 아기의 죽음을 인정하고 절망함.

                                             – 김광균, 〈은수저〉

● **들창**: 벽의 위쪽에, 위로 들어올려 열도록 만든 작은 창문

만점 노트

가 정지용, 〈유리창〉
● **갈래** 자유시, 서정시
● **주제** 죽은 아이에 대한 슬픔과 그리움
● **특징**
  ① 감각적 묘사와 비유를 통해 선명한 시각적 이미지를 전달함.
  ② 감정의 (❶　　　　) 및 역설적 표현을 통해 화자의 감정을 절제함.

▶일등급 정리◀

1. '유리창'의 기능

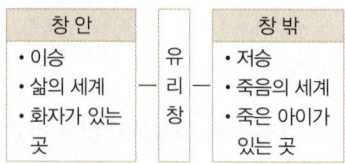

창 안		창 밖
• 이승 • 삶의 세계 • 화자가 있는 곳	유리창	• 저승 • 죽음의 세계 • 죽은 아이가 있는 곳

① 이승과 저승의 경계
② 단절과 소통의 매개체

2. '감정의 대위법'을 통한 감정 절제
두 가지 (❷　　　)된 정서가 어울려 감정을 절제하는 효과를 주는 방법
① '차고 슬픈 것': 슬픈 감정을 차가운 감각과 나란히 두어 감정을 절제함.
② '외로운 황홀한 심사': 외로움과 황홀함이라는 감정을 결합하여 감정이 절제되는 효과를 줌.

나 김광균, 〈은수저〉
● **갈래** 자유시, 서정시
● **주제** 아기를 잃은 아버지의 슬픔
● **특징**
  ① (❸　　　　)된 어조로 화자의 슬픔을 강조함.
  ② 자식을 잃은 아버지의 슬픔을 시각적으로 보여 줌.

▶일등급 정리◀

1. '들창'의 기능

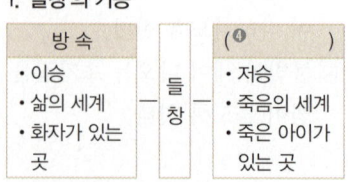

방 속		(❹　　　)
• 이승 • 삶의 세계 • 화자가 있는 곳	들창	• 저승 • 죽음의 세계 • 죽은 아이가 있는 곳

① 이승과 저승의 경계
② 단절과 소통의 매개체

2. 화자의 태도 변화
아기의 부재로 인한 슬픔 → 아기의 환영을 보고 느끼는 안타까움과 그리움 → 아기와의 거리감을 확인한 절망감

01
| 작품 간의 공통점 파악 |

(가)와 (나)의 공통점으로 적절하지 않은 것은?

① 대상에 대한 그리움의 정서를 나타내고 있다.

② 혈육과의 사별▪로 인한 슬픔을 드러내고 있다.

③ 부정적 현실을 극복하려는 태도를 보이고 있다.

④ 화자의 정서를 비교적 절제하여 표출하고 있다.

⑤ 대상의 부재▪가 작품 창작의 동기로 작용하고 있다.

02 학력평가 기출
| 시어의 이미지 이해 |

(가)의 시어 중, 시적 대상의 이미지를 형상화한 시어끼리 바르게 묶인 것은?

① 유리, 입김

② 입김, 새까만 밤

③ 새까만 밤, 별

④ 별, 산새

⑤ 유리, 산새

03
| 시구의 의미 파악 |

㉠~㉤에 대한 설명으로 적절하지 않은 것은?

① ㉠: (나)의 '들창을 열었다 다시 닫는' 행위와 상통하는▪ 구절로, 죽은 자식을 만나고 싶은 마음이 드러난다.

② ㉡: (나)의 '한밤중에 바람이 분다.'와 동일한 기능을 하는 구절로, 자식이 죽은 원인을 암시한다.

③ ㉢: (가)의 '차고 슬픈 것'과 연관되는 소재로, 죽은 자식을 떠올리게 하는 매개체이다.

④ ㉣: (가)의 '새까만 밤'과 대응되는 구절로, 죽음의 세계를 의미한다.

⑤ ㉤: (가)의 '늬는 산새처럼 날아갔구나!'와 유사한 정서가 드러나는 구절로, 자식을 볼 수 없게 된 안타까움이 나타난다.

04
| 소재의 의미와 기능 파악 |

ⓐ, ⓑ에 대한 이해로 적절한 것은?

① ⓐ와 ⓑ는 모두 이승과 저승의 경계를 의미한다.

② ⓐ와 ⓑ는 모두 화자의 정서가 전환되는 계기를 제공한다.

③ ⓐ는 삶의 세계를, ⓑ는 죽음의 세계를 나타낸다.

④ ⓐ는 화자가 있는 세계이고, ⓑ는 죽은 자식이 있는 세계이다.

⑤ ⓐ는 단절과 소통의 매개체▪ 역할을 하는 반면, ⓑ는 소통의 매개체 역할만을 하고 있다.

05
| 외적 준거에 따른 감상 |

〈보기 1〉의 설명에 해당하는 (가)와 (나)의 시구를 〈보기 2〉에서 찾아 바르게 짝지은 것은?

보기 1

시에서 상호 모순되거나 대립되는 시어를 결합함으로써 감정을 객관화시키는 방법이 있는데, 이를 '감정의 대위법'이라고 한다. 이러한 방법을 사용하면 어떤 감정에 과도하게 빠지는 것을 막아 감정을 절제하는 효과를 얻을 수 있다.

보기 2

ⓐ 차고 슬픈 것이 어린거린다.
ⓑ 새까만 밤이 밀려 나가고 밀려와 부딪치고,
ⓒ 외로운 황홀한 심사이어니,
ⓓ 은수저 끝에 눈물이 고인다.
ⓔ 들창을 열었다 다시 닫는다.
ⓕ 맨발 벗은 애기가 울면서 간다.

① ⓐ, ⓒ   ② ⓐ, ⓔ   ③ ⓑ, ⓓ

④ ⓒ, ⓔ   ⑤ ⓓ, ⓕ

문제 속 어휘&개념

▪**사별(死別)**: 죽어서 이별함.
　예 그는 아내와 <u>사별</u>한 후 고독과 슬픔으로 괴로워하였다.

▪**부재(不在)**: 그곳에 있지 아니함.
　예 어머니의 <u>부재</u>로 집안은 늘 썰렁했다.

▪**상통(相通)하다**: 서로 어떠한 일에 공통되는 부분이 존재하다.
　예 모든 학문은 진리를 탐구한다는 점에서 <u>상통</u>한다.

▪**매개체(媒介體)**: 둘 사이에서 어떤 일을 맺어 주는 것
　예 사진은 추억을 불러일으키는 <u>매개체</u>이다.

가 모란이 피기까지는
화자가 추구하는 아름다움의 표상, 소망의 대상
나는 아직 나의 봄을 기다리고 있을 테요.

모란이 뚝뚝 떨어져 버린 날,

나는 비로소 봄을 여읜 설움에 잠길 테요.

오월 어느 날, 그 하루 무덥던 날,
봄의 막바지 – 봄의 상실
떨어져 누운 꽃잎마저 시들어 버리고는

천지에 모란은 자취도 없어지고,
화자의 소망이 다 사라져 버림. – 절망감의 고조
뻗쳐오르던 내 보람 서운케 무너졌느니,

모란이 지고 말면 그뿐, 내 한 해는 다 가고 말아,

삼백예순 날 하냥˙ 섭섭해 우옵내다.
서러운 정감의 깊이
모란이 피기까지는

나는 아직 기다리고 있을 테요, 찬란한 슬픔의 봄을.

– 김영랑, 〈모란이 피기까지는〉

• 하냥: '늘'의 방언

▶ 1, 2행: 모란이 피기를 기다림.

▶ 3~10행: 모란을 잃은 설움

▶ 11, 12행: 모란이 다시 피기를 기다림.

나 어둠은 새를 낳고, 돌을

낳고, 꽃을 낳는다.

아침이면,

어둠은 온갖 물상(物象)˙을 돌려주지만

스스로는 땅 위에 굴복한다.

무거운 어깨를 털고

물상들은 몸을 움직이어

노동의 시간을 즐기고 있다.

즐거운 지상의 잔치에

금(金)으로 타는 태양의 즐거운 울림

아침이면,

세상은 개벽˙을 한다.

– 박남수, 〈아침 이미지 1〉

• 물상(物象): 자연계의 사물과 그 변화 현상
• 개벽(開闢): 세상이 처음으로 생겨 열림.

▶ 1, 2행: 물상의 생성

▶ 3~5행: 어둠의 소멸

▶ 6~10행: 물상들의 활기찬 모습

▶ 11, 12행: 새롭게 태어나는 세상 같은 아침

가 김영랑, 〈모란이 피기까지는〉
• **갈래** 자유시, 서정시
• **주제** 모란(소망, 아름다움)에 대한 기다림
• **특징**
① (❶   )의 구조를 통해 주제를 강조함.
② 역설적 표현(모순 형용)을 사용함.

›일등급 정리‹
1. 순환 구조에 의한 시상 전개

1, 2행	3~10행	11, 12행
봄을 기다림. →	봄의 상실 →	봄을 기다림.

→ '기다림 → (❷   )과 슬픔 → 기다림'의 순환 구조로 이루어짐.

2. 역설적 표현에 담긴 의미

'찬란한 슬픔의 봄'

모란이 피는 기쁜 계절	모란이 지는 슬픈 계절

→ 희망('찬란한')과 슬픔('슬픔')이 교차하는 상황을 표현함.

나 박남수, 〈아침 이미지 1〉
• **갈래** 자유시, 서정시
• **주제** 생동감 넘치는 아침 이미지에 대한 경외감
• **특징**
① (❸   )의 흐름에 따라 시상이 전개됨.
② 의인화를 통해 대상의 능동적 이미지를 부각함.

›일등급 정리‹
1. 시구의 의미
① '무거운 어깨를 털고': 어둠이 걷히고 물상들이 움직이기 시작하는 모습
② '즐거운 지상의 잔치': 온갖 물상들이 생동감 있게 움직이는 아침의 모습
③ '금으로 타는 태양의 즐거운 울림': 태양이 밝아오면서 지상의 사물들과 어울려 생동감을 띠는 모습

2. '어둠'의 이미지
어둠은 밤의 시간 동안 만물의 생명을 잉태하여 아침이 되면 그 생명을 태어나게 함.
→ '어둠'을 긍정적인 생명 (❹   )의 이미지로 표현함.

01 | 작품 간의 공통점 파악 |

(가)와 (나)의 공통점으로 가장 적절한 것은?

① 시간의 흐름을 바탕으로 시상을 전개하고 있다.
② 도치ᴬ의 방식을 활용하여 의미를 강조하고 있다.
③ 대상에 인격을 부여하여 주제 의식을 드러내고 있다.
④ 수미상관ᴬ의 방식으로 구조적 안정감을 부여하고 있다.
⑤ 역설ᴬ적 표현을 사용하여 화자의 정서를 드러내고 있다.

02 | 시상 전개 과정의 이해 |

(가)를 〈보기〉와 같이 도식화할 때, ㉮~㉰에 대한 설명으로 적절하지 <u>않은</u> 것은?

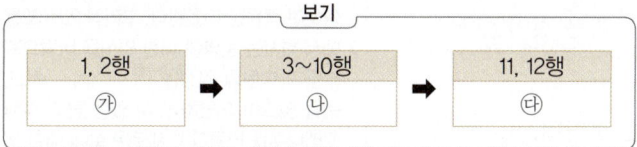

보기

1, 2행	→	3~10행	→	11, 12행
㉮		㉯		㉰

① ㉮에서는 중심 소재에 대한 소망을 포기하지 않을 것임을 제시하고 있다.
② ㉯에서는 수량화한 표현으로 정감의 깊이를 표현하고 있다.
③ ㉰에서는 의문형 진술을 활용하여 이중적인 정서를 드러내고 있다.
④ ㉰에서는 ㉮를 반복·변주ᴬ하여 화자의 의지를 강조하고 있다.
⑤ ㉮~㉰에서는 '기다림 – 상실감 – 기다림'의 순환 구조를 사용하여 시상을 전개하고 있다.

03 학력평가 기출 | 외적 준거에 따른 감상 |

〈보기〉를 참조하여 (가)를 이해한 내용으로 적절하지 <u>않은</u> 것은?

보기

〈모란이 피기까지는〉에는 모란이 피면 기뻐하고, 모란이 지면 절망에 빠지면서도 또다시 모란이 피기를 기다리는 화자의 심정이 드러나 있다. 특히 부사어를 통해 이런 화자의 심정이 강조되어 나타난다.

① 3행의 '뚝뚝'은 모란이 떨어지는 모습을 바라보는 화자의 안타까움을 강조한다.
② 4행의 '비로소'는 모란이 완전히 져버린 것에 대한 화자의 상실감을 강조한다.
③ 9행의 '다'는 모란이 피지 못할 것이라는 화자의 불안감을 강조한다.
④ 10행의 '하냥'은 모란을 보지 못하는 것에 대한 화자의 슬픔을 강조한다.
⑤ 12행의 '아직'은 모란이 다시 피기를 기다리는 화자의 간절함을 강조한다.

04 수능 기출 | 시구의 의미 파악 |

(나)에 대한 이해로 가장 적절한 것은?

① '무거운 어깨를 털고'는 지상으로부터 벗어나기 위해 사물들이 몸부림치는 모습을 표현한 것이다.
② '노동의 시간을 즐기고'는 노동의 고단함을 잊기 위해 사물들이 경쾌하게 움직이는 모습을 표현한 것이다.
③ '즐거운 지상의 잔치'는 기존의 사물들이 새로 태어난 사물들을 반갑게 맞이하는 모습을 표현한 것이다.
④ '태양의 즐거운 울림'은 하늘의 태양이 지상에 있는 사물들과 서로 어울려 생기를 띠는 모습을 표현한 것이다.
⑤ '세상은 개벽을 한다'는 사물들이 새로운 형태로 변화하면서 혼란을 겪는 모습을 표현한 것이다.

문제 속 어휘&개념

▪ **도치(倒置):** 문법에 맞는 정상적인 문장의 어순을 바꾸어 표현하는 방법 예 어머니 보고 싶어요. → 보고 싶어요, 어머니.
▪ **수미상관(首尾相關):** 시의 처음과 끝에 형태적, 의미적으로 동일하거나 유사한 시구를 배열하는 방식

▪ **역설(逆說):** 논리적으로 이치에 맞지 않는 말이지만 그 속에 진리를 담아 표현하는 방법
▪ **변주(變奏):** 색깔이나 모양 또는 내용을 다르게 바꿈. 예 이 작품은 처음에 나오는 내용을 끝부분에서 변주하였다.

　　어느 사이에 나는 아내도 없고, 또,

　　아내와 같이 살던 집도 없어지고,

　　그리고 살뜰한 부모며 동생들과도 멀리 떨어져서,
　　　　　사랑하고 위하는 마음이 자상하고 지극한

[A]　　그 어느 ㉠바람 세인 쓸쓸한 거리 끝에 헤매이었다.

　　바로 날도 저물어서,

　　바람은 더욱 세게 불고, 추위는 점점 더해 오는데,

　　나는 어느 목수(木手)네 집 헌 샅을 깐,
　　　　　　　　　　　　갈대를 엮어서 만든 자리

　　한 방에 들어서 쥔을 붙이었다.　　　▶ 1~8행: 고향을 떠나 방황하는 쓸쓸한 삶

　　이리하여 나는 이 습내 나는 춥고, 누긋한 방에서,

　　낮이나 밤이나 나는 ㉡나 혼자도 너무 많은 것같이 생각하며,

　　딜옹배기에 북덕불이라도 담겨 오면,
　　질그릇　　　　짚이나 풀이 뒤섞여 엉클어진 뭉텅이에 피운 불

[B]　　이것을 안고 손을 쬐며 ㉢재 우에 뜻 없이 글자를 쓰기도 하며,

　　또 문밖에 나가지두 않구 자리에 누워서,

　　머리에 손깍지 베개를 하고 굴기도 하면서,
　　　　　　　　　　　뒹굴기도

　　나는 내 슬픔이며 어리석음이며를 소처럼 연하여 쌔김질하는 것이었다.

　　내 가슴이 꽉 메어 올 적이며,

　　내 눈에 뜨거운 것이 핑 괴일 적이며,
　　　　　　눈물

[C]　　또 내 스스로 화끈 낯이 붉도록 부끄러울 적이며,

　　나는 내 슬픔과 어리석음에 눌리어 죽을 수밖에 없는 것을 느끼는 것이었다.
　　　　　　　　　　　　　　　　　　　▶ 9~19행: 죽음을 생각하는 절망적 현실

　　그러나 잠시 뒤에 나는 고개를 들어,

　　허연 문창을 바라보든가 또 눈을 떠서 높은 천장을 쳐다보는 것인데,

[D]　　이때 나는 내 뜻이며 힘으로, 나를 이끌어 가는 것이 힘든 일인 것을 생각하고,

　　㉣이것들보다 더 크고, 높은 것이 있어서, 나를 마음대로 굴려 가는 것을 생각하는 것인데,

　　이렇게 하여 여러 날이 지나는 동안에,

　　내 어지러운 마음에는 슬픔이며, 한탄이며, 가라앉을 것은 차츰 앙금이 되어 가라앉고,

　　외로운 생각만이 드는 때쯤 해서는,

　　더러 나줏손에 쌀랑쌀랑 싸락눈이 와서 문창을 치기도 하는 때도 있는데,
　　　　저녁 무렵

[E]　　나는 이런 저녁에는 화로를 더욱 다가 끼며, 무릎을 꿇어 보며,

　　어느 먼 산 뒷옆에 바우 섶에 따로 외로이 서서,
　　　　　　　　　　바위 옆

　　어두워 오는데 하이야니 눈을 맞을, 그 마른 잎새에는,

　　쌀랑쌀랑 소리도 나며 눈을 맞을,

　　㉤그 드물다는 굳고 정한 갈매나무라는 나무를 생각하는 것이었다.
　　맑고 깨끗한　　　　　　　▶ 20~32행: 갈매나무와 같은 새로운 삶의 다짐

　　　　　　　　　　　　　　　　　　- 백석, 〈남신의주 유동 박시봉방〉

만점 노트

백석, 〈남신의주 유동 박시봉방〉
• 갈래　자유시, 서정시
• 주제　무기력한 삶에 대한 반성과 새로운 삶의 의지
• 특징
① (❶　　　　　)의 형식을 빌려 화자의 근황을 드러냄.
② 토속적 소재와 평안도 방언을 사용하여 향토적 분위기를 형성함.
③ 산문적 서술 형태이나, 쉼표의 적절한 사용을 통해 운율을 형성함.
④ 절망의 정서에서 (❷　　　　)의 정서로 시상이 전개됨.

▶일등급 정리◀

1. 시상 전개에 따른 화자의 정서 변화

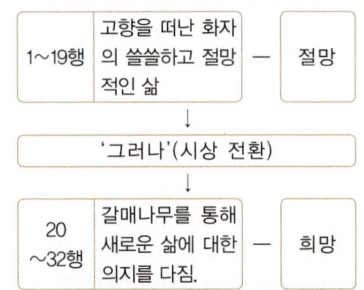

| 1~19행 | 고향을 떠난 화자의 쓸쓸하고 절망적인 삶 | — | 절망 |

↓

'그러나'(시상 전환)

↓

| 20~32행 | 갈매나무를 통해 새로운 삶에 대한 의지를 다짐. | — | 희망 |

→ 1~19행에서 가족과 고향을 떠나 타향을 떠돌던 화자는 고난과 시련 속에서 절망하며 죽음을 떠올린다. 그러나 20~32행에서 화자는 운명에 대한 인식을 바탕으로 슬픔과 한탄의 감정을 (❸　　　　)하고, 눈을 맞으며 의연하게 서 있는 굳고 정한 갈매나무를 떠올리며 새로운 삶에 대한 의욕과 현실 극복 의지를 다지고 있다.

2. '갈매나무'의 의미와 기능
① 시련에도 꺾이지 않는 의연함을 상징하는 소재
② 굳세고 정결한 태도로 살아가겠다는 화자의 현실 (❹　　　　)를 형상화한 소재
③ 화자의 정서를 대변하고 있는 객관적 상관물

3. 제목의 의미
편지 봉투에 쓰는 발신인의 주소로 '남신의주 유동'에 사는 '박시봉 씨네'라는 의미이다.

01
| 표현상의 특징 파악 |

이 시에 대한 설명으로 적절하지 <u>않은</u> 것은?

① 상황을 열거하여 화자의 처지를 강조하고 있다.

② 특정 접속 부사를 활용하여 시상을 전환하고 있다.

③ 쉼표를 자주 사용하여 자연스럽게 운율을 형성하고 있다.

④ 토속적[■]인 시어를 사용하여 향토적 정감을 불러일으키고 있다.

⑤ 편지 형식의 산문적 진술을 통해 가족의 근황을 전달하고 있다.

02
| 시구의 의미 파악 |

㉠~㉤에 나타난 화자의 모습에 대한 이해로 적절하지 <u>않은</u> 것은?

① ㉠ : 객지에서 유랑하는 화자의 처지를 보여 주고 있다.

② ㉡ : 화자가 자신의 몸 하나도 건사[■]하기 힘들 정도로 힘든 상황임을 보여 주고 있다.

③ ㉢ : 무료함을 달래며 무기력하게 시간을 보내고 있는 화자의 모습을 보여 주고 있다.

④ ㉣ : 가족의 해체로 인한 화자의 슬픔과 절망감을 드러내고 있다.

⑤ ㉤ : 슬픔과 부끄러움으로 점철[■]된 삶 속에서도 희망의 끈을 놓지 않으려는 화자의 극복 의지를 드러내고 있다.

03 학력평가 기출
| 시적 화자의 가치관 파악 |

이 시의 화자가 현재 자신의 생각을 바탕으로 정한 좌우명으로 가장 적절한 것은?

① 무실역행(務實力行)   ② 살신성인(殺身成仁)

③ 유비무환(有備無患)   ④ 유유자적(悠悠自適)

⑤ 은인자중(隱忍自重)

04 학력평가 기출
| 시상 전개에 따른 내용 이해 |

이 시의 공간적 배경인 '방'을 [A]~[E]와 관련하여 이해한 내용으로 적절하지 <u>않은</u> 것은?

① [A] : 화자가 가족이나 고향과 '멀리 떨어져서' 외롭게 지내는 자신의 처지를 확인하는 공간이다.

② [B] : '나 혼자' 누워 있는 단절된 공간으로, 화자가 자신의 삶에 대해 끊임없이 고뇌하는 공간이다.

③ [C] : '죽을 수밖에 없'다고 느낄 만큼 화자의 절망감이 심화되는 공간이다.

④ [D] : 화자가 '천장'을 쳐다보며 운명론[■]에서 벗어나 타인에 대한 책임감을 느끼는 공간이다.

⑤ [E] : 화자가 '굳고 정한 갈매나무'를 생각하며 현실 극복의 의지를 드러내는 공간이다.

05
| 외적 준거에 따른 감상 |

〈보기〉를 참고할 때, 화자가 '갈매나무'를 통해 드러내고자 하는 삶의 태도로 가장 적절한 것은?

> **보기**
>
> 객관적 상관물은 문학 작품의 다양한 표현 방식 가운데 하나이다. 화자의 감정이나 생각을 직접 드러내지 않고 다른 대상에 빗대어 간접적으로 표현할 때, 그 대상을 객관적 상관물이라고 한다.

① 운명을 인식하고 그에 맞서 싸우는 태도

② 부정적 상황을 견디며 굳세게 살아가는 태도

③ 속세에서 벗어나 자연과 더불어 살아가는 태도

④ 공동체를 생각하며 다른 사람과 협력하는 태도

⑤ 포기하지 않고 목표를 달성하기 위해 노력하는 태도

문제 속 어휘&개념

■ **토속적(土俗的)**: 그 지방에만 특유한 풍속을 닮은 것
  예 이 소설에는 우리 고유의 <u>토속적</u>인 어휘가 많이 쓰였다.

■ **건사**: 제게 딸린 것을 잘 보살피고 돌봄.
  예 그는 요즘 딸린 식구들을 <u>건사</u>하느라 고생이 심하다.

■ **점철(點綴)**: 관련이 있는 상황이나 사실 따위가 서로 이어짐.
  예 인류의 역사는 전쟁으로 <u>점철</u>되었다.

■ **운명론(運命論)**: 모든 일은 미리 정하여진 필연적인 법칙에 따라 일어나므로 인간의 의지로는 바꿀 수 없다는 이론

㉠해야 솟아라. 해야 솟아라. 말갛게* 씻은 얼굴 고운 해야 솟아라. 산 넘어 산 넘어서 어둠을 살라 먹고, 산 넘어서 밤새도록 어둠을 살라 먹고, 이글이글* 앳된 얼굴 고운 해야 솟아라.

불태워 없애 버리고

▶ 1연: 광명의 세계에 대한 소망

㉡달밤이 싫여, 달밤이 싫여, 눈물 같은 골짜기에 달밤이 싫여, 아무도 없는 뜰에 달밤이 나는 싫여…….

▶ 2연: 절망적 세계에 대한 거부

해야, 고운 해야, 니가 오면, 니가사 오면, 나는 나는 청산이 좋아라. 훨훨훨 깃을 치는 청산이 좋아라. 청산이 있으면 홀로래도 좋아라.

밝은 세상의 도래

▶ 3연: 새로운 세계에 대한 동경

사슴을 따라 사슴을 따라, 양지로 양지로 사슴을 따라, 사슴을 만나면 사슴과 놀고,

칡범*을 따라 칡범을 따라, 칡범을 만나면 칡범과 놀고…….

▶ 4, 5연: 화합과 공존의 모습

해야, 고운 해야, 해야 솟아라. 꿈이 아니래도 너를 만나면, 꽃도 새도 짐승도 한자리 앉아, 워어이 워어이 모두 불러 한자리 앉아, 앳되고 고운 날을 누려 보리라.

'해'의 의인화

▶ 6연: 이상적 세계에 대한 소망
– 박두진, 〈해〉

- **말갛게**: 산뜻하게 맑게
- **이글이글**: 얼굴이나 살이 벌그레하게 잇따라 상기되거나 뜨거워지는 모양
- **칡범**: 몸에 칡덩굴 같은 어룽어룽한 줄무늬가 있는 범

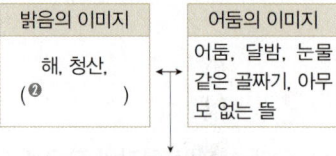

▶ 정답과 해설 11쪽

01 [학력평가 기출] | 표현상의 특징 파악 |

이 시의 표현상 특징과 효과에 대한 설명으로 적절하지 <u>않은</u> 것은?

① 언어의 절제를 통해 동양적 여백의 미를 드러내었다.
② 명령형 어미를 구사하여 소망의 간절함을 드러내었다.
③ 음성 상징어를 활용하여 분위기를 생동감 있게 드러내었다.
④ 대립적 이미지를 지닌 시어를 구사하여 주제를 부각▪시켰다.
⑤ 동일한 시구를 반복함으로써 자연스럽게 리듬감을 형성하였다.

02 | 시어의 의미 파악 |

〈보기〉의 ⓐ~ⓔ 중, 성격이 유사한 시어만을 바르게 묶은 것은?

┌─────── 보기 ───────┐
ⓐ 해   ⓑ 달밤   ⓒ 어둠
ⓓ 골짜기   ⓔ 청산   ⓕ 양지
└──────────────────────┘

① ⓐ, ⓑ, ⓓ   ② ⓐ, ⓔ, ⓕ   ③ ⓑ, ⓒ, ⓔ
④ ⓒ, ⓓ, ⓕ   ⑤ ⓓ, ⓔ, ⓕ

03 | 운율 형성 요소의 이해 |

이 시에서 운율을 형성하는 요소로 알맞지 <u>않은</u> 것은?

① 수미상관의 구조
② 'a-a-b-a'의 구조
③ 의성어와 의태어의 사용
④ 동일한 종결 어미의 반복
⑤ 유사한 통사 구조▪의 반복

04 [학력평가 기출] | 외적 준거에 따른 감상 |

〈보기〉를 참고하여 이 시를 감상한 내용으로 적절하지 <u>않은</u> 것은?

┌─────── 보기 ───────┐
이 시에 등장하는 해는 작가가 지향하는 세계로 향하게 하는 긍정적 매개의 역할을 하고 있다. 부정적인 대상과 대비되는 밝음을 상징하는 해로 인하여 세상은 온갖 사물들이 신생(新生)▪의 빛을 받아 더욱 활기가 넘치는 세계가 된다. 결국 작가가 궁극적으로 바라는 것은 이와 같은 활기찬 세상에서 모든 살아있는 것들이 화합하여 평화롭게 살아가는 것이다.
└──────────────────────┘

① 1연에서는 부정적인 대상인 '어둠'과 대비함으로써 광명▪한 존재인 '해'의 의미를 부각하고 있군.
② 2연에서는 '눈물 같은 골짜기'와 '아무도 없는 뜰'이라는 공간을 제시하여 이 둘을 매개하는 '해'의 역할을 강조하고 있군.
③ 3연에서는 날개 치며 시원스럽게 나는 모양의 의태어인 '훨훨훨'을 활용하여, 햇빛을 받은 '청산'의 활기찬 모습을 표현하고 있군.
④ 4, 5연에서는 '사슴과 놀고'와 '칡범과 놀고'라는 행위를 제시하여 화합과 평화의 가치를 드러내고 있군.
⑤ 6연에서 '꽃도 새도 짐승도' 함께 '앳되고 고운 날'을 누리자는 것에서 작가가 지향하고자 하는 세계를 엿볼 수 있군.

05 | 소재의 의미 파악 |

㉠과 ㉡에 대한 이해로 적절하지 <u>않은</u> 것은?

① ㉠은 화자가 소망하는 대상이다.
② ㉠은 화자를 '청산'으로 이끄는 존재이다.
③ 화자는 ㉡으로 상징되는 현실에서 살고 있다.
④ 화자는 ㉡에 대해 강한 거부감을 드러내고 있다.
⑤ 화자는 ㉠과 ㉡이 공존하는 세상을 꿈꾸고 있다.

문제 속 어휘&개념

▪ **부각(浮刻):** 어떤 사물을 특징지어 두드러지게 함.
　예 위기 상황을 슬기롭게 극복하자 그의 능력이 <u>부각</u>되었다.
▪ **통사 구조(統辭構造):** 문장의 구성 요소들이 문장을 이루는 구조. '통사'는 '문장'과 유사한 의미를 지니고 있다.

▪ **신생(新生):** 사물이 새로 생김.
　예 그 회사는 올해 설립된 <u>신생</u> 기업이다.
▪ **광명(光明):** 밝고 환함. 또는 미래가 밝거나 희망적임.
　예 우리는 누구나 <u>광명</u>한 세상을 기대한다.

눈은 살아 있다

떨어진 ㉠눈은 살아 있다

마당 위에 떨어진 눈은 살아 있다

▶ 1연: 순수한 생명력을 지닌 눈

기침을 하자

젊은 시인이여 ㉡기침을 하자

눈 위에 대고 기침을 하자

눈더러 보라고 마음 놓고 마음 놓고

지금까지는 마음 놓고 기침을 하지 못했음을 알 수 있음. – 부정적 현실

기침을 하자

▶ 2연: 순수한 생명력 회복의 의지

㉮눈은 살아 있다

죽음을 잊어버린 영혼과 육체를 위하여

눈은 새벽이 지나도록 살아 있다

강인한 생명력을 지닌 눈

▶ 3연: 죽음을 초월한 생명력을 지닌 눈

기침을 하자

㉢젊은 시인이여 기침을 하자

눈을 바라보며

밤새도록 고인 가슴의 ㉣가래라도

마음껏 뱉자

▶ 4연: 순수한 정신의 추구

– 김수영, 〈눈〉

김수영, 〈눈〉

· **갈래** 자유시, 서정시, 참여시
· **주제** 순수하고 정의로운 삶에 대한 소망과 의지
· **특징**
  ① '(❶   )'과 '가래'의 이미지가 대립적 구조를 형성함.
  ② 문장의 반복과 변형 및 첨가를 통한 점층적 진행으로 역동적 리듬을 형성함.
  ③ (❷   )형 어미를 반복하여 적극적으로 함께 행동할 것을 권유함.

> 일등급 정리 <

1. 반복과 점층에 의한 시상 전개

1, 3연	2, 4연
눈의 생명력과 참된 가치에 대한 옹호	기침을 통한 불순한 것에 대한 거부

↓

순수한 삶에 대한 소망

→ 1연과 3연에서는 '눈은 살아 있다', 2연과 4연에서는 '기침을 하자'를 반복하고 변형함으로써 의미를 (❸   )적으로 강조함.

2. 시어의 상징적 의미

눈	순수한 생명력을 지닌 존재, 도덕과 양심 등의 참된 가치
기침	마음속에 고여 있는 불순한 것들을 내뱉는 행위, 내면의 (❹) 행위
가래	더럽고 불순한 것, 비겁한 일상성, 소시민성, 속물성 등
젊은 시인	순수하고 가치 있는 것을 추구하는 존재, 불의와 타협하지 않고 양심을 지키는 사람

01
| 표현상의 특징 파악 |

이 시의 표현상의 특징으로 적절하지 않은 것은?

① 선명한 색채 대비▪를 통해 시상을 전개하고 있다.
② 동일한 시구의 반복을 통해 의미를 강조하고 있다.
③ 평범한 일상어를 활용하여 시적 이미지를 표현하고 있다.
④ 청유형 어미를 사용하여 함께 행동할 것을 권유하고 있다.
⑤ 대립적 의미의 시어를 사용하여 주제 의식을 부각하고 있다.

02
| 화자의 태도 파악 |

이 시에 드러난 시적 화자의 태도로 가장 적절한 것은?

① 자아 성찰과 자기희생 의지를 드러내고 있다.
② 부정적 현실에서 벗어나기 위해 노력하고 있다.
③ 현실을 긍정하며 수용하는 태도를 드러내고 있다.
④ 자신이 처한 현실을 외면하는 모습을 보이고 있다.
⑤ 과거의 추억을 떠올리며 암담한 현실을 견뎌 내고 있다.

03 학력평가 기출
| 시구의 의미 파악 |

시적 상상력을 바탕으로, 다음의 내용을 고려하여 ㉮의 의미를 해석한다고 할 때, 그 내용으로 가장 적절한 것은?

'눈[雪]'의 상징	'눈[眼]'의 의미
순수, 결백, 정화, 시련, 냉혹함, ……	▪ 빛의 자극을 받아 물체를 볼 수 있는 감각 기관 ↓ ▪ 사물을 보고 판단하는 힘

① 탈속의 세계를 지향하는 정화된 시선을 뜻한다.
② 옳고 그름을 가려낼 줄 아는 순수한 생명력을 뜻한다.
③ 결백함과 불순함이 혼재된 화자의 내면세계를 뜻한다.
④ 냉혹한 현실로부터 도피하려는 화자의 나약함을 뜻한다.
⑤ 닥쳐올 시련을 인식하지 못하는 근시안적▪ 태도를 뜻한다.

04 학력평가 기출
| 작품의 구조 이해 |

〈보기〉를 바탕으로 이 시를 해석할 때, 적절하지 않은 것은?

> 보기
>
> 이 작품은 차이를 동반하는 반복, 즉 변주를 중심으로 행과 행, 연과 연이 구조화되어 있다. 각 연에서는 반복되는 시구들이 있고 거기에 새로운 시구가 점층적으로 덧붙여지고 있으며, 그러한 변주가 연과 연 사이에서도 나타난다. 이러한 변주를 통해 상황이나 화자의 태도가 구체화되고, 의미의 점층적 강화가 이루어진다.

① 1연에서는 '떨어진', '마당 위에 떨어진'이 점층적으로 덧붙여지면서 '눈은 살아 있다'의 상황이 구체화된다고 볼 수 있다.
② 1~2연으로 이루어진 전반부의 내용은 3~4연으로 이루어진 후반부에서 변주된다고 볼 수 있다.
③ 1연과 3연은 '눈은 살아 있다'라는 시구를 중심으로, 2연과 4연은 '기침을 하자'라는 시구를 중심으로 변주되고 있다.
④ 2연의 '눈더러 보라고 마음 놓고 마음 놓고'는 4연의 '눈을 바라보며'로 변주되면서 의미의 점층적 강화가 나타난다고 볼 수 있다.
⑤ 4연의 '밤새도록 고인 가슴의 가래라도 마음껏 뱉자'에서는 '기침을 하자'가 '가래라도 뱉자'로 변화되면서 거기에 '밤새도록 고인 가슴의'와 '마음껏'이 덧붙여져 있다.

05
| 시어의 의미 파악 |

㉠~㉣에 대한 이해로 적절하지 않은 것은?

① ㉠은 ㉢으로 하여금 순수한 삶의 소망을 일깨우고 있군.
② ㉡은 ㉣을 해소하기 위한 자기 정화 행위로 볼 수 있군.
③ ㉢은 그동안 마음 놓고 ㉡을 하지 못했군.
④ ㉢은 '죽음을 잊어버린 영혼과 육체'를 지닌 사람들을 비판하고 있군.
⑤ ㉣을 '마음껏 뱉자'는 것은 억압과 불의에 대한 저항으로 이해할 수 있겠군.

문제 속 어휘&개념

▪ **색채 대비**: 서로 다른 색채가 뚜렷하게 대비를 이루며 시상이 전개되는 것으로, 시각적 이미지가 강하게 제시된다. **예** 하늘 밑 푸른 바다가 가슴을 열고 / 흰 돛단배가 곱게 밀려서 오면

▪ **근시안적(近視眼的)**: 앞날의 일이나 사물 전체를 보지 못하고 눈앞의 부분적인 현상에만 사로잡히는 것 **예** 그가 말한 것은 근시안적인 대책에 불과하다.

가난하다고 해서 외로움을 모르겠는가,

너와 헤어져 돌아오는

눈 쌓인 골목길에 새파랗게 달빛이 쏟아지는데. ▶ 1~3행: 가난한 젊은이의 외로움

가난하다고 해서 두려움이 없겠는가,

<u>두 점을 치는 소리</u>
새벽 두 시 – 쓸쓸하고 깊은 밤중

방범대원˙의 호각 소리, 메밀묵 사려 소리에

눈을 뜨면 멀리 <u>육중한˙ 기계 굴러가는 소리.</u> ▶ 4~7행: 가난한 젊은이의 두려움
삭막한 현대 기계 문명 – 고된 삶의 현장

가난하다고 해서 그리움을 버렸겠는가,

어머님 보고 싶소 수없이 뇌어 보지만,
고향에 가지 못하는 화자의 안타까운 처지
집 뒤 감나무에 까치밥˙으로 하나 남았을

새빨간 감 바람 소리도 그려 보지만. ▶ 8~11행: 가난한 젊은이의 그리움

가난하다고 해서 사랑을 모르겠는가,

내 볼에 와 닿던 네 입술의 뜨거움

사랑한다고 사랑한다고 속삭이던 네 숨결,

돌아서는 내 등 뒤에 터지던 네 울음. ▶ 12~15행: 가난한 젊은이의 사랑

가난하다고 해서 왜 모르겠는가,

가난하기 때문에 이것들을

이 모든 것들을 버려야 한다는 것을. ▶ 16~18행: 가난 때문에 인간적 감정까지 버려야 하는 안타까움
외로움, 두려움, 그리움, 사랑

– 신경림, 〈가난한 사랑 노래 – 이웃의 한 젊은이를 위하여〉

● **방범대원**: 방범대에 속하여 도둑질, 강도 따위의 범죄를 막는 일을 하는 대원
● **육중한**: 투박하고 무거운
● **까치밥**: 까치 따위의 날짐승이 먹으라고 따지 않고 몇 개 남겨 두는 감

만점 노트

신경림, 〈가난한 사랑 노래〉

• **갈래** 자유시, 서정시
• **주제** (❶   ) 때문에 소중한 감정들을 버려야 하는 비애
• **특징**
  ① 설의법, 도치법 등의 표현을 통해 의미를 강조함.
  ② 유사한 문장 구조를 (❷   )하여 주제를 강조함.
  ③ 다양한 감각적 이미지를 사용하여 화자의 정서를 구체화함.

▶일등급 정리◀

1. 이 시의 창작 의도

외로움, 두려움, 그리움, 사랑 등의 감정들	↔	가난 때문에 인간적 감정들을 버려야 하는 현실

↓

비애와 안타까움
(인간답게 살려는 의지)

→ 1970~80년대 산업화 시기에 고향을 떠나 도시 노동자로 사는 젊은이들이 가난으로 인해 많은 것을 포기할 수밖에 없는 현실을 반영하고 있다. 이러한 가난한 젊은이들의 삶의 애환을 보여 주고 그들을 위로하기 위해 작품이 창작되었다.

2. 유사한 문장 구조의 반복

• 가난하다고 해서 외로움을 모르겠는가
• 가난하다고 해서 두려움이 없겠는가
• 가난하다고 해서 그리움을 버렸겠는가
• 가난하다고 해서 사랑을 모르겠는가
• 가난하다고 해서 왜 모르겠는가

→ (❸   )적 진술의 반복을 통해 정서의 깊이를 심화하여 독자에게 전달함.

3. 이 시에 사용된 다양한 심상

시각적	눈 쌓인 골목길에 새파랗게 달빛이 쏟아지는데
청각적	~ 소리, 네 울음
촉각적	네 입술의 뜨거움, 네 숨결
복합적 (시각+청각)	(❹)

01

| 표현상의 특징 파악 |

이 시의 표현상의 특징으로 적절하지 않은 것은?

① 색채 대비를 통해 쓸쓸한 분위기를 조성하고 있다.

② 유사한 문장 구조를 반복하여 주제를 강조하고 있다.

③ 설의적 표현을 활용하여 시적 의미를 부각하고 있다.

④ 과거와 현재를 교차■하여 반성적 태도를 드러내고 있다.

⑤ 다양한 감각적 이미지를 사용하여 화자의 정서를 구체화하고 있다.

02

| 화자의 정서와 태도 이해 |

이 시의 화자에 대한 이해로 적절하지 않은 것은?

① 도시에서 가난한 삶을 살아가고 있다.

② 삭막한 현실에 두려움을 느끼고 있다.

③ 고향에 계신 어머니를 그리워하고 있다.

④ 가난 때문에 사랑을 이루지 못하고 연인과 이별하였다.

⑤ 삶의 고달픔을 잊으려고 인간적인 감정을 떠올리고 있다.

03 수능 기출

| 다른 작품과의 비교 감상 |

이 시에 쓰인 시어 중, 〈보기〉의 '작은 마을'과 그 이미지가 대응되는 것은?

> ──── 보기 ────
>
> 연달린 산과 산 사이 / 너를 남기고 온
> 작은 마을에도 복된 눈 내리는가
>
> 잉크병 얼어드는 이러한 밤에 / 어쩌자고 잠을 깨어
> 그리운 곳 차마 그리운 곳
>
> 눈이 오는가 북쪽엔 / 함박눈 쏟아져 내리는가
> ─ 이용악, 〈그리움〉

① 눈   ② 메밀묵

③ 기계 굴러가는 소리   ④ 새빨간 감

⑤ 울음

04 수능 기출

| 외적 준거에 따른 감상 |

부제(副題)를 붙여 얻게 되는 효과를 염두에 두고, 이 시를 〈보기〉의 각 요소에 관련지어 설명했다. 적절하지 않은 것은?

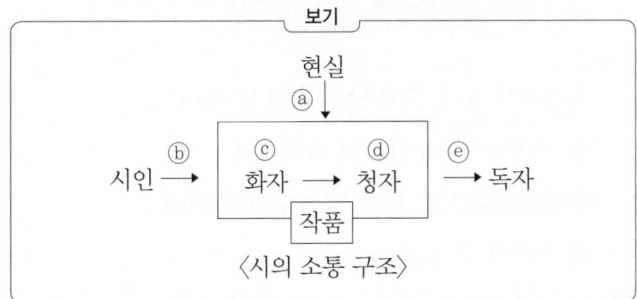
〈시의 소통 구조〉

① ⓐ: 주변에서 흔히 볼 수 있는 가난한 사람들의 삶을 반영해 현실성을 높여 준다.

② ⓑ: 시인과 화자를 분리하여, 시 내용이 시인 자신의 생각과 거리가 있음을 드러낸다.

③ ⓒ: 도시에서 힘들게 살아가지만 인간미를 잃지 않고 있음을 알 수 있게 한다.

④ ⓓ: '너'를 구체적인 청자로 한정하고 있지만, 전체적으로는 화자의 독백이라는 느낌을 준다.

⑤ ⓔ: 그동안 이웃의 가난한 사람들에게 무관심하지 않았는가 하는 반성의 계기를 제공한다.

05

| 작품의 창작 의도 파악 |

이 시의 부제를 고려할 때, 작품의 창작 의도로 가장 적절한 것은?

① 부정적 상황을 극복한 젊은이를 통해 희망을 전하려고

② 가난한 젊은이들의 삶을 위로하고 울분■을 대신 전하려고

③ 산업화로 고향을 상실한 실향민의 그리움을 달래 주려고

④ 현실의 어려움을 극복하기 위해서는 가족 간의 사랑이 필요함을 깨우쳐 주려고

⑤ 가난 때문에 겪는 고통이 더 이상 되풀이되어서는 안 된다는 문제의식을 각성시키려고

문제 속 어휘&개념

■ **교차(交叉):** 서로 엇갈리거나 마주침. **예** 동해안은 한류와 난류가 교차하고 있어서 좋은 어장으로 손꼽힌다.

■ **울분(鬱憤):** 답답하고 분함. 또는 그런 마음 **예** 그는 참고 참았던 울분을 터뜨렸다.

[A]
진주(晉州) 장터 생어물전(生魚物廛)˙에는
　　공간적 배경 – 향토적 정감
바다 밑이 깔리는 해 다 진 어스름˙을,
　　시간적 배경 – 어둡고 무거운 분위기

▶ 1연: 저녁 무렵의 진주 장터

[B]
울엄매의 장사 끝에 남은 고기 몇 마리의
　　　　　팔리지 않고 남은
빛 발(發)하는 눈깔들이 속절없이
은전(銀錢)˙만큼 손 안 닿는 한(恨)이던가

울 엄매야 울 엄매,

▶ 2연: 가난으로 인한 어머니의 한

[C]
별밭은 또 그리 멀리
우리 오누이의 머리 맞댄 골방˙ 안 되어
손 시리게 떨던가 손 시리게 떨던가,

▶ 3연: 추운 골방에서 어머니를 기다리던 오누이

[D]
진주 남강(晉州南江) 맑다 해도
오명 가명
　'오며 가며'의 방언 – 향토적 정감, 운율감 조성
신새벽이나 별빛에 보는 것을,
　새벽부터 밤까지 일하던 어머니의 고달픈 하루
울 엄매의 마음은 어떠했을꼬,

[E]
빛 받은 옹기전˙의 옹기˙들같이
말없이 글썽이고 반짝이던 것인가.

▶ 4연: 어머니의 한과 눈물

– 박재삼, 〈추억에서〉

- **생어물전(生魚物廛)**: 생선을 파는 가게
- **어스름**: 조금 어둑한 상태. 또는 그런 때
- **은전(銀錢)**: 은으로 만든 돈
- **골방**: 큰방의 뒤쪽에 딸린 작은방
- **옹기전**: 옹기를 파는 가게
- **옹기**: 질그릇과 오지그릇을 통틀어 이르는 말

박재삼, 〈추억에서〉
- **갈래** 자유시, 서정시
- **주제** 가난했던 어린 시절과 어머니의 한(恨)
- **특징**
  ① 시각적 이미지를 통해 한의 정서를 형상화함.
  ② 구체적 지명과 방언을 사용하여 향토적 분위기를 조성함.
  ③ (❶　　　) 어미를 통해 감정을 적절히 절제하여 표현함.

▶일등급 정리◀

1. 어머니에 대한 화자의 정서
화자는 가난했던 어린 시절과 어머니의 고된 삶을 떠올리면서 어머니에 대한 (❷　　　)과 애틋함을 드러냄.

2. 시어의 상징적 의미

은전	소유할 수 없는 부(富)
별밭	오누이가 닿을 수 없는 소망의 세계
(❸　　)	가난하고 외로운 오누이의 현실

3. 표현상의 특징
① 의문형 어미의 사용: '한이던가', '떨던가', '어떠했을꼬', '것인가' 등에서 의문형 어미를 사용함. 한스러운 정서를 직접적으로 표출하지 않음으로써 감정을 절제하고 여운을 주고 있음.
② 시구의 반복: '울 엄매야 울 엄매', '손 시리게 떨던가 손 시리게 떨던가' 등에서 시구를 반복하여 화자의 정서를 강조하고 운율을 형성함.
③ (❹　　　　) 이미지의 활용: '빛 발하는 눈깔들', '은전만큼 손 안 닿는 한', '달빛 받은 옹기전의 옹기들' 등에서 시각적 이미지를 활용하여 어머니의 한과 슬픔을 표현함.

01 학력평가 기출 　　　　　　　　　 | 표현상의 특징 파악 |

이 시의 표현상 특징과 효과로 볼 수 없는 것은?

① 시어나 시구를 반복하여 운율감을 느끼게 하고 있다.

② 대화의 형식을 사용하여 정서 전달의 효과를 높이고 있다.

③ 추위와 어둠의 이미지를 통해 화자의 처지를 보여 주고 있다.

④ 시각적 이미지를 사용하여 어머니의 한(恨)을 형상화하고 있다.

⑤ 구체적 지명과 사투리를 사용하여 유년기의 정서를 드러내고 있다.

02 　　　　　　　　　　　　　 | 화자의 정서와 태도 이해 |

이 시의 화자에 대한 이해로 적절하지 않은 것은?

① 성인이 되어 가난했던 어린 시절을 회상하고 있다.

② 자신의 지난 삶을 되돌아보며 잘못을 반성하고 있다.

③ 의문형 어미를 통해 감정을 절제하여 나타내고 있다.

④ 방언을 사용해 어머니에 대한 친근감을 드러내고 있다.

⑤ 가난으로 고통받던 어머니에 대해 안타까움을 표출하고 있다.

03 모의평가 기출 　　　　　　　　　 | 작품의 종합적 감상 |

이 시에 대한 감상으로 적절하지 않은 것은?

① '해 다 진 어스름'은 어둠이 깔리는 파장 무렵 '생어물전'의 분위기를 보여 주는군.

② '빛 발하는 눈깔'은 '손 안 닿는' '은전'과 연결되어 '한'의 정서를 유발하는군.

③ '손 시리게 떨던가'에서는 추운 밤 '별밭' 아래의 '골방' 속에서 느꼈던 행복감이 드러나는군.

④ '진주 남강'은 공간적 구체성을 보여 주는 한편 낮에 강을 보지 못할 정도로 바삐 생계를 꾸려 가던 '울 엄매'를 떠올리게 하는군.

⑤ '글썽이고 반짝이던'은 달빛이 비친 '옹기'의 표면과 '울 엄매'의 눈물을 함께 환기하는군.

04 학력평가 기출 　　　　　　　　　 | 외적 준거에 따른 감상 |

〈보기〉는 이 시에 대한 수업 장면의 일부이다. 학생의 발표 내용으로 적절하지 않은 것은?

――――――― 보기 ―――――――

선생님: 이 시는 화자가 어린 시절을 회상한 내용을 중심으로 전개되고 있습니다. 따라서 아래에 제시된 장면들을 중심으로 시의 내용을 파악하는 것도 의미 있겠지요? 그럼 시를 꼼꼼히 읽고 아래 장면들에서 각자 파악한 내용을 발표해 볼까요?

[장면 1]	[장면 2]	[장면 3]
진주 장터	진주 장터 오가는 길	골방

―――――――――――――――――

① [장면 1]은 생계를 위해 생어물전에서 장사를 하던 어머니의 모습을 보여 줍니다.

② [장면 1]은 팔리지 않은 고기를 통해 고단한 어머니의 삶의 모습을 보여 줍니다.

③ [장면 2]는 어머니가 새벽부터 밤늦게까지 일하러 다니던 모습을 보여 줍니다.

④ [장면 2]는 오누이가 진주 남강의 맑은 물을 바라보며 어머니의 귀갓길을 염려하는 모습을 보여 줍니다.

⑤ [장면 3]은 장사하러 간 어머니를 추위에 떨며 기다리던 오누이의 모습을 보여 줍니다.

05 모의평가 기출 　　　　　　　　　 | 다른 작품과의 비교 감상 |

〈보기〉는 이 시의 시인이 쓴 다른 작품의 일부이다. [A]~[E]에서 〈보기〉의 상황을 가장 잘 나타내고 있는 것은?

――――――― 보기 ―――――――

새벽 서릿길을 밟으며
어머니는 장사를 나가셨다가
촉촉한 밤이슬에 젖으며
우리들 머리맡으로 돌아오셨다.

– 박재삼, 〈어떤 귀로〉

―――――――――――――――――

① [A]　　② [B]　　③ [C]　　④ [D]　　⑤ [E]

13 슬픔이 기쁨에게

나는 이제 너에게도 슬픔을 주겠다.
_{소외된 이웃과 더불어 살아가고자 하는 따뜻한 마음}
사랑보다 소중한 슬픔을 주겠다.

겨울밤 거리에서 귤 몇 개 놓고
_{힘겨운 삶의 상황}
살아온 추위와 떨고 있는 할머니에게
_{소외된 이웃 ①}
㉠귤 값을 깎으면서 기뻐하던 너를 위하여

나는 ㉡슬픔의 평등한 얼굴을 보여 주겠다.　　　▶ 1~6행: 이기적인 '너'에게 슬픔을 주고자 함.

내가 어둠 속에서 너를 부를 때

단 한 번도 평등하게 웃어 주질 않은

가마니에 덮인 동사자•가 다시 얼어 죽을 때
_{소외된 이웃 ②}
㉢가마니 한 장조차 덮어주지 않은

무관심한 너의 사랑을 위해

㉣흘릴 줄 모르는 너의 눈물을 위해

나는 이제 너에게도 기다림을 주겠다.　　　▶ 7~13행: 무관심한 '너'에게 기다림을 주고자 함.

이 세상에 내리던 함박눈을 멈추겠다.

보리밭에 내리던 봄눈들을 데리고

추워 떠는 사람들의 슬픔에게 다녀와서
_{가난하고 소외된 사람들}
눈 그친 눈길을 너와 함께 걷겠다.

슬픔의 힘에 대한 이야기를 하며

㉤기다림의 슬픔까지 걸어가겠다.　　　▶ 14~19행: 진정한 사랑과 화합을 위해 '너'와 함께 가고자 함.

　　　　　　　　　　　　　　　　－ 정호승, 〈슬픔이 기쁨에게〉

• 동사자(凍死者): 얼어 죽은 사람

만점 노트

정호승, 〈슬픔이 기쁨에게〉

- **갈래** 자유시, 서정시
- **주제** 이기적인 세태에 대한 비판과 더불어 살아가는 삶의 추구
- **특징**
  ① '(❶　　　　)'과 '(❷　　　　)'을 의인화하여 상대방에게 말을 건네는 방식으로 시상을 전개함.
  ② '슬픔'과 '기쁨'에 일상적 의미에서 벗어난 새로운 의미를 부여하여 주제를 전달함.
  ③ 서술어('–겠다')의 반복을 통해 운율감을 형성하고 의지적 자세를 드러냄.

▶일등급 정리◀

1. '기쁨'과 '슬픔'의 의미

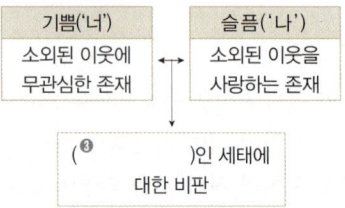

기쁨('너')　　　　슬픔('나')
소외된 이웃에　↔　소외된 이웃을
무관심한 존재　　　사랑하는 존재

(❸　　　　)인 세태에
대한 비판

→ '기쁨'을 소외된 사람들에게 무관심한 이기적인 존재로, '슬픔'을 소외된 사람들의 아픔을 함께할 수 있는 아름다운 존재로 설정하여, 남의 아픔에 무관심한 세태를 비판함.

2. 시어의 상징적 의미

어둠	고통스럽고 소외된 삶
가마니 한 장	최소한의 인정이나 관심
눈물	타인에 대한 사랑과 배려
기다림	소외된 이웃의 아픔에 공감할 수 있는 시간
(❹　　　　)	가진 자들이 누리던 풍요와 기쁨, 소외된 이들의 삶을 더욱 고통스럽게 하는 시련
봄눈	소외된 사람들을 위한 따뜻한 애정

01
| 표현상의 특징 파악 |

이 시에 대한 설명으로 적절하지 않은 것은?

① 역설적 표현을 사용하여 시적 의미를 부각하고 있다.
② 추상적 개념을 의인화하여 주제 의식을 전달하고 있다.
③ 화자와 청자가 대화하는 방식으로 시상을 전개하고 있다.
④ 동일한 종결 어미를 반복하여 화자의 의지를 강조하고 있다.
⑤ 대립되는 이미지의 시어를 통해 바람직한 삶의 태도를 형상화하고 있다.

02
| 시어의 의미 파악 |

다음 시어 중에서 내포된 의미가 이질적인 것은?

① 너   ② 사랑   ③ 무관심
④ 기다림   ⑤ 함박눈

03 학력평가 기출
| 화자의 태도 추리 |

〈보기〉의 화자가 이 시의 '너'에게 들려줄 말로 가장 적절한 것은?

> ─────── 보기 ───────
> 또 다른 말도 많고 많지만
> 삶이란
> 나 아닌 그 누구에게
> 기꺼이 연탄 한 장 되는 것
>
> – 안도현, 〈연탄 한 장〉

① 어려움을 참고 이겨 내는 것이 바람직한 삶입니다.
② 신념을 불태우며 꿋꿋하게 사는 것도 행복한 삶입니다.
③ 모든 사람을 평등하게 대우하는 것이 정의로운 삶입니다.
④ 큰 일보다는 작은 일을 추구하는 것도 아름다운 삶입니다.
⑤ 힘겨운 사람들에게 아낌없이 베푸는 것이 가치 있는 삶입니다.

04 학력평가 기출
| 구체적 상황에 적용하기 |

다음의 신문 기사 중, 이 시의 화자가 비판할 만한 사회적 현실은?

① 최근 강원도 영동 지방에는 예상량을 훨씬 넘는 폭설로 피해가 속출하고 있다. 이는 천재지변에 대한 대비가 충분하지 못한 우리 사회의 모습을 보여 준다.
② ○○대학 3학년에 재학 중인 박 모 씨가 약물 과다 복용으로 목숨을 잃었다. 법관이 꿈이던 박 씨는 고시 공부를 열심히 해 오다 1년 전부터 마약을 복용하기 시작했다고 한다.
③ 오늘 오후 3시 경부 고속 도로에서 10여 명의 사상자를 낸 교통 사고가 발생했다. 김 모 씨가 승합차를 과속으로 몰던 중 앞서 가던 승용차를 추돌, 전복▪되면서 뒤따라오던 승용차와 다시 부딪혔다.
④ ○○동에 사는 김 모 할아버지가 죽은 지 3일 만에 발견되었다. 아무도 돌보는 이 없이 홀로 살던 김 씨가 노환▪으로 숨을 거뒀으나 평소 김 씨를 찾던 사람이 아무도 없어 죽은 후 3일 동안 방치되었다.
⑤ 최근 무면허자에 의한 성형 수술의 부작용으로 인해 병원을 찾는 이가 늘어나고 있다고 한다. 성형 전문의 장 모 씨에 따르면 그동안 한 달에 2~3명씩 찾아오던 수술 부작용 환자들이 평균 7~8명으로 늘었다고 한다.

05
| 시구의 의미 파악 |

㉠~㉤을 이해한 내용으로 적절하지 않은 것은?

① ㉠: 타인의 고통을 생각하지 않고 자신의 이익만을 추구하는 이기적인 모습을 엿볼 수 있군.
② ㉡: 사회적 약자를 평등한 존재로 바라보는 자세가 필요함을 일깨워 주려고 하는군.
③ ㉢: 소외된 이웃에게 최소한의 관심조차 기울이지 않는 모습을 통해 상황의 심각성을 부각시키고 있군.
④ ㉣: 슬픔을 참고 견디며 부정적인 현실을 극복하려는 모습을 보여 주는군.
⑤ ㉤: 기쁨이 슬픔의 가치를 깨달을 때까지 기다리겠다는 의지를 드러내고 있군.

문제 속 어휘&개념

■ **전복(顚覆):** 차나 배 따위가 뒤집힘.
  예 기차가 전복되어 많은 사람이 다쳤다.

■ **노환(老患):** 늙고 쇠약해지면서 생기는 병
  예 옆집 할아버지께서 어제 노환으로 돌아가셨다.

가 흔들리는 나뭇가지에 꽃 한번 피우려고
사랑을 이루고자 하는 대상
눈은 얼마나 많은 도전을 멈추지 않았으랴   ▸ 1연: 나뭇가지에 꽃을 피우기 위한 눈의 도전
사랑을 이루려는 주체

싸그락 싸그락 두드려 보았겠지
눈이 내리는 소리 – 의성어
난분분˙ 난분분 춤추었겠지
눈이 내리는 모습 – 의태어
미끄러지고 미끄러지길 수백 번,   ▸ 2연: 눈꽃을 피우기 위한 눈의 노력

바람 한 자락 불면 휙 날아갈 사랑을 위하여

햇솜 같은 마음을 다 퍼부어 준 다음에야

마침내 피워 낸 저 황홀 보아라   ▸ 3연: 나뭇가지에 핀 눈꽃

봄이면 가지는 그 한 번 덴 자리에
눈이 녹는 계절
세상에서 가장 아름다운 상처를 터뜨린다.   ▸ 4연: 눈이 녹은 자리에 봄꽃을 피우는 나무

– 고재종, 〈첫사랑〉

● **난분분(亂紛紛):** 눈이나 꽃잎 따위가 흩날리어 어지러움.

나 가야 할 때가 언제인가를
이별의 순간
㉠분명히 알고 가는 이의 / 뒷모습은 얼마나 아름다운가.   ▸ 1연: 이별의 아름다운 수용

봄 한철

㉡격정을 인내한 / 나의 사랑은 지고 있다.   ▸ 2연: 젊은 날의 사랑이 끝남.

분분한 낙화…… / 결별이 이룩하는 축복에 싸여
꽃잎이 뒤섞여 떨어지는 모습
지금은 가야 할 때   ▸ 3연: 축복의 의미로 승화되는 이별

㉢무성한 녹음과 그리고
㉣머지 않아 열매 맺는 / 가을을 향하여

나의 청춘은 꽃답게 죽는다.   ▸ 4연: 내적 성숙을 위한 이별

헤어지자 / 섬세한 손길을 흔들며

하롱하롱 꽃잎이 지는 어느 날   ▸ 5연: 이별의 아름다운 정경
가볍게 흩날리는 모양(의태어)

나의 사랑, 나의 결별, / ㉤샘터에 물 고이듯 성숙하는

내 영혼의 슬픈 눈.   ▸ 6연: 이별을 통해 성숙해지는 영혼

– 이형기, 〈낙화(落花)〉

만점 노트

가 **고재종, 〈첫사랑〉**
• 갈래 자유시, 서정시
• 주제 인내와 헌신을 통해 이루어 낸 사랑의 아름다움
• 특징
  ① 자연 현상에서 (❶   )의 의미를 발견함.
  ② 역설적 표현으로 대상이 지닌 속성을 나타냄.

› 일등급 정리 ‹

1. 시간의 흐름에 따른 시상 전개

| 눈이 내리는 모습 | — | 첫사랑을 이루기 위한 노력과 시련 |

↓

| 눈꽃이 핀 모습 | — | 첫사랑이 이루어진 기쁨 |

↓

| 봄꽃이 핀 모습 | — | 첫사랑의 아픔 후의 정신적 성숙 |

2. '아름다운 상처'의 의미
꽃의 황홀한 모습을 '아름다운'으로, 눈이 꽃을 피우기까지의 시련과 고통의 과정을 '상처'로 표현
→ (❷   )적 표현으로 첫사랑의 아픔을 겪고 난 후의 정신적 성숙을 드러냄.

나 **이형기, 〈낙화〉**
• 갈래 자유시, 서정시
• 주제 이별을 통해 얻는 영혼의 성숙
• 특징
  ① 이별에 대한 긍정적 인식을 역설적으로 표현함.
  ② 자연 현상을 통해 인생의 의미를 발견함.

› 일등급 정리 ‹

1. 자연 현상과 인간사의 대응

자연 현상		인간의 삶
꽃이 져야 잎이 무성해지고 가을에 열매를 맺음.	=	이별을 통해 영혼이 성숙해짐.

→ '꽃'은 사랑, '(❸   )'는 이별, '녹음'과 '열매'는 영혼의 성숙을 의미함.

2. '결별이 이룩하는 축복'의 의미
꽃이 진 후에 녹음이 펼쳐지고 열매를 맺는 것을 축복으로 표현
→ 이별도 영혼의 (❹   )을 위한 축복이 될 수 있다는 의미를 드러내고 있는 역설적 표현

01 | 작품 간의 공통점 파악 |

(가)와 (나)의 공통점으로 가장 적절한 것은?

① 자신의 삶을 되돌아보며 성찰하고 있다.

② 자연 현상에서 삶의 의미를 이끌어 내고 있다.

③ 부정적인 시대 상황에 순응하는 태도를 보이고 있다.

④ 현실적인 삶의 문제를 극복하려는 의지를 드러내고 있다.

⑤ 변함없는 자연의 모습에서 바람직한 삶의 자세를 배우고 있다.

02 | 표현상의 특징 파악 |

(가)의 표현상의 특징으로 가장 적절한 것은?

① 설의법을 사용하여 대상의 노력을 부각하고 있다.

② 시간의 흐름을 역전시켜 시상 전개에 변화를 주고 있다.

③ 음성 상징어를 통해 목표를 이룬 기쁨을 나타내고 있다.

④ 가정법을 사용하여 화자의 간절한 소망을 드러내고 있다.

⑤ 의인법을 사용하여 대상에 대한 그리움을 노래하고 있다.

03 학력평가 기출 | 시구의 의미 파악 |

〈보기〉를 바탕으로 (가)를 이해한 내용으로 적절하지 않은 것은?

> **보기**
>
> 이 작품은 눈과 나뭇가지의 사랑을 그리고 있다. 눈은 바람이 불면 날아가 버릴지라도 나뭇가지에 눈꽃을 피우기 위해 인내하고 헌신하는 존재이다. 이러한 노력으로 첫사랑인 눈꽃을 피워 내고, 봄이 되면 나뭇가지는 아름다운 꽃을 피워 낸다. 이를 통해 인내와 헌신으로 피워 낸 사랑의 고귀함을 전달하고 있다.

① '미끄러지고 미끄러지길 수백 번'은 눈이 눈꽃을 피우기 위해 겪는 시련으로 볼 수 있다.

② '다 퍼부어 준 다음에야'는 나뭇가지에 대한 눈의 헌신적 태도로 볼 수 있다.

③ '마침내 피워 낸 저 황홀'은 나뭇가지의 노력을 통해 피어난 봄꽃의 기쁨으로 볼 수 있다.

④ '한 번 덴 자리'는 눈이 녹은 자리이자 봄꽃이 피는 자리라는 점에서 고귀한 사랑의 바탕으로 볼 수 있다.

⑤ '아름다운 상처'는 끝없는 인내와 헌신 끝에 얻은 사랑의 결실인 봄꽃으로 볼 수 있다.

04 수능 기출 | 시구의 의미 파악 |

(나)의 ㉠~㉤에 대한 이해로 가장 적절한 것은?

① ㉠은 이별에 직면한 화자가 겪고 있는 내적인 방황을 드러내고 있다.

② ㉡은 이별을 감내하면서도 지나간 사랑에 연연해하고 있는 화자의 회한을 드러내고 있다.

③ ㉢은 이별의 고통으로 인하여 삶의 목표를 상실하고 번민에 가득 차 있는 화자의 상황을 표현하고 있다.

④ ㉣은 이별의 경험이 내적 충만으로 이어지리라는 화자의 기대감을 계절의 의미에 빗대어 표현하고 있다.

⑤ ㉤은 이별로 인한 상실감을 잊고 과거의 삶으로 회귀하는 화자의 태도를 표현하고 있다.

05 수능 기출 | 외적 준거에 따른 감상 |

〈보기〉를 참고하여 (나)를 감상한 내용으로 적절하지 않은 것은?

> **보기**
>
> 이 작품은 인간사의 이별을 꽃의 떨어짐에 비유함으로써 청춘기 자아의 성장 과정을 상징적으로 보여 준다. 자아는 세계와의 관계 속에서 성장의 가능성을 발견한다. 이 과정에서 자아는 시련에 부딪혀 자신이 갖고 있던 정체성의 변화를 겪게 되고, 그러한 변화를 인정하고 수용하면서 새로운 자아상을 확립해 나가게 된다.

① 제1연과 제3연의 '가야 할 때'는 이전과는 달라진 상황을 인식할 때라는 점에서, 새로운 자아의 모습을 찾게 되는 계기라고 할 수 있군.

② 제2연의 '봄 한철'과 제4연의 '꽃답게 죽는다'는 청춘기의 열정을 비유하고 있다는 점에서, 시련에 부딪혀 열정을 잃어 가는 자아의 모습을 보여 준다고 할 수 있군.

③ 제3연의 '결별이 이룩하는 축복에 싸여'는 이별의 결과에 대한 긍정적인 의미를 담고 있다는 점에서, 변화의 수용이 자아 성장의 과정으로 이어질 수 있음을 알 수 있군.

④ 제5연의 '헤어지자 / 섬세한 손길을 흔들며'는 이별을 수용하는 모습을 표현하고 있다는 점에서, 세계와의 관계가 변화되었음을 인정하려는 자아의 태도를 보여 준다고 할 수 있군.

⑤ 제6연의 '내 영혼의 슬픈 눈'은 화자가 자신을 성찰하고 있음을 보여 준다는 점에서, 시련을 통해 새로워지는 자아상을 확립해 나가는 것임을 알 수 있군.

[A]
ㄱ새벽 시내버스는
차창에 웬 찬란한 치장을 하고 달린다
엄동˙ 혹한˙일수록
선연히 피는 성에꽃
생생하게

▶ 1~4행: 새벽 시내버스 차창에 핀 성에꽃을 바라봄.

[B]
어제 이 버스를 탔던
ㄴ처녀 총각 아이 어른
미용사 외판원 파출부 실업자의
입김과 숨결이
간밤에 은밀히 만나 피워 낸
번뜩이는 기막힌 아름다움

▶ 5~10행: 성에꽃을 통해 느끼는 서민들의 삶의 아름다움

[C]
나는 무슨 전람회˙에 온 듯
성에꽃을 예술 작품에 비유함.
ㄷ자리를 옮겨 다니며 보고
다시 꽃이파리 하나, 섬세하고도
차가운 아름다움에 취한다
어느 누구의 막막한 한숨이던가
어떤 더운 가슴이 토해낸 ㄹ정열의 숨결이던가

[D]
일없이 정성스레 입김으로 손가락으로
아무런 까닭이나 실속 없이
성에꽃 한 잎 지우고
이마를 대고 본다
서민들의 삶에 대한 연민과 공감
덜컹거리는 ㅁ창에 어리는 푸석한˙ 얼굴

▶ 11~19행: 서민들의 삶에 대한 깊은 이해와 공감

[E]
오랫동안 함께 길을 걸었으나
지금은 면회마저 금지된 친구여.

▶ 20~22행: 지금은 만날 수 없는 친구에 대한 안타까움

– 최두석, 〈성에꽃〉

- **엄동**: 몹시 추운 겨울
- **혹한**: 몹시 심한 추위
- **전람회**: 소개, 교육, 선전 따위를 목적으로 물건이나 예술 작품을 진열하여 놓고 여러 사람에게 보이는 모임
- **푸석한**: 부피만 크고 바탕이 거칠어서 부스러지기가 쉬운

만점 노트

최두석, 〈성에꽃〉

- **갈래** 자유시, 서정시
- **주제** 서민들의 삶에 대한 애정
- **특징**
  ① 서민들의 삶의 (❶   )을 자연물로 형상화함.
  ② 담담한 어조로 암담한 사회 현실을 제시함.
  ③ 현재 시제를 사용하여 현장감을 줌.
  ④ (❷   )적 표현을 사용하여 대상을 형상화함.

▶ 일등급 정리 ◀

1. 시상 전개에 따른 화자의 정서

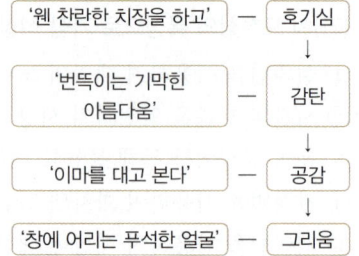

'웬 찬란한 치장을 하고'	—	호기심
'번뜩이는 기막힌 아름다움'	—	감탄
'이마를 대고 본다'	—	공감
'창에 어리는 푸석한 얼굴'	—	그리움

2. '성에꽃'의 의미

'성에꽃'을 비유한 표현
• 찬란한 치장
• 번뜩이는 기막힌 아름다움
• 섬세하고도 차가운 아름다움
• (❸   )
• 정열의 숨결

↓

힘겨운 상황에서도 아름답게 피어나는 서민들의 삶의 (❹   )

01

| 작품의 종합적 감상 |

이 시에 대한 설명으로 적절하지 **않은** 것은?

① 부정적 현실에 대한 인식을 바탕으로 하고 있다.

② 화자가 추구하는 공동체적 삶에 뿌리를 두고 있다.

③ 서민들의 삶에 대한 따뜻한 애정과 연민이 드러나 있다.

④ 역설적인 표현을 통해 서민들의 삶의 아름다움을 나타내고 있다.

⑤ 화자는 안일한 자신과 달리 열심히 살아가는 서민들에게 부끄러움을 느끼고 있다.

02

| 시구의 의미 파악 |

㉠~㉤의 의미로 적절하지 **않은** 것은?

① ㉠ : 화자가 서민들의 삶을 느끼는 공간

② ㉡ : 우리 주변의 평범한 사람들

③ ㉢ : 서민들의 삶을 이해하려는 행위

④ ㉣ : 서민들의 삶의 애환▣

⑤ ㉤ : 화자가 세상을 바라보는 통로

03 학력평가 기출

| 시상 전개에 따른 내용 이해 |

[A]~[E]를 이해한 내용으로 적절하지 **않은** 것은?

① [A]: 계절적 배경과 관련지어 차창에 핀 성에꽃의 속성을 드러내고 있다.

② [B]: 서민들의 입김과 숨결이 만나 이루어진 성에꽃에서 아름다움을 느끼고 있다.

③ [C]: 서민들의 삶에 대한 따뜻한 시선을 바탕으로 성에꽃의 아름다움에 심취▣하고 있다.

④ [D]: 현실의 벽에 부딪혀 성에꽃을 지우는 태도를 통해 무력감을 드러내고 있다.

⑤ [E]: 오랫동안 함께 했던 친구를 떠올리며 안타까움을 느끼고 있다.

04 학력평가 기출

| 다른 작품과의 비교 감상 |

이 시와 〈보기〉에 대한 설명으로 적절하지 **않은** 것은?

> **보기**
>
> 추위가 칼날처럼 다가든 새벽
> 무심히 커튼을 젖히다 보면
> 유리창에 피어난, 아니 이런 황홀한 꿈을 보았나.
> 세상과 나 사이에 밤새 누가
> 이런 투명한 꽃을 피워 놓으셨을까.
> 들녘의 꽃들조차 제 빛깔을 감추고
> 씨앗 속에 깊이 숨죽이고 있을 때
> 이내 스러지는● 니르바나●의 꽃을
> 저 얇고 날카로운 유리창에 누가 새겨 놓았을까.
> 허긴 사람도 그렇지.
> 가장 가혹한 고통의 밤이 끝난 자리에
> 가장 눈부시고 부드러운 꿈이 일어서지.
> 새하얀 신부 앞에 붉고 푸른 색깔들 입 다물듯이
> 들녘의 꽃들 모두 제 향기를
> 씨앗 속에 깊이 감추고 있을 때
> 어둠이 스며드는 차가운 유리창에 이마를 대고
> 누가 저토록 슬픈 향기를 새기셨을까.
> 한 방울 물로 스러지는
> 불가해●한 비애의 꽃송이들을
>
> – 문정희, 〈성에꽃〉

● **스러지는**: 형체나 현상 따위가 차차 희미해지면서 없어지는

● **니르바나**: 모든 번뇌의 얽매임에서 벗어나고, 진리를 깨달아 불생불멸의 법을 체득한 경지. 불교의 궁극적인 실천 목적이다.

● **불가해(不可解)**: 이해할 수 없음.

① 이 시와 〈보기〉 모두 계절적 배경을 활용하고 있다.

② 이 시와는 달리, 〈보기〉에서는 '성에꽃'의 순간성이 부각되어 있다.

③ 이 시와 〈보기〉 모두 '성에꽃'이 아름다운 대상으로 설정되어 있다.

④ 이 시와 〈보기〉 모두 '성에꽃'을 통해 절망적인 사회 현실을 드러내고 있다.

⑤ 〈보기〉와는 달리, 이 시에서는 '성에꽃'을 보면서 특정한 인물을 떠올리고 있다.

문제 속 어휘&개념

▣ **애환(哀歡)**: 슬픔과 기쁨을 아울러 이르는 말
　예 이 작품은 서민 생활의 애환을 그리고 있다.

▣ **심취(心醉)**: 어떤 일이나 사람에 깊이 빠져 마음을 빼앗김.
　예 그는 한때 음악에 심취했던 적이 있었다.

Ⅱ

고전 시가

핵심 개념 ① 고전 시가의 갈래별 특징

❶ 고대 가요

(1) 개념 : 향찰로 표기된 향가가 나타나기 전까지의 시가

(2) 특징

　① 배경 설화 속에 삽입되어 구전되다가 후대에 한역됨.

　② 집단적 서사 가요에서 점차 개인적 서정 가요로 변모함.

(3) 주요 작품 : 〈공무도하가〉, 〈구지가〉, 〈황조가〉, 〈정읍사〉 등

> 훨훨 나는 저 꾀꼬리 / 암수 정답게 노니는데,
> 외로울사 이 내 몸은 / 뉘와 함께 돌아갈꼬.　　　　　　　– 유리왕, 〈황조가〉
>
> ⇨ 임을 잃은 외로움을 '꾀꼬리'라는 자연물을 매개로 하여 표현한 최초의 개인적 서정시

❷ 향가

(1) 개념 : 한자의 음과 뜻을 빌려 우리말 어순대로 적는 향찰로 표기한 신라의 노래

(2) 특징

　① 승려, 화랑 등 귀족 계층이 주요 작가층임.

　② 초기 형태인 4구체에서 8구체로 발전, 10구체로 완성됨.

(3) 주요 작품 : 〈서동요〉, 〈처용가〉, 〈찬기파랑가〉, 〈제망매가〉 등

> 선화 공주님은 / 남몰래 정을 통해 두고
> 맛둥(서동) 도련님을 / 밤에 몰래 안고 간다.　　　　　　　– 서동, 〈서동요〉
>
> ⇨ 백제 무왕이 신라의 선화 공주와 사랑을 이루기 위해 지었다는, 현전하는 가장 오래된 향가

❸ 고려 가요

(1) 개념 : 향가의 쇠퇴 후 새로이 나타나 고려의 서민층에서 널리 향유된 노래

(2) 특징

　① 구전되다가 한글 창제 후 문자로 기록되어 창작 연대, 작가 등을 알기 어려움.

　② 3·3·2조의 3음보 율격이 많으며, 대체로 분절체이고 후렴구가 발달함.

　③ 평민들이 부르던 노래로 서민들의 소박하고 풍부한 정서가 진솔하게 드러남.

(3) 주요 작품 : 〈동동〉, 〈가시리〉, 〈청산별곡〉, 〈서경별곡〉, 〈정석가〉 등

> 살어리 살어리랏다 청산애 살어리랏다.
> 멀위랑 ᄃ래랑 먹고 청산애 살어리랏다. / 얄리얄리 얄랑셩 얄라리 얄라
>
> 우러라 우러라 새여 자고 니러 우러라 새여.
> 널라와 시름 한 나도 자고 니러 우니로라. / 얄리얄리 얄라셩 얄라리 얄라
> 　　　　　　　– 작자 미상, 〈청산별곡〉
>
> ⇨ 고려 시대 민중들의 삶의 애환을 다룬 대표적인 고려 가요

01 다음 작품에 대한 설명으로 적절하지 <u>않은</u> 것은?

> 훨훨 나는 저 꾀꼬리
> 암수 정답게 노니는데,
> 외로울사 이 내 몸은
> 뉘와 함께 돌아갈꼬
> 　　　– 유리왕, 〈황조가〉

① 작가와 연대가 뚜렷하다.

② 가장 오래된 개인적 서정시이다.

③ 배경 설화 속에 삽입되어 전한다.

④ 자연물에 감정을 이입하여 화자의 정서를 표현하였다.

⑤ 앞부분에서 경치를 묘사하고 뒷부분에서 정서를 드러내었다.

02 향가에 대한 설명으로 적절하지 <u>않은</u> 것은?

① 10구체는 '사뇌가'라 불린다.

② 향찰로 표기한 신라의 노래이다.

③ 민요가 정착된 4구체가 초기의 형태이다.

④ 현전하는 작품의 작가로는 여성이 가장 많다.

⑤ 현전하는 가장 오래된 향가는 〈서동요〉이다.

03 다음 작품에 대한 설명으로 적절하지 <u>않은</u> 것은?

> 살어리 살어리랏다 청산애 살어리랏다.
> 멀위랑 ᄃ래랑 먹고 청산애 살어리랏다.
> 얄리얄리 얄랑셩 얄라리 얄라
> 　　　– 작자 미상, 〈청산별곡〉

① 3·3·2조 3음보의 율격을 보인다.

② '청산'은 속세와 대비되는 공간이다.

③ 뛰어난 문학성을 지닌 대표적 고려 가요이다.

④ 구전되다가 한글 창제 후에 문자로 기록되었다.

⑤ 경쾌한 후렴구가 작품 전체의 분위기와 잘 어울린다.

④ 경기체가

(1) 개념 : 고려 중엽부터 조선 초기까지 귀족층 사이에서 향유되던 교술적 성격의 노래. 각 소절의 끝에 '경(景) 긔 엇더ᄒ니잇고'나 '경기하여'라는 후렴구가 붙음.

(2) 특징

① 선비들의 학식, 체험, 사물이나 경치 등을 노래하면서 신흥 사대부의 호탕한 기상과 자부심을 드러냄.

② 가사 문학 형성에 영향을 줌.

(3) 주요 작품 : 〈한림별곡〉, 〈죽계별곡〉 등

> 원슌문(元淳文) 인노시(仁老詩) 공노ᄾ륙(公老四六)
> 니졍언(李正言) 딘한림(陳翰林) 솽운주필(雙韻走筆)
> 튱긔ᄃ|ᄎ|(沖基對策) 광균경의(光鈞經義) 량경시부(良鏡詩賦)
> 위 시댱(試場)ㅅ 경(景) 긔 엇더ᄒ니잇고.　　　　　– 한림 제유, 〈한림별곡〉
>
> 유원순의 문장, 이인로의 시, 이공로의 사륙변려문 / 이규보와 진화의 운을 맞추어 거침없이 써 내려간 글
> 유충기의 대책문, 민광균의 경서 뜻풀이, 김양경의 시와 부 / 아, 과거 시험장의 모습 그것이 어떠합니까?
>
> ⇨ 고려 시대 사대부들의 정서를 표현한 작품으로, 현전하는 가장 오래된 경기체가

⑤ 한시

(1) 개념 : 한문으로 이루어진 정형시로, 원래 중국의 시가 양식이지만 우리나라에 유입되어 한문을 사용하는 상류 계층에서 주로 창작함.

(2) 주요 작품 : 〈여수장우중문시〉, 〈제가야산독서당〉, 〈송인〉, 〈보리타작〉 등

> 雨歇長堤草色多(우헐장제초색다)　　비 갠 긴 언덕엔 풀빛이 푸른데,
> 送君南浦動悲歌(송군남포동비가)　　남포에서 임 보내며 슬픈 노래 부르네.
> 大同江水何時盡(대동강수하시진)　　대동강 물이야 어느 때나 마를 건가,
> 別淚年年添綠波(별루년년첨록파)　　이별의 눈물은 해마다 푸른 물결에 보태나니.
> 　　　　　　　　　　　　　　　　　　　　– 정지상, 〈송인〉
>
> ⇨ 우리나라 한시 중 이별가의 백미로 평가되는 7언 절구의 한시

⑥ 악장

(1) 개념 : 조선 시대 궁중 의식과 행사, 종묘의 제악(祭樂) 등에 쓰이던 송축가

(2) 특징

① 조선 초기에 발생하여 성종 이후 소멸한 갈래로, 대부분 조선조의 권신(權臣)들이 창작하고 향유함.

② 조선 건국의 정당성을 강조하고 문물제도를 찬양하는 내용, 임금의 만수무강과 왕가의 번창을 기원하는 내용 등이 주를 이룸.

(3) 주요 작품 : 〈용비어천가〉, 〈월인천강지곡〉, 〈신도가〉, 〈상대별곡〉 등

> 해동(海東) 육룡(六龍)이 ᄂᆞᄅᆞ샤 일마다 천복(天福)이시니.
> 고성(古聖)이 동부(同符)ᄒ시니.　　　　　– 정인지 등, 〈용비어천가〉
>
> 해동(우리나라)의 여섯 용(임금)이 나시어 하시는 일마다 하늘의 복을 받으시니.
> 중국의 옛 성왕(聖王)들의 사적과 꼭 맞으시니.
>
> ⇨ 새 왕조 창업의 정당성을 노래한 작품으로, 세종 때 훈민정음으로 지어진 최초의 악장

✔ **개념 체크**

04 경기체가의 갈래적 특징으로 보기 어려운 것은?

① 교술적 성격을 지니고 있다.

② 고려 시대에 처음 나타나 조선 전기까지 계승되었다.

③ 구비 전승되다 조선 시대에 와서 문자로 기록되었다.

④ 당시 상류 계층의 생활상과 가치관이 반영되어 있다.

⑤ 동일하게 되풀이되는 후렴구에서 명칭이 유래되었다.

05 다음 작품을 이해하기 위해 메모한 내용으로 적절하지 않은 것은?

> 비 갠 긴 언덕엔 풀빛이 푸른데, / 남포에서 임 보내며 슬픈 노래 부르네. / 대동강 물이야 어느 때나 마를 건가, / 이별의 눈물은 해마다 푸른 물결에 보태나니.
> 　　　　– 정지상, 〈송인〉

① 화자가 위치하고 있는 공간 → 대동강 가의 남포

② 화자가 처한 상황 → 임과 이별하고 있음.

③ 사용된 표현법 → 대조법, 도치법, 과장법 등

④ 시상 전환의 매개물이 되는 것 → 슬픈 노래

⑤ 작품의 의의 → 이별가의 백미로 평가되는 한시

06 다음 작품에 대한 설명으로 적절하지 않은 것은?

> 불휘 기픈 남ᄀᆞᆫ ᄇᆞᄅᆞ매 아니 뮐씨, 곶 됴코 여름 하ᄂᆞ니.
> 　　　– 정인지 등, 〈용비어천가〉

① 15세기 고어 연구의 귀중한 자료이다.

② 조선 건국의 송축가이며 영웅 서사시이다.

③ 구전되다가 한글 창제 이후 문자로 기록되었다.

④ 주로 조선 시대 권신들이 창작하고 향유한 문학 갈래이다.

⑤ 조선 초기에 발생했으나 후대에까지 계속 창작되지는 않았다.

❼ 언해

(1) 개념: 한문으로 된 것을 조선 시대 한글 창제 이후 우리말로 번역한 것

(2) 특징: 중세 국어 연구의 중요한 문헌적 자료이자, 한문학의 소개와 대중화로 우리 문학의 영역을 넓히는 데 영향을 줌.

> 나라히 파망(破亡)ᄒᆞ니 뫼콰 ᄀᆞᄅᆞᆷ뿐 잇고,
> 잣 않 보ᄆᆡ 플와 나모뿐 기펫도다. – 두보, 〈춘망(春望)〉
>
> 나라가 패망하니 산과 강물만 남아 있고 / 성 안에 봄이 오니 풀과 나무만 깊어 있도다.
>
> ⇨ 전란의 비애를 그린 한시로, 국문학 사상 최초의 번역 시집인 〈두시언해〉의 대표적 작품

❽ 시조

(1) 개념: 고려 중엽에 발생하여 말엽에 완성된 정형시로, 현재까지 이어지고 있음.

(2) 특징

① 3장 6구 45자 내외가 일반적인 형식. 3 · 4조 또는 4 · 4조의 음수율, 4음보가 기본이며 종장의 첫 음보는 3음절로 고정되어 있음.

② 임금부터 양반, 부녀자, 기녀에 이르기까지 향유 계층이 다양함.

③ 우리나라 고유의 정형시 형태이며, 현대 시조로 계승됨.

(3) 종류

① 평시조: 3장 6구 45자 내외의 글자로 구성된 정형시

② 엇시조: 평시조에서 종장의 첫 구를 제외하고 어느 한 구절이 길어진 형태

③ 사설시조: 평시조의 형식에서 두 구절 이상이 길어진 형태

(4) 전개 양상

① 고려 말의 시조: 시조라는 형태가 정형시로 완성됨. 왕조 교체기의 위국충절, 패망한 나라에 대한 회고를 다룬 작품이 많음.

② 조선 전기의 시조: 단시조를 중첩한 연시조가 등장함. 유학자들의 검소함과 담백한 정서, 충의 사상, 자연관을 다룬 작품이 많음.

③ 조선 후기의 시조: 산문화와 서민 의식의 영향으로 사설시조가 등장함. 충의가, 안빈낙도, 연정, 현실 비판 및 풍자 등 다양한 내용이 나타남.

> 동기로 세 몸 되어 한 몸같이 지내다가 / 두 아운 어디 가서 돌아올 줄 모르는고.
> 날마다 석양 문외에 한숨 겨워 하노라. – 박인로의 시조
>
> 삼 형제로 태어나 한 몸처럼 지내다가 / 두 아우는 어디 가서 돌아올 줄 모르는가.
> 날마다 저녁 나절 문 밖에 (두 동생을 기다리며) 한숨을 이기지 못하노라.
>
> ⇨ 임진왜란 중에 헤어진 동생들에 대한 그리움과 기다림을 노래한 평시조
>
> 귓도리 져 귓도리 어엿부다 져 귓도리
> 어인 귓도리 지는 달 새는 밤의 긴 소릐 쟈른 소릐 절절(節節)이 슬픈 소릐 제 혼자 우러 녜어 사창(紗窓) 여왼 잠을 살드리도 깨오는고나.
> 두어라 제 비록 미물(微物)이나 무인동방(無人洞房)에 내 뜻 알 리는 저뿐인가 ᄒᆞ노라. – 작자 미상의 사설시조
>
> 귀뚜라미, 저 귀뚜라미, 불쌍하다 저 귀뚜라미 / 어찌된 귀뚜라미가 지는 달, 새는 밤에 긴 소리 짧은 소리 마디마디 슬픈 소리로 저 혼자 울고 다니며 규방에서 자는 (나의) 옅은 잠을 잘도 깨우는구나.
> 두어라, 제가 비록 미물이지만 임 없이 지내는 텅빈 방에서 나의 뜻을 알아 줄 이는 너뿐인가 하노라.
>
> ⇨ 잠 못 드는 여인의 외로운 마음을 귀뚜라미에 의탁하여 표현한 사설시조

개념 체크

07 다음의 빈칸에 들어갈 알맞은 문학 갈래는?

> 훈민정음 창제 이후 한문으로 전해 오던 수많은 문헌을 대상으로 번역 사업을 추진하였다. 이때 번역한 작품을 (　　　)(이)라고 하는데, 이는 우리 문학의 영역을 넓히는 데 크게 기여하였다.

① 언해 ② 악장
③ 한시 ④ 시조
⑤ 경기체가

08 시조에 대한 설명으로 적절하지 않은 것은?

① 3장 6구 45자 내외, 4음보가 기본 형태이다.
② 10구체 향가와 민요 등의 영향을 받아 발생하였다.
③ 조선 영조 때 가객 이세춘에 의해 '시조'라고 불리게 되었다.
④ 엇시조는 평시조와 달리 어느 한 구절이 길어진 형태이다.
⑤ 발생 초기에는 왕과 귀족층에서 향유되었으나 조선 후기에는 서민층에서만 창작되었다.

09 다음 작품에 대한 설명으로 적절하지 않은 것은?

> 동기로 세 몸 되어 한 몸같이 지내다가
> 두 아운 어디 가서 돌아올 줄 모르는고.
> 날마다 석양 문외에 한숨 겨워 하노라. – 박인로의 시조

① 갈래상 평시조에 해당한다.
② 화자는 3형제 중 맏이이다.
③ 작품의 공간적 배경은 '석양 문외'이다.
④ 아우들은 저녁 무렵 나가서 돌아오지 않고 있다.
⑤ 시조의 특성상 종장의 '날마다'는 음절 수가 고정되어 있다.

9 가사

(1) 개념: 고려 말에서 조선 초에 형태를 갖춘 갈래로, 조선 후기까지 주로 사대부들이 창작하여 부른, 운문과 산문의 중간 형태의 노래

(2) 특징

① 3(4)·4조의 연속체, 4음보. 작품의 마지막 행은 대체로 시조 종장의 율격(3·5·4·3)과 일치함.

② 형식은 운문이지만 개인적인 정서뿐만 아니라 교훈적인 내용이나 여행의 견문 등 다양한 산문적 내용을 담고 있는 중간 형태의 문학 갈래임.

(3) 주요 작품: 〈상춘곡〉, 〈면앙정가〉, 〈관동별곡〉, 〈사미인곡〉, 〈속미인곡〉 등

(4) 전개 양상

① 조선 전기의 가사: 임금에 대한 연모의 정을 노래하거나 자연에서 유유자적하는 마음을 노래한 작품이 많음.

② 조선 후기의 가사: 내방 가사, 유배 가사 등이 등장함. 작가층이 확대되면서 평민들이 자신들의 생활을 사실적으로 표현한 작품들도 나타남.

(5) 가사의 유형

① 은일 가사: 자연에 묻혀 사는 선비의 생활을 다룬 가사

② 내방 가사: 부녀자에 의해 지어진 가사

③ 기행 가사: 여행 중에 얻은 견문과 소감을 적은 가사

④ 유배 가사: 귀양살이를 통해 새로이 얻은 경험과 견문을 읊은 가사

홍진(紅塵)에 뭇친 분네 이내 생애(生涯) 엇더ᄒᆞ고.
넷사ᄅᆞᆷ 풍류(風流)를 미ᄎᆞᆯ가 못 미ᄎᆞᆯ가.
천지간(天地間) 남자(男子) 몸이 날만ᄒᆞᆫ 이 하건마ᄂᆞᆫ,
산림(山林)에 뭇쳐 이셔 지락(至樂)을 ᄆᆞ를 것가.　　　– 정극인, 〈상춘곡〉

속세에 묻혀 사는 사람들이여 이 나의 생활이 어떠한가 / 옛사람의 풍류에 미치겠는가, 못 미치겠는가.
세상에 남자의 몸으로 태어나 (처지가) 나와 비슷한 사람이 많건마는,
그들은 왜 자연에 묻혀 지내는 지극한 즐거움을 모르는 것인가?

⇨ 봄의 경치를 구경하며 느끼는 흥취를 노래한 작품으로, 조선 시대 사대부 가사의 효시

---

10 민요

(1) 개념: 민중들 사이에서 자연스럽게 발생하여 불려 온 소박한 노래로, 작사가·작곡가가 따로 없으며 서민들의 진솔하고 소박한 정서가 직접 표출되어 있음.

(2) 특징: 입에서 입으로 전승되는 구전성, 정서를 직접적으로 표출하는 서정성, 서민의 일상생활을 바탕으로 하는 서민성 등의 특징이 있음.

(3) 주요 작품: 〈시집살이 노래〉, 〈논매기 노래〉, 〈아리랑 타령〉 등

잠아 잠아 짙은 잠아 이내 눈에 쌓인 잠아
염치 불구 이내 잠아 검치 두덕˙ 이내 잠아
어제 간밤 오던 잠이 오늘 아침 다시 오네
잠아 잠아 무삼 잠고 가라 가라 멀리 가라　　　– 작자 미상, 〈잠 노래〉

• **검치 두덕**: 욕심 언덕

⇨ 부녀자들이 쏟아지는 잠을 참으며 밤새 바느질을 할 때 불렀던 대구 지방의 민요

✓ 개념 체크

10 다음 작품에 대한 설명으로 적절하지 <u>않은</u> 것은?

> 홍진(紅塵)에 뭇친 분네 이내 생애(生涯) 엇더ᄒᆞ고.
> 넷사ᄅᆞᆷ 풍류(風流)를 미ᄎᆞᆯ가 못 미ᄎᆞᆯ가.
> 천지간(天地間) 남자(男子) 몸이 날만ᄒᆞᆫ 이 하건마ᄂᆞᆫ,
> 산림(山林)에 뭇쳐 이셔 지락(至樂)을 ᄆᆞ를 것가.
> 　　　– 정극인, 〈상춘곡〉

① 조선 사대부 가사의 효시이다.
② 3(4)·4조, 4음보 연속체의 율격을 지니고 있다.
③ 자연을 즐기는 삶에 대한 자부심을 드러내고 있다.
④ 안빈낙도(安貧樂道)하는 삶의 태도를 드러내고 있다.
⑤ 임금에 대한 충성이라는 유교적 관념을 표출하고 있다.

11 다음 작품의 화자에 대한 설명으로 가장 적절한 것은?

> 잠아 잠아 짙은 잠아 이내 눈에 쌓인 잠아
> 염치 불구 이내 잠아 검치 두덕 이내 잠아 〈중략〉
> 석반(夕飯)을 거두치고 황혼이 대듯마듯
> 낮에 못 한 남은 일을 밤에 할랴 마음먹고
> 　　　– 작자 미상, 〈잠 노래〉

① 염치없고 욕심 많은 여인
② 고달픈 현실을 비관하는 여인
③ 즐거운 마음으로 일하는 여인
④ 고된 노동에 시달려 잠이 부족한 여인
⑤ 잠이 많아 시댁 식구들에게 핀잔을 듣는 여인

핵심 개념 ② 고전 시가의 주제

❶ 자연 친화

■ 자연에 대한 예찬이나 자연 속에서 느끼는 즐거움을 노래함.

> 공명(功名)도 날 씌우고, 부귀(富貴)도 날 씌우니,
> 청풍명월(淸風明月) 외(外)예 엇던 벗이 잇스올고.　　　– 정극인, 〈상춘곡〉
>
> 공명도 날 꺼리고 부귀도 날 꺼리니 / 청풍명월 외에 어떤 벗이 있겠는가?
>
> ⇨ 주제: 봄의 아름다운 경치 감상과 안빈낙도(安貧樂道)

❷ 사랑과 이별

■ 남녀 간의 사랑과 이별, 임에 대한 간절한 그리움을 노래함.

> 묏버들 갈히 것거 보내노라 님의손디, / 자시는 창(窓) 밧긔 심거 두고 보쇼셔.
> 밤비예 새닙곳 나거든 날인가도 너기쇼셔　　　– 홍랑의 시조
>
> 묏버들 골라 꺾어서 임에게 보내노라. / 주무시는 창문 밖에 심어 두고 보소서.
> 밤비에 새잎이라도 나거든 나를 보는 것처럼 여겨 주소서.
>
> ⇨ 주제: 임에게 보내는 사랑

❸ 연군과 충의

■ 임금에 대한 그리움과 충절, 나라에 대한 걱정을 노래함.

> 뎌 믹화 것거 내여 님 겨신 딕 보내오져.
> 님이 너를 보고 엇더타 너기실고.　　　– 정철, 〈사미인곡〉
>
> 저 매화를 꺾어 내어 임(임금) 계신 곳에 보내고 싶구나. / 임께서 너를 보고 어떻다 생각하실꼬.
>
> ⇨ 주제: 임금을 그리는 정(연군지정)

❹ 유교적 가치

■ 충(忠)과 효(孝) 등 인간이 지켜야 할 유교적 가치를 노래함.

> 아바님 날 나ᄒ시고 어마님 날 기르시니 / 부모(父母)옷 아니시면 내 모미 업슬랏다.
> 이 덕을 갑프려 ᄒ니 하늘 ᄀ이 업스샷다.　　　– 주세붕, 〈오륜가〉
>
> 아버님 날 낳으시고 어머님 날 기르시니 / 부모님이 아니셨더라면 내 몸이 없었으리로다.
> 이 덕을 갚으려 하니 하늘같이 끝이 없습니다.
>
> ⇨ 주제: 삼강오륜 중 부자유친(父子有親)

❺ 풍자와 비판

■ 봉건적 질서, 탐관오리와 지배층을 풍자하고 비판함.

> 두터비 파리를 물고 두험 우희 치다라 안자 / 것넌산(山) 바라보니 백송골(白松
> 鶻)이 떠 잇거늘 가슴이 금즉하여 풀덕 뛰여 내닷다가 두험 아래 쟛바지거고.
> 모쳐라 날낸 낼싀만졍 에헐질 번 하괘라.　　　– 작자 미상의 사설시조
>
> 두꺼비가 파리를 물고 두엄 위에 뛰어 올라가 앉아
> 건너편 산을 바라보니 흰 송골매가 떠 있기에 가슴이 섬뜩하여 펄쩍 뛰어 내닫다가 두엄 아래 자빠졌구나.
> 마침 날랜 나였기에 망정이지 (하마터면 다쳐서) 피멍이 들 뻔했구나.
>
> ⇨ 주제: 탐관오리의 횡포와 허장성세(虛張聲勢) 풍자

---

12 다음 중, 〈보기〉와 주제가 가장 유사한 것은?

> ──────〈 보기 〉──────
> 말 업슨 청산(靑山)이요, 태(態) 업슨 유수(流水)로다.
> 갑 업슨 청풍(淸風)이요, 임자 업슨 명월(明月)이라.
> 이 중(中)에 병(病) 업슨 이 몸이 분별(分別) 업시 늙으리라.
> 　　　– 성혼의 시조

① 구룸 비치 조타 ᄒ나 검기를 즈로 ᄒ다. / 브람 소리 묽다 ᄒ나 그칠 적이 하노매라. / 조코도 그칠 뉘 업기는 믈뿐인가 ᄒ노라.　– 윤선도, 〈오우가〉

② 백구(白鷗)야 말 물어보자 놀라지 말아스라. / 명구승지(名區勝地)를 어디어디 벌였더냐. / 날더러 자세히 일러든 너와 게가 놀라.　– 김천택의 시조

③ 국화야, 너난 어이 삼월 동풍(三月東風) 다 지내고 / 낙목한천(落木寒天)에 네 홀로 피었나니. / 아마도 오상고절은 너뿐인가 하노라.　– 이정보의 시조

④ 동창(東窓)이 밝았느냐 노고지리 우지진다. / 소 치는 아이는 상기 아니 일었느냐. / 재 너머 사래 긴 밭을 언제 갈려 하나니.　– 남구만의 시조

⑤ 청산(靑山)은 엇뎨ᄒ야 만고(萬古)애 프르르며, / 유수(流水)는 엇뎨ᄒ야 주야(晝夜)애 긋디 아니ᄂ고. / 우리도 그치디 말아 만고상청호리라.　– 이황, 〈도산십이곡〉

13 다음 작품에서 작가의 의도를 바르게 파악한 것은?

> 참새야 어디서 오가며 나느냐,
> 일 년 농사는 아랑곳하지 않고,
> 늙은 홀아비 홀로 갈고 맸는데,
> 밭의 벼며 기장을 다 없애다니.
> 　　　– 이제현, 〈사리화〉

① 사랑　② 비판　③ 연군
④ 충의　⑤ 자연 친화

강호	강과 호수 = 자연 예 강호(江湖)에 봄이 드니 (자연에 봄이 찾아오니) – 맹사성, 〈강호사시가〉
괴다	사랑하다 예 어마님ᄀ티 괴시리 업세라. (어머님같이 사랑하실 이가 없습니다.) – 작자 미상, 〈사모곡〉
녀다, 녜다	가다, 살다 예 즈믄 힐를 외오곰 녀신둘 (천 년을 홀로 살아간들) – 작자 미상, 〈서경별곡〉
니르다	말하다 예 ᄒ믈며 못다 핀 곳이야 닐러 므슴 ᄒ리오. (하물며 아직 피지 못한 꽃이야 말해 무엇하겠는가.) – 유응부의 시조
도화	복숭아꽃 예 써오ᄂ니 도화ㅣ로다. (떠오는 것이 복숭아꽃이로구나.) – 정극인, 〈상춘곡〉
됴타(둏다)	좋다 예 머도록 더옥 됴타. (멀수록 더욱 좋구나.) – 윤선도, 〈어부사시사〉
모쳐라	마침 예 모쳐라 날낸 낼싀만졍 에헐질 번 하괘라. (마침 날랜 나였기에 망정이지 피멍이 들 뻔했구나.) – 작자 미상의 시조
백구	흰 갈매기 예 백구(白鷗)야 말 물어보자. (흰 갈매기야, 말 물어보자.) – 김천택의 시조
버히다	베다 예 동지ㅅ둘 기나긴 밤을 한 허리를 버혀 내어 (동짓달 기나긴 밤의 한가운데를 베어 내어) – 황진이의 시조
삼경	밤 11시에서 새벽 1시 예 삼경(三更)이 깊어 갈 제 (밤이 깊어 갈 때) – 박인로, 〈상사곡〉
싀어디다	사라지다, 죽다 예 출하리 싀어디여 범나븨 되오리라. (차라리 죽어서 범나비가 되리라.) – 정철, 〈사미인곡〉
시비	사립문 예 시비(柴扉)를 여지 마라. (사립문을 열지 마라.) – 신흠, 〈방옹시여〉
실솔	귀뚜라미 예 실솔(蟋蟀)이 상에 울 제 (귀뚜라미가 침상에서 울 때) – 허난설헌, 〈규원가〉
암향	그윽한 향기 예 암향(暗香)좃ᄎ 부동(浮動)터라. (그윽한 향기조차 떠도는구나.) – 안민영, 〈매화사〉
어리다	어리석다 예 이 마음 어리기도 님 위한 탓이로세. (이 마음 어리석은 것도 모두 임을 위하기 때문일세.) – 윤선도, 〈견회요〉
어엿브다	불쌍하다 예 어엿브다 저 귓도리 (불쌍하다 저 귀뚜라미) – 작자 미상의 시조
어즈버	감탄사 '아아' 예 어즈버 씌두라니 진시황의 타시로다. (아아, 깨달으니 진시황의 탓이로다.) – 박인로, 〈선상탄〉
역군은 이샷다	임금의 은혜 덕분이다 예 이렁 굼도 역군은이샷다. (이렇게 지내는 것도 임금의 은혜 덕분이다.) – 송순, 〈면앙정가〉
외다	틀리다, 그르다 예 슬프나 즐거오나 옳다 하나 외다 하나 (슬프나 즐거우나 옳다 하나 그르다 하나) – 윤선도, 〈견회요〉
이화	배꽃 예 이화(梨花)에 월백(月白)ᄒ고 (하얀 배꽃에 달빛이 은은히 비치고) – 이조년의 시조
자규	두견새 예 일지춘심(一枝春心)을 자규ㅣ야 아랴마는 (나뭇가지에 맺힌 봄의 정서를 두견새가 알겠느냐마는) – 이조년의 시조
져근덧	잠깐 사이에, 문득 예 져근덧 밤이 드러 (잠깐 사이에 밤이 되어) – 정철, 〈관동별곡〉
조타(좋다)	깨끗하다 예 구룸 비치 조타 ᄒ나 (구름의 빛깔이 깨끗하다고 하나) – 윤선도, 〈오우가〉
천석고황	자연의 아름다운 경치를 사랑하고 즐기는 성질이나 버릇 예 천석고황을 고텨 므슴ᄒ료. (자연을 사랑하는 병을 고쳐 무엇하겠는가?) – 이황, 〈도산십이곡〉
하다	많다 예 널라와 시름 한 나도 (너보다 시름이 많은 나도) – 작자 미상, 〈청산별곡〉
행화	살구꽃 예 도화 행화(桃花杏花)는 석양리에 퓌여 잇고 (복숭아꽃과 살구꽃은 석양 속에 피어 있고) – 정극인, 〈상춘곡〉
혜다	헤아리다, 생각하다 예 도로혀 혜여ᄒ니 마누라 타시로다. (돌이켜 생각하니 주인님 탓이로다.) – 이원익, 〈고공답주인가〉
홍진	속세 예 홍진(紅塵)에 뭇친 분네 (속세에 묻혀 사는 사람들이여) – 정극인, 〈상춘곡〉
~도곤	~보다 예 삼공(三公)도곤 낫다 ᄒ더니 (삼정승보다 낫다 하더니) – 윤선도, 〈만흥〉
-ㄹ셰라	-할까 두렵다 예 선ᄒ면 아니 올셰라. (서운하면 아니 오실까 두렵습니다.) – 작자 미상, 〈가시리〉

가

ⓐ생사(生死) 길은

예 있으매 머뭇거리고,
　여기(이승)
나는 간다는 말도
　죽은 누이
못다 이르고 어찌 갑니까.　▶ 기: 죽은 누이에 대한 안타까움

어느 가을 ⓑ이른 바람에

이에 저에 ⓒ떨어질 잎처럼,

ⓓ한 가지에 나고

가는 곳 모르온저.　▶ 서: 인생의 무상감

아아, ⓔ미타찰(彌陀刹)에서 만날 나
　　　　　　　　　화자(월명사)
도(道) 닦아 기다리겠노라.　▶ 결: 슬픔의 종교적 승화

　　　　　　　　– 월명사(김완진 해독), 〈제망매가(祭亡妹歌)〉

• 미타찰(彌陀刹): 아미타불이 살고 있는 정토(淨土)로, 괴로움이 없으며 지극히 안락하고 자유로운
세상

삶과 죽음의 길은

이승에 있으므로 머뭇거리고,

나는 간다는 말도

못 다 이르고 어찌 갑니까.

어느 가을 이른 바람에

여기저기에 떨어질 잎처럼.

같은 가지에 나고서도

가는 곳을 모르겠구나.

아아, 극락세계에서 만날 나는

도 닦으며 기다리겠노라.

만점 노트

가 월명사, 〈제망매가〉
• 갈래　10구체 향가
• 주제　죽은 누이에 대한 추모
• 특징
① 정제되고 세련된 비유와 표현 기교를 사용함.
② 혈육과의 (❶　　　　)에서 오는 슬픔을 종교적으로 승화함.

▶ 일등급 정리 ◀

1. 시상 전개에 따른 화자의 정서

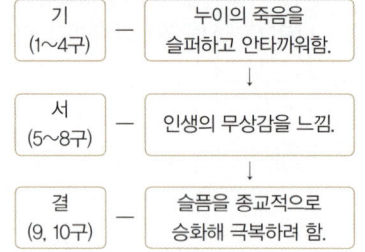

| 기
(1~4구) | — | 누이의 죽음을
슬퍼하고 안타까워함. |

↓

| 서
(5~8구) | — | 인생의 무상감을 느낌. |

↓

| 결
(9, 10구) | — | 슬픔을 종교적으로
승화해 극복하려 함. |

2. 시어의 의미

이른 바람	누이의 때 이른 죽음
떨어질 잎	죽은 누이
(❷　　　　)	같은 부모

나

군(君)은 어비여,

신(臣)은 ᄃᆞᄉᆞ샬 어ᅀᅵ여,
　　사랑하실
민(民)은 얼혼 아히고 ᄒᆞ샬디

민(民)이 ᄃᆞᆯ 알고다.　▶ 기: 군·신·민의 관계 – 가족주의

구믈ㅅ다히 살손 물생(物生)
주어진 여건에 순응하며 살아가는
이흘 머기 다ᄉᆞ라

이 ᄯᅡᄒᆞᆯ ᄇᆞ리곡 어듸 갈뎌 ᄒᆞᆯ디

나라악 디니디 알고다.　▶ 서: 백성을 다스리는 도리 – 민본주의

아으, 군(君)다이 신(臣)다이 민(民)다이 ᄒᆞᄂᆞᆯᄃᆞᆫ

나라악 태평(太平)ᄒᆞ니잇다.　▶ 결: 국태민안의 방법 – 각자의 본분에 충실

　　　　　　　　– 충담사(양주동 해독), 〈안민가(安民歌)〉

• 태평(太平): 나라가 안정되어 아무 걱정 없고 평안함.

임금은 아버지요,

신하는 사랑하실 어머니요.

백성은 어린아이라고 한다면

백성이 사랑을 알 것입니다.

구물거리며 사는 백성들

이들을 먹여 다스리어

이 땅을 버리고 어디로 갈 것인가
한다면

나라 안이 유지될 줄 알 것입니다.

아아, 임금답게 신하답게 백성답게
한다면

나라 안이 태평할 것입니다.

나 충담사, 〈안민가〉
• 갈래　10구체 향가
• 주제　나라를 다스리는 올바른 자세
• 특징
① (❸　　　　) 이념을 노래한 유일한 향가임.
② 목적성과 교훈성이 강하게 드러남.

▶ 일등급 정리 ◀

1. 작품의 창작 의도
① 민생과 정치의 안정을 도모하기 위해
창작됨.
② 목적 문학적 성격을 지님.

2. 비유를 통한 내용 전개

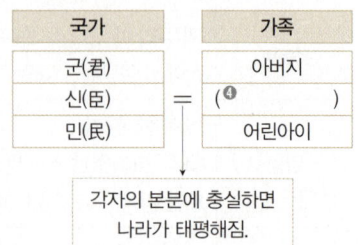

국가		가족
군(君)		아버지
신(臣)	=	(❹　　　)
민(民)		어린아이

↓

각자의 본분에 충실하면
나라가 태평해짐.

01

| 작품의 종합적 감상 |

(가)에 대한 설명으로 적절하지 <u>않은</u> 것은?

① 향찰이라는 차자(借字) 표기▩ 방식을 사용하고 있다.

② 내용상 세 부분으로 나눠지며 낙구▩에서 시상이 전환되고 있다.

③ 불교적 세계관을 바탕으로 하여 절망적 어조를 드러내고 있다.

④ 종교를 통해 부정적인 상황을 극복하려는 모습을 보이고 있다.

⑤ 고도의 비유를 통해 죽은 누이에 대한 추모의 정을 형상화하고 있다.

02

| 시구의 의미 파악 |

㉠~㉤에 대한 이해로 적절하지 <u>않은</u> 것은?

① ㉠: 누이와 화자 사이에 놓인 경계로 볼 수 있다.

② ㉡: 누이의 갑작스러운 죽음을 암시한다.

③ ㉢: 죽은 누이를 비유한 것이다.

④ ㉣: 만물의 근원에 대한 화자의 생각을 보여 준다.

⑤ ㉤: 화자가 누이와의 재회를 이룰 수 있는 공간이다.

03

| 시상 전개 과정의 이해 |

〈보기〉를 참고할 때, (가)의 시상 전개 과정을 바르게 나타낸 것은?

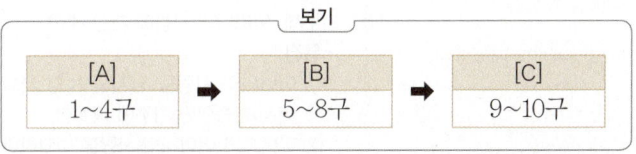

	[A]	[B]	[C]
①	현실	꿈	현실
②	천상	지상	천상
③	안타까움	무상감	소망과 기대
④	유년 시절	청년 시절	장년 시절
⑤	이승	이승과 저승의 경계	저승

04

| 작품의 종합적 감상 |

(나)에 대한 설명으로 적절하지 <u>않은</u> 것은?

① 낙구의 감탄사를 통해 시상을 집약하고 있다.

② 가정적 상황을 반복하며 시상을 전개하고 있다.

③ 독자를 설득하고자 하는 목적성을 지니고 있다.

④ 화자가 지향하는 바를 우회적으로 드러내고 있다.

⑤ 유교적 이념을 바탕으로 나라를 다스리는 방안을 밝히고 있다.

05 학력평가 기출

| 작품의 내용 파악 |

〈보기〉는 '안민(安民)'이 (나)에서 어떻게 구현되고 있는지를 나타낸 것이다. ⓐ~ⓔ에 대한 이해로 적절하지 <u>않은</u> 것은?

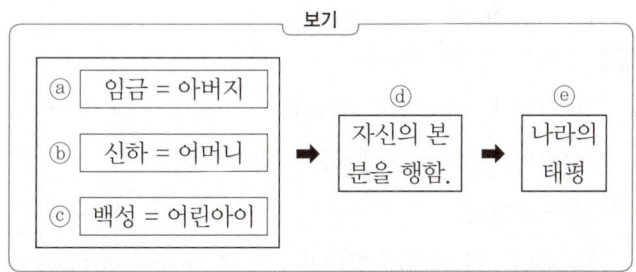

① ⓐ~ⓒ로 보아 국가를 가족의 확대된 형태로 생각한 것이군.

② ⓐ와 ⓑ가 ⓒ를 잘 먹여 다스리는 일이 통치의 근본이군.

③ ⓓ는 ⓑ와 ⓒ에게 ⓐ가 당부하는 것이군.

④ ⓓ에는 민심을 중시하는 정치의식이 담겨 있군.

⑤ ⓔ에 도달할 수 있는 방법은 ⓓ이겠군.

문제 속 어휘&개념

▩ **차자(借字) 표기**: 남의 나라 글자를 빌려서 자기 나라의 말을 표기하는 방법. 한자의 음과 훈을 빌려 우리말을 기록했던 향찰, 이두, 구결 등이 이에 해당한다.

▩ **낙구(落句)**: 10구체 향가는 '4구+4구+2구'의 세 부분으로 이루어지는데, 마지막 2구를 '낙구'라고 한다. 낙구의 첫머리에는 주로 감탄사를 배치한다.

가 가시리 가시리잇고 나는

브리고 가시리잇고 나는

　　위 증즐가 대평셩딕(大平盛大)　　▶ 기: 떠나는 임에 대한 원망

날러는 엇디 살라 ᄒ고

브리고 가시리잇고 나는

　　위 증즐가 대평셩딕(大平盛大)　　▶ 승: 원망의 고조

잡ᄉ와 두어리마ᄂᆞᆫ

선ᄒ면˙ 아니 올셰라

　　'-ㄹ셰라': -할까 두렵다
　　위 증즐가 대평셩딕(大平盛大)　　▶ 전: 감정의 절제와 체념

셜온 님 보내ᄋᆞᆸ노니 나는

가시ᄂᆞᆫ 둣 도셔 오쇼셔 나는

소망의 직접 표출 – 간절한 기다림의 정서
　　위 증즐가 대평셩딕(大平盛大)　　▶ 결: 임과의 재회 소망

　　　　　　　　　　　　　　　－ 작자 미상, 〈가시리〉

●**선ᄒ면**: 서운하면, 마음에 거슬리면

가시렵니까? 가시렵니까?

(나를) 버리고 가시렵니까?

나더러는 어찌 살라 하고

(나를) 버리고 가시렵니까?

(당신을) 붙잡아 두고 싶지만

서운하면 아니 올까 두렵습니다.

서러운 임을 보내 드리오니

가시자마자 돌아서서 오소서.

가 작자 미상, 〈가시리〉
- 갈래　고려 가요
- 주제　(❶　　　　)의 정한(情恨)
- 특징
  ① 우리 민족의 전통적 정서인 '이별의 정한'을 잘 나타냄.
  ② 3·3·2조 3음보의 율격과 후렴구를 통해 운율을 형성함.

〉일등급 정리〈

1. 시상 전개에 따른 화자의 정서

| 1연(기) | — | 원망 |

↓

| 2연(승) | — | 원망의 고조 |

↓

| 3연(전) | — | 체념과 절제 |

↓

| 4연(결) | — | (❷　　　)의 소망 |

2. '이별의 정한'이 나타난 작품

고대 가요	유리왕의 〈황조가〉
고려 가요	〈가시리〉, 〈서경별곡〉
한시	정지상의 〈송인〉
시조	황진이의 시조
민요	〈아리랑〉
현대시	김소월의 〈진달래꽃〉

나 호미도 늘히언마ᄅᆞᄂᆞᆫ

낟ᄀᆞ티 들 리도 업스니이다.　　▶ 기: 호미와 낫의 비교

아바님도 어이어신마ᄅᆞᄂᆞᆫ

위 덩더둥셩

어마님ᄀᆞ티 괴시리 업세라.　　▶ 서: 아버지와 어머니의 사랑 비교

아소˙ 님하

10구체 향가의 흔적을 보여 주는 감탄 어구
어마님ᄀᆞ티 괴시리 업세라.　　▶ 결: 어머니의 사랑 예찬

　　　　　　　　　　　　－ 작자 미상, 〈사모곡(思母曲)〉

●**아소**: '마십시오', '마시오' 등 금지의 뜻을 나타내는 감탄사

호미도 날이 있지마는

낫같이 들 리가 없습니다.

아버님도 어버이시지마는

어머니같이 사랑하실 분이 없습니다.

아서라, 사람들이여.

어머님같이 사랑하실 분이 없습니다.

나 작자 미상, 〈사모곡〉
- 갈래　고려 가요
- 주제　어머니의 사랑에 대한 예찬
- 특징
  ① 어버이의 사랑을 당시의 농경 사회에서 친숙한 농기구에 비유함.
  ② 아버지와 어머니의 사랑을 비교하여 (❸　　　)의 사랑을 예찬함.

〉일등급 정리〈

1. 어버이의 사랑에 대한 비유

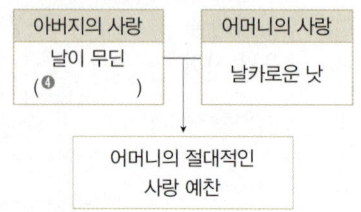

아버지의 사랑	어머니의 사랑
날이 무딘 (❹　　　)	날카로운 낫

↓

어머니의 절대적인 사랑 예찬

2. 형식상 특징
① 여음구를 제외하면 형식상 시조와 유사함.
② 감탄 어구는 10구체 향가의 낙구와 유사함.

01 학력평가 기출 | 작품의 종합적 감상 |

(가)를 심화 학습하는 과정에서 〈보기〉의 자료를 접하였다. 이를 바탕으로 (가)를 감상한 내용으로 적절하지 <u>않은</u> 것은?

┌─────────── 보기 ───────────┐

[〈가시리〉의 형식상 특징]
• 3음보를 기본 율격으로 하여 리듬감을 형성함.
• 음악적 효과를 높여 주는 역할을 하는 후렴구를 반복함.

[〈가시리〉의 내용상 특징]
• 자신에게 닥친 부당한 상황을 어쩔 수 없이 받아들이는 데서 오는 한(恨)의 정서가 나타남.
• 이별의 상황에 적극적으로 대응하지 못하고 체념하는 소극적인 화자의 태도가 담겨 있음.

└────────────────────────────┘

① '가시리 가시리잇고'에서 3·3·2조의 3음보 율격을 확인할 수 있군.
② '위 증즐가 대평셩ᄃᆡ'는 음악적 효과를 높여 주는 후렴구라고 할 수 있군.
③ '날러는 엇디 살라 ᄒᆞ고'는 임을 붙잡지 못하고 체념한 심정을 드러내고 있군.
④ '선ᄒᆞ면 아니 올셰라'에는 이별의 상황에 소극적으로 대응하는 이유가 드러나 있군.
⑤ '셜온 님 보내ᄋᆞᆸ노니'에는 어쩔 수 없이 이별을 받아들이는 한의 정서가 담겨 있군.

02 | 화자의 태도 비교 |

〈보기〉의 화자('갑')와 (가)의 화자('을')가 지닌 태도를 비교한 내용으로 가장 적절한 것은?

┌─────────── 보기 ───────────┐

서경이 서울이지마는
새로 닦은 곳인 작은 서울을 사랑합니다마는
임과 이별할 것이라면
차라리 길쌈하던 베를 버리고서라도
저를 사랑만 해 주신다면 울면서 따르겠습니다.
　　　　　　　　　　　　　 – 작자 미상, 〈서경별곡〉

└────────────────────────────┘

① '갑'은 냉소적인 데 비해 '을'은 동정적이다.
② '갑'은 우호적인 데 비해 '을'은 비판적이다.
③ '갑'은 적극적인 데 비해 '을'은 소극적이다.
④ '갑'은 순종적인 데 비해 '을'은 권위적이다.
⑤ '갑'은 미래 지향적인 데 비해 '을'은 과거 지향적이다.

03 학력평가 기출 | 관점에 따른 감상 |

〈보기〉의 '내재적 관점'에 따라 (나)를 감상한 것은?

┌─────────── 보기 ───────────┐

　문학 작품을 감상하는 방법은 크게 두 가지가 있다. 작품을 해석할 수 있는 근거를 작품 안에서 찾는 방법과 작품 밖에서 찾는 방법이다. 전자를 <u>내재적 관점</u>이라고 하고, 후자를 외재적 관점이라고 한다.

└────────────────────────────┘

① 아버지를 '호미'에, 어머니를 '낫'에 비유한 것이 참신해 보이는군.
② 예나 지금이나 가족 구성원 간에 갈등이 있었다는 것을 알 수 있군.
③ 어머니의 사랑을 노래한 후대의 많은 문학 작품에 영향을 주었을 거야.
④ 부모의 은혜에 감사하는 마음이 부족한 요즘 세태에 경종을 울리는 것 같아.
⑤ '호미'나 '낫'이라는 말이 나오는 것으로 보아 작가는 농촌 생활을 경험한 사람일 거야.

04 학력평가 기출 | 발상 및 표현의 특징 파악 |

발상 및 표현 면에서 (나)와 가장 유사한 것은?

① 구름 빛이 좋다 하나 검기를 자주 한다
　바람 소리 맑다 하나 그칠 때가 많구나
　좋고도 그칠 때가 없는 것은 물뿐인가 하노라
　　　　　　　　　　　　　 – 윤선도, 〈오우가〉

② 이 몸이 죽고 죽어 일백 번 고쳐 죽어
　백골이 진토 되어 넋이라도 있고 없고
　임 향한 일편단심(一片丹心)이야 가실 줄이 있으랴
　　　　　　　　　　　　　 – 정몽주, 〈단심가〉

③ 십 년을 경영하여 초려삼간(草廬三間) 지어 내니
　나 한 간 달 한 간에 청풍(淸風) 한 간 맡겨 두고
　강산(江山)은 들일 데 없으니 둘러 두고 보리라　　 – 송순

④ 사랑이 그 어떻더냐 둥글더냐 모나더냐
　길더냐 짧더냐 밟고 남아 재겠더냐
　구태여 긴 줄은 모르되 끝 간 데를 몰라라　　 – 작자 미상

⑤ 묏버들 골라 꺾어 보내노라 임에게
　주무시는 창 밖에 심어 두고 보소서
　밤비에 새 잎 나거든 나처럼 여기소서　　 – 홍랑

살어리 살어리랏다 ⓐ 청산(靑山)애 살어리랏다.

멀위랑 ᄃ래랑 먹고 청산(靑山)애 살어리랏다.

㉮ 얄리얄리 얄랑셩 얄라리 얄라 ▶ 1연: 청산에 대한 동경

우러라 우러라 새여 자고 니러 우러라 새여.

널라와 시름 한 나도 자고 니러 우니노라.

얄리얄리 얄라셩 얄라리 얄라 ▶ 2연: 삶의 비애와 고독

㉠ 가던 새 가던 새 본다 ⓑ 믈 아래 가던 새 본다.

㉡ 잉무든 장글란 가지고 믈 아래 가던 새 본다.

얄리얄리 얄라셩 얄라리 얄라 ▶ 3연: 속세에 대한 미련

이링공 뎌링공 ᄒ야 나즈란 디내와손뎌.
이럭저럭 – 운율감을 살린 표현
오리도 가리도 업슨 바므란 ᄯᅩ 엇디 호리라.
올 사람도 갈 사람도
얄리얄리 얄라셩 얄라리 얄라 ▶ 4연: 절망적인 고독과 비탄

어듸라 더디던 돌코 누리라 마치던 돌코.

믜리도 괴리도 업시 마자셔 우니노라.
미워할 사람도 사랑할 사람도
얄리얄리 얄라셩 얄라리 얄라 ▶ 5연: 삶에 대한 운명적 체념

살어리 살어리랏다 바ᄅ래 살어리랏다.

ᄂᄆ자기* 구조개랑 먹고 바ᄅ래 살어리랏다.

얄리얄리 얄라셩 얄라리 얄라 ▶ 6연: 바다에 대한 동경

가다가 가다가 드로라 에졍지* 가다가 드로라.

사ᄉ미 짒대예 올아셔 ᄒ금(奚琴)을 혀거를 드로라.

얄리얄리 얄라셩 얄라리 얄라 ▶ 7연: 기적을 바라는 절박한 심정

가다니 빅브른 도긔 설진 강수를 비조라.

조롱곳 누로기 미와 잡ᄉ와니 내 엇디 ᄒ리잇고.
조롱박꽃 모양의 누룩이
얄리얄리 얄라셩 얄라리 얄라 ▶ 8연: 술을 통한 고뇌의 해소

– 작자 미상, 〈청산별곡(靑山別曲)〉

• ᄂᄆ자기: 나문재. 바다에서 나는 해초의 일종
• 에졍지: 외따로 떨어져 있는 부엌. 속세와 단절된 공간을 의미함.

살겠노라 살겠노라 청산에서 살겠노라.
머루랑 다래랑 먹고 청산에서 살겠노라.

우는구나 우는구나 새여 자고 일어나 우는구나 새여.
너보다 근심이 많은 나도 자고 일어나 울며 지내노라.

가던 새 가던 새 본다 물 아래 가던 새 본다.
이끼 묻은 쟁기를 가지고 물 아래 가던 새 본다.

이럭저럭하여 낮은 지내 왔지만.
올 사람도 갈 사람도 없는 밤은 또 어찌하리오.

어디에다 던지던 돌인가? 누구를 맞히려던 돌인가?
미워할 사람도 사랑할 사람도 없이 (그 돌에) 맞아서 울고 있노라.

살겠노라 살겠노라 바다에서 살겠노라.
나문재(해초)와 굴과 조개를 먹고 바다에서 살겠노라.

가다가 가다가 듣노라 외딴 부엌을 지나다가 듣노라.
사슴(사슴으로 분장한 광대)이 장대에 올라가서 해금을 켜는 것을 듣노라.

가다 보니 배부른 독에 독한 술을 빚는구나.
조롱박꽃 같은 누룩이 매워 붙잡으니 내 (안 마시고) 어찌하리오.

작자 미상, 〈청산별곡〉

• 갈래 고려 가요
• 주제 삶의 고뇌와 비애에서 벗어나고자 하는 욕구
• 특징
① 고려인의 삶의 애환이 잘 반영됨.
② 〈서경별곡〉과 함께 문학성이 뛰어난 고려 가요로 평가됨.
③ (❶)를 통해 구조적 통일성과 운율감을 획득함.

▶일등급 정리◀

1. 후렴구의 역할
① 각 연을 구분함.
② 노래의 흥을 돋우고 운율을 형성함.
③ 'ㄹ, ㅇ' 음의 반복을 통해 경쾌한 리듬감을 형성함.
④ 각 연마다 반복되어 구조적 통일성과 안정감을 줌.

2. 작품의 대칭 구조

1~4연		5~8연
청산	↔	(❷)

→ 5연과 6연의 순서를 바꾸면 1~4연의 '청산 노래'와 5~8연의 '바다 노래'가 대칭을 이룸.

3. 시어의 의미

청산, 바롤	현실과 대조되는 공간, 화자가 지향하는 이상향
(❸)	화자의 고독감이 이입된 동병상련의 대상
믈 아래	화자가 떠나온 속세, '청산'과 대조되는 공간
밤	고독과 절망의 시간
(❹)	피할 수 없는 인간의 숙명
강술	현실적 고통을 일시적으로 잊게 하는 매개체

4. 화자에 따른 시어의 의미

화자	가던 새	잉 무든 장글
유랑민	갈던 밭이랑	이끼 묻은 쟁기
실연한 여인	떠나는 임	녹슨 은장도
좌절한 지식인	날아가던 새(벗)	날이 무딘 병기

▶ 정답과 해설 17쪽

01
| 작품의 종합적 감상 |

이 작품에 대한 설명으로 적절하지 않은 것은?

① 3 · 3 · 2조, 3음보의 운율을 보이고 있다.

② 밝고 경쾌한 느낌의 후렴구가 삽입되어 있다.

③ '청산'과 '바롤'은 화자의 이상향을 의미하고 있다.

④ 구전되다가 한글 창제 이후에 문자로 정착되었다.

⑤ 삶의 비애를 극복하려는 화자의 의지가 드러나 있다.

02
| 화자의 정서와 태도 이해 |

각 연에 대한 이해로 적절하지 않은 것은?

① 2연: '새'의 시름과 비교함으로써 화자의 비애를 강조하고 있다.

② 3연: 화자가 '믈 아래'를 보는 것은 속세에 미련이 남아 있음을 의미한다.

③ 5연: 화자가 '돌'에 맞아 우는 것은 피할 수 없는 운명으로 인한 삶의 비애를 나타낸다.

④ 7연: '에졍지'를 지나가다가 듣는 '히금' 소리는 화자의 깨달음을 유도한다.

⑤ 8연: '술'을 빚어 마시겠다는 모습에서 화자의 체념적 태도를 엿볼 수 있다.

03
| 소재의 의미 파악 |

ⓐ와 ⓑ에 대한 설명으로 가장 적절한 것은?

① ⓐ는 화자가 이별하는 공간이고, ⓑ는 화자가 재회하는 공간이다.

② ⓐ는 화자가 살아가는 현실 공간이고, ⓑ는 화자가 꿈꾸는 상상 공간이다.

③ ⓐ는 화자가 경험하지 못한 공간이고, ⓑ는 화자가 이미 경험한 공간이다.

④ ⓐ는 화자가 벗어나고자 하는 공간이고, ⓑ는 화자가 도달하고자 하는 공간이다.

⑤ ⓐ는 화자가 좌절을 겪은 공간이고, ⓑ는 화자가 삶의 의욕을 되새기는 공간이다.

04
| 시구의 의미 파악 |

시적 화자에 따른 ㉠, ㉡의 해석으로 가장 적절한 것은?

	시적 화자	㉠	㉡
①	실연한 여인	떠나는 임	이끼 묻은 쟁기
②	유랑민	갈던 밭	이끼 묻은 쟁기
③	유랑민	떠나는 임	날이 무딘 병기
④	좌절한 지식인	갈던 밭	날이 무딘 병기
⑤	좌절한 지식인	함께하던 벗	녹슨 은장도

05
| 후렴구의 역할 이해 |

㉮에 대한 설명으로 적절하지 않은 것은?

① 연을 구분하는 역할을 하고 있다.

② 고려인들의 낙천성을 드러내고 있다.

③ 음악적 흥취를 고조시키는 역할을 한다.

④ 화자의 정서와 태도를 압축적으로 드러내고 있다.

⑤ 각 연마다 반복되어 구조적 통일성과 안정감을 준다.

06 [학력평가 기출]
| 조건에 따른 글쓰기 |

이 작품의 시어를 사용하여 시조 짓기를 하였다. 다음의 〈조건〉을 가장 잘 반영하고 있는 것은?

> **조건**
> • 작품의 주제를 살리되, 화자의 체념적 태도를 드러낼 것
> • 감각적 이미지를 드러낼 것

① 이끼 낀 쟁기를 어깨에 둘러메고 / 석양이 질 때까지 논밭을 갈고 있네 / 자연의 한가로운 삶 부러울 것 없노라

② 청산에 날아드는 새들을 바라보니 / 두고 온 고향 생각 눈물이 절로 나네 / 언제쯤 고향산천을 다시 밟아 볼까

③ 청산에 살겠노라 바다에 살겠노라 / 산나물 캐어 먹고 굴 조개 잡으면서 / 내 꿈을 펼칠 수 있는 새 세계를 찾으리

④ 이럭저럭 한낮은 보낼 수 있겠는데 / 날 떠난 임 생각에 밤은 어찌 지내는가 / 임 생각 눈물짓는 나 새조차 따라우네

⑤ 조롱꽃 누룩 냄새 매움기가 그지없어 / 시름 많은 날 잡으니 아니 먹고 어찌하랴 / 청산을 찾던 나그네 꿈을 접어 버리네

홍진(紅塵)에 뭇친 분네 이내 생애(生涯) 엇더ᄒ고.
생활

녯사름 풍류(風流)를 미츨가 못 미츨가.

천지간(天地間) 남자(男子) 몸이 날만ᄒ 이 하건마ᄂ,

산림(山林)에 뭇쳐 이셔 지락(至樂)을 ᄆᆞ를 것가.
자연에 묻혀 사는 즐거움

수간모옥(數間茅屋)을 벽계수(碧溪水) 앏픠 두고,
푸른 시냇물

송죽(松竹) 울울리(鬱鬱裏)예 풍월주인(風月主人) 되어셔라.
울창한 속에 ▶ 서사 : 자연에 묻혀 사는 즐거움

엇그제 겨을 지나 새봄이 도라오니,

[A] ┌ 도화 행화(桃花杏花)ᄂ 석양리(夕陽裏)예 퓌여 잇고,
    복숭아꽃과 살구꽃
    └ 녹양방초(綠楊芳草)ᄂ 세우 중(細雨中)에 프르도다.
    푸른 버드나무와 향기로운 풀

칼로 ᄆᆞᆯ아 낸가, 붓으로 그려 낸가.

조화신공(造化神功)이 물물(物物)마다 헌ᄉ룹다.
조물주 신비로운 솜씨   *야단스럽다*

수풀에 우ᄂ 새ᄂ 춘기(春氣)를 ᄆᆞᆺ내 계워 소ᄅᆡ마다 교태(嬌態)로다.

물아일체(物我一體)어니, 흥(興)이이 다를소냐.

시비(柴扉)예 거러 보고, 정자(亭子)애 안자 보니,
사립문

소요음영(逍遙吟詠)ᄒᆞ야, 산일(山日)이 적적(寂寂)ᄒᆞᄃᆡ,
천천히 거닐며 시를 나직이 읊조림.

한중진미(閑中眞味)를 알 니 업시 호재로다.
한가로움 속에 느끼는 참된 맛 ▶ 본사 1 : 봄의 아름다운 경치와 봄을 맞이하는 흥취

이바 니웃드라, 산수(山水) 구경 가쟈ᄉ라.

[B] ┌ 답청(踏靑)으란 오ᄂᆯ ᄒ고, 욕기(浴沂)란 내일(來日) ᄒ새.
    봄에 파랗게 난 풀을 밟으며 노는 것   *봄에 즐기는 물놀이*
    └ 아ᄎᆞᆷ에 채산(採山)ᄒ고, 나조ᄒᆡ 조수(釣水)ᄒ새.
    나물을 캠.   *낚시*

[C] ┌ ᄀᆞᆺ 괴여 닉은 술을 갈건(葛巾)으로 밧타 노코,
    칡으로 짠 베로 만든 두건
    └ 곳나모 가지 것거, 수 노코 먹으리라.

[D] ┌ 화풍(和風)이 건듯 부러 녹수(綠水)를 건너오니,
    화창한 봄바람
    └ 청향(淸香)은 잔에 지고, 낙홍(落紅)은 옷새 진다.

준중(樽中)이 뷔엿거든 날ᄃᆞ려 알외여라.
술독

소동(小童) 아ᄒᆡ ᄃᆞ려 주가(酒家)에 술을 믈어,

얼운은 막대 집고, 아ᄒᆡᄂ 술을 메고,

미음완보(微吟緩步)ᄒᆞ야 시냇ᄀᆞ의 호자 안자,
작은 소리로 읊으며 천천히 거넒.

명사(明沙) 조ᄒᆫ 믈에 잔 시어 부어 들고,

청류(淸流)를 굽어보니, 써오ᄂᆞ니 도화(桃花) ㅣ로다.

무릉(武陵)이 갓갑도다. 져 ᄆᆡ이 긘 거이고.
들판

송간 세로(松間細路)에 두견화(杜鵑花)를 부치 들고,
소나무 숲 사이 좁은 길   *진달래꽃*

봉두(峰頭)에 급피 올나 구름 소긔 안자 보니,

천촌만락(千村萬落)이 곳곳이 버러 잇ᄂᆡ.
수많은 촌락

속세에 묻혀 사는 사람들이여 이 나의 생활이 어떠한가?

옛사람의 풍류에 미치겠는가, 못 미치겠는가?

세상에 남자의 몸으로 태어나 나와 비슷한 사람이 많건마는,

(그들은 왜) 자연에 묻혀 지내는 지극한 즐거움을 모르는 것인가?

작은 초가집을 푸른 시냇물 앞에 두고,

소나무와 대나무가 울창한 속에서 자연의 주인이 되어 살고 있다.

엊그제 겨울이 지나고 새봄이 돌아오니.

복숭아꽃과 살구꽃은 석양 속에 피어 있고,

푸른 버드나무와 향기로운 풀은 가랑비 속에 푸르구나.

칼로 마름질해 내었는가, 붓으로 그려 내었는가?

조물주의 신비로운 재주가 사물마다 야단스럽다.

수풀에서 우는 새는 봄기운을 끝내 못 이겨 소리마다 교태로구나.

자연과 내가 한 몸이 되니, 흥겨움이 다르겠는가?

사립문 주변을 걸어 보고, 정자에도 앉아 보니,

천천히 거닐며 시를 나직이 읊조려, 산속의 하루가 적적한데,

한가로움 속에서 느끼는 참다운 맛을 알 사람 없이 나 혼자로구나.

여보게 이웃 사람들아, 산수 구경 가자꾸나.

풀 밟기는 오늘 하고, 물놀이는 내일 하세.

아침에는 나물을 캐고, 저녁에는 낚시하세.

이제 막 익은 술을 칡베로 만든 두건으로 걸러 놓고,

꽃나무 가지 꺾어, 술잔을 세어 가며 마시리라.

화창한 봄바람이 문득 불어 푸른 물을 건너오니,

맑은 향기는 잔에 스미고, 붉은 꽃잎은 옷에 떨어진다.

술동이가 비었거든 나에게 알려라.

심부름하는 아이에게 술집에 술이 있는지 물어,

어른은 지팡이 짚고, 아이는 술동이 메고,

시를 나직이 읊조리며 천천히 걸어가 시냇가에 혼자 앉아,

고운 모래 맑은 물에 잔을 씻어 들고,

맑은 물을 바라보니, 떠오는 것이 복숭아꽃이로구나.

무릉도원이 가까운 듯하다. 저 들이 그곳인가?

소나무 사이로 난 좁은 길에 진달래꽃을 붙들고,

산봉우리에 급히 올라 구름 속에 앉아 보니,

수많은 촌락이 곳곳에 벌여져 있네.

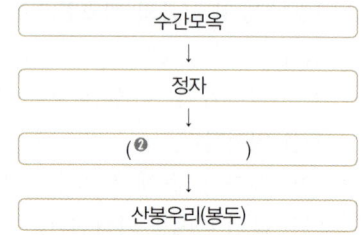

만점 노트

정극인, 〈상춘곡〉
- **갈래** 서정 가사, 정격 가사, 양반 가사, 은일 가사
- **주제** 봄날의 아름다운 경치 감상과 안빈낙도(安貧樂道)
- **특징**
  ① 공간의 이동에 따라 시상을 전개함.
  ② 감정 이입을 통해 화자의 정서를 표현함.
  ③ 직유법, 대구법, 설의법, 의인법 등 다양한 표현 방법을 사용함.
  ④ 조선 시대 사대부 가사의 효시이자 강호 (❶   ) 가사의 출발점이 되는 작품임.

▶ 일등급 정리 ◀

1. 공간의 이동에 따른 시상 전개

┌─────────────┐
│   수간모옥   │
└─────────────┘
        ↓
┌─────────────┐
│   정자   │
└─────────────┘
        ↓
┌─────────────┐
│   (❷   )   │
└─────────────┘
        ↓
┌─────────────┐
│ 산봉우리(봉두) │
└─────────────┘

→ 공간의 이동에 따라 시상이 전개되고 있는데, 공간은 좁은 곳에서 점차 넓은 곳으로 확장되고 있음.

2. 화자의 정서 및 태도
봄날의 아름다운 경치를 예찬하고, 속세를 떠나 자연과 조화를 이루며 한평생 소박하게 살고자 함.
- 안빈낙도(安貧樂道)
- 안분지족(安分知足)
- 물아일체(物我一體)
- 단표누항(簞瓢陋巷)

3. 표현상의 특징
① (❸   ) : '칼로 ᄆᆞᆯ아 낸가, 붓으로 그려 낸가.' 등
② (❹   ) : '물아일체어니, 흥이이 다룰소냐.' 등
③ 직유법 : '연하일휘ᄂ 금수를 재폇ᄂ 듯.'
④ 의인법 : '청풍명월 외예 엇던 벗이 잇ᄉ올고.'
⑤ 주객전도 : '공명도 날 씌우고, 부귀도 날 씌우니,'
⑥ 감정 이입 : '수풀에 우ᄂ 새ᄂ 춘기를 ᄆᆞᆺ내 계워 소ᄅᆡ마다 교태로다.'

┌─ 연하일휘(煙霞日輝)는 금수(錦繡)를 재폇는 듯.
[E] 안개와 노을과 빛나는 햇살 = 자연
└─ 엇그제 검은 들이 봄빗도 유여(有餘)ᄒᆞ샤.
▶ 본사 2: 산수 구경을 권하며 술과 풍류를 즐김.

공명(功名)도 날 씌우고, 부귀(富貴)도 날 씌우니,

청풍명월(清風明月) 외(外)예 엇던 벗이 잇ᄉᆞ올고.

단표누항(簞瓢陋巷)에 훗튼 혜음 아니 ᄒᆞ니.
누항에서 먹는 한 그릇의 밥과 한 바가지의 물 – 선비의 청빈한 생활
아모타, 백년행락(百年行樂)이 이만ᄒᆞᆫ ᄃᆞᆯ 엇지ᄒᆞ리.
한평생 잘 놀고 즐겁게 지냄.   ▶ 결사: 안빈낙도하는 삶에 대한 만족감

> 안개와 노을, 빛나는 햇살은 수놓은 비단을 펼쳐 놓은 듯.
>
> 엊그제까지만 해도 거뭇거뭇했던 들에 이제 봄빛이 흘러넘치는구나.
>
> 공명도 날 꺼리고, 부귀도 날 꺼리니,
>
> 맑은 바람과 달 외에 어떤 벗이 있겠는가?
>
> 소박한 시골 생활에 헛된 생각 아니하네.
>
> 아무튼 평생 누리는 즐거움이 이만하면 만족스럽지 아니한가?

– 정극인, 〈상춘곡(賞春曲)〉

01
| 작품의 종합적 감상 |

이 작품에 대한 설명으로 적절하지 않은 것은?

① 조선 시대 가사 문학의 효시이다.
② 마지막 행의 형식이 시조의 종장 형식과 유사하다.
③ 주체와 객체를 전도하여 화자의 인생관을 제시하였다.
④ 감정 이입을 통해 봄에 대한 화자의 흥취를 드러내었다.
⑤ 관념적인 주제에서 벗어나 생활과 밀착된 주제를 다루었다.

02
| 화자의 정서 파악 |

공간의 이동에 따른 화자의 정서로 적절하지 않은 것은?

	공간	화자의 정서
①	수간모옥	자연에서 풍류를 즐기는 삶에 대한 자부심
⇩		
②	정자	한가로움 가운데 느끼는 즐거움
⇩		
③	시냇가	술을 마시며 느끼는 흥겨움
⇩		
④	들판	탈속의 경지에서 느끼는 적막감
⇩		
⑤	봉두	자연의 경치에 감탄하며 느끼는 만족감

03
| 화자의 태도 파악 |

화자가 추구하는 삶의 태도와 거리가 먼 한자 성어는?

① 단표누항(簞瓢陋巷)   ② 물아일체(物我一體)
③ 안분지족(安分知足)   ④ 안빈낙도(安貧樂道)
⑤ 풍수지탄(風樹之嘆)

04
학력평가 기출
| 시어의 의미 파악 |

〈보기〉의 '그 남은 여남은 일'과 함축적 의미가 유사한 시어는?

> **보기**
>
> 보리밥 풋나물을 알맞게 먹은 후에
> 바위 끝 물가에서 실컷 노니노라.
> 그 남은 여남은 일이야 부릴 줄이 있으랴. – 윤선도, 〈만흥〉

① 답청(踏靑)   ② 조수(釣水)   ③ 무릉(武陵)
④ 금수(錦繡)   ⑤ 공명(功名)

05
학력평가 기출
| 외적 준거에 따른 감상 |

〈보기〉를 바탕으로 이 작품을 감상한 내용으로 적절하지 않은 것은?

> **보기**
>
> 가사 문학은 조선 전기 사대부들이 지녔던 삶의 양식이나 그들의 사유 체계를 잘 담고 있다. 〈상춘곡〉에는 '절제와 균형'이라는 유교적 세계관에 입각한 조선조 사대부들의 사고가 중요한 요소로 작용하고 있다.

① [A]: '석양'과 '세우'의 하강 이미지 속에 피어나는 '꽃'과 파랗게 돋는 '풀'의 상승 이미지는 조화를 이루고 있군.
② [B]: '오늘'과 '내일'로, '아침'과 '저녁'으로 봄놀이를 적절히 조절하여 안배하는 모습이 인상적이군.
③ [C]: 술을 과하게 마시지 않으려고 '꽃나무 가지'로 술잔을 세는 모습에서 사대부의 절제된 풍류가 느껴지는군.
④ [D]: 술과 더불어 '청향'과 '낙홍'에 취해 고조되는 감정을 '진다'는 표현을 통해 다스리는군
⑤ [E]: '검은 들'이 '봄빛'으로 넘치는 것은 인간과 자연이 조화로운 합일을 이루어 감을 의미하는군.

강호(江湖)애 병(病)이 깁퍼 듁님(竹林)의 누엇더니,

관동(關東) 팔빅(八百) 니(里)에 방면(方面)을 맛디시니,

어와 셩은(聖恩)이야 가디록 망극(罔極)ᄒ다.
　　　　임금의 은혜

연츄문(延秋門) 드리ᄃ라 경회(慶會) 남문(南門) ᄇ라보며,

하직(下直)고 믈너나니 옥졀(玉節)이 알픠 셧다.
　　　　　　　　관찰사의 신표

평구역(平丘驛) 물을 ᄀ라 흑슈(黑水)로 도라드니,

셤강(蟾江)은 어듸메오 티악(雉岳)이 여긔로다.

쇼양강(昭陽江) ᄂ린 믈이 어드르로 든단 말고.

고신거국(孤臣去國)에 빅발(白髮)도 하도 할샤.
임금의 신임을 받지 못하는 신하가 서울을 떠남.

동쥬(東州)ㅣ 밤 계오 새와 븍관뎡(北寬亭)의 올나ᄒ니,

삼각산(三角山) 뎨일봉(第一峰)이 ᄒ마면 뵈리로다.

궁왕(弓王) 대궐(大闕) 터희 오쟉(烏鵲)이 지지괴니,
궁예 왕　　　　　　　 까마귀와 까치

쳔고(千古) 흥망(興亡)을 아는다 몰ᄋ는다.

회양(淮陽) 녜 일홈이 마초아 ᄀ틀시고.

급댱유(汲長孺) 풍치(風彩)를 고텨 아니 볼 게이고.
중국 한 무제 때 선정을 베푼 회양의 태수
▶ 서사 2: 관내 순시와 선정에 대한 포부

[A]
　영듕(營中)이 무스(無事)ᄒ고 시졀(時節)이 삼월인 제,

　화쳔(花川) 시내길히 풍악(楓岳)으로 버더 잇다.

　ᄒ장(行裝)을 다 썰티고 셕경(石逕)의 막대 디퍼,
　여행할 때 쓰는 물건과 차림

　빅쳔동(百川洞) 겨틔 두고 만폭동(萬瀑洞) 드러가니,

　은(銀) ᄀ튼 무지게 옥(玉) ᄀ튼 룡(龍)의 초리,

　섯돌며 쑴ᄂ 소리 십(十) 리(里)의 ᄌ자시니,

　들을 제ᄂ 우레러니 보니ᄂ 눈이로다. 〈중략〉
▶ 본사 1-①: 만폭동 폭포의 장관

비로봉(毘盧峰) 샹샹두(上上頭)의 올라 보니 긔 뉘신고.
　　　　　맨 꼭대기

동산(東山) 태산(泰山)이 어ᄂ야 놉돗던고.
중국에 있는 두 산

노국(魯國) 조븐 줄도 우리ᄂ 모르거든,
노나라 ― 공자의 고향

넙거나 넙은 텬하(天下) 엇찌ᄒ야 젹닷 말고.
　　　　　　　　　　어찌하여 작다고 했는가

어와 뎌 디위를 어이ᄒ면 알 거이고.

오르디 못ᄒ거니 ᄂ려가미 고이홀가.
▶ 본사 1-②: 개심대에서 비로봉을 본 감회

원통(圓通)골 ᄀ는 길로 ᄉᄌ봉(獅子峰)을 츠자가니,
　　　　　좁은 길

그 알픠 너러바회 화룡(化龍)쇠 되어셰라.
　　　　　넓고 평평한 바위

쳔년(千年) 노룡(老龍)이 구비구비 서려 이셔,

듀야(晝夜)의 흘녀 내여 창ᄒ(滄海)예 니어시니,
　　　　　　　　　　넓고 큰 바다

풍운(風雲)을 언제 어더 삼일우(三日雨)를 디련ᄂ다.

음애(陰崖)예 이온 플을 다 살와 내여ᄉ라.
▶ 본사 1-③: 화룡소에서의 감회

자연을 사랑하는 마음이 병처럼 깊어 은거지에서 지내고 있었는데,

팔백 리나 되는 관동 지방 관찰사의 직분을 맡겨 주시니.

아아, 임금의 은혜야말로 갈수록 끝이 없다.

연추문으로 달려들어가 경회루 남문을 바라보며,

하직하고 물러나니 관찰사의 신표인 옥절이 앞에 있다.

평구역(양주)에서 말을 갈아 타고 흑수(여주)로 돌아드니.

섬강(원주)은 어디인가? 치악산(원주)이 여기로구나.

소양강(춘천)에서 흘러내리는 물이 어디로 흘러든다는 말인가?

임금 곁을 떠나는 외로운 신하가 걱정이 많기도 많구나.

동주(철원)에서 밤을 겨우 새워 북관정에 오르니.

삼각산 제일 높은 봉우리가 웬만하면 보일 것도 같구나.

궁예 왕의 대궐 터였던 곳에 까막까치가 지저귀니,

한 나라의 흥하고 망함을 아는가 모르는가?

회양이라는 이름이 (옛날 한나라의 회양과) 공교롭게도 같구나.

(선정을 베풀었다는) 급장유의 풍채를 다시 볼 것이 아닌가?

감영 안이 별일 없고 시절이 3월인 때에.

화천의 시냇길이 금강산으로 뻗어 있다.

행장을 간편히 하고 돌길에 지팡이를 짚고,

백천동을 지나서 만폭동 계곡으로 들어가니.

은 같은 무지개, 옥 같은 용의 꼬리처럼.

폭포가 섞여 돌며 내뿜는 소리가 십 리 밖까지 퍼졌으니.

멀리서 들을 때는 우렛소리 같더니 가까이서 보니 눈과 같구나! 〈중략〉

금강산의 최고봉인 비로봉에 올라 본 사람이 그 누구인가?

동산과 태산 중 어느 것이 비로봉보다 높던가?

노나라가 좁은 줄도 우리는 모르거든.

넓고도 넓은 천하를 (공자는) 어찌하여 작다고 했는가?

아아, (공자의) 저 경지를 어찌하여 알 수 있겠는가?

오르지 못하는데 내려감이 이상하랴?

원통골의 좁은 길로 사자봉을 찾아가니.

그 앞의 넓은 바위가 화룡소가 되었구나.

천 년 묵은 늙은 용이 굽이굽이 서려 있는 것같이

밤낮으로 물이 흘러내려 넓은 바다까지 이어져 있으니.

(저 용은) 바람과 구름을 언제 얻어 흡족한 비를 내리려 하느냐?

그늘에 시든 풀들을 다 살려 내려무나.

▶ 서사 1: 관찰사 임명과 부임의 과정

만점 노트

정철, 〈관동별곡〉

• **갈래** 양반 가사, 기행 가사, 정격 가사
• **주제** 관동 지방의 절경 유람과 연군지정 및 애민 정신
• **특징**
  ① 3(4)·4조, 4음보의 율격을 지니고 있음.
  ② 우리말의 아름다움을 잘 살린 표현이 많음.
  ③ 영탄법, 대구법, 은유법 등 다양한 표현 방법이 사용됨.
  ④ 낙구에는 시조의 (❶　　　)과 같은 3·5·4·3의 음수율이 사용됨.
  ⑤ 시간적 순서(여정)에 따른 추보식 구성으로 시상을 전개함.

〉일등급 정리 〈

1. 화자의 정서와 태도
  ① 연군지정: '쇼양강 ᄂ린 믈이 어드러로 든단 말고', '삼각산 뎨일봉이 ᄒ마면 뵈리로다.'
  ② (❷　　　　): '고신거국에 빅발도 하도 할샤.'
  ③ 인생무상, 맥수지탄: '궁왕 대궐 터희 오쟉이 지지괴니, / 쳔고 흥망을 아는다 몰ᄋ는다.'
  ④ 선정에의 포부: '회양 녜 일홈이 마초아 ᄀ틀시고. / 급댱유 풍치를 고텨 아니 볼 게이고.', '풍운을 언제 어더 삼일우를 디련ᄂ다. / 음애예 이온 플을 다 살와 내여ᄉ라.'

2. 만폭동 폭포의 묘사

'은 ᄀ튼 무지게 옥 ᄀ튼 룡의 초리,'	(❸　　　), 직유법, 대구법을 사용하여 폭포의 역동적이고 고결한 모습 묘사
'들을 제ᄂ 우레러니 보니ᄂ 눈이로다.'	청각적 이미지(원경)와 시각적 이미지(근경)를 사용하여 폭포의 모습 묘사

3. 소재의 비유적 의미

천년 노룡	화자 자신
풍운	선정의 기회, 여건
(❹　　)	백성에게 베푸는 선정
음애예 이온 플	헐벗고 굶주린 백성

01
| 작품의 종합적 감상 |

이 작품에 대한 설명으로 적절하지 <u>않은</u> 것은?

① 여정[■]에 따라 내용이 전개되는 기행 가사이다.

② 유교적 충의(忠義), 애민(愛民) 사상이 드러난다.

③ 우리말의 아름다움을 잘 살린 가사 문학의 백미[■]이다.

④ 조선 시대 민중들의 진솔한 생활 감정을 노래하고 있다.

⑤ 3(4)·4조, 4음보의 율격으로 형식상 운문이나 내용상 산문의 성격을 지닌다.

02 학력평가 기출
| 감상의 적절성 판단 |

이 작품에 대한 감상으로 적절하지 <u>않은</u> 것은?

① '방면'은 자연에 묻혀 있던 화자가 성은에 감격하며 새로운 공간으로 이동하게 되는 계기로 작용하는군.

② '빅발'은 한양에서 멀어지는 상황에 따른 화자의 심리적 상태를 비유한 소재이군.

③ '오작'만이 지저귀는 '대궐 터'는 옛날 번성했던 모습과 대비되어 화자에게 무상감을 느끼게 하는군.

④ 화자는 '회양'이 '급댱유'가 선정을 베풀었던 곳의 지명과 같다는 점을 떠올리며 선정의 포부를 품고 있군.

⑤ '셕경'은 화자가 관찰사로서 해결해야 할 과제가 많음을 상징하여 선정에 대한 의지를 드러내고 있군.

03
| 시어의 의미 파악 |

이 작품에 사용된 비유적 표현의 의미로 적절하지 <u>않은</u> 것은?

① 천년 노룡: 화룡소의 물인 동시에 화자 자신

② 풍운: 정치적인 시련과 억압

③ 삼일우: 백성에게 베푸는 선정

④ 음애예 이온 풀: 왕의 은혜를 입지 못한 가난한 백성

⑤ 살와 내여스라: 가난한 백성을 구제하려는 화자의 실천 의지

04
| 화자의 정서 및 한자 성어의 이해 |

다음 시구의 의미에 부합하는 한자 성어를 바르게 연결하지 <u>못</u>한 것은?

① 강호(江湖)애 병(病)이 깁퍼 듁님(竹林)의 누엇더니,
→ 천석고황(泉石膏肓)

② 쇼양강(昭陽江) 누린 믈이 어드러로 든단 말고.
→ 인생무상(人生無常)

③ 고신거국(孤臣去國)에 빅발(白髮)도 하도 할샤.
→ 우국지정(憂國之情)

④ 삼각산(三角山) 뎨일봉(第一峰)이 ᄒ마면 뵈리로다.
→ 연군지정(戀君之情)

⑤ 쳔고(千古) 흥망(興亡)을 아ᄂ다 몰ᄋ ᄂ다.
→ 맥수지탄(麥秀之嘆)

05
| 장면의 특징 파악 |

〈보기〉는 [A]를 영상물로 제작하기 위한 기획안이다. 글의 내용과 어울리지 <u>않는</u> 것으로만 묶인 것은?

> 보기
> • '영듕이 무ᄉᄒ고'를 고려해 태평성대의 분위기가 드러나도록 한다. ─── ㉠
> • '풍악'으로 향하고 있으므로 촬영지는 가을 단풍이 아름다운 곳으로 설정한다. ─── ㉡
> • 인물은 홀가분함이 드러나도록 간편한 여행 채비를 한 모습으로 분장한다. ─── ㉢
> • 폭포의 물소리는 원경으로, 폭포의 물보라는 근경으로 처리하여 원근감이 잘 드러나도록 한다. ─── ㉣
> • 옥빛의 폭포가 용의 꼬리처럼 굽이치는 모습에서 은빛의 무지개로 화면을 이동함으로써 영상미를 살린다. ─── ㉤

① ㉠, ㉢   ② ㉠, ㉣   ③ ㉡, ㉢

④ ㉡, ㉤   ⑤ ㉣, ㉤

문제 속 어휘&개념

■ **여정(旅程):** 여행의 과정이나 일정
예 어머니께서는 일주일 여정으로 미국을 둘러보고 돌아오셨다.

■ **백미(白眉):** 흰 눈썹이라는 뜻으로, 여럿 가운데에서 가장 뛰어난 사람이나 훌륭한 물건을 비유적으로 이르는 말
예 춘향전은 한국 고전 문학의 백미이다.

진쥬관(眞珠館) 듁셔루(竹西樓) 오십쳔(五十川) 〻린 믈이,

태빅산(太白山) 그림재를 동〻(東海)로 다마 가니,
태백산의 아름다운 경치
㉠ 출하리 한강(漢江)의 목몍(木覓)의 다히고져.

　┌ 왕뎡(王程)이 유혼(有限)〻고 풍경(風景)이 못 슬믜니,
㉡ └ 유회(幽懷)도 하도 할샤 긱수(客愁)도 둘 듸 업다.

션사(仙槎)를 씌워 내여 두우(斗牛)로 향(向)〻살가,
신선이 타는 뗏목
션인(仙人)을 〻〻려 단혈(丹穴)의 머므살가.
신라의 사선(四仙)　　　　사선이 놀았다는 굴　　　▶ 본사 2-①: 죽서루에서의 객수
텬근(天根)을 못내 보와 망양뎡(望洋亭)의 올은말이,
하늘의 맨 끝 상상하여 이르는 말
바다 밧근 하늘이니 하늘 밧근 므서신고.

〻득 노흔 고래 뉘라서 놀내관듸,

블거니 씀거니 어즈러이 구〻디고.

은산(銀山)을 것거 내여 뉵합(六合)의 〻리〻 듯,
　　　　　　　　　　온 세상
오월(五月) 댱텬(長天)의 빅셜(白雪)은 므스 일고.

〈중략〉　▶ 본사 2-②: 망양정에서 본 파도의 장관

숑근(松根)을 베여 누어 풋줌을 얼픗 드니,
소나무의 뿌리
숨애 ⓐ 〻 사름이 ⓑ 날〻려 닐온 말이,

ⓒ 그듸를 내 모〻랴 샹계(上界)예 ⓓ 진션(眞仙)이라.
　　　　　　　　　　　　하늘나라
황뎡경(黃庭經) 일〻(一字)를 엇디 그릇 닐거 두고,
도가의 경서. 신선이 옥황상제 앞에서 잘못 읽으면 인간 세상에 내쳐진다고 함.
인간(人間)의 내려와셔 우리를 똘오〻다.
인간 세상
져근덧 가디 마오 이 술 〻 잔 머거 보오.

북두셩(北斗星) 기우려 챵〻슈(滄海水) 부어 내여,
북두칠성 – 국자　　　　　　　푸른 바닷물 – 술
저 먹고 ⓔ 날 머겨〻 서너 잔 거후로니,

화풍(和風)이 습습(習習)〻야 냥익(兩翼)을 추혀드니,
온화한 봄바람이 산들산들하여
구만(九萬) 리(里) 댱공(長空)애 져기면 〻리로다.

이 술 가져다가 〻〻(西海)예 고로 〻화,
　　　　온 세상
억만(億萬) 챵싱(蒼生)을 다 취(醉)케 밍근 후(後)의,
세상의 수많은 백성들
그제야 고텨 맛나 쏘 〻 잔 〻잣고야.

말 디쟈 학(鶴)을 〻고 구공(九空)의 올나가니,

공듕(空中) 옥쇼(玉簫) 소〻 어제런가 그제런가.

나도 줌을 〻여 바다〻 구버보니,

기픠를 모〻거니 〻인들 엇디 알리.
　　　　　　　　　끝인들
㉢ 명월(明月)이 쳔산만낙(千山萬落)의 아니 비췬 듸 업다.

▶ 결사: 꿈에서 신선을 만난 감회

진주관 죽서루 아래 오십천의 흘러
내리는 물이.

태백산의 아름다운 그림자를 동해
로 담아 가니.

차라리 그 물줄기를 한강으로 돌려
서울의 남산에 대고 싶구나.

관원의 여정이 유한하고 풍경은 볼
수록 싫증 나지 않으니.

그윽한 회포가 많기도 많고 나그네
의 시름도 달랠 길이 없구나.

신선이 타는 뗏목을 띄워 내어 북
두성과 견우성으로 향할까?

신라의 사선을 찾으러 단혈에 머무
를까?

하늘 끝을 끝내 못 보고 망양정에
오르니.

바다 밖은 하늘인데 하늘 밖은 무
엇인가?

가득이나 성난 고래(파도)를 누가
놀라게 하였기에.

(물을) 불거니 뿜거니 하면서 어지
럽게 구는 것인가?

은산을 꺾어 내어 온 세상에 흩뿌
려 내리는 듯.

오월 드높은 하늘에 백설(물보라)은
무슨 일인가?

소나무 뿌리를 베고 누워 선잠이
얼핏 들었는데.

꿈에 한 사람이 나에게 이르는 말
이.

"그대를 내가 모르랴? (그대는) 하
늘나라의 참 신선이라.

황정경 한 글자를 어찌 잘못 읽고.

인간 세상에 내려와서 우리를 따르
는가?

잠깐 가지 말고 이 술 한 잔 먹어
보오."

북두칠성 같은 국자를 기울여 푸른
바닷물 같은 술을 부어 내어.

저 먹고 나에게도 먹이거늘 서너
잔을 기울이니.

온화한 봄바람이 산들산들 불어 양
겨드랑이를 추켜올리니.

아득히 높고 먼 하늘도 웬만하면
날 것 같구나.

"이 술을 가져다가 온 세상에 고루
나누어.

온 백성을 다 취하게 만든 후에.

그때에야 다시 만나 또 한 잔 하자
꾸나."

말이 끝나자 (신선은) 학을 타고 높
은 하늘에 올라가니.

공중의 옥피리 소리가 어제던가 그
제던가 어렴풋하네.

나도 잠을 깨어 바다를 굽어보니.

깊이를 모르는데 그 끝인들 어찌
알겠는가?

밝은 달빛이 온 세상에 아니 비친
곳이 없다.

－ 정철, 〈관동별곡(關東別曲)〉

만점 노트

› 일등급 정리 ‹

1. 〈관동별곡〉의 전체 여정

구조	여정
서사 (부임과 순시)	한양 → 평구역 → 흑수 → 섬 강 · 치악 → 소양강 → 동주 → 회양
본사 1 (금강산 유람)	만폭동 → 금강대 → 진헐대 → 개심대 → 화룡소 → 불정 대
본사 2 (관동팔경 유람)	산영루 → 총석정 → 삼일포 → 의상대 → 경포 → 죽서루 → 망양정
결사 (종착)	망양정

2. 화자의 정서와 태도

① (❶　　　　　): '출하리 한강의
목몍의 다히고져.'

② 선우후락, 애민 정신: '억만 챵싱
을 다 취케 밍근 후의, / 그제야 고텨
맛나 쏘 〻 잔 〻잣고야.'

3. 시상의 전환

금강산(산)
흰색의 이미지(고결함, 순수함)
위정자로서의 책임 의식과 유교적 충의 사상

↓

관동팔경(바다)
동적인 이미지(갈등의 상황)
인간 본연의 욕망과 (❷　　　　) 신선 사상

4. 화자의 갈등 양상

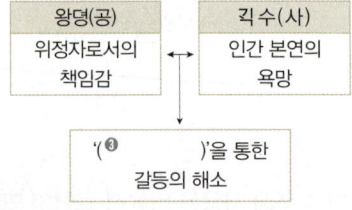

왕명(공)		긱수(사)
위정자로서의 책임감	↔	인간 본연의 욕망

↓

'(❸　　　　　)'을 통한
갈등의 해소

01
| 감상의 적절성 판단 |

이 작품을 읽고 난 후의 감상으로 적절하지 <u>않은</u> 것은?

① 여정에 따른 화자의 정서가 진솔하게 나타나고 있어.
② 아름다운 자연의 경관을 노래하면서 연군과 애민의 정을 드러낸 것이 인상 깊어.
③ 화자가 갈등을 해소하고 난 후 바라본 세상은 명월이 온 세상을 비추는 평온한 모습으로 그려지고 있네.
④ 마치 서사 문학처럼 갈등의 양상을 드러내는 점이 특이해. 심리적 갈등을 종교를 통해 해결하고 있잖아.
⑤ 자연의 모습을 다양하고 뛰어난 비유적 표현으로 나타내는 점 등을 보면 이 작품을 왜 가사 문학의 백미라고 칭송하는지를 알 수 있어.

02
| 화자의 정서 이해 |

㉠에 내포된 의미와 가장 유사한 것은?

① 고신거국(孤臣去國)에 빅발(白髮)도 하도 할샤.
② 삼각산(三角山) 뎨일봉(第一峰)이 ᄒᆞ마면 뵈리로다.
③ 쳔고(千古) 흥망(興亡)을 아ᄂᆞᆫ다 몰ᄋᆞᄂᆞᆫ다.
④ 급댱유(汲長孺) 풍치(風彩)를 고텨 아니 볼 게이고.
⑤ 음애(陰崖)예 이온 플을 다 살와 내여ᄉᆞ라.

03
| 화자의 정서 이해 |

㉡에 나타나는 화자의 갈등 양상으로 적절한 것은?

① 개인의 성취욕과 현실적 한계 사이의 갈등
② 개인의 선한 마음과 악한 마음 사이의 갈등
③ 금강산에 대한 아쉬움과 동해 바다를 향한 기대감 사이의 갈등
④ 임금의 뜻을 따라야 하는 현실과 백성을 사랑하는 마음 사이의 갈등
⑤ 관찰사로서의 책임감과 아름다운 경치를 계속 즐기고 싶은 욕망 사이의 갈등

04
| 작품 간의 비교 감상 |

이 작품의 '쑴(㉮)'과 〈보기〉의 '쑴(㉯)'에 대한 설명으로 가장 적절한 것은?

> **보기**
>
> 져근덧 녁진(力盡)ᄒᆞ야 픗ᄌᆞᆷ을 잠간 드니
> 졍셩(精誠)이 지극ᄒᆞ야 쑴의 님을 보니
> 옥(玉) ᄀᆞᄐᆞᆫ 얼굴이 반(半)이나마 늘거셰라.
> ᄆᆞᄋᆞᆷ의 머근 말ᄉᆞᆷ 슬ᄏᆞ장 ᄉᆞᆲ쟈 ᄒᆞ니
> 눈믈이 바라 나니 말ᄉᆞᆷ인들 어이ᄒᆞ며
> 졍(情)을 못다ᄒᆞ야 목이조차 몌여ᄒᆞ니
> 오뎐된 계셩(鷄聲)의 ᄌᆞᆷ은 엇디 ᄭᆡ돗던고.
>   – 정철, 〈속미인곡〉

① ㉮와 ㉯는 모두 목민관으로서의 책임감을 환기한다.
② ㉮와 ㉯는 모두 임을 잃은 슬픔 때문에 꾸게 된 것이다.
③ ㉮와 ㉯는 모두 화자의 깨달음을 이끌어 내는 계기가 된다.
④ ㉮는 화자의 우국지정을, ㉯는 화자의 그리움을 엿볼 수 있게 한다.
⑤ ㉮는 화자의 갈등을 해소시켜 주나, ㉯는 오히려 화자에게 안타까움을 심어 준다.

05
| 구절의 의미와 기능 파악 |

㉢에 대한 설명으로 적절하지 <u>않은</u> 것은?

① 평온함을 되찾은 화자의 내면과 조응하고 있다.
② 가사와 시조의 형식적 유사성을 보여 주고 있다.
③ 시상을 마무리하고 작품을 끝내는 역할을 하고 있다.
④ 임금의 은혜가 온누리에 퍼지고 있음을 암시하고 있다.
⑤ 도교적 풍류를 지향하는 화자의 심리를 드러내어 강조하고 있다.

06
| 시어의 의미 파악 |

ⓐ~ⓔ 중, 지시하는 대상이 <u>다른</u> 하나는?

① ⓐ   ② ⓑ   ③ ⓒ   ④ ⓓ   ⑤ ⓔ

뎨 가는 뎌 각시 본 듯도 흔뎌이고.

텬샹(天上) 빅옥경(白玉京)을 엇디ᄒ야 니별(離別)ᄒ고,
옥황상제가 산다는 궁궐(임금이 있는 궁궐)

ᄒᆡ 다 뎌 져믄 날의 눌을 보라 가시ᄂᆞᆫ고.
누구를

    ▶ 서사 1: 갑녀의 물음

어와 네여이고 내 스셜 드러 보오.

내 얼굴 이 거동이 님 괴얌즉 ᄒ가마는
모습, 형체   사랑받음직

엇딘디 날 보시고 네로다 녀기실ᄉᆡ
여기시기에

나도 님을 미더 군ᄠᅥ디 전혀 업서
다른 생각이

이리야 교ᄐᆡ야 어ᄌᆞ러이 구돗ᄯᅥᆫ디

반기시ᄂᆞᆫ 눗비치 녜와 엇디 다ᄅᆞ신고.
얼굴빛이

누어 싱각ᄒ고 니러 안자 혜여ᄒ니
헤아리니, 생각하니

내 몸의 지은 죄 뫼ᄀᆞ티 싸혀시니

하ᄂᆞᆯᄒ라 원망ᄒ며 사ᄅᆞᆷ이라 허믈ᄒ랴.

셜워 플텨 혜니 조믈(造物)의 타시로다. 〈중략〉

    ▶ 서사 2: 을녀의 대답

님다히 쇼식(消息)을 아므려나 아쟈 ᄒ니
어떻게든지

오ᄂᆞᆯ도 거의로다. ᄂᆡ일이나 사ᄅᆞᆷ 올가.
거의 지나갔구나

내 ᄆᆞᄋᆞᆷ 둘 ᄃᆡ 업다. 어드러로 가쟛 말고.

잡거니 밀거니 놉픈 뫼히 올라가니

ⓐ 구롬은 ᄏᆞ니와 안개ᄂᆞᆫ 므ᄉᆞ 일고.

산쳔(山川)이 어둡거니 일월(日月)을 엇디 보며

지쳑(咫尺)을 모ᄅᆞ거든 쳔 리(千里)를 ᄇᆞ라보랴.
아주 가까운 거리

출하리 믈ᄀᆞ의 가 ᄇᆡ 길히나 보쟈 ᄒ니

ᄇᆞ람이야 믈결이야 어둥졍 된뎌이고.
어수선하게

샤공은 어ᄃᆡ 가고 븬 ᄇᆡ만 걸렷ᄂᆞ니.

강텬(江天)의 혼쟈 셔셔 디ᄂᆞᆫ 히ᄅᆞᆯ 구버보니

님다히 쇼식(消息)이 더옥 아득ᄒᆞᆫ뎌이고.

모쳠(茅簷) 춘 자리의 밤듕만 도라오니
초가집 처마

반벽쳥등(半壁靑燈)은 눌 위ᄒ야 불갓ᄂᆞᆫ고.

오ᄅᆞ며 ᄂᆞ리며 헤쓰며 바니니

져근덧 녁진(力盡)ᄒ야 픗ᄌᆞᆷ을 잠간 드니

졍셩(精誠)이 지극ᄒ야 ᄭᅮᆷ의 님을 보니

옥(玉) ᄀᆞ튼 얼굴이 반(半)이나마 늘거셰라.

ᄆᆞᄋᆞᆷ의 머근 말ᄉᆞᆷ 슬ᄏᆞ장 ᄉᆞᆲ쟈 ᄒ니
온갖 정과 회포

눈믈이 바라 나니 말ᄉᆞᆷ인들 어이ᄒᆞ며

졍(情)을 못다ᄒ야 목이조차 몌여ᄒ니

저기 가는 저 각시 본 듯도 하구나.

천상의 백옥경(임이 계시는 궁궐)을 어찌하여 이별하고,

해 다 져서 저문 날에 누구를 만나러 가시는가?

아, 너로구나. 내 이야기 좀 들어 보오.

내 모습과 이 행동이 임에게 사랑을 받음직한가마는

어찌된 일인지 나를 보시고 너로구나 하며 특별히 여기시기에

나도 임을 믿어 다른 생각이 전혀 없어

이양도 부리고 교태도 떨며 어지럽게 하였던지

반기시는 얼굴빛이 옛날과 어찌 달라졌는가?

누워 생각하고 일어나 앉아 생각해 보니

내 몸의 지은 죄가 산처럼 쌓였으니

하늘을 원망하며 사람을 탓하겠는가?

서러워 생각해 보니 조물주의 탓이로구나. 〈중략〉

임 계신 곳의 소식을 어떻게든지 알려고 하니

오늘도 날이 거의 지나갔구나. 내일이나 사람이 올까?

내 마음 둘 곳이 없다. 어디로 가잔 말인가?

(나무와 바위 등을) 잡기도 하고 밀기도 하면서 높은 산에 올라가니

구름은 물론이거니와 안개는 또 무슨 일로 끼어 있는가?

산천이 어두운데 해와 달을 어찌 보며

바로 앞도 분간할 수 없는데 천 리나 되는 먼 곳을 바라볼 수 있으랴.

차라리 물가에 가서 뱃길이나 보려고 하니

바람과 물결 때문에 어수선하게 되었구나.

뱃사공은 어디 가고 빈 배만 걸려 있는가?

강가에 혼자 서서 지는 해를 굽어보니

임 계신 곳의 소식이 더욱 아득하기만 하구나.

초가집 찬 잠자리에 한밤중에 돌아오니

벽 가운데 걸려 있는 등불은 누구를 위하여 밝혀 놓는가?

(산을) 오르내리며 (강가를) 헤매며 방황하니

잠깐 사이에 힘이 다해 풋잠을 잠깐 드니

정성이 지극했던지 꿈에 임을 보니

옥같이 곱던 얼굴이 반도 넘게 늙어 있구나.

마음속에 품은 생각을 실컷 아뢰고자 하니

눈물이 바로 쏟아져 말도 하지 못하고

정을 풀지도 못하여 목조차 메니

만점 노트

정철, 〈속미인곡〉

• **갈래** 서정 가사, 양반 가사, 정격 가사
• **주제** 임금을 그리는 정(연군지정)
• **특징**
① 〈사미인곡〉과 더불어 가사 문학의 극치를 이룸.
② 대화 형식으로 내용을 전개함.
③ 순우리말을 절묘하게 구사함.
④ 임금을 그리워하는 마음을 임과 이별한 여인의 심정에 빗대어 표현함.

▶ 일등급 정리 ◀

1. 작품 전체의 시상 전개

갑녀의 질문	백옥경을 떠난 이유를 물음.
을녀의 답변	조물주의 탓이라고 답함.
갑녀의 위로	을녀에게 위로의 말을 함.
을녀의 하소연	임에 대한 염려, 임의 소식에 대한 궁금증, 독수공방의 외로움, 임에 대한 간절한 사모의 정을 말함.
갑녀의 조언	을녀에게 조언과 위로의 말을 함.

→ 갑녀(보조 인물)와 을녀(중심 화자)의 (❶   ) 형식으로 내용을 전개함.

2. 화자의 성격

갑녀	(❷)
보조적 위치에 있는 인물	작가의 처지를 대변하는 중심 화자
을녀의 하소연을 유도함.	갑녀의 질문에 응하여 하소연을 함.
작품의 전개와 종결을 위한 기능적 역할	작품의 주제 구현을 위한 중심 역할

3. 시어의 의미

구롬, 안개, 브람, 믈결	임과 화자의 사랑을 방해하는 장애물 – 조정을 어지럽히던 간신을 상징
(❸)	멀리서 임을 바라보다 사라지는 달 – 소극적, 간접적
구즌비	오랫동안 내리며 임의 옷을 적시는 비 – 적극적, 직접적

오뎐된 계성(鷄聲)의 줌은 엇디 씨돗던고.
　　방정맞은
어와, 허亽(虛事)로다. 이 님이 어딕 간고.
　　　헛된 일
결의 니러 안자 창(窓)을 열고 브라보니
　잠결에, 꿈결에
어엿븐 그림재 날 조출 ᄯᅮᆫ이로다.
　불쌍한, 가련한
출하리 싀여디여 낙월(落月)이나 되야이셔

님 겨신 창(窓) 안히 번드시 비최리라.

각시님 ᄃᆞᆯ이야ᄏᆞ니와 구즌비나 되쇼셔.

▶ 본사: 을녀의 하소연

▶ 결사 ①: 을녀의 소망

▶ 결사 ②: 갑녀의 위로

방정맞은 닭 소리에 잠은 왜 깬단 말인가?

아, 헛된 일이로다. 이 임이 어디 갔는가?

잠결에 일어나 앉아 창을 열고 바라보니

불쌍한 그림자만이 나를 따를 뿐이로다.

차라리 죽어서 지는 달이나 되어

임 계신 창 안에 환하게 비치리라.

각시님. 달은커녕 궂은비나 되십시오.

　　　　　　　　　　－ 정철, 〈속미인곡(續美人曲)〉

01
| 작품의 종합적 감상 |

이 작품에 대한 설명으로 적절하지 않은 것은?

① 순우리말을 절묘하게 구사하고 있다.
② 두 인물의 대화 형식으로 이루어져 있다.
③ 여성의 목소리를 빌려 내용을 전개하고 있다.
④ 계절의 변화에 따른 화자의 태도 변화를 드러내고 있다.
⑤ 자연물에 상징적 의미를 부여하여 화자의 심정을 표현하고 있다.

02 학력평가 기출
| 외적 준거에 따른 감상 |

〈보기〉를 바탕으로 이 작품을 감상한 내용으로 적절하지 않은 것은?

> 보기
>
> 　작가는 정치적 반대 세력에 의해 임금이 있는 조정을 떠난 상황에서 자신의 태도와 정서를 대화 형식을 통해 드러내고 있다.

① '텬샹 빅옥경을 엇디ᄒᆞ야 니별ᄒᆞ고'에는 임금이 있는 조정을 떠난 상황이 드러나 있군.
② '내 얼굴 이 거동이 님 괴얌즉 ᄒᆞ가마ᄂᆞᆫ'에는 정치적 반대 세력에 의해 처하게 된 자신의 상황에 대한 자책이 드러나 있군.
③ '셜워 플텨 혜니 조믈의 타시로다'에는 자신의 상황을 운명으로 받아들이는 모습이 드러나 있군.
④ '어엿븐 그림재 날 조출 ᄯᅮᆫ이로다'에는 임금 곁에 머물 수 없는 상황에 대한 탄식이 드러나 있군.
⑤ '출하리 싀여디여 낙월이나 되야이셔'에는 임금에 대한 변치 않는 충정이 드러나 있군.

03 학력평가 기출
| 시상 전개 과정의 이해 |

이 작품의 시상 전개 과정을 〈보기〉와 같이 정리할 때, (ㄱ)과 (ㄴ)에 들어갈 내용으로 적절한 것은?

보기

공간	방해물	상황	정서
놉픈 뫼	구룸, 안개	일월을 볼 수 없음	막막함
믈ᄀᆞ	브람, 믈결	(ㄱ)	외로움
모첨	계성	꿈을 깸	(ㄴ)

	(ㄱ)	(ㄴ)		(ㄱ)	(ㄴ)
①	뱃사공이 없음	조급함	②	빈 배만 걸림	안타까움
③	기운이 다함	애틋함	④	눈물이 쏟아짐	절박함
⑤	목이 멤	섭섭함			

04
| 시어의 의미 파악과 적용 |

밑줄 친 시어 중, ⓐ와 상징적 의미가 유사한 것은?

① 철령 높은 봉에 쉬어 넘는 저 <u>구름</u>아 / 고신원루를 비 삼아 띄어다가 / 님 계신 구중심처에 뿌려 본들 어떠리.
② <u>구름</u>이 무심탄 말이 아마도 허랑하다. / 중천에 떠 있어 임의로 다니면서 / 구태여 광명한 날빛츨 따라가며 덥나니.
③ 흰 <u>구름</u> 푸른 안개는 골골이 잠겼는데 / 추풍에 물든 단풍 봄꽃보다 더 좋구나. / 천공이 나를 위하여 산빛을 꾸며 주었도다.
④ <u>구름</u> 빛이 좋다 하나 검기를 자주 한다. / 바람 소리 맑다 하나 그칠 적이 많구나. / 좋고도 그칠 때가 없는 것은 물뿐인가 하노라.
⑤ 창밖이 어른어른커늘 님만 여겨 펄떡 뛰어 뚝 나서 보니 / 님은 아니 오고 으스름 달빛에 녈 <u>구름</u> 날 속였구나. / 마초아 밤일세망정 행여 낮이런들 남 웃길 뻔하여라.

㉠강호(江湖)에 봄이 드니 미친 흥(興)이 절로 난다.
　　　　　　　　　　　　 　자연을 즐기는 흥취
탁료계변(濁醪溪邊)˚에 금린어(錦鱗魚)˚ㅣ 안주로다.

이 몸이 한가(閒暇)히옴도 역군은(亦君恩)이샷다.

〈제1수〉
▶ 제1수: 강호에서 느끼는 봄의 흥취

> 강호에 봄이 찾아오니 깊은 흥이 절로 난다.
> 막걸리를 마시며 노는 시냇가에 싱싱한 물고기가 안주로다.
> 이 몸이 한가롭게 지내는 것도 임금님의 은혜이시도다.

강호(江湖)에 녀름이 드니 초당(草堂)에 일이 업다.
　　　　　　　　　　　　 　초가집
유신(有信)혼 강파(江波)는 보내느니 부람이로다.

이 몸이 서늘 히옴도 역군은(亦君恩)이샷다.

〈제2수〉
▶ 제2수: 초당에서 한가로이 보내는 여름의 생활

> 강호에 여름이 찾아오니 초가집에 할 일이 없다.
> 믿음직스러운 강의 물결은 보내는 것이 시원한 바람이로다.
> 이 몸이 시원하게 지내는 것도 임금님의 은혜이시도다.

강호(江湖)에 ㄱ울이 드니 고기마다 술져 잇다.

소정(小艇)에 그물 시러 흘리 띄여 더뎌 두고,
　작은 배
이 몸이 소일(消日)히옴도 역군은(亦君恩)이샷다.
　　　　　느긋하게 세월을 보냄.

〈제3수〉
▶ 제3수: 고기잡이하며 소일하는 가을의 여유로움

> 강호에 가을이 찾아오니 고기마다 살이 올라 있다.
> 작은 배에 그물을 실어 물결을 따라 흘러가게 배를 띄워 두고,
> 이 몸이 소일하며 지내는 것도 임금님의 은혜이시도다.

강호(江湖)에 겨울이 드니 눈 기픠 자히 남다.˚
　　　　　　　　　　　 눈이 많이 내림. 한 자 = 30.3cm
삿갓 빗기 쓰고 누역˚으로 오슬 삼아,

이 몸이 칩지 아니히옴도 역군은(亦君恩)이샷다.

〈제4수〉
▶ 제4수: 눈 쌓인 가운데 안분지족하는 겨울의 생활

> 강호에 겨울이 찾아오니 쌓인 눈의 깊이가 한 자가 넘는다.
> 삿갓을 비스듬히 쓰고 도롱이로 옷을 삼으니,
> 이 몸이 춥지 않게 지내는 것도 임금님의 은혜이시도다.

– 맹사성, 〈강호사시가(江湖四時歌)〉

- **탁료계변(濁醪溪邊)**: 막걸리를 마시며 노는 시냇가
- **금린어(錦鱗魚)**: 물고기, 쏘가리
- **자히 남다**: 한 자가 넘는다.
- **누역**: 도롱이. 짚으로 만든 비옷

맹사성, 〈강호사시가〉
- **갈래** 평시조, 연시조(전 4수)
- **주제** 강호에서의 한가로운 삶과 임금의 은혜에 대한 감사
- **특징**
  ① 계절별로 한 수씩 노래하여 4수로 사계절을 표현함.
  ② 각 연마다 형식을 통일하여 안정감을 주고 주제를 부각함.
  ③ 자연에 대한 예찬과 유교적 충의가 함께 드러남.
  ④ 우리나라 최초의 연시조로, 강호가도(자연에 귀의하여 자연을 예찬하는 시가 창작의 한 경향)의 선구적 작품임.

▶ 일등급 정리 ◀

1. 전체 구성

제1수	봄	강가에서 물고기를 안주 삼아 탁주를 마시는 흥겨움
제2수	여름	시원한 강바람이 불어오는 초당에 앉아 더위를 잊고 지내는 한가로움
제3수	가을	강가에 배를 띄어 놓고 고기 잡이하는 즐거움
제4수	겨울	삿갓과 도롱이로 추위를 막을 수 있는 행복함

→ 자연을 즐기는 생활을 (❶　　　　)에 따라 한 수씩 읊음.

2. 형식상의 특징

> 강호에 (　㉠　)이 드니 (　㉡　)
> (　　　　　㉢　　　　　)
> 이 몸이 (　㉣　)도 역군은이샷다.

① ㉠에는 각 계절이 들어가고, ㉡에는 계절에 맞는 풍취가 표현됨. ㉢에는 ㉣의 구체적인 내용이 나타나고, ㉣에는 생활의 모습이 집약된 표현이 들어감.
② 각 연은 '(❷　　　　)'로 시작하여 '역군은이샷다'로 끝남.
③ 초장과 중장에서 자연 속의 풍류를 드러내고 종장에서 유교적 충의 사상을 드러냄.

3. 화자의 정서 및 태도
자연과 조화를 이루는 안분지족의 생활을 임금의 은혜로 귀결시킴으로써 유교적 (❸　　　　) 사상을 드러냄.

01 | 작품의 종합적 감상 |

이 작품에 대한 설명으로 적절하지 않은 것은?

① 정제된 형식미를 통해 주제를 효과적으로 구현하고 있다.

② 우리 나라 최초의 연시조*로, 강호가도의 효시*가 되는 작품이다.

③ 춘하추동의 사계절을 묘사하고 있어 다채로운 자연의 풍경을 엿볼 수 있다.

④ 전원에서 한가로운 삶을 누리면서도 임금의 은혜에 감사하는 태도를 드러내고 있다.

⑤ 자연 속의 풍류를 통해 현실 정치에서의 갈등을 해소하고자 하는 모습을 보이고 있다.

02 학력평가 기출 | 시상 전개 과정의 이해 |

〈보기〉의 A~E에 대한 설명으로 적절하지 않은 것은?

> **보기**
>
> 이 작품의 각 수는 다음과 같은 짜임을 가지고 있다.
>
> | 구분 | 구조 및 내용 |
> |------|------|
> | 초장 | 강호에 (A)이 드니 (B) |
> | 중장 | (C) |
> | 종장 | 이 몸이 (D)도 (E) 은혜로다. |

① 제1수~제4수의 A에는 화자가 맞이하게 되는 계절이 드러나 있다.

② 제2수와 제3수의 B에는 자연 경관에 대한 화자의 평가가 드러나 있다.

③ 제1수와 제3수의 C에는 화자의 구체적 삶의 모습이 드러나 있다.

④ 제1수와 제2수의 D에는 초장과 중장의 상황 속에서 화자가 느끼고 있는 자신의 상태가 드러나 있다.

⑤ 제1수~제4수의 E에는 D를 가능하게 해 주는 존재로 화자가 인식하는 대상이 드러나 있다.

03 | 시어의 의미 파악과 적용 |

〈보기〉의 ⓐ~ⓔ 중, ㉠과 의미하는 바가 유사하지 않은 것은?

> **보기**
>
> 굽어보면 ⓐ천심녹수(千尋綠水) 돌아보니 ⓑ만첩청산(萬疊靑山)
> ⓒ십장홍진(十丈紅塵)이 얼마나 가렸는고.
> ⓓ강호(江湖)에 ⓔ월백(月白)하거든 더욱 무심하여라.
> 　　　　　　　　　　　　　　　　　　– 이현보, 〈어부단가〉

① ⓐ　　② ⓑ　　③ ⓒ　　④ ⓓ　　⑤ ⓔ

04 학력평가 기출 | 외적 준거에 따른 감상 |

〈보기〉를 참고하여, 이 작품에 대해 학생들이 이해한 내용으로 적절하지 않은 것은?

> **보기**
>
> 〈강호사시가〉는 유교적 이상이 현실화된 시기에 지어진 것으로, 여기에는 화자의 공적인 삶과 사적인 삶의 조화와 함께 개인의 평안한 삶을 가능하게 한 임금의 치적에 대한 감사가 나타나 있다.

① 각 수의 초장과 중장은 주로 화자의 사적인 삶의 모습을 그리고 있는 것이군.

② 각 수 종장의 '이 몸이 ~해옴도'는 사적인 삶의 모습을 압축하여 제시한 것이라 할 수 있군.

③ 각 수 종장의 '역군은(亦君恩)이샷다'는 신하라는 공적인 삶과 관련지어 한 말이라 할 수 있군.

④ 화자는 걱정이나 탈 없이 만족스럽게 살아가는 삶을 가능하게 한 임금의 은혜에 대해 감사하고 있군.

⑤ 화자의 공적인 삶이 사적인 삶과 조화를 이루게 된 이유는 유교적 이상을 현실화하기 위한 화자의 노력 때문이군.

문제 속 어휘&개념

■ **연시조**: 두 수 이상의 평시조가 하나의 제목으로 엮어져 있는 시조. 최초의 연시조인 맹사성의 〈강호사시가〉를 비롯하여 이황의 〈도산십이곡〉, 이이의 〈고산구곡가〉 등이 여기에 속한다.

■ **효시(嚆矢)**: 어떤 사물이나 현상이 시작되어 나온 맨 처음을 비유적으로 이르는 말. 전쟁을 시작할 때 우는살을 먼저 쐈았다는 데에서 유래한다. **예** 임춘의 〈국순전〉은 가전체 문학의 효시가 되는 작품이다.

산수간(山水間) 바위 아래 ㉠띠집을 짓노라 하니

그 모른 남들은 웃는다 한다마는

어리고 향암(鄕闇)˙의 뜻에는 내 분(分)인가 하노라.

〈제1수〉

▶ 제1수: 안분지족하는 삶

산수 간 바위 아래에 움막을 지으려 하니
나의 뜻을 모르는 남들은 비웃는다지만
어리석고 세상 물정 모르는 내 생각에는 이것이 내 분수인가 하노라.

㉡보리밥 풋나물을 알마초 먹은 후(後)에
　　　　　　　　알맞게

바위 끝 물가에 슬카지 노니노라.
　　　　　　실컷

그 남은 여나믄 일이야 부럴 줄이 이시랴.

〈제2수〉

▶ 제2수: 안빈낙도하는 삶

보리밥과 풋나물을 알맞게 먹은 후에
바위 끝 물가에서 실컷 노니노라.
그 밖의 다른 일이야 부러워할 까닭이 있으랴.

잔 들고 혼자 앉아 ㉢먼 뫼를 바라보니

그리던 님이 오다 반가움이 이러하랴.

말씀도 웃음도 아녀도 못내 좋아하노라.

〈제3수〉

▶ 제3수: 자연 속에서 느끼는 한정(閑情)

잔 들고 혼자 앉아 먼 산을 바라보니
그리워하는 임이 온들 반가움이 이 정도이랴?
말도 없고 웃음도 없지만 마냥 좋아하노라.

누군가 삼공(三公)보다 낫다 하더니 만승(萬乘)˙이 이만하랴.
　　　　삼정승

이제로 헤어든 소부 허유(巢父許由)˙가 약았더라.

아마도 임천한흥(林泉閑興)을 비길 곳이 없어라.
　　　자연 속에서 느끼는 한가한 흥취

〈제4수〉

▶ 제4수: 자연 속에서 느끼는 한가한 흥취

누가 (자연이) 삼정승보다 낫다더니 만승천자인들 이만하겠는가?
이제 와서 생각해 보니 소부와 허유가 영리했구나.
아마도 자연 속에서 한가롭게 지내는 흥취는 비할 데가 없으리라.

내 성이 게으르더니 하늘이 알으실사
겸손한 태도

㉣인간 만사(人間萬事)를 한 일도 아니 맡겨

다만당 다툴 이 없는 ㉤강산(江山)을 지키라 하시도다.

〈제5수〉

▶ 제5수: 자연을 지키는 삶을 천명으로 여김.

내 천성이 게으른 것을 하늘이 아시고
인간 세상의 많은 일 가운데 한 가지도 맡기지 않으시고
다만 다툴 이 없는 자연을 지키라고 하셨도다.

강산(江山)이 좋다 한들 내 분(分)으로 누웠느냐.

임금 은혜(恩惠)를 이제 더욱 아나이다.

아무리 갚고자 하여도 해올 일이 없어라.
　　　　　　　　할 수 있는 일

〈제6수〉

▶ 제6수: 임금의 은혜에 대한 감사

강산이 좋다고 한들 나의 분수로 누워 있겠는가.
임금의 은혜를 더욱 알 것 같구나.
아무리 갚고자 하여도 (임금을 위해) 할 수 있는 일이 없구나.

– 윤선도, 〈만흥(漫興)〉

• **향암(鄕闇):** 시골에서 지내 온갖 사리에 어둡고 어리석은 사람
• **만승(萬乘):** 만 대의 수레라는 뜻으로, 천자 또는 천자의 자리를 이르는 말
• **소부 허유(巢父許由):** 부귀영화를 마다하는 사람을 이르는 말. 중국의 요임금이 허유에게 천하를 주겠다고 하자 허유는 더러운 말을 들었다고 하여 물에 귀를 씻었으며, 소부는 허유가 귀를 씻은 더러운 물을 소에게 먹일 수 없다고 하여 소를 끌고 돌아갔다는 데서 유래한다.

만점 노트

윤선도, 〈만흥〉

• **갈래** 평시조, 연시조(전 6수)
• **주제** 자연에 묻혀 사는 즐거움
• **특징**
① 세속적 가치와 자연을 대비해 주제를 부각함.
② 한문투의 표현 없이 우리말의 묘미를 잘 살림.
③ 화자의 안분지족하는 삶의 자세와 자연 친화적인 태도가 잘 드러남.

▶일등급 정리◀

1. 전체 구성

제1수	(❶　　　　)	속세를 벗어나 자연에 묻혀 사는 유유자적한 삶
제2수	안빈낙도	
제3수	물아일체	
제4수	임천한흥	
제5수	자연 귀의	
제6수	임금의 은혜	유교적 충의

→ 세속에서 벗어나 자연에 묻혀 지내는 한가롭고 흥겨운 화자의 심정과 함께 임금의 은혜에 대한 감사와 유교적 충의를 나타냄.

2. 자연과 현실에 대한 화자의 인식

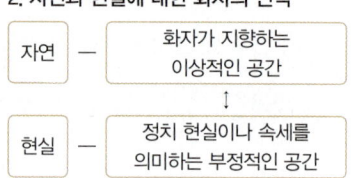

자연	—	화자가 지향하는 이상적인 공간
현실	—	정치 현실이나 속세를 의미하는 부정적인 공간

→ 자연과 속세의 (❷　　　)를 통해 부귀공명과 같은 세속적 가치를 추구하는 삶보다는 자연에 묻혀 유유자적하는 삶이 더 낫다는 가치관을 드러냄.

3. 시어의 대립적 의미

	자연	현실(속세)
제1수	산수간 바위 아래	그 모른 남들
제2수	(❸　　　)	그 남은 여나믄 일
제3수	먼 뫼	그리던 님
제4수	임천	삼공, 만승
제5수	강산	인간 만사, 다툴 이
제6수	강산	–

▶ 정답과 해설 21쪽

01
| 표현상의 특징 파악 |

이 작품에 대한 설명으로 적절하지 않은 것은?

① 규칙적인 음보의 반복을 통해 운율을 형성하고 있다.
② 설의적 표현￭을 사용하여 시적 의미를 강조하고 있다.
③ 자연물을 의인화하여 대상에 대한 친근감을 드러내고 있다.
④ 청자를 설정하여 문답을 주고받는 방식으로 시상을 전개하고 있다.
⑤ 대립적 의미의 시어를 활용하여 주제 의식을 효과적으로 부각하고 있다.

02 `학력평가` `기출`
| 시구의 의미 파악 |

이 작품의 시구 중, 〈보기〉의 내용을 뒷받침하기에 가장 적절한 것은?

> **보기**
>
> 조선 시대 사대부들이 창작한 작품의 특징 중 하나를 꼽으라면 임금과의 관계가 작품의 근저￭가 되고 있다는 점이다. 윤선도의 작품 또한 예외가 아닌데, 그의 한시 및 국문 시가를 살펴보면 나라를 걱정하고 임금을 그리워하는 작품들은 물론이고 귀거래(歸去來)￭ 내지 자연을 노래하고 있는 작품들조차도 대부분 연군지정(戀君之情)의 바탕 위에서 창작되고 있음을 알 수 있다.

① 산수간 바위 아래 띠집을 짓노라 하니
② 보리밥 풋나물을 알마초 먹은 후에
③ 아마도 임천한흥을 비길 곳이 없어라
④ 인간 만사를 한 일도 아니 맡겨
⑤ 아무리 갚고자 하여도 해올 일이 없어라

03
| 시어의 의미 파악 |

㉠~㉤ 중, 의미가 나머지와 이질적인 것은?

① ㉠   ② ㉡   ③ ㉢   ④ ㉣   ⑤ ㉤

04 `학력평가` `기출`
| 외적 준거에 따른 감상 |

〈보기〉를 참고하여 이 작품을 감상한 내용으로 적절하지 않은 것은?

> **보기**
>
> 이 작품은 작가가 고향인 전라도 해남에 은거할 때 지은 연시조이다. 작가는 혼탁한 정치적 상황으로 인해 정적들로부터 숱하게 탄핵과 모함을 받아 수십 년 간이나 유배와 낙향을 반복했다. 이러한 영향으로 작가는 은둔의 삶을 추구하면서 순우리말을 잘 살린 작품을 다수 창작하였다.

① 작가가 은둔하면서 살아가는 모습은 '띠집'과 '보리밥 풋나물'에서 짐작할 수 있겠군.
② '남들'에는 작가를 탄핵하고 모함했던 정적들이 포함될 수 있겠군.
③ 작가가 유배와 낙향을 반복하면서 세상 물정에 어두워져 '향암' 같은 존재가 되었겠군.
④ '알마초', '슬카지' 등과 같은 순우리말을 잘 살린 작품이군.
⑤ '여나믄 일'은 당시의 혼란한 정치적인 상황과 관련된 것이겠군.

05 `학력평가` `기출`
| 화자의 정서와 태도 이해 |

〈보기〉는 이 작품의 화자의 사고 과정을 도식화한 것이다. 이를 고려하여 작품을 감상할 때 적절하지 않은 것은?

> **보기**
>
>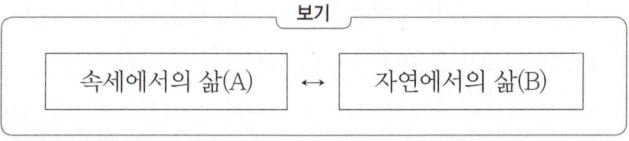
>
> 속세에서의 삶(A) ↔ 자연에서의 삶(B)

① '남들'은 (A)를 선호하기 때문에 '웃는' 것이로군.
② '내 분(分)인가 하노라'는 (A)와 (B)를 비교한 후 얻은 화자의 판단이로군.
③ '보리밥 풋나물'로 볼 때, (B)는 물질적 욕망에서 벗어난 상황이로군.
④ '먼 뫼'는 (B)에서 화자가 즐기는 대상이로군.
⑤ '그리던 님'은 화자가 (A)에 미련이 남았음을 암시하는군.

문제 속 **어휘&개념**

- **설의적 표현**: 쉽게 판단할 수 있는 사실을 의문의 형식으로 표현하여 상대편이 스스로 판단하게 하는 방법
  - 예 배우고 때로 익히면 또한 기쁘지 아니한가?
- **근저(根底)**: 사물의 뿌리나 밑바탕이 되는 기초
  - 예 그의 행동의 근저에는 심한 열등감이 자리 잡고 있었다.
- **귀거래(歸去來)**: 관직을 그만두고 고향으로 돌아감.

내 버디 몃치나 ᄒ니 수석(水石)과 송죽(松竹)이라.
동산(東山)의 ᄃᆞᆯ 오르니 긔 더옥 반갑고야.
두어라, 이 다ᄉᆞᆺ 밧긔 ᄯᅩ 더ᄒᆞ야 머엇ᄒᆞ리.

〈제1수〉
▶ 제1수: 다섯 벗의 소개

[A]
┌ 구룸 비치 조타 ᄒ나 검기를 ᄌ로 ᄒᆞ다.
│ ᄇᆞ람 소리 ᄆᆞᆰ다 ᄒ나 그칠 적이 하노매라.
└ 조코도 그츨 뉘 업기는 믈뿐인가 ᄒ노라.

〈제2수〉
▶ 제2수: 물의 깨끗함과 불변성

[B]
┌ 고즌 므스 일로 퓌며셔 쉬이 디고,
│ 플은 어이ᄒᆞ야 프르는 ᄃᆞᆺ 누르ᄂᆞ니,
└ 아마도 변티 아닐ᄉᆞᆫ 바회뿐인가 ᄒ노라.

〈제3수〉
▶ 제3수: 바위의 영원성

더우면 곳 퓌고 치우면 닙 디거늘,
솔아 너는 얻디 눈서리를 모ᄅᆞ는다.
구천(九泉)˙에 불휘 고ᄃᆞᆫ 줄을 글로 ᄒᆞ야 아노라.

〈제4수〉
▶ 제4수: 소나무의 지조와 절개

나모도 아닌 거시, 플도 아닌 거시,
곳기는 뉘 시기며, 속은 어이 뷔연ᄂᆞᆫ다.
뎌러코 사시(四時)예 프르니 그를 됴하ᄒᆞ노라.

〈제5수〉
▶ 제5수: 대나무의 청빈함과 절개

쟈근 거시 노피 ᄯᅥ서 만믈(萬物)을 다 비취니,
밤듕의 광명(光明)이 너만ᄒᆞ니 ᄯᅩ 잇ᄂᆞ냐.
보고도 말 아니ᄒᆞ니 내 벋인가 ᄒ노라.

〈제6수〉
▶ 제6수: 달의 밝음과 과묵함

•구천(九泉): 땅속 깊은 밑바닥

내 친구가 몇인가 하니 물과 바위, 소나무와 대나무로구나.
동산에 달 떠오르니 그 더욱 반갑구나.
두어라. 이 다섯 외에 친구가 더 있어서 무엇하리.

구름 빛이 깨끗하다고 하나 검기를 자주 한다.
바람 소리가 맑다고 하나 그칠 때가 많도다.
깨끗하면서도 그칠 때가 없는 것은 물뿐인가 하노라.

꽃은 무슨 일로 피자마자 쉽게 지고,
풀은 어찌하여 푸르러지자마자 곧 누런빛을 띠는가?
아마도 변하지 않는 것은 바위뿐인가 하노라.

더우면 꽃 피고 추우면 잎 지거늘,
솔아. 너는 어찌 눈서리를 모르느냐?
깊은 땅속까지 뿌리가 곧은 줄을 그것으로 미루어 알겠노라.

나무도 아닌 것이 풀도 아닌 것이,
곧은 것은 누가 시킨 것이며 속은 어이 비어 있느냐?
그러면서도 일 년 내내 푸르니 대나무를 좋아하노라.

작은 것이 높이 떠서 만물을 다 비추니,
밤중에 밝은 빛이 너만 한 이가 또 있겠느냐?
(세상의 온갖 더러운 것을) 보고도 말을 하지 않으니 내 벗인가 하노라.

– 윤선도, 〈오우가(五友歌)〉

만점 노트

윤선도, 〈오우가〉
• 갈래 평시조, 연시조(전 6수)
• 주제 자연의 다섯 벗에 대한 예찬
• 특징
  ① 자연물을 의인화하여 그것이 지닌 긍정적인 속성을 예찬함.
  ② (❶   )인 속성의 자연물을 함께 제시하여 의미를 강조함.
  ③ 의인법, 대구법, 대조법, 문답법 등 다양한 표현 방법을 사용함.

＞일등급 정리＜

1. 전체 구성

구분	중심 소재	특성
제1수	다섯 벗의 소개	
제2수	물	불변성
제3수	(❷)	영원성
제4수	소나무	지조와 절개
제5수	대나무	청빈함과 절개
제6수	달	밝음과 과묵함

2. 대조적 소재의 제시

구름, 바람	↔	물
가변성		불변성

꽃, 풀	↔	바위
순간성		영원성

꽃, 잎	↔	(❸)
쉽게 굴복함.		절개

01
| 표현상의 특징 파악 |

이 작품에 대한 설명으로 적절하지 <u>않은</u> 것은?

① 자연물▪을 통해 화자의 정서를 드러내고 있다.
② 묻고 답하는 방식으로 내용을 전개하고 있다.
③ 대상의 특성을 바탕으로 덕성을 예찬하고 있다.
④ 시상을 점층적▪으로 확대하여 의미를 강조하고 있다.
⑤ 대조적 의미의 소재를 배치하여 주제를 부각하고 있다.

02 학력평가 기출
| 발상의 특징 파악 |

[A]와 [B]에 공통적으로 사용된 시상 전개 방식으로 가장 적절한 것은?

① 추상적인 관념에 이어 구체적인 대상을 제시하였다.
② 대상이 변화하는 모습을 시간의 흐름에 따라 드러내었다.
③ 변화하는 대상들에 이어 변화하지 않는 대상을 제시하였다.
④ 자연물의 속성을 제시한 다음 화자의 구체적 체험을 드러내었다.
⑤ 사물들의 특징을 제시한 다음 인간의 삶에 직접적으로 적용하였다.

03
| 시적 대상에 내포된 의미 유추 |

이 작품의 내용을 고려할 때, 화자가 친구로 삼고 싶어 할 만한 사람으로 알맞지 <u>않은</u> 것은?

① 외적인 시련에 쉽게 흔들리지 않는 사람
② 시대 흐름에 따라 빠르게 변할 줄 아는 사람
③ 굳은 의지를 가지고 자신의 신념을 지키는 사람
④ 겸손하지만 원칙을 굽히지 않는 기개를 지닌 사람
⑤ 다른 사람의 일에 대해 함부로 이야기하지 않는 사람

04 학력평가 기출
| 시상 전개 과정의 이해 |

〈보기〉는 이 작품의 시상 전개 과정을 나타낸 것이다. 이를 바탕으로 작품을 이해한 내용으로 적절하지 <u>않은</u> 것은?

보기

제1수	제2, 3수	제4, 5수	제6수
A	B	C	D

① A에서는 중심 소재를 무생물, 생물, 천상의 자연물로 묶어 제시하고 있다.
② B에서는 대조의 방식을 활용하여 중심 소재를 예찬하고 있다.
③ C에서는 B와 유사하게 대구의 방법을 활용하여 시적 운율감을 이어가고 있다.
④ B와 C에서 중심 소재로 향했던 화자의 시선이 D에서는 내면으로 이동하고 있다.
⑤ B, C, D의 각 수에서는 A에서 언급된 중심 소재를 순차적으로 배치하고 있다.

05 학력평가 기출
| 감상의 적절성 판단 |

이 작품을 읽고 난 후의 반응으로 적절하지 <u>않은</u> 것은?

① 맑고도 그치지 않는 물과 같이 순수함을 오래도록 잃지 않는 사람이 되고 싶어.
② 영원히 변함없는 바위와 같이 늘 한결같은 사람이 되고 싶어.
③ 한겨울에도 꿋꿋한 소나무와 같이 온갖 시련에도 굴하지 않는 사람이 되고 싶어.
④ 사철 내내 곧고 푸른 대나무와 같이 굳은 지조와 절개를 가진 사람이 되고 싶어.
⑤ 밤하늘에 높이 떠 있는 달과 같이 많은 사람들을 거느리는 사람이 되고 싶어.

문제 속 어휘&개념

▪ **자연물(自然物)**: 작품에 등장하는 자연, 또는 자연을 구성하는 사물
  예 꽃, 새, 안개 등

▪ **점층적(漸層的)**: 그 정도를 점점 강하게 하거나, 크게 하거나, 높게 하는 것 예 이 소설에서는 등장인물들의 갈등이 점층적으로 고조된다.

[A]
새로 거른 막걸리 젖빛처럼 뿌옇고
큰 사발에 보리밥, 높기가 한 자로세.
밥 먹자 도리깨• 잡고 마당에 나서니
검게 탄 두 어깨 햇볕 받아 번쩍이네.
  건강한 노동의 흔적
▶ 기: 농민들의 건강한 삶의 모습

[B]
옹헤야• 소리 내며 발맞추어 두드리니
삽시간에 보리 낟알 온 마당에 가득하네.
주고받는 노랫가락 점점 높아지는데
보이느니 지붕 위에 보리 티끌뿐이로다.
▶ 승: 보리타작하는 마당의 정경

[C]
그 기색 살펴보니 즐겁기 짝이 없어
  노동의 즐거움
마음이 몸의 노예 되지 않았네.
▶ 전: 심신이 조화된 농민의 삶

[D]
낙원이 먼 곳에 있는 게 아닌데
무엇하러 벼슬길에 헤매고 있으리요.
▶ 결: 자신의 삶에 대한 반성

新秋濁酒如湩白
大碗麥飯高一尺
飯罷取耞登場立
雙肩漆澤翻日赤
呼邪作聲舉趾齊
須臾麥穗都狼藉
雜歌互答聲轉高
但見屋角紛飛麥
觀其氣色樂莫樂
了不以心爲形役
樂園樂郊不遠有
何苦去作風塵客

– 정약용, 〈보리타작〉

• **도리깨:** 곡식의 낟알을 떠는 데 쓰는 농기구의 하나
• **옹헤야:** 보리타작할 때, 도리깨질하면서 부르는 영남의 노동요

만점 노트

정약용, 〈보리타작〉
• **갈래** 한시, 행(行; 자신의 감정이나 사물에 대해 거침없이 노래하는 한시의 한 형식)
• **주제** 농민들의 건강한 노동을 통해 얻은 삶의 깨달음
• **특징**
  ① 보리타작하는 농민의 모습을 사실적이고 현장감 있게 묘사함.
  ② (❶   )의 방식으로 시상을 전개함.
  ③ 조선 후기의 평민 의식을 반영함.

〉일등급 정리〈

1. 시상 전개 과정의 특징

기 (1~4구)	농민들의 건강한 삶의 모습	선경 (先景)
승 (5~8구)	보리타작하는 마당의 정경	
전 (9~10구)	심신이 조화된 농민의 삶	후정 (後情)
결 (11~12구)	자신의 과거 삶에 대한 (❷)	

→ 앞부분에서 농민들의 건강한 모습과 보리타작하는 흥겨운 정경을 생동감 있게 묘사한 후 뒷부분에서 화자의 내면을 드러냄.

2. 화자의 태도

보리타작하는 농민의 모습 관찰
(건강한 삶의 본질을 깨달음.)
↓
(❸   )에 나가 헛된 명분을 좇던 자신의 삶에 대한 반성

01

| 표현상의 특징 파악 |

이 작품에 대한 설명으로 적절하지 않은 것은?

① 비판적 태도를 드러내며 시상을 마무리하고 있다.

② 설의적 표현을 통해 화자의 정서를 드러내고 있다.

③ 대상을 묘사한 다음 화자의 생각을 드러내고 있다.

④ 의인화된 대상에게 말을 건네는 방식을 활용하고 있다.

⑤ 실생활과 관련된 시어를 사용하여 사실감을 드러내고 있다.

02

| 작품의 내용 이해와 변용 |

이 작품을 영상물로 제작한다고 할 때, 그 계획으로 적절하지 않은 것은?

① 보리타작하는 농민들의 밝은 표정을 클로즈업한다.

② 벼슬길에 나아가려는 사람들의 준비 과정을 보여 준다.

③ 농민들이 함께 부르는 노래를 배경 음악으로 활용한다.

④ 해설자를 통해 농민들의 건강한 삶의 의미를 설명한다.

⑤ 벼슬아치의 고민과 괴로움을 인터뷰 장면으로 삽입한다.

03 학력평가 기출

| 시상 전개 과정의 이해 |

[A]~[D]에 대한 설명으로 적절하지 않은 것은?

① [A]는 보리타작을 시작하기 전의 상황을 묘사하고 있다.

② [B]는 농민들이 서로 협력하며 노동하는 장면을 형상화하고 있다.

③ [C]는 [A], [B]에서 주목한 농민들의 모습에서 정신적 의미를 이끌어 내고 있다.

④ [D]에는 [A]~[C]를 통해 얻은 깨달음이 화자의 삶과 연계되어 진술되고 있다.

⑤ [A]~[D]에는 지난날에 얽매이지 않는 삶을 살려는 화자의 의지가 제시되고 있다.

04 학력평가 기출

| 다른 작품과의 비교 감상 |

〈보기〉는 이 작품의 작가가 지은 다른 작품이다. 〈보기〉와 이 작품을 비교하여 감상한 것으로 가장 적절한 것은?

> ─── 보기 ───
>
> 새로 짜낸 무명이 눈결같이 고왔는데
> 이방 줄 돈이라고 황두°가 뺏어가네.
> 누전° 세금 독촉이 성화같이 급하구나.
> 삼월 중순 세곡선(稅穀船)°이 서울로 떠난다고.
> ─ 정약용, 〈탐진촌요(耽津村謠)〉
>
> • 황두(黃頭): 지방의 관리
> • 누전(漏田): 토지 대장의 기록에서 빠진 토지
> • 세곡선(稅穀船): 나라에 조세로 바치는 곡식을 싣고 가는 배

① 작가는 농촌 현실을 서로 다른 시각으로 바라보고 있어.

② 두 작품 모두 관리로서 백성의 생활고를 걱정하고 있어.

③ 두 작품에서 작가의 삶에 대한 태도가 바뀌고 있음을 알 수 있어.

④ 방법은 다르지만 작품을 통해 전달하고 하는 의도는 같은 것 같아.

⑤ 작가는 직접 체험한 사실과 상상한 세계를 각각 다르게 형상화하고 있어.

05 학력평가 기출

| 다른 작품과의 비교 감상 |

이 작품과 〈보기〉를 비교한 내용으로 적절하지 않은 것은?

> ─── 보기 ───
>
> 보리밥 풋나물을 알마초 먹은 후(後)에
> 바위 끝 물가에 슬카지 노니노라.
> 그 남은 여나믄 일이야 부럴 줄이 이시랴.
> ─ 윤선도, 〈만흥〉

① 이 작품과 〈보기〉의 '보리밥'은 모두 현실에 만족하는 삶의 모습을 표현한 것이다.

② 이 작품의 '마당'은 노동의 공간이고, 〈보기〉의 '물가'는 풍류의 공간이다.

③ 이 작품의 '노랫가락'에서는 흥겨움이, 〈보기〉의 '노니노라'에서는 여유로움이 느껴진다.

④ 이 작품의 '벼슬길'과 〈보기〉의 '여나믄 일'은 모두 화자가 이루고자 하는 목표를 나타낸다.

⑤ 이 작품의 '헤매고 있으리요'와 〈보기〉의 '부럴 줄이 이시랴'는 화자의 생각을 설의적으로 드러낸 것이다.

형님 온다 형님 온다 분고개로 형님 온다.

형님 마중 누가 갈까 형님 동생 내가 가지.

형님 형님 사촌 형님 시집살이 어떱뎁까?   ▶ 기: 형님의 시집살이에 대한 사촌 동생의 호기심

이애 이애 그 말 마라 시집살이 개집살이.

앞밭에는 당추(唐楸)˙ 심고 뒷밭에는 고추 심어,

㉠고추 당추 맵다 해도 시집살이 더 맵더라.

둥글둥글 수박 식기(食器) 밥 담기도 어렵더라.
　　　수박처럼 둥근 그릇

도리도리 도리소반(小盤) 수저 놓기 더 어렵더라.
　　　둥글게 생긴 작은 밥상

㉡오 리(五里) 물을 길어다가 십 리(十里) 방아 찧어다가,

아홉 솥에 불을 때고 열두 방에 자리 걷고,

외나무다리 어렵대야 시아버지같이 어려우랴?

나뭇잎이 푸르대야 시어머니보다 더 푸르랴?

㉢시아버니 호랑새요 시어머니 꾸중새요,

동세 하나 할림새요 시누 하나 뾰족새요,

시아지비 뾰중새요 남편 하나 미련새요,

자식 하난 우는 새요 나 하나만 썩는 샐세.

귀 먹어서 삼 년이요 눈 어두워 삼 년이요,

말 못 해서 삼 년이요 석 삼 년을 살고 나니,

㉣배꽃 같던 요내 얼굴 호박꽃이 다 되었네.

삼단 같던 요내 머리 비사리춤˙이 다 되었네.

백옥 같던 요내 손길 오리발이 다 되었네.

열새 무명 반물 치마 눈물 씻기 다 젖었네.
　고운 베　　　짙은 남색 치마

두 폭 붙이 행주치마 콧물 받기 다 젖었네.   ▶ 서: 시집살이의 고충

울었던가 말았던가 베갯머리 소(沼)˙ 이뤘네.

㉤그것도 소이라고 거위 한 쌍 오리 한 쌍

쌍쌍이 때 들어오네.   ▶ 결: 해학적인 체념

－ 작자 미상, 〈시집살이 노래〉

· **당추(唐楸):** 고추의 한 종류
· **비사리춤:** 싸리나무의 껍질
· **소(沼):** 연못

만점 노트

작자 미상, 〈시집살이 노래〉
· **갈래** 민요, 부요(婦謠)
· **주제** 시집살이의 한(恨)과 체념
· **특징**
　① 언어유희와 비유를 통해 해학성을 유발함.
　② 대구와 반복 등의 표현법을 사용하여 리듬감을 형성하고 의미를 강조함.
　③ 사촌 동생의 물음과 형님의 대답으로 이루어진 (❶　　　　)의 형식을 취함.

〉일등급 정리〈

1. 구성상의 특징

→ 사촌 자매의 대화 형식으로 구성되어 있음. 1~3행의 화자는 사촌 동생이고, 그 이후의 화자는 형님임.

2. 비유적 표현의 의미

호랑새	무서운 시아버지
(❷　　　)	꾸중을 잘하는 시어머니
할림새	고자질을 잘하는 동서
뾰족새	성격이 날카로운 시누이
뾰중새	퉁명스러운 시아주버니
미련새	자신의 마음을 몰라주는 남편
우는 새	울기를 잘하는 자식
썩는 새	속이 썩는 화자
거위 한 쌍 오리 한 쌍	자식

→ 시댁 식구들과 자신을 '새'에 비유하여 해학성을 유발함.

3. 대조적 표현의 효과

결혼 전		결혼 후
배꽃 삼단 백옥	↔	호박꽃 비사리춤 (❸　　　)

→ 결혼 전의 고왔던 모습과 결혼 후의 초라해진 모습을 대조하여 시집살이의 어려움을 토로함.

01 | 표현상의 특징 파악 |

이 작품에 대한 설명으로 적절하지 <u>않은</u> 것은?

① 상황을 열거하여 화자의 처지를 부각하고 있다.
② 일상어를 사용하면서도 언어의 묘미를 잘 살리고 있다.
③ 두 사람이 말을 주고받는 대화 형식으로 이루어져 있다.
④ 언어유희■와 비유적 표현을 통해 해학■미를 느끼게 해 준다.
⑤ 반복을 통해 어려움을 극복하려는 화자의 태도를 강조하고 있다.

02 | 시적 상황의 이해 |

〈보기〉와 같이 이 작품의 화자와 가상 인터뷰를 했다고 할 때, 내용상 적절하지 <u>않은</u> 것은?

─── 보기 ───

기자: 오늘은 '여성으로 살아가는 것'을 주제로 인터뷰를 해 보겠습니다. 요즘 사는 것이 좀 어떠신가요?
화자: 무척 힘들어요. 멀리서 물을 긷고, 많은 식구의 밥을 하고, 방마다 불을 때는 등 할 일이 너무 많아요. ⋯⋯ ⓐ
기자: 다른 식구들이 좀 도와주지는 않나요?
화자: 동서는 틈만 나면 저의 흠을 잡아 고자질하기에 바쁘고 시누이는 성격이 날카로워 항상 못마땅하니, 누구에게 도움을 청할 수도 없어요. ⋯⋯ ⓑ
기자: 시부모님께 힘든 상황을 말씀드리면 어떨까요?
화자: 시아버지는 호랑이처럼 무섭고, 시어머니는 늘 꾸중만 하셔서 어렵기만 해요. ⋯⋯ ⓒ
기자: 정말 힘들게 살아가시는군요. 그래도 시간이 흐르면서 시댁 식구들과 생활하기가 나아지지 않았나요?
화자: 귀가 들리지 않고 눈이 보이지 않고 말도 못하는 사람처럼 오래 지내다 보니 이제 조금 익숙해졌는데, 갈수록 집안의 형편이 어려워져 걱정이에요. ⋯⋯ ⓓ
기자: 그럼 마음의 고통이나 설움은 어떻게 해소하시나요?
화자: 하소연할 데도 없어 밤마다 베갯머리에 눈물을 떨구고 있어요. 그나마 자식들에게 위안을 받으며 살아요. ⋯⋯ ⓔ

① ⓐ ② ⓑ ③ ⓒ ④ ⓓ ⑤ ⓔ

03 학력평가 기출 | 외적 준거에 따른 감상 |

〈보기〉를 바탕으로 이 작품을 감상한 내용으로 적절하지 <u>않은</u> 것은?

─── 보기 ───

〈시집살이 노래〉는 고통스러운 시집살이를 하는 아녀자들의 생활을 진솔하게 표현한 민요이다. 이 작품 속 여인은 대하기 어려운 시집 식구와 과중한 가사 노동으로 인해 힘든 삶을 살고 있다. 이러한 삶 속에서 여인은 자신의 처지를 한탄하기도 하고, 체념하는 태도를 보이기도 한다.

① ㉠에서 '고추', '당추'와 비교하여 시집살이의 고통을 표현하고 있군.
② ㉡에서 '오 리'와 '십 리'를 활용하여 감당해야 할 노동이 과중함을 강조하고 있군.
③ ㉢에서 '호랑새'와 '꾸중새'를 활용하여 시아버지와 시어머니를 대하기 힘든 존재로 표현하고 있군.
④ ㉣에서 '배꽃'과 '호박꽃'을 대비하여 초라하게 변한 자신의 모습을 한탄하고 있군.
⑤ ㉤에서 '거위'와 '오리'에 빗대어 현실에 대응하지 못하고 체념하는 자신을 드러내고 있군.

04 | 문학 작품 감상 방법의 이해 |

다음 중 작품을 감상하는 방법■이 <u>이질적인</u> 것은?

① 이 작품을 읽고 나니 우리 할머니의 시집살이가 생각이 나.
② 일상적인 삶에서 소재와 시어를 택하여 표현한 부분이 돋보여.
③ 작가는 조선 시대 여성들의 삶이 얼마나 힘들었는가를 보여 주려고 해.
④ 우리 사회의 여성들이 겪는 힘든 삶에 대해 생각해 보는 계기가 되었어.
⑤ 여성에 대한 차별적 인식이 팽배했던 사회상이 이 작품에 적나라하게 드러나는군.

문제 속 어휘&개념

■ 언어유희(言語遊戲): 소리나 의미의 유사성 등을 이용해 말놀이를 하듯 재미있게 표현하는 것
　예 어, 추워라. 문 들어온다 바람 닫아라. 물 마르다 목 들여라.

■ 해학(諧謔): 익살스럽고도 품위가 있는 말이나 행동
　예 이 소설은 우리의 아픈 역사를 해학으로 승화하고 있다.

■ 작품 감상의 관점
　(1) 내재적 접근 방법: 작품 자체에 초점을 맞추어 감상하는 방법
　(2) 외재적 접근 방법: 작품에 영향을 끼칠 수 있는 외적인 요소를 근거로 하여 작품을 감상하는 방법. 작가를 고려하여 감상하는 표현론적 관점, 작품에 반영된 현실에 주목하는 반영론적 관점, 독자에게 미치는 영향을 중시하는 효용론적 관점 등이 있다.

가 눈 마즈 휘여진 딖를 뉘라셔 굽다턴고.
<small>변절을 의미함.</small>
구블 절(節)이면 눈 속에 프를소냐.
<small>굽힐 절개</small>
아마도 세한 고절(歲寒孤節)ˑ은 너쑨인가 ᄒᆞ노라.

– 원천석

• 세한고절(歲寒孤節): 한겨울의 추위도 이겨 내는 높은 절개

> 눈을 맞아 휘어진 대나무를 누가 굽었다고 하던가.
> 굽힐 절개라면 눈 속에서 푸르겠는가?
> 아마도 한겨울의 추위를 이겨 내는 절개를 가진 것은 너뿐인가 하노라.

나 이 몸이 주거 가셔 무어시 될고 ᄒᆞ니
<small>극단적 상황 설정 – 죽음 예견</small>
봉래산(蓬萊山) 제일봉(第一峯)에 ㉠낙락장송(落落長松)ˑ 되야 이셔
백설(白雪)이 만건곤(萬乾坤)홀ˑ 제 독야청청(獨也靑靑)ᄒᆞ리라.

– 성삼문

• 낙락장송(落落長松): 가지가 길게 축축 늘어진 키가 큰 소나무
• 만건곤(滿乾坤)홀: 하늘과 땅에 가득할

> 이 몸이 죽은 후에 무엇이 될 것인가 생각해 보니
> 봉래산 제일 높은 봉우리에 낙랑장송이 되어서
> 흰 눈이 온 세상을 뒤덮을 때 홀로라도 푸른빛을 발하리라.

다 방(房) 안에 혓는ˑ ㉡촉(燭)불 눌과 이별(離別)ᄒᆞ엿관듸
것츠로 눈물 디고 속 타는 쥴 모로는고.
뎌 촉(燭)불 날과 갓트여 속 타는 쥴 모로도다.
<small>이별의 슬픔</small>

– 이개

• 혓는: 켜 있는

> 방 안에 켜 있는 촛불은 누구와 이별하였기에
> 겉으로 눈물을 흘리면서 속 타들어 가는 줄 모르는가.
> 저 촛불도 나와 같아서 속 타는 줄을 모르는구나.

만점 노트

가 원천석, 〈눈 마즈 휘여진 딖를~〉
• 갈래 평시조, 단시조
• 주제 고려 왕조에 대한 굳은 지조
• 특징
① 상징법, 설의법, 의인법을 사용하여 작가의 굳은 의지를 나타냄.
② 자연물을 통해 화자의 정서와 태도를 드러냄.

❯ **일등급** 정리 ❮
시어의 대립적 의미

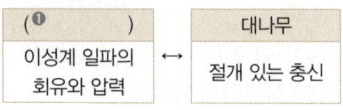

(❶)		대나무
이성계 일파의 회유와 압력	↔	절개 있는 충신

나 성삼문, 〈이 몸이 주거 가셔~〉
• 갈래 평시조, 단시조
• 주제 죽어서도 변할 수 없는 굳은 절개
• 특징
① 비유와 상징을 통해 주제를 효과적으로 드러냄.
② 대립적 이미지의 시어를 사용하여 주제를 부각함.

❯ **일등급** 정리 ❮
시어의 대립적 의미

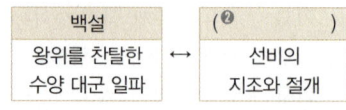

백설		(❷)
왕위를 찬탈한 수양 대군 일파	↔	선비의 지조와 절개

다 이개, 〈방 안에 혓는 촉불~〉
• 갈래 평시조, 단시조
• 주제 임(단종)과 이별한 슬픔
• 특징
① 촛불을 의인화하여 주제를 형상화함.
② 감정 이입의 표현을 통해 화자의 정서를 효과적으로 드러냄.

❯ **일등급** 정리 ❮
표현상의 특징

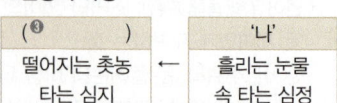

(❸)		'나'
떨어지는 촛농 타는 심지	←	흘리는 눈물 속 타는 심정

→ 임(단종)과 이별한 화자의 슬픔을 촛농을 흘리며 타들어 가는 촛불에 감정 이입하여 표현함.

01
| 작품 간의 공통점 파악 |

(가)~(다)의 공통점으로 가장 적절한 것은?

① 자문자답▪의 방식으로 시상을 전개하고 있다.
② 특정 시어를 통해 부정적 상황을 드러내고 있다.
③ 설의적 표현을 사용하여 화자의 태도를 나타내고 있다.
④ 사물에 인격을 부여하여 대상의 속성을 드러내고 있다.
⑤ 역설적 표현을 통해 화자의 극복 의지를 부각하고 있다.

02 학력평가 기출
| 외적 준거에 따른 감상 |

〈보기〉를 바탕으로 (가)를 감상한 내용으로 적절하지 않은 것은?

> **보기**
>
> 이 작품의 작가 원천석은 고려 말의 학자이자 문인으로, 이성계가 새로운 왕조를 세우려 하자 이에 반대하여 치악산에 은거하였다. 조선 건국 후 태종이 즉위하여 여러 차례 벼슬을 내리고 그를 불렀으나 끝내 응하지 않았다.

① 초장의 '눈'은 새로운 왕조에 협력을 강요하는 세력을 의미한다고 볼 수 있겠군.
② 초장의 '휘여진'은 이성계 세력에 강력하게 맞서지 않고 은거한 작가의 삶과 관련된다고 볼 수 있겠군.
③ 중장의 '절(節)'은 고려의 신하로서 새 왕조에 반대하고 끝내 벼슬을 거절한 것과 관련된다고 볼 수 있겠군.
④ 중장의 '눈 속에 프를소냐'는 새 왕조에 협력하는 사람들에 대한 원망이 담겨 있다고 볼 수 있겠군.
⑤ 종장의 '너'는 초장의 '딕'와 동일한 대상으로, 조선의 건국 과정에서 보여 준 작가의 태도와 유사한 특성을 가지고 있다고 볼 수 있겠군.

03
| 표현상의 특징 파악 |

(다)에 대한 설명으로 적절하지 않은 것은?

① 여성적 어조를 통해 정서를 표현하고 있다.
② 임과의 이별로 인한 슬픔을 노래하고 있다.
③ 속마음을 사물에 이입하여 형상화하고 있다.
④ 재회의 희망을 상징적 소재로 암시하고 있다.
⑤ 대상의 속성을 활용하여 시상을 전개하고 있다.

04
| 외적 준거에 따른 감상 |

〈보기〉를 참고하여 (나)를 해석한 것으로 적절하지 않은 것은?

> **보기**
>
> 단종의 숙부인 수양 대군은 계유정난을 일으켜 정권을 잡고 왕위를 빼앗았다. 이 작품은 성삼문이 단종의 복위▪를 꾀하다가 발각되어 처형당할 때 자신의 충정을 노래한 작품이다.

① '이 몸이 주거 가셔'는 죽음 이후의 상황을 가정하여 화자의 태도가 확고함을 드러낸다.
② '봉래산 제일봉'은 후세 사람들이 우러러 보는 존재가 되고 싶다는 화자의 소망을 담고 있다.
③ '낙락장송 되야 이셔'는 어떤 시련이 닥치더라도 절개를 지키겠다는 화자의 다짐을 나타낸다.
④ 세상을 덮고 있는 '백설'은 왕위를 빼앗아 세력이 커진 수양 대군과 그 일파로 해석할 수 있다.
⑤ '독야청청ᄒ리라'는 변함없이 홀로 지조를 지키겠다는 화자의 굳은 의지를 보여 준다.

05
| 소재의 의미 파악 |

㉠과 ㉡에 대한 이해로 가장 적절한 것은?

① ㉠과 ㉡은 모두 화자의 감정이 이입된 대상물이다.
② ㉠과 ㉡은 모두 화자가 지향하는 도덕적 가치를 상징한다.
③ ㉠과 ㉡은 모두 화자가 부정적으로 인식하는 상황을 비유하고 있다.
④ ㉠은 계절감을 드러내고 있고, ㉡은 대상에 대한 향수를 자극하고 있다.
⑤ ㉠은 화자가 지향하는 삶의 모습을, ㉡은 안타까워하는 화자의 마음을 나타내고 있다.

문제 속 어휘&개념

▪ **자문자답(自問自答):** 스스로 묻고 스스로 대답함.
  예 나는 인생이란 도대체 무엇인가에 대해 자문자답을 계속했다.

▪ **복위(復位):** 폐위되었던 임금이나 후비가 다시 그 자리에 오름.
  예 숙종이 폐위된 인현 왕후를 복위시켰다.

가 십 년(十年)을 경영(經營)ᄒ여 ㉠초려 삼간(草廬三間)* 지여 내니
준비하여, 계획하여
나 ᄒ 간 ᄃᆞᆯ ᄒ 간에 ㉡청풍(淸風) ᄒ 간 맛뎌 두고
맡겨 두고
강산(江山)은 들일 ᄃᆡ 업스니 둘러 두고 보리라.

– 송순

• **초려 삼간(草廬三間):** 초가삼간. 세 칸밖에 안 되는 초가라는 뜻으로, 아주 작은 집을 이르는 말

십 년이나 계획을 세워서 초가삼간을 지어 내니
내가 한 칸 갖고 달과 청풍에게 각각 한 칸씩을 맡겨 두고
강산은 들여놓을 곳이 없으니 병풍처럼 둘러 두고 보리라.

나 말 업슨 ㉢청산(靑山)이요 태(態)* 업슨 유수(流水)로다.
갑 업슨 청풍(淸風)이요 임자 업슨 ㉣명월(明月)이라.
이 중(中)에 병(病) 업슨 이 몸이 분별(分別) 업시 늙으리라.
걱정 없이

– 성혼

• **태(態):** 겉에 나타나는 모양새

말이 없는 청산이요, 모양이 없는 흐르는 물이로다.
값이 없는 맑은 바람이요, 임자가 없는 밝은 달이로다.
이 가운데 병이 없는 이 몸이 아무 걱정 없이 늙으리라.

다 청산(靑山)도 절로절로 ㉤녹수(綠水)도 절로절로
산(山) 절로 물 절로 산수(山水) 간(間)에 나도 절로
그중에 절로 자란 몸이 늙기도 절로절로.
자연의 순리에 따라 자란

– 송시열

푸른 산도 저절로 (된 것이며) 푸른 물도 저절로 (된 것이다.)
(이처럼) 산과 물이 자연 그대로이니 그 속에서 자란 나도 역시 자연 그대로이다.
자연 속에서 저절로 자란 몸이니 이제 늙는 것도 자연의 순리에 따라가리라.

만점 노트

가 송순, 〈십 년을 경영ᄒ여~〉
• **갈래** 평시조, 단시조
• **주제** 자연 속에서의 안빈낙도
• **특징**
① 자연과 벗하며 살아가려는 화자의 정서를 기발한 발상으로 표현함.
② 자연을 소유의 대상으로 생각하지 않는 자연관이 드러남.

〉일등급 정리〈
시적 화자의 태도

초장	안빈낙도, 안분지족하는 삶의 자세
중장, 종장	화자가 자연(달, 청풍, 강산)을 자신과 동등한 인격체로 여김. → 자연 친화, (❶)의 삶을 추구

나 성혼, 〈말 업슨 청산이요~〉
• **갈래** 평시조, 단시조
• **주제** 자연을 벗 삼아 사는 즐거움
• **특징**
① 대구와 반복을 통해 운율을 형성함.
② 자연물에 가치를 부여하여 주제를 드러냄.

〉일등급 정리〈
자연의 함축적 의미

청산, 유수	말, 모양이 없음. → 의연하고 꾸밈 없는 자연
청풍, 명월	(❷), 주인이 없음. → 마음껏 즐길 수 있는 자연

다 송시열, 〈청산도 절로절로~〉
• **갈래** 평시조, 단시조
• **주제** 자연의 섭리에 순응하는 삶
• **특징**
① (❸   )('ㄹ')을 사용하여 부드러운 운율감을 조성함.
② 대구와 반복을 통해 시상을 선명하게 드러냄.

〉일등급 정리〈
화자가 지향하는 삶

청산, 녹수 = '나'

↓

자연의 순리에 따르는 삶의 태도

01

| 화자의 태도 이해 |

(가)~(다)에서 공통적으로 나타나는 화자의 태도와 거리가 먼 것은?

① 추강(秋江)에 밤에 드니 물결이 차노매라. / 낚시 드리치니 고기 아니 무노매라. / 무심한 달빛만 싣고 빈 배 저어 오노라.
　　　　　　　　　　　　　　　　　　　　　　－ 월산 대군

② 짚방석 내지 마라 낙엽엔들 못 앉으랴. / 솔불 혀지 마라 어제 진 달 도다온다. / 아이야, 박주산채(薄酒山菜)일망정 업다 말고 내여라.
　　　　　　　　　　　　　　　　　　　　　　－ 한호

③ 산촌에 눈이 오니 돌길이 뭇쳐셰라. / 시비(柴扉)를 여지 마라 날 찾을 이 뉘 이시리. / 밤중만 일편명월(一片明月)이 긔 벗인가 하노라.
　　　　　　　　　　　　　　　　　　　　　　－ 신흠

④ 청산은 어찌하여 만고(萬古)에 푸르르며 / 유수는 어찌하여 주야(晝夜)에 긋디 아니난고. / 우리도 그치지 마라 만고상청(萬古常靑)호리라.
　　　　　　　　　　　　　－ 이황, 〈도산십이곡〉

⑤ 전원(田園)에 남은 흥(興)을 전나귀에 모두 싣고 / 계산(溪山) 익은 길로 흥치며 돌아와서 / 아이야 금서(琴書)를 다스려라 남은 해를 보내리라.
　　　　　　　　　　　　　　　　　　　　　　－ 김천택

02

| 작품의 종합적 감상 |

(가)에 대한 설명으로 적절하지 않은 것은?

① 초장에 드러난 공간은 자연과 인간을 연결시켜 주고 있다.

② 중장과 종장에는 자연을 보는 화자의 기발한▪ 발상이 돋보인다.

③ 종장에서는 관조적▪이고 여유로운 어조로 시상을 매듭짓고 있다.

④ 자연 속에서 풍류를 즐기는 화자의 모습이 한가롭고 평화롭게 느껴진다.

⑤ 인공적인 요소와 자연적인 요소를 대조하여 화자의 정서를 강조하고 있다.

03

| 외적 준거에 따른 감상 |

〈보기〉를 바탕으로 (나)를 감상한 내용으로 적절한 것은?

> ┌─── 보기 ───┐
> 　문학 작품 감상의 관점 중에서 반영론적 관점은, 작품이 현실을 반영한다는 전제 아래 현실과 맺는 관계를 중심으로 작품을 해석하는 관점이다.

① 초장과 중장에서 대구의 묘미를 잘 살리고 있어.

② 자연을 즐기고 좋아하는 화자의 태도가 드러나 있어.

③ 동일한 시어의 반복을 통해 운율감을 형성하고 있어.

④ 당시에 자연에서 가치를 찾으려는 사람이 많았음을 추측할 수 있어.

⑤ 세속적인 근심을 잊고 자연과 물아일체가 된 달관의 경지를 노래하고 있어.

04

| 표현상의 특징 파악 |

(다)에 대한 설명으로 적절하지 않은 것은?

① 우리말 표현의 묘미를 잘 살리고 있다.

② 특정 시어의 반복을 통해 의미를 강조하고 있다.

③ 부드러운 유음을 활용하여 리듬감을 살리고 있다.

④ 대구▪의 기법으로 시상을 선명하게 전달하고 있다.

⑤ 해학적인 상황을 통해 삶의 의미를 관조하고 있다.

05

| 시어의 의미 파악 |

㉠~㉤ 중, 〈보기〉의 화자가 보이는 삶의 태도가 반영된 소재로 가장 알맞은 것은?

> ┌─── 보기 ───┐
> 보리밥 풋나물을 알맞초 먹은 후(後)에
> 바위 끝 물가에 슬카지 노니노라.
> 그 남은 여나믄 일이야 부럴 줄이 이시랴.
> 　　　　　　　　　　　　　－ 윤선도, 〈만흥〉

① ㉠　　② ㉡　　③ ㉢　　④ ㉣　　⑤ ㉤

문제 속 어휘&개념

▪ **기발(奇拔)하다:** 유달리 재치가 뛰어나다.
　예 나는 그의 기발한 발상에 감탄했다.

▪ **관조적(觀照的):** 고요한 마음으로 사물이나 현상을 관찰하거나 비추어 보는 것　예 관조적인 태도

▪ **대구(對句):** 구조가 비슷한 문장을 나란히 배열하여 의미를 강조하거나 리듬감을 형성하는 방법　예 도화행화는 석양리예 퓌어 잇고, / 녹양방초는 세우 중에 프르도다. － 정극인, 〈상춘곡〉

가 묏버들 갈히 것거 보내노라 님의손딕
　　　　　　　　　　　　　임에게
자시는 창(窓) 밧긔 심거 두고 보쇼셔.

밤비예 새닙곳 나거든 날인가도 너기쇼셔.

- 홍랑

> 산버들을 골라 꺾어서 임에게 보내노라.
> 주무시는 창문 밖에 심어 놓고 보소서.
> 밤비에 새잎이라도 나거든 나를 보는 것처럼 여겨 주소서.

나 동지(冬至)ㅅ둘 기나긴 밤을 한 허리를 버혀 내여

춘풍(春風) 니불 아레 서리서리° 너헛다가,
봄바람처럼 따뜻한 이불
어론° 님 오신 날 밤이여든 구뷔구뷔 펴리라.

- 황진이

- **서리서리**: 국수, 새끼, 실 따위를 헝클어지지 아니하도록 둥그렇게 포개어 감아 놓은 모양
- **어론**: 정분(情分)을 맺은

> 동짓달 기나긴 밤의 한가운데를 베어 내어
> 봄바람처럼 따뜻한 이불 아래 서리서리 넣었다가
> 정든 임이 오시는 날 밤에 굽이굽이 펴리라.

다 이화우(梨花雨)° 훗쑤릴 제 울며 잡고 이별(離別)한 님
　　　　　　　　　　　　　　　　　　 화자의 처지
추풍낙엽(秋風落葉)°에 저도 날 싱각는가.

천 리(千里)에 외로온 쑴만 오락가락 ㅎ노매.
　　　　　정서의 직접 표출. 임에 대한 그리움

- 계랑

- **이화우(梨花雨)**: 비 오듯이 떨어지는 배꽃
- **추풍낙엽(秋風落葉)**: 가을바람에 떨어지는 나뭇잎

> 배꽃이 비처럼 흩날리는 봄에 울면서 부여잡고 헤어진 임
> 바람 불고 낙엽이 지는 이 가을에 임도 나를 생각하고 계실까?
> 천 리 길 머나먼 곳에 외로운 꿈만 오락가락하는구나.

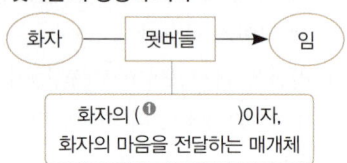

만점 노트

가 홍랑, 〈묏버들 갈히 것거~〉
- **갈래** 평시조, 단시조
- **주제** 임에게 보내는 사랑
- **특징**
  ① 자연물을 통해 대상에 대한 화자의 정서를 드러냄.
  ② 도치법을 사용하여 단조로움을 피하고 신선한 느낌을 줌.

〉일등급 정리 〈
'묏버들'의 상징적 의미

```
화자 ──→  묏버들  ──→ 임
            │
화자의 (❶      )이자,
화자의 마음을 전달하는 매개체
```

나 황진이, 〈동지ㅅ둘 기나긴 밤을~〉
- **갈래** 평시조, 단시조
- **주제** 임을 기다리는 애타는 마음
- **특징**
  ① 추상적인 개념을 구체적인 사물로 형상화함.
  ② (❷　　　　　)를 사용하여 우리말의 묘미를 잘 살림.

〉일등급 정리 〈
추상적 개념의 구체화

> '한 허리를 버혀 내여',
> '서리서리 너헛다가',
> '구뷔구뷔 펴리라'

↓

> 추상적 개념인 시간(밤)을 눈에 보이는 사물처럼 시각적으로 형상화함.

다 계랑, 〈이화우 훗쑤릴 제~〉
- **갈래** 평시조, 단시조
- **주제** 임을 그리워하는 마음
- **특징**
  ① (❸　　　)의 이미지를 통해 이별의 쓸쓸한 정서를 환기함.
  ② 시간의 비약을 통해 화자의 정서를 심화시킴.

〉일등급 정리 〈
표현상의 특징
시각적·하강적 이미지('이화우', '추풍낙엽')를 통해 화자의 정서(임에 대한 그리움)를 심화시킴.

01 | 시어의 의미 파악 |

〈보기〉의 ⓐ~ⓔ 중, (가)의 '뭇버들'과 유사한 의미를 갖는 시어는?

> ━━━ 보기 ━━━
>
> ⓐ동풍이 건듯 불어 적설을 헤쳐 내니
> 창밖에 심은 매화 두세 가지 피었어라.
> 가뜩 냉담한데 ⓑ암향(暗香)은 무슨 일고.
> 황혼에 ⓒ달이 좇아 베개 맡에 비치니
> 흐느끼는 듯 반기는 듯 임이신가 아니신가.
> 저 ⓓ매화 꺾어 내어 임 계신 데 보내고져.
> ⓔ임이 너를 보고 어떻다 여기실꼬.
>
> ━ 정철, 〈사미인곡〉

① ⓐ ② ⓑ ③ ⓒ ④ ⓓ ⑤ ⓔ

02 | 다른 작품과의 비교 감상 |

(나)와 〈보기〉를 비교하여 감상한 내용으로 적절하지 않은 것은?

> ━━━ 보기 ━━━
>
> 남은 다 쟈는 밤에 뉘 어이 홀로 쌔야
> 옥장(玉帳)▪ 깊푼 곳에 쟈는 님 싱각는고
> 천 리(千里)예 외로운 꿈만 오락가락 ᄒ노라
>
> ━ 송이

① (나)와 〈보기〉에서 화자는 모두 임이 부재▪한 밤을 보내고 있다.
② (나)와 〈보기〉에서 화자는 모두 부정적 상황을 극복하려는 능동적 태도를 보이고 있다.
③ (나)는 〈보기〉와 달리 화자가 임과 오랫동안 정을 나누고 싶은 심정을 드러내고 있다.
④ (나)와 달리 〈보기〉는 대비를 통해 화자의 처지를 부각하고 있다.
⑤ (나)와 달리 〈보기〉에는 화자가 임에 대해 느끼는 심리적 거리감이 드러나 있다.

03 학력평가 기출 | 표현과 발상의 특징 이해 |

〈조건〉에 따라 시행을 창작하는 학습 활동을 할 때, 가장 적절한 것은?

> ━━━ 보기 ━━━
>
> 강가에 혼자 서서 지는 해를 굽어보니
> 임 계신 곳의 소식이 더욱 아득하기만 하구나.
> 초가집 찬 잠자리에 한밤중에 돌아오니
> 벽 가운데 걸려 있는 등불은 누구를 위하여 밝혀 놓았는가?
>
> ━ 정철, 〈속미인곡〉

> ━━━ 조건 ━━━
>
> • 〈보기〉에 드러난 화자의 처지를 명확히 밝힐 것
> • (나)의 초장에 담긴 발상 및 표현을 사용할 것

① 침실의 환한 등불 아래에서 어두운 표정을 지었다.
② 괴롭지만 행복한 침실에서 등불을 보며 밤을 지새웠다.
③ 한밤중에 혼자만 있는 쓸쓸한 침실에서 슬픔을 포개어 쌓았다.
④ 차가운 잠자리와 침실 벽의 등불 사이가 하늘과 땅의 거리였다.
⑤ 아늑한 침실 바닥에 누워 즐겁게 추억의 보따리를 풀어 헤쳤다.

04 | 시어 및 시구의 의미 파악 |

(다)에 대한 이해로 적절하지 않은 것은?

① '이화우'에서 '추풍낙엽'으로의 전개를 통해 화자가 임과 이별한 지 오래되었음을 알 수 있다.
② '이화우'와 '추풍낙엽'은 떨어지는 배꽃과 나뭇잎을 통해 하강의 이미지▪를 형성한다.
③ '이별ᄒᆞᆫ 님'과 '저'는 동일한 인물로 화자의 그리움의 대상이다.
④ '천 리'는 이별한 임과 화자 사이의 정서적 거리감을 나타낸다.
⑤ '외로온 꿈'은 떠나간 임을 잊고자 하는 화자의 쓸쓸한 심리를 암시한다.

문제 속 어휘&개념

▪ 옥장(玉帳): 옥으로 장식한 장막
▪ 부재(不在): 그곳에 있지 아니함.
　예 어머니의 부재로 집안은 늘 썰렁했다.

▪ 하강의 이미지: 높은 데서 낮은 데로 내려가는 듯한 느낌을 주는 이미지. 반대로 상승 이미지는 낮은 데서 높은 데로 올라가는 듯한 느낌을 주는 이미지이다.

가 개를 여라믄이나 기르되 요 개같이 얄미우랴.
　　　열 마리가 넘게
　　미운 님 오며는 꼬리를 회회 치며 치뛰락 나리 뛰락 반겨서 내닫고 고운 님 오며
　　　　　　　　　　　　　　　　　뛰어올랐다 내리뛰었다
　는 뒷발을 바둥바둥 무르락 나오락 캉캉 짖는 요 도리암캐
　　　　　　　　　　　물러섰다가 나아갔다가
　　쉰 밥이 그릇그릇 날진들 너 먹일 줄이 있으랴.

　　　　　　　　　　　　　　　　　　　　　　　　　　　　　– 작자 미상

> 개를 열 마리 넘게 기르지만 이 개처럼 얄미우랴.
> 내가 미워하는 임이 오면 꼬리를 휘저으며 뛰어올랐다 내리뛰었다 하면서 반겨서 맞이하고, 사랑하는 임이 오면 뒷발을 바둥거리며 뒤로 물러섰다 앞으로 나아갔다 하면서 캉캉 짖어서 돌아가게 하는 이 암캐
> 쉰밥이 그릇그릇 쌓인다 한들 너에게 먹일 성싶으냐.

나 ㉠님이 오마 ᄒ거늘 져녁밥을 일 지어 먹고

　　중문(中門) 나서 대문(大門) 나가 지방(地方) 우희 치ᄃᆞ라 안자 이수(以手)로 가액
　(加額)ᄒ고˙ 오는가 가는가 ㉡건넌 산(山) ᄇᆞ라보니 거머횟들˙ 셔 잇거늘 ㉢져야 님
　이로다 보션 버서 품에 품고 신 버서 손에 쥐고 곰븨님븨 님븨곰븨 천방지방 지방
　천방 즌 듸 ᄆᆞ른 듸 굴희지 말고 워렁충창 건너가셔 정(情)엣말 ᄒ려 ᄒ고 겻눈을
　　　　　　　　　　　　　　엎치락뒤치락하며 허둥거리는 모양 – 의태어　　급히 달리는 발소리 – 의성어
　흘긧 보니 상년(上年) 칠월(七月) 사흔날 ᄀᆞᆯ가 벅긴 ㉣주추리 삼대 술드리도 날 소
　　　　　　　작년
　겨거다.

　　　㉤모쳐라 밤일싀망정 ᄒᆡᆼ혀 낫이런들 ᄂᆞᆷ 우일 번 ᄒ괘라.

　　　　　　　　　　　　　　　　　　　　　　　　　　　　　– 작자 미상

- 이수(以手)로 가액(加額)ᄒ고: 손을 들어 이마에 얹고
- 거머횟들: 검은색과 흰색이 뒤섞인 모양

> 임이 오겠다고 하기에 저녁밥을 일찍 지어 먹고
> 중문을 나와서 대문으로 나가 문지방 위에 올라가 손을 이마에 대고 임이 오는가 하여 건넛산을 바라보니 거무희끗한 것이 서 있기에 저것이 임이로구나 버선을 벗어 품에 품고 신을 벗어 손에 쥐고 엎치락뒤치락 허둥거리며 진 곳 마른 곳을 가리지 않고 우당탕퉁탕 건너가서 정이 넘치는 말을 하려고 곁눈으로 흘깃 보니 작년 7월 3일 날 껍질을 벗긴 주추리 삼대가 얄뜰하게도 나를 속였구나.
> 마침 밤이기에 망정이지 행여 낮이었다면 남을 웃길 뻔하였도다.

다 ⓐ두터비 파리를 물고 두험 우희 치다라 안자

　　ⓑ것넌산(山) 바라보니 백송골(白松骨)이 떠 잇거늘 ⓒ가슴이 금즉하여 풀덕 뛰
　여 내닷다가 ⓓ두험 아래 잣바지거고.
　　　　　　　　　　　　자빠졌구나
　　ⓔ모쳐라 날낸 낼싀만정 에헐질 번 하괘라˙.

　　　　　　　　　　　　　　　　　　　　　　　　　　　　　– 작자 미상

- 에헐질 번 ᄒ괘라: 피멍이 들 뻔했구나

> 두꺼비가 파리를 물고 두엄 위에 뛰어 올라가 앉아
> 건너편 산을 바라보니 흰 송골매가 떠 있기에 가슴이 섬뜩하여 펄쩍 뛰어 내닫다가 두엄 아래 자빠졌구나.
> 마침 날랜 나였기에 망정이지 (하마터면 다쳐서) 피멍이 들 뻔했구나.

만점 노트

가 작자 미상, 〈개를 여라믄이나 기르되~〉

- 갈래　사설시조
- 주제　임을 그리워하는 안타까운 마음
- 특징
  ① 임이 오지 않는 이유를 '개'에게 전가하여 (❶　　　　)으로 표현함.
  ② 음성 상징어(의성어, 의태어)를 효과적으로 활용함.

〉일등급 정리 〈

화자의 정서와 태도
개가 짖어서 오는 임을 쫓아 버린다고 원망함으로써 웃음을 자아내는 한편, 기다려도 오지 않는 임에 대한 원망과 간절한 그리움을 간접적으로 드러내고 있다.

나 작자 미상, 〈님이 오마 ᄒ거늘~〉

- 갈래　사설시조
- 주제　임을 기다리는 애타는 마음
- 특징
  ① 음성 상징어를 사용한 과장된 행동 묘사로 그리움을 드러냄.
  ② 자연물을 임으로 착각하는 화자의 모습을 해학적으로 표현함.

〉일등급 정리 〈

화자의 정서 변화

기대와 설렘	→	(❷　　)	→	창피함과 허탈감

다 작자 미상, 〈두터비 파리를 물고~〉

- 갈래　사설시조
- 주제　탐관오리의 횡포와 허장성세 풍자
- 특징
  ① 우의적 표현을 통해 탐관오리의 횡포를 풍자함.
  ② 화자의 교체를 통해 풍자의 효과를 극대화함.

〉일등급 정리 〈

1. 시어의 상징적 의미

파리	힘없는 백성
두터비	(❸　　　　　)
백송골	중앙 관리, 외세

2. 화자의 교체

초·중장	→	종장
관찰자(작가)		두터비

→ 자기를 합리화하는 '두터비'의 독백을 그대로 옮겨 풍자의 효과를 높임.

01
| 갈래의 특징 이해 |

(가)~(다)와 같은 갈래에 대한 설명으로 적절하지 <u>않은</u> 것은?

① 평민들도 작가층으로 참여하였다.
② 민중들의 삶과 애환을 엿볼 수 있다.
③ 개인의 생활 감정을 솔직하게 표현하였다.
④ 현실 도피와 이상향에 대한 갈망이 드러난다.
⑤ 평시조의 형식에서 벗어난 변형된 형태를 보인다.

02
| 작품의 종합적 감상 |

(가)에 대한 설명으로 적절하지 <u>않은</u> 것은?

① '개'는 그리운 임이 오는 것을 방해하는 부정적 대상이다.
② 오지 않는 임에 대한 원망을 '개'에게 전가해 표현하고 있다.
③ 종장에는 '개'에 대한 화자의 원망이 구체적으로 드러나 있다.
④ 감정 이입의 방법으로 임을 기다리는 화자의 애상적 정서를 부각하고 있다.
⑤ 화자의 태도와 관련된 속담으로는 '종로에서 뺨 맞고 한강에서 눈 흘긴다.'가 있다.

03 학력평가 기출
| 외적 준거에 따른 감상 |

〈보기〉를 바탕으로 (나)를 감상한 내용으로 적절하지 <u>않은</u> 것은?

> **보기**
>
> 사설시조는 형식 면에서 평시조와 달리 중장이 제한 없이 길어졌다. 내용 면에서는 실생활 소재들을 활용하여 일상에서 일어나는 문제를 주로 다루었는데 솔직함, 해학성, 애정을 서슴없이 표현하려는 대담성 등을 그 특징으로 하며 다양한 표현 기법을 활용하여 대상을 생동감 있게 그려 냈다.

① '곰븨님븨', '천방지방' 같은 음성 상징어를 활용하여 화자의 행동을 생동감 있게 표현하고 있군.
② 일상에서 흔히 볼 수 있는 '보션', '신'이라는 소재를 활용하여 임의 소중함을 상징하고 있군.
③ '주추리 삼대'를 임으로 착각하여 달려가는 화자의 우스꽝스러운 모습에서 해학성을 느낄 수 있군.
④ 임을 그리워하는 절실한 마음을 드러내기 위해 화자의 행동을 구체적으로 제시하다 보니 중장이 길어졌군.
⑤ '즌 듸 모른 듸 굴희지' 않고 임에게 가서 '정(情)엣말'을 하려는 모습에서 애정을 표현하려는 화자의 대담성을 엿볼 수 있군.

04 학력평가 기출
| 시적 화자의 변화 이해 |

〈보기〉의 선생님의 질문에 대한 대답으로 가장 적절한 것은?

> **보기**
>
> 선생님: (다)의 경우 화자가 일관되게 유지된다는 견해와 시상 전개 과정에서 원래 시적 대상이던 '두터비'가 화자로 바뀐다는 견해가 양립하고 있습니다. 만약 (다)의 중장부터 화자가 '두터비'로 바뀐다고 가정한다면 어떻게 이해할 수 있을까요?

① 중장에서 '백송골'과 '두터비' 사이의 우열 관계가 역전될 것입니다.
② 중장에서 '백송골'과 '두터비' 사이의 갈등의 원인을 다각적으로 살펴볼 수 있을 것입니다.
③ 중장은 '두터비'가 자신이 체험한 상황과 그에 대한 감정을 직접적으로 드러냈다고 볼 수 있을 것입니다.
④ 종장에서 부정적인 상황에 맞서려는 '두터비'의 의지가 부각될 것입니다.
⑤ 종장은 '두터비'가 과거의 행적을 반성적으로 성찰하는 독백이 될 것입니다.

05 학력평가 기출
| 작품 간의 비교 감상 |

〈보기〉를 바탕으로 하여 (나)와 (다)를 비교한 것으로 적절하지 <u>않은</u> 것은?

> **보기**
>
> (나)와 (다)는 유사한 구조를 보이면서 시상이 전개되고 있다. 구조상 ㉠~㉤과 ⓐ~ⓔ는 비슷한 위치에서 서로 대응되고 있지만 그 의미는 각각 다르다. 이는, (나)는 오겠다고는 했지만 아직 오지 않은 임을 애타게 기다리는 여인의 심정을, (다)는 거만하게 위세를 뽐내다가 강자 앞에서 비굴해지는 탐관오리의 허장성세를 담고 있는 작품이기 때문이다.

① ㉠이 그리움의 대상이라면, ⓐ는 비판의 대상이라고 할 수 있겠군.
② ㉡이 기대감이 행동화된 것이라면, ⓑ는 거만함이 반영된 것이라고 할 수 있겠군.
③ ㉢이 시적 화자의 생각이라면, ⓒ는 시적 대상의 심리라고 할 수 있겠군.
④ ㉣이 착각을 유발하는 소재라면, ⓓ는 성찰을 유도하는 소재라고 할 수 있겠군.
⑤ ㉤이 자조적인 표현이라면, ⓔ는 자신을 합리화한 표현이라고 할 수 있겠군.

Ⅲ
현대 소설

현대 소설

핵심 개념 1 인물

❶ 인물의 개념

① 작가의 상상력으로 창조되어 소설 속에 등장하는 사람

② 사건을 일으키고 행동하는 주체이며, 인물의 행동과 생각을 통해 주제가 드러남.

❷ 인물의 유형

역할에 따라	주동 인물	소설의 주인공으로 사건을 주도하여 이끌어 나가는 인물
	반동 인물	소설의 주인공과 대립하여 갈등을 일으키는 인물
중요도에 따라	중심인물	주인공이나 그와 비슷한 역할을 하는 인물
	주변 인물	부수적인 역할을 하는 인물
특성에 따라	전형적 인물	어떤 집단이나 계층의 공통적인 성격을 대표하는 인물
	개성적 인물	특정 부류나 계층에 속하지 않고 독특한 특색이 드러나는 인물
성격 변화 유무에 따라	평면적 인물	한 작품 속에서 성격이 변하지 않는 인물
	입체적 인물	한 작품 속에서 사건의 진행에 따라 성격이 변하는 인물

윤 직원 영감은 팔을 부르걷은 주먹으로 방바닥을 땅 치면서 성난 황소가 영각(소가 길게 우는 소리)을 하듯 고함을 지릅니다. 〈중략〉 "오죽이나 고마운 세상이여? 으응……? 제 것 지니고 앉아서 편안허게 살 태평 세상, 이걸 태평천하라구 허는 것이여, 태평천하! ……"
– 채만식, 〈태평천하〉

⇨ '윤 직원 영감'은 친일 지주 계층의 전형적 인물이자 중심인물임.

❸ 인물 제시 방법

(1) **직접 제시(말하기, telling)**: 서술자가 직접 인물의 성격, 특성, 심리 상태 등을 말해 주는 방식으로 해설적, 분석적, 설명적 방법

그는 애초에 심성이 밝고 깔끔하였다. 매사에 생각이 깊고 침착하였으며, 성품이 곧고 굳은 위에 몸소 겪음한 바와 힘써 널리 보고 애써 널리 들은 것을 더하여, 스스로 갖추어진 줏대와 나름껏 이루어진 주견으로 갈피 있는 태도를 흐트리지 아니하였다.
– 이문구, 〈유자소전〉

⇨ 주인공인 '유자'의 성격과 됨됨이를 직접 제시함.

(2) **간접 제시(보여 주기, showing)**: 인물의 행동이나 대화, 혹은 외양 묘사 등을 통해 독자가 인물의 성격을 짐작하게 하는 방식으로 장면적, 극적, 묘사적 방법

나는 어머니 귀에다 입을 대고, "저기 아저씨도 왔어." 하고 속삭이니까 어머니는 흠칫하면서 내 입을 손으로 막고 막 끌어잡아다가 앞에 앉히고 고개를 누르더군요. 보니까 어머니도 얼굴이 홍당무처럼 빨개졌더군요. – 주요섭, 〈사랑손님과 어머니〉

⇨ '나'의 고개를 누르는 행동과 얼굴이 빨개진 모습을 통해 어머니의 심리를 간접 제시함.

✔ 개념 체크

01 다음 설명에 해당하는 인물의 유형을 쓰시오.

> 같은 계층이나 집단의 사람들 중에서 그 부류의 사람들이 지닌 일반적인 특징을 대표해 보여 주는 인물을 의미한다.

02 ㉠과 ㉡에 해당하는 인물의 유형이 바르게 연결된 것은?

> 얼금뱅이요 왼손잡이인 드팀전의 ㉠허 생원은 기어코 동업의 ㉡조 선달을 나꾸어 보았다.
> "그만 걸을까?"
> "잘 생각했네. 봉평 장에서 한 번이나 흐붓하게 사 본 일 있었을까? 내일 대화 장에서나 한몫 벌어야겠네." 〈중략〉 절렁절렁 소리를 내며 조 선달이 그 날 산 돈을 따지는 것을 보고, 허 생원은 말뚝에서 넓은 휘장을 걷고, 벌여 놓았던 물건을 거두기 시작하였다.
> – 이효석, 〈메밀꽃 필 무렵〉

	㉠	㉡
①	중심인물	주변 인물
②	주동 인물	반동 인물
③	반동 인물	전형적 인물
④	전형적 인물	개성적 인물
⑤	평면적 인물	입체적 인물

03 다음의 밑줄 친 부분에 나타난 인물 제시 방법을 쓰시오.

> 허 생원은 계집과는 연분이 멀었다. 얼금뱅이 상판을 쳐들고 대어 설 숫기도 없었으나, 계집 편에서 정을 보낸 적도 없었고, 쓸쓸하고 뒤틀린 반생이었다. 충줏집을 생각만 하여도 철없이 얼굴이 붉어지고 발밑이 떨리고 그 자리에 소스라쳐 버린다.
> – 이효석, 〈메밀꽃 필 무렵〉

핵심 개념 2 사건과 갈등

1 사건과 갈등의 개념
① 등장인물들을 중심으로 벌어지는 일들을 '사건'이라고 함.
② 등장인물이 사건을 겪으며 갖게 되는 내적, 외적인 대립 관계를 '갈등'이라고 함.

2 갈등의 역할
① 인물의 성격과 역할을 드러냄.
② 사건에 긴장감을 조성하고 필연성을 부여함.
③ 갈등의 전개와 해결 과정을 통해 주제를 드러냄.
④ 독자의 관심과 흥미를 불러일으킴.

3 갈등의 유형
(1) 내적 갈등 : 인물의 내면에서 일어나는 갈등

> "남대문 정거장까지 말씀입니까?"
> 하고 김 첨지는 잠깐 주저하였다. 그는 이 우중에 우장도 없이 그 먼 곳을 철벅거리고 가기가 싫었음일까? 처음 것, 둘째 것으로 고만 만족하였음일까? 아니다. 결코 아니다. 이상하게도 꼬리를 맞물고 덤비는 이 행운 앞에 조금 겁이 났음이다.
> 그리고 집을 나올 제, 아내의 부탁이 마음에 켕기었다. 앞집 마마님한테서 부르러 왔을 제 병인은 그 뼈만 남은 얼굴에 유일의 생물 같은, 유달리 크고 움푹한 눈에다 애걸하는 빛을 띠며,
> "오늘은 나가지 말아요. 제발 덕분에 집에 붙어 있어요. 내가 이렇게 아픈데……."
> – 현진건, 〈운수 좋은 날〉
> ⇨ 돈을 벌 것인지 아내에게 갈 것인지를 고민하는 김 첨지의 내적 갈등이 드러남.

(2) 외적 갈등 : 인물과 그 인물을 둘러싼 외부 요인 사이에서 발생하는 갈등

인물과 인물의 갈등	서로 대립적인 인물 사이에 일어나는 갈등
인물과 사회의 갈등	인물과 인물이 속한 사회 윤리나 제도와의 갈등
인물과 운명의 갈등	인물이 자신에게 주어진 운명에 저항하면서 겪는 갈등
인물과 자연의 갈등	인물이 자연에 도전하면서 생겨나는 갈등

> 점순이가 저희 집 봉당에 홀로 걸터앉았는데 이게 치마 앞에다 우리 씨암탉을 꼭 붙들어 놓고는, / "이놈의 씨닭! 죽어라 죽어라."
> 요렇게 암팡스레 패 주는 것이 아닌가. 그것도 대가리나 치면 모른다마는 아주 알도 못 낳으라고 그 볼기짝께를 주먹으로 콕콕 쥐어박는 것이다.
> 나는 눈에 쌍심지가 오르고 사지가 부르르 떨렸으나 사방을 한번 휘둘러보고야 그제서야 점순이 집에 아무도 없음을 알았다. 잡은 참 지게막대기를 들어 울타리의 중턱을 후려치며,
> "이놈의 계집애! 남의 닭 알 못 낳으라구 그러니?" / 하고 소리를 빽 질렀다.
> 그러나 점순이는 조금도 놀라는 기색이 없고 그대로 의젓이 앉아서 제 닭 가지고 하듯이 또 죽어라, 죽어라, 하고 패는 것이다.
> – 김유정, 〈동백꽃〉
> ⇨ 감자를 줬다가 거절당한 일로 인해 점순이와 '나'가 외적 갈등을 보이고 있음.

✔ 개념 체크

04 다음 중, 갈등의 유형이 **다른** 하나는?
① 인물의 마음속 갈등
② 인물과 인물의 갈등
③ 인물과 사회의 갈등
④ 인물과 운명의 갈등
⑤ 인물과 자연의 갈등

05 다음 작품에 나타난 갈등의 유형으로 알맞은 것은?

> 김동리의 〈역마〉는 주인공 성기의 출생 이전에 할머니와 어머니에게 있었던 만남들이 성기의 삶을 결정짓는 필연적 요소가 되도록 사건을 전개하면서, 유랑과 정착이라는 대립적 운명 가운데에 놓인 성기의 삶 전체에 긴장감을 부여하고 있다.

① 인물의 마음속 갈등
② 인물과 인물의 갈등
③ 인물과 사회의 갈등
④ 인물과 운명의 갈등
⑤ 인물과 자연의 갈등

06 다음 작품에 나타난 갈등의 유형을 쓰시오.

> 고 서방은 마침내 딴은 큰맘을 먹고 자기 논 물꼬를 조금 더 터놓았다. 그러자 그걸 본 한 양반이 빽 소리를 내지르며 달려왔다. 오더니 다짜고짜로,
> "왜 또 손을 대요?"
> "인제 물도 다 돼 가고 하니 나두 좀 대야지요."
> 하다가 고 서방은 자기 말이 너무 비겁한 것 같아 한마디 더 보태었다.
> "그리고 당신 논에는 물이 철철 넘고 있지 않소."
> "뭐? 넘어? 어디 넘어? 이 양반이 눈이 있나 없나?"
> – 김정한, 〈사하촌〉

핵심 개념 ③ 배경과 소재

① 배경

(1) 배경의 개념: 소설 속의 사건이 일어나고 인물이 행동하는 시간·공간·사회·시대 등의 구체적인 환경이나 장소

(2) 배경의 종류

시간적 배경	사건이 일어나고 인물이 행동하는 시간, 시대, 계절
공간적 배경	사건이 벌어지고 인물이 행동하는 장소, 지역
사회적 배경	인물을 둘러싼 사회 현실과 시대적·역사적 상황

(3) 배경의 기능

① 소설의 내용에 현실성을 부여하고 전반적 분위기를 형성함.
② 배경 자체가 상징적 의미를 나타내거나 주제를 드러내기도 함.
③ 인물의 심리를 간접적으로 나타내거나 사건의 전개 방향을 암시함.

> 새침하게 흐린 품이 눈이 올 듯하더니, 눈은 아니 오고 얼다가 만 비가 추적추적 내리는 날이었다.
> 이날이야말로 동소문 안에서 인력거꾼 노릇을 하는 김 첨지에게는 오래간만에도 닥친 운수 좋은 날이었다. 문안에(거기도 문밖은 아니지만) 들어간답시는 앞집 마나님을 전찻길까지 모셔다 드린 것을 비롯하여 행여나 손님이 있을까 하고 정류장에서 어정어정하며, 내리는 사람 하나하나에게 거의 비는 듯한 눈길을 보내고 있다가, 마침내 교원인 듯한 양복쟁이를 동광 학교까지 태워다 주기로 되었다.
> – 현진건, 〈운수 좋은 날〉
>
> ⇨ 인력거와 전차라는 교통수단을 통해 시대적 배경이 1920년대임을 짐작할 수 있음. 비 오는 겨울날이라는 시간적 배경은 작품 전체의 분위기를 어둡게 이끌며 비극적 결말을 암시하고 있음.

② 소재

(1) 소재의 개념: 작가가 한 편의 이야기를 전개하기 위해 사용하는 글의 재료. 특정 사물이나 환경, 인물의 행동이나 감정 등이 모두 소재가 될 수 있음.

(2) 소재의 기능

① 인물의 심리를 표현하거나 성격을 드러냄.
② 뒤에 이어지는 사건을 암시하거나 주제를 상징함.
③ 장면의 전환을 유도하거나 새로운 분위기를 조성함.
④ 인물 사이에 갈등을 유발하거나 해소시킴.

> 게다가 조금 뒤에는 제집께를 할끔할끔 돌아보더니, 행주치마의 속으로 꼈던 바른손을 뽑아서 나의 턱 밑으로 불쑥 내미는 것이다. 언제 구웠는지 아직도 더운 김이 홱 끼치는 굵은 감자 세 개가 손에 뿌듯이 쥐였다.
> "느 집엔 이거 없지?"
> 하고 생색 있는 큰소리를 하고는, 제가 준 것을 남이 알면 큰일 날 테니 여기서 얼른 먹어 버리란다.
> – 김유정, 〈동백꽃〉
>
> ⇨ '굵은 감자 세 개'는 '나'에 대한 점순이의 관심과 애정을 나타내는 소재이자, '나'와 점순이가 갈등하는 원인이 되는 소재임.

✓ 개념 체크

07 다음 중, 배경이나 소재의 일반적인 기능으로 보기 어려운 것은?

① 주제 암시
② 분위기 조성
③ 사건의 방향 암시
④ 인물의 심리 반영
⑤ 작가에 대한 정보 제시

08 밑줄 친 '감자'에 대한 설명으로 알맞지 않은 것은?

> 언제 구웠는지 아직도 더운 김이 홱 끼치는 굵은 감자 세 개가 손에 뿌듯이 쥐였다.
> "느 집엔 이거 없지?"
> 하고 생색 있는 큰소리를 하고는, 제가 준 것을 남이 알면 큰일 날 테니 여기서 얼른 먹어 버리란다. 그리고 또 하는 소리가
> "너, 봄 감자가 맛있단다."
> "난 감자 안 먹는다, 니나 먹어라."
> – 김유정, 〈동백꽃〉

① 향토적·토속적 분위기를 형성한다.
② '나'와 점순이가 갈등하는 계기가 된다.
③ '나'를 좋아하는 점순이의 마음이 담겨 있다.
④ '나'가 점순이의 마음을 알아차리는 실마리를 제공한다.
⑤ '나'가 감자를 거절한 이유는 자존심이 상했기 때문이다.

핵심 개념 4 구성

❶ 구성의 개념

① 소설의 인물, 배경, 사건 등을 일정한 의도에 따라 짜임새 있게 배열한 것. 플롯(plot)이라고도 함.

② 사건의 배열은 인과 관계를 고려하여 이루어지며, 이야기를 엮어 나가는 방식에 따라 여러 구성 유형이 있음.

❷ 구성의 5단계

발단	인물과 배경이 제시되고 사건의 실마리를 제공함.
전개	사건이 본격적으로 시작되며 갈등이 나타남.
위기	갈등이 고조되고 심화됨.
절정	갈등이 최고조에 이름.
결말	사건이 마무리되고 갈등이 해소됨.

❸ 구성의 유형

평면적 구성	시간의 순서에 따라 사건이 전개되는 구성. 순행적 구성
입체적 구성	시간의 역전이 일어나면서 사건이 전개되는 구성. 역순행적 구성 예 김유정, 〈동백꽃〉
액자식 구성	외부 이야기 속에 또 다른 내부 이야기가 담겨 있는 구성 예 김동인, 〈배따라기〉
의식의 흐름 구성	서술자의 내면 의식이 흘러가는 대로 서술하는 구성 예 박태원, 〈소설가 구보 씨의 일일〉
옴니버스 구성	서로 다른 각각의 이야기가 같은 주제로 묶여 전개되는 구성 예 양귀자, 〈길모퉁이에서 만난 사람〉
피카레스크 구성	동일한 인물이 등장하여 여러 가지 이야기를 전개하는 구성 예 박태원, 〈천변 풍경〉
여로형 구성	인물의 여행 과정(여로)에 따라 이야기를 전개하는 구성 예 염상섭, 〈만세전〉

대구에서 서울로 올라오는 차중에서 생긴 일이다. 나는 나와 마주 앉은 그를 매우 흥미 있게 바라보고 또 바라보았다. 〈중략〉

"어디서 오시는 길입니까?" / "흥, 고향에서 오누마."

하고 그는 휘 한숨을 쉬었다. 그러자 그의 신세타령의 실마리는 풀려나왔다.

그의 고향은 대구에서 멀지 않은 K군 H란 외딴 동리였다. 한 백 호 남짓한 그곳 주민은 전부가 역둔토(驛屯土)를 파먹고 살았는데, 역둔토로 말하면 사삿집 땅을 부치는 것보다 떨어지는 것이 후하였다. 그러므로 넉넉지는 못할망정 평화로운 농촌으로 남부럽지 않게 지낼 수 있었다. 그러나 세상이 뒤바뀌자 그 땅은 전부가 동양 척식 주식 회사의 소유에 들어가고 말았다. — 현진건, 〈고향〉

⇨ 서술자인 '나'와 작품의 주인공인 '그'가 서울행 기차 안에서 나누는 외부 이야기 속에 '그'가 털어놓는 내부 이야기를 담은 **액자식 구성 방식**을 취함.

✔ **개념 체크**

09 다음에 해당하는 소설의 구성 단계를 쓰시오.

> 나는 금년 여섯 살 난 처녀애입니다. 내 이름은 박옥희이고요. 우리 집 식구라고는 세상에서 제일 예쁜 우리 어머니와 나, 이렇게 단 두 식구뿐이랍니다. 아차 큰일났군, 외삼촌을 빼놓을 뻔했으니.
> 지금 중학교에 다니는 외삼촌은 어디를 그렇게 싸돌아다니는지 집에는 끼니때 외에는 별로 붙어 있지를 않으니까 어떤 때는 한 주일씩 가도 외삼촌 코빼기도 못 보는 때가 많으니까요, 깜빡 잊어버리기도 예사지요, 무얼.
> — 주요섭, 〈사랑손님과 어머니〉

10 다음 설명에 해당하는 소설의 구성 방식을 쓰시오.

> • 이야기 안에 또 다른 이야기가 들어 있는 구성
> • 서술자가 남의 체험이나 사건을 대신 서술해 주는 형식이 많음.

11 다음 작품의 구성 방식으로 알맞은 것은?

> 오늘도 또 우리 수탉이 막 쪼이었다. 내가 점심을 먹고 나무를 하러 갈 양으로 나올 때이었다. 〈중략〉
> 나흘 전 감자 쪼간만 하더라도 나는 저에게 조금도 잘못한 것은 없다.
> 계집애가 나물을 캐러 가면 갔지 남 울타리 엮는데 쌩이질을 하는 것은 다 뭐냐.
> — 김유정, 〈동백꽃〉

① 순행적 구성
② 액자식 구성
③ 여로형 구성
④ 역순행적 구성
⑤ 옴니버스 구성

핵심 개념 ⑤ 서술자와 시점

① 서술자

① 작품 속에서 이야기를 전개하는 사람

② 서술자는 작품 안에 등장할 수도 있고, 작품 밖에 위치하여 서술할 수도 있음.

② 시점

① 소설에서 인물이나 사건을 바라보는 서술자의 위치나 태도

② 서술자가 작품 안에 등장하는 '나'이면 1인칭, 작품 밖에 위치하면 3인칭 시점임.

1인칭 주인공 시점	작품 속에 등장하는 주인공 '나'가 자신이 직접 겪은 이야기를 하는 시점. 주인공의 내면세계를 그리는 데 효과적이지만 독자는 주인공이 본 것, 느낀 것만 알 수 있음. 예 김유정, 〈동백꽃〉
1인칭 관찰자 시점	작품 속에 등장하는 '나'가 관찰자의 입장에서 주인공에 대해 이야기하는 시점. 서술에 제약이 있어 '나'를 제외한 인물의 심리가 간접적으로 제시됨. 예 김정한, 〈모래톱 이야기〉
전지적 작가 시점	작품 속에 등장하지 않는 서술자가 인물의 외적 정보뿐 아니라 심리나 행동과 같은 내면을 분석하여 전달하는 시점. 서술자의 개입이 두드러져 독자의 상상의 폭이 제한됨. 예 이태준, 〈복덕방〉
작가 관찰자 시점	작품 속에 등장하지 않는 서술자가 관찰자의 입장에서 서술하는 시점. 독자의 상상이 개입할 부분이 많음. 예 황순원, 〈소나기〉

> 나는 처가에 가기가 매우 싫었었다. 그러나 아니 가는 것도 내 도리가 아닐 듯하여 하는 수 없이 두루마기를 입었다.
> 아내는 머뭇머뭇하며 양미간을 보일 듯 말 듯 찡그리다가 곁눈으로 살짝 나를 엿보더니 돌아서서 급히 장문을 연다. — 현진건, 〈빈처〉
>> ⇨ 주인공인 '나'가 자신의 이야기를 하고 있는 1인칭 주인공 시점임.

> 여편네가 건네주는 술 사발을 받아 들며, 만도는 후유 한숨을 크게 내쉬었다. 그리고 입을 얼른 사발로 가져갔다. 꿀꿀꿀, 잘도 넘어간다. 그 큰 사발을 단숨에 비워 버리고는 도로 여편네 앞으로 불쑥 내민다. 그렇게 거들빼기로 석 잔을 해치우고야 '으으윽!' 하고 게트림을 했다. 여편네가 눈이 휘둥그레져 가지고 혀를 내둘렀다. — 하근찬, 〈수난 이대〉
>> ⇨ 작품 밖에 있는 서술자가 만도와 여편네(주막집 주인)의 행동을 관찰하여 서술하고 있는 작가 관찰자 시점임.(작품 전체적으로는 전지적 작가 시점임.)

③ 시점에 따른 거리

■ 서술자와 독자와 소설의 인물 사이에 존재하는 심리적 거리감

(1) 서술자와 인물(서술 대상)과의 거리 : 1인칭 주인공 시점과 전지적 작가 시점에서는 거리가 가까워지고, 1인칭 관찰자 시점과 작가 관찰자 시점에서는 거리가 멀어짐.

(2) 독자와 인물과의 거리 : 1인칭 주인공 시점과 전지적 작가 시점에서는 거리가 멀어지고, 1인칭 관찰자 시점과 작가 관찰자 시점에서는 거리가 가까워짐.

(3) 서술자와 독자와의 거리 : 1인칭 주인공 시점과 전지적 작가 시점에서는 거리가 가까워지고, 1인칭 관찰자 시점과 작가 관찰자 시점에서는 거리가 멀어짐.

✔ 개념체크

12 다음 작품의 시점을 쓰시오.

> 어머니는 한참을 망설이는 모양이었습니다. 그러더니 무슨 결심을 한 듯이 입술을 악물고 그 종이를 차근차근 펴 들고 그 안에 쓰인 글을 읽었습니다. 나는 그 안에 무슨 글이 쓰여 있는지 알 도리가 없었으나, 어머니는 그 글을 읽으면서 금시에 얼굴이 파랬다 발갰다 하고, 그 종이를 든 손은 이제는 바들바들이 아니라 와들와들 떨려서 그 종이가 부석부석 소리를 내게 되었습니다. — 주요섭, 〈사랑손님과 어머니〉

13 다음 작품의 시점에 대한 설명으로 가장 적절한 것은?

> 김 첨지도 이 불길한 침묵을 짐작했는지도 모른다. 그렇지 않으면 대문에 들어서자마자 전에 없이,
> "이 난장 맞을 년, 남편이 들어오는데 나와 보지도 않아. 이 오라질 년."
> 이라고 고함을 친 게 수상하다. 이 고함이야말로 제 몸을 엄습해 오는 무시무시한 증을 쫓아버리려는 허장성세인 까닭이다. — 현진건, 〈운수 좋은 날〉

① 서술자는 전지적 위치에서 인물의 심리를 직접 묘사하고 있다.

② 서술자가 겉으로 드러나 있으면서 자신의 이야기를 회상하고 있다.

③ 서술자가 숨어 있으면서 사건 진행 과정을 객관적으로 바라보고 있다.

④ 서술자가 겉으로 드러나 있으면서 인물의 행동을 관찰하여 서술하고 있다.

⑤ 서술자는 사건에 개입하지 않으면서 자신이 보고 들은 내용을 있는 그대로 그려 내고 있다.

핵심 개념 6 그 밖의 시험 빈출 어휘&개념

> ※ 윗글의 서술상의 특징으로 가장 적절한 것은?
> ① 서술자를 교체■하여 사건을 입체적으로 그리고 있다.
> ② 인물에 대한 과장된 묘사를 통해 인물을 희화화■하고 있다.
> ③ 장면을 빈번하게 전환■하여 긴박한 분위기를 조성하고 있다.
> ④ 동시에 일어난 두 사건을 병치■하여 갈등 해결의 실마리를 제시하고 있다.
> ⑤ 인물들의 체험을 삽화■ 형식으로 나열하여 주제를 다각적으로 조명하고 있다.

■ **서술자의 교체**: 작품이 진행되는 과정에서 서술자가 바뀌는 것. 인칭의 변화나 말하는 인물의 변화가 일어남. 인물의 심리나 처지를 보다 효과적으로 드러내기 위해 사용함.

■ **희화화**: 대상을 익살맞고 우스꽝스럽게 그리는 방법. 이를 통해 해학과 풍자의 효과를 얻을 수 있음.

■ **장면의 빈번한 전환**: 장면이 자주 바뀌는 것. 보통 시간이나 공간의 이동을 통해 이루어짐. 장면을 자주 전환하면 사건 전개에 속도가 붙으면서 긴장감을 고조시킬 수 있음.

■ **병치**: 두 가지 이상의 대상을 나란히 배치하는 것. 그 대상의 특징이나 인상을 선명하게 부각하는 효과를 줌.

■ **삽화**: 어떤 이야기나 사건의 줄거리에 끼인 짤막한 토막 이야기. 인물의 성격이나 배경의 의미를 독자가 작은 사건을 통해 스스로 추론하게 만드는 기능을 함.

> ※ 윗글에 대한 설명으로 가장 적절한 것은?
> ① 내적 독백■을 활용하여 인물의 의식을 드러내고 있다.
> ② 요약적 서술■을 통해 인물의 삶의 내력을 드러내고 있다.
> ③ 불길한 일을 암시하는 복선■을 배치하여 긴장감을 조성하고 있다.
> ④ 현학적■인 표현을 사용하여 이상적인 삶의 모습을 형상화하고 있다.
> ⑤ 특정 인물의 시각■에서 사건을 서술하여 인물의 내면을 드러내고 있다.

■ **내적 독백**: 인물의 마음속 혼잣말을 그대로 서술하는 것. 인물의 내면을 있는 그대로 드러내기 위해 사용함.

■ **요약적 서술**: 사건의 중요 내용만 간추려서 제시하는 방식. 독자의 이해를 돕고, 사건의 전개 속도가 빨라짐.

■ **복선**: 앞으로 일어날 사건에 대해 독자에게 미리 암시하는 방법. 사건 전개에 필연성을 부여하게 됨.

■ **현학적**: 자신의 학문적 수준을 자랑하며 뽐내는 것
　🔘 이 글은 너무 <u>현학적</u>이어서 내용을 이해하기 어렵다.

■ **특정 인물의 시각**: 작품 밖의 전지적 서술자가 작품 속 인물의 입장에서 사건을 서술하는 것. 해당되는 인물의 심리를 보다 효과적으로 드러낼 수 있음.

✔ **개념 체크**

14 다음 작품에 대한 설명으로 가장 적절한 것은?

> 일찍이 윤 직원 영감은 그의 소싯적 윤 두꺼비 시절에, 자기 부친 말 대가리 윤용규가 화적의 손에 무참히 맞아 죽은 시체 옆에 서서, 노적이 불타느라고 화광이 충천한 하늘을 우러러,
> "이놈의 세상, 언제나 망하려느냐"
> "우리만 빼놓고 어서 망해라!"
> 하고 부르짖은 적이 있겠다요.
> 　　　　　– 채만식, 〈태평천하〉

① 인물을 희화화하고 있다.
② 서술자를 교체하고 있다.
③ 현학적인 표현을 사용하고 있다.
④ 인물의 체험을 삽화 형식으로 제시하고 있다.
⑤ 내적 독백을 통해 인물의 내면을 드러내고 있다.

15 다음 작품에 나타난 서술상의 특징으로 가장 적절한 것은?

> 아버지의 북이 상징하는 아버지의 허랑방탕한 한평생이, 일단은 세련된 입신(立身)으로 평가되는 아들의 내력에 중요한 흠으로 작용한다는 점에서도 그랬다. 하라는 공부는 작파하고, 북을 메고 떠돌아다니며 아내와 자식을 모른 체한 민익태, 한때는 아편쟁이로 세상을 구른 민익태, 그러면서도 북을 놓지 않은 그와 아들의 단절은, 따라서 오래 지속될 수밖에 없었다.
> 　　　　　– 최일남, 〈흐르는 북〉

① 인물을 희화화하고 있다.
② 두 가지 사건을 병치하고 있다.
③ 장면을 빈번하게 전환하고 있다.
④ 앞으로 일어날 사건을 암시하고 있다.
⑤ 인물의 행적을 요약적으로 제시하고 있다.

그러자 그의 신세타령의 실마리는 풀려 나왔다. 그의 고향은 대구에서 멀지 않은 K군 H란 외딴 동리였다. 한 백 호 남짓한 그곳 주민은 전부가 역둔토를 파먹고 살았는데, 역둔토로 말하면 사삿집 땅을 부치는 것보다 떨어지는 것이 후하였다. 그러므로 넉넉지는 못할망정 평화로운 농촌으로 남부럽지 않게 지낼 수 있었다. 그러나 ㉠세상이 뒤바뀌자 그 땅은 전부가 동양 척식 주식회사의 소유에 들어가고 말았다. 직접으로 회사에 소작료를 바치게나 되었으면 그래도 나으련만 소위 중간 소작인이란 것이 생겨나서 저는 손에 흙 한 번 만져 보지도 않고 동척엔 소작인 노릇을 하며 실작인에게는 지주 행세를 하게 되었다. 동척에 소작료를 물고 나서 또 중간 소작인에게 긁히고 보니, 실작인의 손에는 소출의 삼 할도 떨어지지 않았다. 그 후로 '죽겠다', '못 살겠다' 하는 소리는 중이 염불하듯 그들의 입길에서 오르내리게 되었다. 남부여대하고 타처로 유리하는 사람만 늘고 동리는 점점 쇠진해 갔다.

▶ 일제에 땅을 빼앗기고 고향을 떠났던 '그'

지금으로부터 구 년 전, 그가 열일곱 살 되던 해 봄에(㉡그의 나이는 실상 스물여섯이었다. 가난과 고생이 얼마나 사람을 늙히는가.) 그의 집안은 살기 좋다는 바람에 서간도로 이사를 갔었다. 쫓겨 가는 운명이거든 어디를 간들 신신하랴. 그곳의 비옥한 전야도 그들을 위하여 열릴 리 없었다. 조금 좋은 땅은 먼저 간 이가 모조리 차지하였고 황무지는 비록 많다 하나 그곳 당도하던 날부터 아침거리 저녁거리 걱정이라 무슨 행세로 적어도 일 년이란 장구한 세월을 먹고 입어 가며 거친 땅을 풀 수가 있으랴. 남의 밑천을 얻어서 농사를 짓고 보니, 가을이 되어 얻는 것은 빈주먹뿐이었다. 이태 동안을 사는 것이 아니라 억지로 버티어 갈 제, 그의 아버지는 우연히 병을 얻어 타국의 외로운 혼이 되고 말았다. 열아홉 살밖에 안 된 그가 홀어머니를 모시고 악으로 악으로 모진 목숨을 이어 가는 중 사 년이 못 되어 영양 부족한 몸이 심한 노동에 지친 탓으로 그의 어머니 또한 죽고 말았다.

▶ '그'가 간도에서 겪은 비참한 생활

㉢"모친꺼정 돌아갔구마. 돌아가실 때 흰 죽 한 모금 못 자셨구마."

하고 이야기하던 이는 문득 말을 뚝 끊는다. 그의 눈이 번들번들함은 눈물이 쏟아졌음이리라. 나는 무엇이라고 위로할 말을 몰랐다. 한동안 머뭇머뭇이 있다가 나는 차를 탈 때에 친구들이 사 준 정종 병마개를 빼었다. ㉣찻잔에 부어서 그도 마시고 나도 마셨다. 악착한 운명이 던져 준 깊은 슬픔을 술로 녹이려는 듯이 연거푸 다섯 잔을 마신 그는 다시 말을 계속하였다.

▶ '그'를 위로하는 '나'

그 후 그는 부모 잃은 땅에 오래 머물기 싫었다. 신의주로, 안동현으로 품을 팔다가 일본으로 또 벌이를 찾아가게 되었다. 구주 탄광에 있어도 보고, 대판 철공장에도 몸을 담아 보았다. 벌이는 조금 나았으나 외롭고 젊은 몸은 자연히 방탕해졌다. 돈을 모으려야 모을 수 없고 ㉤이따금 울화만 치받치기 때문에 한곳에 주접을 하고 있을 수 없었다. 화도 나고 고국산천이 그립기도 하여서 훌쩍 뛰어나왔다가 오래간만에 고향을 둘러 보고 벌이를 구할 겸 서울로 올라가는 길이라 한다.

– 현진건, 〈고향〉

▶ 오랜 유랑 끝에 고향에 들렀다가 떠나는 '그'

[주석]
- 역둔토를 파먹고 ← 역이나 군대의 운영을 위해 설치한 토지
- 사삿집 ← 개인 소유의 집
- 동양 척식 주식회사 ← 일본이 한국의 경제를 독점·착취하기 위하여 설립한 국책 회사
- 실작인 ← 실제로 농사를 짓는 소작인
- 긁히고 ← 빼앗기고
- 소출 ← 논밭에서 나는 곡식의 양
- 남부여대하고 타처로 유리하는 ← 가난한 사람들이 살 곳을 찾아 이리저리 떠돌아다님.
- 신신하랴 ← 마음에 들게 시원스러우랴.
- 이태 ← 두 해
- 구주 ← 규슈
- 대판 ← 오사카
- 주접 ← 한때 머물러 삶.

현진건, 〈고향〉

- **갈래** 단편 소설
- **시점** [외부] 1인칭 관찰자 시점
  [내부] 전지적 작가 시점
- **배경** 시간 – 일제 강점기
  공간 – 서울행 기차 안
- **주제** 일제의 수탈로 인한 우리 민족의 비참한 삶
- **특징**
  ① 외부 이야기 속에 내부 이야기를 담은 (❶　　　) 구성을 취함.
  ② 사투리를 사용하여 '그'의 인생 역정을 효과적으로 표현함.

〉 전체 줄거리 〈

서울로 향하는 기차 안에서 보게 된 '그'의 기이한 차림새와 호기심을 끄는 행동을 '나'는 탐탁지 않아 한다. '나'는 '그'와의 대화를 통해 서울로 막벌이하러 가는 '그'의 처지를 알게 되고 동정심이 생긴다. '그'는 일제의 식민지 지배가 시작되면서 농토를 잃고 고향을 떠나 파란 많은 유랑 생활을 하던 자신의 과거 이야기를 '나'에게 들려준다. '그'는 옛 여인과 해후하게 되지만 자신의 삶 못지않게 비참한 그녀의 인생 역정을 알게 된다. 이야기를 마친 '그'는 술에 취하여 당대 현실을 함축한 민요를 흥얼거린다.

〉 일등급 정리 〈

1. 등장인물의 성격과 심리

'그'	농토를 잃고 유랑하는 삶을 살게 되는 인물로, 일제 강점기 우리 민족의 현실을 집약적으로 보여 줌.
'나'	기차에서 '그'의 이야기를 들으며 조선의 현실을 재인식하고 '그'와 심리적 (❷　　　)을 느낌.

2. 구성상의 특징

'나'와 '그'가 기차 안에서 나누는 외부 이야기 속에 그가 털어놓는 내부 이야기를 담은 액자식 구성이다. 외부 이야기는 시간적으로 현재이며 1인칭 (❸　　　) 시점이고, 내부 이야기는 그의 과거를 전지적 작가 시점에서 다루고 있다.

3. '그'에 대한 '나'의 심리 변화

거부감	'그'의 기이한 차림새와 행동

↓

동정심	고향을 떠나 떠도는 '그'의 삶에 대해 알게 됨.

↓

동질감	함께 술을 마시고 민요를 부름.

01 학력평가 기출 | 장면의 서사적 기능 이해 |

[A]의 서사적 기능으로 가장 적절한 것은?

① 사건의 흐름에서 벗어난 장면을 통해 위기감을 해소한다.
② 현재의 상황을 바탕으로 지나간 사건을 추리하여 재구성한다.
③ 하나의 사건을 여러 각도에서 살펴봄으로써 독자들의 판단을 유도한다.
④ 상반된 역사적 해석을 대비하며 역사적 사건이 총체적으로 드러나게 한다.
⑤ 사건이 벌어지게 된 배경을 제시함으로써 서사 구조에 필연성을 강화한다.

02 | 사건의 전개 과정 이해 |

이 글에 나타난 '그'의 유랑 생활을 공간의 이동에 따라 정리하였다. 적절하지 않은 것은?

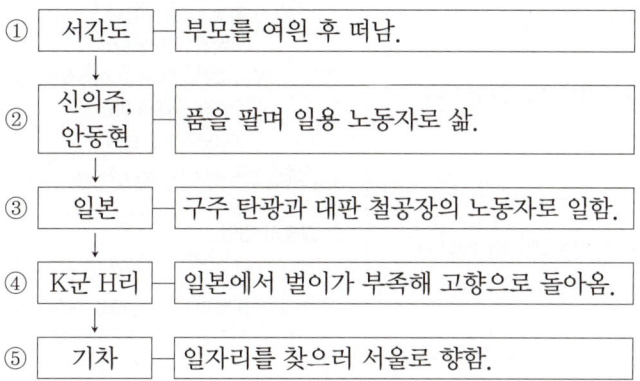

① 서간도 ── 부모를 여읜 후 떠남.
② 신의주, 안동현 ── 품을 팔며 일용 노동자로 삶.
③ 일본 ── 구주 탄광과 대판 철공장의 노동자로 일함.
④ K군 H리 ── 일본에서 벌이가 부족해 고향으로 돌아옴.
⑤ 기차 ── 일자리를 찾으러 서울로 향함.

03 | 작품의 주제 파악 |

이 글을 읽은 후 독서 감상문을 작성하려고 할 때, 그 제목으로 가장 적절한 것은?

① 비뚤어진 성격으로 인해 비참한 삶을 사는 사람들
② 이농▪ 현상으로 인해 피폐해져 가는 농촌 마을의 모습
③ 시대의 변화에 적응하지 못해 퇴보해 가는 농촌의 실상
④ 천재지변으로 인해 고통을 당하는 농민들의 비극적 운명
⑤ 식민지 현실의 구조적 모순으로 인해 유랑하는 삶의 현실

04 | 구절의 의미 파악 |

㉠~㉤에 대한 설명으로 적절하지 않은 것은?

① ㉠: '그'가 겪은 고난이 일제의 수탈과 관련이 있음을 알 수 있다.
② ㉡: '그'가 고달픈 삶을 살아왔음을 알 수 있다.
③ ㉢: '그'가 가족의 해체라는 절망스러운 상황에 빠졌음을 알 수 있다.
④ ㉣: '그'에 대해 '나'가 연민을 느끼고 있음을 알 수 있다.
⑤ ㉤: '그'가 유랑의 삶을 운명으로 받아들이고 있음을 알 수 있다.

05 학력평가 기출 | 외적 준거에 따른 감상 |

〈보기〉를 참고하여 이 글을 감상한 내용으로 적절하지 않은 것은?

> ── 보기 ──
>
> 〈고향〉이 1920년대 식민지 조선의 피폐함을 사실적으로 잘 드러낼 수 있었던 것은 작가 현진건이 〈동아일보〉 기자였다는 것과 관련이 있다. 국내 농촌의 피폐함뿐만 아니라 해외 동포들의 비극적인 삶에 대해 현진건은 기사를 통해 누구보다 자주 접할 수 있었기 때문이다. 이런 환경 속에서 일본의 폭력적 식민 지배가 낳은 폐단을 고발하고 식민 지배의 직접적인 피해 계층은 한국 민중이라는 사실을 집약적으로 드러내는 〈고향〉이 창작되었다.

① '그'가 고향을 둘러보러 온 것은 일제의 수탈을 피해 고향을 버렸던 사람들이 지닌 죄책감을 반영하고 있군.
② '그'가 겪은 서간도에서의 삶과 일본 탄광에서의 노동 등은 작가가 접한 해외 동포들의 비극상에 바탕을 둔 것이겠군.
③ 농민에 대한 동양 척식 주식회사와 중간 소작인의 횡포는 일본의 폭력적 식민 지배가 낳은 폐단▪을 집약적으로 보여 주는군.
④ 온갖 고난을 겪다가 고향까지 잃어버린 '그'의 모습을 통해 식민 지배의 직접적인 피해 계층이 한국 민중임을 구체적으로 보여 주고 있군.
⑤ 독자는 나이에 비해 늙어 보이는 '그'의 모습과 유랑하는 '그'의 고달픈 삶을 통해 당시 암울했던 우리 민족 전체의 삶을 짐작할 수 있겠군.

문제 속 어휘&개념

▪ 이농(離農): 농민이 농사일을 그만두고 농촌을 떠남.
  예 농촌이 피폐해지면서 이농이 늘고 있다.

▪ 폐단(弊端): 어떤 일이나 행동에서 나타나는 옳지 못한 경향이나 해로운 현상 예 이와 같은 폐단은 반드시 없애야 한다.

"구장님, 우리 장인님과 츰에 계약하기를……."
시골 동네의 우두머리   처음에
먼저 덤비는 장인님을 뒤로 떼다밀고 내가 허둥지둥 달겨들다가 가만히 생각하고,

"아니, 우리 빙장°님과 츰에……."

하고 첫 번부터 다시 말을 고쳤다. ㉠장인님은 빙장님 해야 좋아하고 밖에 나와서 장인
님 하면 괜스리 골을 낼라구 든다. 뱀두 뱀이래야 좋냐구, 창피스러우니 남 듣는 데는
제발 빙장님, 빙모님 하라구 일상 말조짐을 받아 오면서 난 그것두 자꾸 잊는다. 당장두
            장모   말조심
장인님 하다 옆에서 내 발등을 꾹 밟고 곁눈질을 흘기는 바람에야 겨우 알았지만…….

▶ 성례 문제로 구장을 찾아간 '나'와 장인

구장님도 내 이야기를 자세히 듣드니 퍽 딱한 모양이었다. 하기야 구장님뿐만
아니라 누구든지 다 그럴 게다. ㉡길게 길러 둔 새끼손톱으로 코를 후벼서 저리
탁 튀기며

"그럼 봉필 씨! 얼른 성렐 시켜 주구려, 그렇게까지 제가 하구 싶다는 걸……."

하고 내 짐작대루 말했다. 그러나 이 말에 장인님이 삿대질로 눈을 부라리고

"아, 성례구 뭐구 기집애년이 미처 자라야 할 게 아닌가?"

[A] 하니까 고만 멀쑤룩해서 입맛만 쩍쩍 다실 뿐이 아닌가…….
         머쓱해져서   ▶ '나'의 하소연과 구장의 애매한 태도
㉢"그것두 그래!"

"그래, 거진 사 년 동안에도 안 자랐다니 그 킨 은제 자라지유? 다 그만두구
사경 내슈……."
머슴이 주인에게서 한 해 동안 일한 대가로 받는 돈이나 물건
"글쎄, 이 자식아! 내가 크질 말라구 그랬니, 왜 날 보구 떼냐?"

㉣"빙모님은 참새만 한 것이 그럼 어떻게 앨 낳지유?(사실 장모님은 점순이보
다도 귓배기 하나가 적다.)"

장인님은 이 말을 듣고 껄껄 웃드니(㉤그러나 암만해두 돌 씹은 상이다.) 코를 푸
는 척하고 날 은근히 골릴랴구 팔꿈치로 옆 갈비께를 퍽 치는 것이다. 더럽다. 나두
종아리의 파리를 쫓는 척하고 허리를 굽으리며 그 궁둥이를 콱 떼밀었다. 장인님은
앞으로 우찔근하고 싸리문께로 쓰러질 듯하다 몸을 바루 고치드니 눈총을 몹시 쏘았
         갑자기 몸이 앞으로 숙여지는 모양
다. 이런 쌍년의 자식 하곤 싶으나 남의 앞이라서 참아 못하고 섰는 그 꼴이 보기에
퍽 쟁그러웠다.   ▶ 구장 앞에서 벌어진 '나'와 장인의 신경전
하는 행동이 괴상하여 얄미웠다
그러나 이 말에는 별반 신통한 귀정을 얻지 못하고 도루 논으로 돌아와서 모를 부
                        그릇되었던 일이 바른길로 돌아옴.
었다. 왜냐면, 장인님이 뭐라구 귓속말로 수군수군하고 간 뒤다. 구장님이 날 위해서
조용히 데리고 아래와 같이 일러 주었기 때문이다.(뭉태의 말은 구장님이 장인님에게
땅 두 마지기 얻어 부치니까 그래 꾀였다구지만, 난 그렇게 생각 않는다.)

"자네 말두 하기야 옳지. 암, 나이 찼으니까 아들이 급하다는 게 잘못된 말은 아니
야. 허지만, 농사가 한창 바쁠 때 일을 안 한다든가 집으로 달아난다든가 하면 손
해죄루 그것두 징역을 가거든!(여기에 그만 정신이 번쩍 났다.)"

▶ 장인의 사주를 받고 '나'를 달래는 구장
•빙장: 다른 사람의 장인을 이르는 말. 여기서는 자기의 장인을 이름.

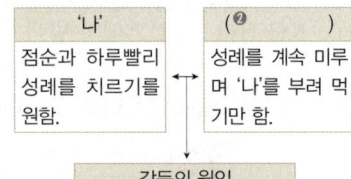

만점 노트

김유정, 〈봄·봄〉
• 갈래 단편 소설, 순수 소설, 농촌 소설
• 시점 1인칭 주인공 시점
• 배경 시간 – 1930년대 봄
       공간 – 강원도 산골의 어느 마을
• 주제 어수룩한 데릴사위와 교활한 장인
  간의 성례를 둘러싼 해학적 갈등
• 특징
 ① 사건의 시간과 서술 순서가 뒤바뀐
   (❶   ) 구성을 보임.
 ② 토속어, 비속어 등을 사용하여 향토
   적인 느낌과 현장감을 줌.
 ③ 상황을 과장되게 설정하여 웃음을
   유발함.
 ④ 일반적인 소설 구성과 달리 결말을
   절정 속에 삽입함.

> 일등급 정리 <
1. 인물의 성격 및 인물 간의 관계

장인	교활함, 자신의 속셈을 채우기 위해 '나'를 이용함.
	착취 ↓↑ 불만
'나'	소극적, 순박하고 어수룩함, 점순과의 성례를 바람.
	충동질 ↑↓ 순응
점순	적극적, '나'와의 성례를 바람.

2. 갈등의 원인

'나'	(❷)
점순과 하루빨리 성례를 치르기를 원함.	성례를 계속 미루며 '나'를 부려 먹기만 함.

갈등의 원인
표면적: 점순의 키
이면적: 장인의 욕심

3. 제목 '봄·봄'의 의미
 ① 작품의 계절적 배경
 ② 봄이 만물이 소생하는 계절이라는 점
   을 고려할 때 → 남녀 사이에서 솟아
   오르는 사랑의 감정을 의미
 ③ 해마다 다시 찾아오는 계절의 순환을
   고려할 때 → 또다시 봄이 와도 '나'의
   처지가 변하지 않고 (❸   )이
   반복될 것임을 의미

01

| 서술상의 특징 파악 |

이 글에 대한 설명으로 적절하지 않은 것은?

① 결혼 문제를 둘러싼 인물 간의 갈등이 드러난다.
② 사투리와 비속어를 사용하여 생생한 느낌을 준다.
③ 어수룩한 서술자를 내세워 독자의 웃음을 유발한다.
④ 1인칭 주인공 시점으로 주동 인물의 내면이 제시된다.
⑤ 동시에 진행되는 사건을 병렬■하여 입체적으로 구성한다.

02

| 구절의 의미 파악 |

㉠~㉤에 대한 설명으로 적절하지 않은 것은?

① ㉠: 남의 시선을 중시하는 장인의 성격을 알 수 있다.
② ㉡: 구장의 행동을 희화화■하여 해학성을 드러내고 있다.
③ ㉢: 갈등을 중재하려는 구장의 태도를 엿볼 수 있다.
④ ㉣: 장모의 키를 예로 들어 반박하는 '나'의 발언이다.
⑤ ㉤: 못마땅해하는 장인의 심리를 표정으로 나타내고 있다.

03 [학력평가] [기출]

| 외적 준거에 따른 감상 |

〈보기〉를 바탕으로 이 글을 감상한 내용으로 적절하지 않은 것은?

> ─────── 보기 ───────
>
>   해학적 상황이 발생할 때, 독자는 우월한 정보 능력 때문에 해학적 상황을 바르게 판단할 수 있다. 반면, 정보 결핍 상태에 있는 인물은 해학적 상황을 알아채지 못하고 그 상황을 사실로 받아들이게 된다. 해학적 상황에 빠진 인물이 해학적 상황을 불러일으킨 오해와 음모를 인식할 때까지 해학적 상황은 지속된다.

① 장인과 구장은 '나'를 해학적 상황에 빠뜨리는 공모자로군.
② '구장'이 '나'를 편들어 이야기를 한다고 '나'는 오해하고 있군.
③ '뭉태'는 우월한 정보를 가진 독자와 같은 처지에 있는 것이로군.
④ '나'는 음모의 진실을 알게 됨으로써 해학적 상황에서 벗어나는군.
⑤ '나'는 자신이 처한 해학적 상황을 알지 못하고 사실로 인식하고 있군.

04

| 인물의 말하기 방식 이해 |

이 글에 나타난 장인의 말하기 방식으로 가장 적절한 것은?

① 상대방의 인정에 호소하며 말하고 있다.
② 상대방 주장의 허점을 날카롭게 지적하고 있다.
③ 다양한 근거를 내세워 주장을 뒷받침하고 있다.
④ 양쪽의 의견을 절충하여 대안을 제시하고 있다.
⑤ 상식에 어긋나는 말로 억지 주장을 늘어놓고 있다.

05 [학력평가] [기출]

| 장면의 이해와 적용 |

[A]를 재판 장면으로 바꾸어 보았다. 적절하지 않은 것은?

> ─────── 보기 ───────
>
> • 재판관: 구장
> • 원고: 나
> • 피고: 봉필(장인)
>
> 재판관: 원고의 주장을 듣고 보니 일리가 있군요. 피고는 계약대로 이행하시는 것이 어떨는지요. ········· ⓐ
> 피고: 무슨 말씀이십니까? 점순이는 아직 혼인할 만큼 성숙하지 않았습니다. 재판관님, 벼도 익어야 베는 법인데 결혼을 강제로 시킬 수는 없는 일 아닙니까? 사고라도 나면 재판관님이 책임지실 겁니까? ········· ⓑ
> 재판관: 끄응……. 하긴 혼인을 하려면 더 크긴 커야겠네요.
> 원고: 무슨 말씀이십니까? 4년 동안이나 자라지 않다니요? 이건 계약 이행을 회피하려는 핑계입니다. ·········· ⓒ
> 피고: 그렇지 않습니다. 저는 언제라도 조건만 된다면 계약을 이행할 준비가 되어 있습니다. ·········· ⓓ
> 원고: 말도 안 됩니다. 키를 가지고 끌어온 지 4년입니다. 혼인 안 해도 좋으니 지금 당장 4년 동안의 임금을 지급하십시오.
> 피고: 아참, 그까짓 돈이 문젭니까? 원고도 키라는 게 내 맘대로 되지 않는다는 것쯤은 잘 알지 않습니까? 키만 큰다면 언제든지 혼사를 치르겠습니다. 하지만 원고가 정 그렇게 원한다면 계약은 없었던 일로 합시다. ········· ⓔ
> 원고: 꼭 그렇게 하자는 건 아닙니다. 피고도 피고의 부인을 보면, 키가 혼인과 아무 관계도 없다는 걸 잘 아시잖습니까?

① ⓐ   ② ⓑ   ③ ⓒ   ④ ⓓ   ⑤ ⓔ

문제 속 어휘&개념

■ **병렬(竝列)**: 나란히 늘어놓음.
  🔵 이 글은 다양한 이론을 병렬식으로 나열하고 있다.

■ **희화화(戲畫化)**: 대상을 익살맞고 우스꽝스럽게 그리는 방법. 이를 통해 해학과 풍자의 효과를 얻을 수 있다.

한번은 장인님이 헐떡헐떡 기어서 올라오드니 내 바지가랭이를 요렇게 노리고서 담박 웅켜잡고 매달렸다. 악, 소리를 치고 나는 그만 세상이 다 팽그르 도는 것이

"ⓐ빙장님! 빙장님! 빙장님!"

"이 자식! 잡아먹어라, 잡아먹어!"

"아! 아! 할아버지! 살려 줍쇼, 할아버지!"

하고 두 팔을 허둥지둥 내절 적에는 이마에 진땀이 쭉 내솟고 인젠 참으로 죽나 보다 했다. 그래두 장인님은 놓질 않드니 내가 기어이 땅바닥에 쓰러져서 거진 까무러치게 되니까 놓는다. 더럽다, 더럽다. 이게 장인님인가? 나는 한참을 못 일어나고 쩔쩔맸다. 그러다 얼굴을 드니(눈에 참 아무것도 보이지 않았다.) 사지가 부르르 떨리면서 나도 엉금엉금 기어가 장인님의 바지가랭이를 꽉 웅키고 잡아나꿨다.

내가 머리가 터지도록 매를 얻어맞은 것이 이 때문이다. 그러나 여기가 또한 우리 장인님이 유달리 착한 곳이다. 여느 사람이면 사경을 주어서라도 당장 내쫓았지, 터진 머리를 불솜으로 손수 지져 주고, 호주머니에 희연 한 봉을 넣어 주고, 그리고
<small>상처를 소독하기 위하여 불에 그슬린 솜방망이</small>　<small>일제 강점기 때의 담배 이름</small>

ⓘ"올 갈엔 꼭 성례를 시켜 주마. 암말 말구 가서 뒷골의 콩밭이나 얼른 갈아라."

하고 등을 뚜덕여 줄 사람이 누구냐.
<small>두드려</small>

나는 장인님이 너무나 고마워서 어느덧 눈물까지 났다. 점순이를 남기고 이젠 내쫓기려니 하다 뜻밖의 말을 듣고,

"ⓑ빙장님! 인제 다시는 안 그러겠어유."

이렇게 맹서를 하며 불랴살야* 지게를 지고 일터로 갔다. 그러나 이때는 그걸 모르고 장인님을 원수로만 여겨서 잔뜩 잡아다렸다.

▶ 장인의 회유에 다시 일하러 가는 '나'

　"아! 아! 이놈아! 놔라, 놔……."

　　장인님은 헷손질을 하며 솔개미에 챈 닭의 소리를 연해 질렀다. 놓긴 왜, 이왕이면 호되게 혼을 내주리라 생각하고 짓궂이 더 댕겼다마는, 장인님이 땅에 쓰러져서 눈에 눈물이 피잉 도는 것을 알고 좀 겁도 났다.

　　"할아버지! 놔라, 놔, 놔, 놔놔."

　　그래도 안 되니까,

[A]　"애, 점순아! 점순아!"

　　이 악장에 안에 있었든 장모님과 점순이가 헐레벌떡하고 단숨에 뛰어나왔다.
<small>약을 쓰는 것</small>

　　나의 생각에 장모님은 제 남편이니까 역성*을 할는지도 모른다. 그러나 점순이는 내 편을 들어서 속으로 고수해서 하겠지……. 대체 이게 웬 속인지(지금까지도 난 영문을 모른다.) 아버질 혼내 주기는 제가 내래 놓고 이제 와서는 달겨들며
<small>혼내라고 해 놓고</small>

　　"에그머니! 이 망할 게 아버지 죽이네!"

하고 내 귀를 뒤로 잡어댕기며 마냥 우는 것이 아니냐.

▶ 장인 편을 드는 점순의 태도에 당황한 '나'

－ 김유정, 〈봄·봄〉

• **불랴살야**: 부랴부랴. 매우 부산하고 급하게 서두르는 모양
• **역성**: 옳고 그름에는 관계없이 무조건 한쪽 편을 들어 주는 일

만점 노트

▶ 전체 줄거리 ◀

스물 여섯의 '나'는 점순이네 집에 데릴사위로 와서 삼 년 하고 꼬박 일곱 달을 일을 해 주었으나 장인어른은 점순이의 키가 미처 자라지 않았다는 핑계로 혼인을 미루기만 한다. '나'는 혼인을 시켜 달라고 떼를 써 보기도 하고, 구장님께 찾아가 탄원도 해 보지만 시원한 결정은 내려지지 않는다. '나'를 보고 바보 같다고 하는 점순이의 말에 '나'는 다시 장인어른에게 떼를 쓰게 되고, 장인과 서로 사타구니를 잡아당기며 한바탕 활극을 벌인다. 그러나 점순이는 장인의 편을 들고, 힘이 빠진 '나'는 장인어른에게 맞아 머리가 터진다. 장인어른은 '나'의 터진 머리에 약을 발라 주며 올 가을에는 꼭 혼인을 시켜 줄테니 열심히 일을 하라고 한다. 그 말에 '나'는 다시 일터로 간다.

▶ 일등급 정리 ◀

1. 1인칭 주인공 시점의 효과

'나'	
작품의 주인공이자 이야기를 전달하는 서술자	→ 독자들이 서술자의 심리를 생생하게 느낄 수 있음.

→ 무지하고 순박한 머슴인 '나'를 서술자로 내세워 독자로 하여금 '나'의 시선으로 사건을 보고 듣게 함으로써 '나'의 어수룩함을 (❶　　　　)하게 느낄 수 있게 함.

2. 작품의 역순행적 구조

'나'가 성례 문제로 장인과 실랑이를 함.	어제
점순이 '나'에게 와서 성례를 부추김.	그저께
'나'가 장인과 함께 구장을 찾아가 판단을 맡김.	어제
'나'가 뭉태네 집에서 뭉태의 충동질을 들음.	어젯밤
아침상을 가져온 점순이 다시 '나'를 부추김.	오늘 아침
'나'가 꾀병을 부리다가 장인과 다툼.	오늘
장인의 회유에 의해 '나'가 다시 일터로 나감.	오늘
(❷　　　　)이 태도를 바꾸어 장인의 편을 듦.	오늘

3. 결말을 절정 사이에 삽입한 효과
① 작품의 (❸　　　　)을 강조함.
② 갈등의 근본 원인이 해결되지 않아 갈등이 반복될 것임을 암시함.

01

| 서술상의 특징 파악 |

이 글에 대한 설명으로 적절하지 않은 것은?

① 사건이 역순행적으로 구성되어 있다.

② 인물의 외양 묘사를 통해 성격을 드러내고 있다.

③ 상황을 과장되게 설정하여 웃음을 유발하고 있다.

④ 1인칭 서술자를 통해 해학적 분위기를 이끌어 내고 있다.

⑤ 결말의 순서를 바꾸어서 갈등이 지속될 것임을 암시하고 있다.

02

| 인물의 심리 파악 |

ⓐ와 ⓑ에서 알 수 있는 '나'의 심리를 바르게 정리한 것은?

	ⓐ	ⓑ
①	비애	좌절감
②	절박함	불만
③	애원	고마움
④	처량함	기쁨
⑤	원망	노여움

03 학력평가 기출

| 발화 의도의 이해 |

㉠의 발화 의도에 대한 설명으로 가장 가까운 것은?

① 현실의 문제가 중요함을 일깨우고 있다.

② 위기 상황을 정면으로 극복하려 하고 있다.

③ 상대방의 심성을 이용하려는 의도를 보여 준다.

④ 상대방의 관심을 다른 방향으로 돌리려 하고 있다.

⑤ 갈등 상황을 유발하여 자신의 목적을 이루려 하고 있다.

04

| 제목의 의미 이해 |

〈보기〉를 참고하여 이 글을 감상한 내용으로 가장 적절한 것은?

> ──── 보기 ────
>
> 이 작품의 제목인 〈봄·봄〉은 사건이 전개되는 계절적 배경이면서 남녀 사이에 솟아오르는 사랑의 감정을 의미한다. 하지만 작품의 전체 내용과 연결시켜 보았을 때, 이는 매년 봄마다 반복되는 '나'와 장인의 갈등과 화해라는 구조의 순환을 상징하기도 한다.

① '나'가 원하는 성례가 드디어 이루어지겠어.

② '점순'의 키가 크면 '나'에게도 진짜 봄이 올 거야.

③ 갈등의 원인이 해결되지 않아서 '나'와 장인의 갈등은 반복되겠지.

④ '나'가 '점순'을 이성으로 느끼게 되었으니 곧 '점순'의 마음도 열리겠지.

⑤ 계속 같은 상황이 반복되면 '나'는 다른 방식으로 이 상황을 해결하려고 할 거야.

05 학력평가 기출

| 다른 갈래로의 변용 |

[A]를 시나리오로 바꾸었을 경우에 첨가된 내용은?

> ──── 보기 ────
>
> S# 35. 점순네 집 울타리 밖
>
> 장인: ㉮(헛손질을 하며 아주 급박하게 소리를 지른다.) 아! 아! 이놈아! 놔라, 놔.
> 나 : ㉯(장인님이 쓰러지자 겁이 나 움찔한다.)
> 장인: ㉰할아버지! 놔라, 놔, 놔, 놔놔.(몹시 괴로운 표정을 지으며 소리를 지른다) 얘, 점순아! 점순아!
>
> 비명 소리를 듣고 장모님과 점순이가 단숨에 뛰어나온다. 장모가 장인이 위급함을 보고 나에게 역성을 낸다.
>
> 나 : ㉱(나를 때리려는 장모님을 피하여 점순이에게 도움을 청하며 뛰어간다.) 점순아!
> 점순: ㉲(달겨들며) 에그머니! 이 망할 게 아버지 죽이네!

① ㉮　　② ㉯　　③ ㉰　　④ ㉱　　⑤ ㉲

문제 속 어휘&개념

▪ 역순행적 구성: 시간의 순서에 따르지 않고 시간의 순서가 뒤바뀌어 사건이 전개되는 구성 例 역순행적 구성을 통해 결말에 대한 독자의 흥미를 불러일으키고 있다.

▪ 순환(巡還): 주기적으로 자꾸 되풀이하여 돎. 또는 그런 과정 例 계절의 순환

윤 두꺼비가 이윽고 세상이 평안한 뒤엔, 집안의 문벌 없음을 섭섭히 여겨 가문을 빛나게 할 필생의 사업으로 네 가지 방책을 추렸습니다.

맨 처음은 족보에다가 도금(鍍金)을 했습니다. 그럼직한 일가들을 추려 가지고 보소(譜所)를 내놓고는, 윤두섭의 제 몇 대 윤 아무개는 무슨 정승이요, 제 몇 대 윤 아무개는 무슨 판서요, 제 몇 대 아무는 효자요, 제 몇 대 아무 부인은 열녀요, 이렇게 그럴싸하니 족보를 새로 꾸몄습니다. ㉠땅 짚고 헤엄치기지요.
> 족보를 만들기 위해 임시로 설치한 사무실
> 절개가 굳은 여자

그러노라고 한 이천 원 돈이 들었습니다. 그렇지만 일이 수나로운 만큼, 그러한 족보 도금이야 조상치레나 되었지, 그리 신통할 건 없었습니다.
> 무엇을 하는 데 어려움이 없이 순조로운

아무 데 내놓아도 말대가리 윤용규 자식 윤 두꺼비요, 노름꾼 윤용규의 자식 윤두섭인걸요. 자연, ㉡허천 들린 뱃속처럼 항상 뒤가 헛헛하던 것입니다.

신씨(申氏) 성 가진 친구를 잔나비라고 육장 놀려 주면, 그래 그러던 끝에 그 신씨가 동물원엘 가서 잔나비를 보면 어찌 생각이 이상하고, 내가 정말 잔나비거니 여겨지는 수가 있답니다.
> 원숭이 늘, 항상

그 푼수로, 누구 사음이나 한 자리 얻어 할 양으로 보비위나 해 주려는 사람이, 윤 두꺼비네의 그 신편(新編) 족보를 외워 가지고 다니면서, 매일 몇 번씩 윤 정승 아무개 씨의 제 몇 대손 윤두섭 씨, 윤 판서 아무개 씨의 제 몇 대손 윤두섭 씨, 이렇게 대고 불러 주었으면, 가족보(假族譜)나마 적이 실감이 나서 듣는 당자도 좋아하고 하겠지만, ㉢어디 그런 영리하고도 실없는 사람이야 있나요. 혹은 작곡(作曲)을 해가지고 그것을 시체 유행가수를 시켜 소리판에다가 넣어서 육장 틀어놓고 듣는다면 모르지요마는.
> 마름
> 남의 비위를 잘 맞추어 줌
> 거짓 족보

▶ 집안을 빛내기 위한 윤 직원의 방책 ① – 거짓 족보 만들기

족보는 아무튼 그래서 득실이 상반이었고, 그다음은 윤 두꺼비 자신이 처억 벼슬을 한자리 했습니다.

시골은 향교(鄕校)라는 게 있어서, 공자님 맹자님을 비롯하여 옛날 여러 성현을 모시는 공청이 있습니다. 춘추로 소를 잡고 돼지를 잡고 해서 제사를 지내고 하지요. 돌이켜서는 그게 바로 학교더랍니다. 이 향교의 맨 우두머리 가는 어른을 직원(直員)이라고 합니다.
> 봄과 가을

직원을, 옛날에는 그 골에서 학문과 덕망이 높은 선비가 여러 사람의 촉망으로 뽑혀서 지내곤 했는데, 근년 향교의 재정이며 모든 범백을 군청에서 맡아보게 된 뒤로부터는 전과는 기맥이 좀 달라졌는지, 장의(掌議)라고 바로 직원의 아랫길 가는 역원들이 있는데, 그 사람들한테 사음이며 농토 같은 것을 줄 수 있는 ㉣다액납세자(多額納稅者)라면 직원 하나쯤 수월한 모양입니다.
> 갖가지의 모든 것
> 서로 통할 수 있는 낌새나 분위기

윤 두꺼비로서야 과거를 보아 벼슬을 해서 양반이 되겠습니까, 능참봉을 하겠습니까. 아쉬운 대로 향교의 직원이 만만했겠지요.
> 능을 관리하는 일을 맡아보던 벼슬

그래 그는 직원이 되었습니다. 그래서 윤두섭이란 석 자 위에 무어나 직함이 붙기를 자타가 갈망하던 끝이라 ㉤윤 두꺼비는 넙죽 뛰어 윤 직원 영감이 되었던 것입니다.

▶ 집안을 빛내기 위한 윤 직원의 방책 ② – 직원 벼슬 사기

만점 노트

채만식, 〈태평천하〉
- **갈래** 중편 소설, 풍자 소설, 가족사 소설
- **시점** 전지적 작가 시점
- **배경** 시간 – 1930년대
  공간 – 서울의 지주 집안
- **주제** 윤 직원 일가의 몰락 과정을 통한 식민지 시대의 타락상 비판
- **특징**
  ① 15개의 장으로 구성되어 있으며, 각 장마다 내용을 비유하는 소제목이 있음.
  ② 반어적 희화화를 통해 부정적 인물을 풍자함.
  ③ 서술자가 판소리의 창자(唱者)와 같은 역할을 함.

›일등급 정리‹

1. 등장인물의 성격

윤 직원	식민 사회를 '태평천하'로 바라보는 왜곡된 가치관을 가진 작품의 중심인물
윤창식	윤 직원의 아들. 사회에 적응하지 못하고 향락에 빠진 무능한 인물
윤종수	윤 직원의 큰손자. 부친 윤창식과 다름없는 인물
윤종학	윤 직원의 둘째 손자. 윤 직원이 가장 믿는 인물이지만 그의 기대와 달리 사회주의 운동을 하다 체포됨. 작품에 직접 등장하지는 않음.

2. 표현상의 특징
① 경어체의 사용 : 서술자가 판소리의 (❶   )처럼 경어체를 사용하여 독자와 가까운 위치에서 등장인물을 조롱함.
② 서술자의 개입 : 서술자가 사건 전개 과정에 적극적으로 개입하여 인물에 대해 평가함.
③ 반어와 희화화를 통한 풍자 : 겉으로는 추켜올리면서 실제로는 격하하는 (❷   ) 표현으로 부정적 인물을 희화화하고 그 추악함을 폭로함.

3. 집안을 빛내기 위한 윤 직원의 방책
① 거짓 (❸   ) 만들기
② 직원 벼슬 사기
③ 양반 혼인하기
④ 손자들을 군수와 경찰서장으로 만들기

01
| 소재의 의미 파악 |

윤 직원에게 족보가 갖는 의미로 가장 적절한 것은?

① 욕망을 충족시키기 위한 수단이다.
② 잘못된 과거를 바로잡기 위한 도구이다.
③ 자신의 뿌리를 찾으려는 노력의 산물▪이다.
④ 외부와의 대립을 본격화하는 계기가 되는 소재이다.
⑤ 현재 상황에서 벗어날 수 없는 비극적 운명의 상징이다.

03
| 인물의 태도 평가 |

이 글에 나타난 윤 직원의 행동에 대한 평가로 가장 적절한 것은?

① 지나치게 욕심을 부리더니 톡톡히 망신을 당하는군.
② 일제 강점기가 살기 편하다고 여기더니 결국 배신을 당하는군.
③ 집안의 문벌 없음을 섭섭히 여기더니 실속 없는 방책만 내놓는군.
④ 우연히 생긴 돈으로 착실한 살림꾼이 된 후에는 모범적으로 사는군.
⑤ 고난을 겪고 난 후에야 진실되게 세상을 살아야 한다는 사실을 깨닫는군.

02
| 서술상의 특징 파악 |

〈보기〉의 빈칸에 들어갈 내용으로 가장 적절한 것은?

> 보기
>
> 〈태평천하〉는 전통적인 판소리나 탈춤의 해학적 요소와 비판 정신을 현대적으로 계승한 작품이라는 평가를 받고 있다. 왜냐하면 _____

① 문장에 익살스럽고 노골적▪인 욕설과 비속어가 들어 있기 때문이다.
② 표면적으로 드러나는 주제와는 다른 이면적 주제를 가지고 있기 때문이다.
③ 사건 전개에 있어 우연적이고 비현실적인 요소가 개입되어 있기 때문이다.
④ 장면의 극대화▪를 통해 서술자가 말하고자 하는 바를 강조하고 있기 때문이다.
⑤ 서술자가 경어체를 사용하여 독자와 가까운 위치에서 부정적 인물을 조롱하고 있기 때문이다.

04
| 구절의 의미 파악 |

㉠~㉤에 대한 설명으로 적절하지 않은 것은?

① ㉠: 속담을 인용하여 족보를 만드는 일이 쉽게 이루어졌음을 드러낸다.
② ㉡: 비유적인 표현으로 윤 직원이 느끼는 허전한 심리를 표현한다.
③ ㉢: 윤 직원의 족보를 외우면서 환심을 사려는 사람이 있었음을 나타낸다.
④ ㉣: 돈이 있으면 직함도 살 수 있었던 시대 상황을 보여 준다.
⑤ ㉤: 호칭의 변화로 인물의 지위가 달라졌음을 나타낸다.

문제 속 어휘&개념

▪ **산물(産物):** 어떤 것에 의하여 생겨나는 사물이나 현상을 비유적으로 이르는 말 예 언어는 민족의 정신적 산물이다.

▪ **노골적(露骨的):** 숨김없이 모두를 있는 그대로 드러내는 것 예 그는 회사에 대한 불만을 노골적으로 드러냈다.

▪ **장면의 극대화:** 흥미와 감동을 위해 관객이 관심을 보이는 대목을 집중적으로 확장하여 보여 주는 방법 예 "그렇지. 볼기 구실 들어 보소. 이내 몸이 정승 되어 평교자에 앉아 볼까, 육판서 하였으면 초헌 위에 앉아 볼까, ~ 서울 이름난 기생 되어 가마 안에 앉아 볼까, 많은 돈 벌어 부담마에 앉아 볼까." – 〈흥보전〉

마침 이때, 마당에서 밭은기침* 소리가 납니다. 창식이 윤 주사가 조금 아까야 일어나서, 간밤에 동경서 온 전보 때문에 억지로 큰댁 행보를 하던 것입니다.

㉠ "해가 서쪽으로 뜨것구나?"

윤 직원 영감은 아들의 이렇듯 부르지도 않은 걸음을, 더욱이나 안방에까지 들어온 것을 이상타고 꼬집는 소립니다.

㉡ "……멋하러 오냐? 돈 달라러 오지?" / "동경서 전보가 왔는데요……"

지체를 바꾸어 윤 주사를 점잖고 너그러운 아버지로, 윤 직원 영감을 속 사납고 경망스런 어린 아들로 둘러놓았으면 꼬옥 맞겠습니다.

"동경서? 전보?" / "종학이 놈이 경시청에 붙잽혔다구요!"

㉢ "으엉?"

외치는 소리도 컸거니와 ⓐ엉덩이를 꿍 찧는 바람에, 하마 방구들이 내려앉을 뻔했습니다. 모여 선 온 식구가 제가끔 정도에 따라 제각기 놀란 것은 물론이구요.
<small>온돌</small>

윤 직원 영감은 마치 묵직한 몽치로 뒤통수를 얻어맞은 양, 정신이 멍해서 입을 벌리고 눈만 휘둥그랬지, 한동안 말을 못 하고 꼼짝도 않습니다. 〈중략〉
<small>짤막하고 단단한 몽둥이</small>

▶ 동경에서 온 전보 소식에 충격을 받은 윤 직원

"……그런 쳐 죽일 놈이, 깎어 죽여두 아깝잖을 놈이! 그놈이 경찰서장 허라닝개루, 생판 사회주의 허다가 뎁다 경찰서에 잽혀? 으응? …… 오사육시*를 헐 놈이,

㉣ 그놈이 그게 어디 당헌 것이라구 지가 사회주의를 히여? 부자 놈의 자식이 무엇이 대껴서 부랑당 패에 들어?……"
<small>어떤 일에 많이 시달려서</small>

아무도 숨도 크게 쉬지 못하고, 고개를 떨어뜨리고 섰기 아니면 앉았을 뿐, 윤 직원 영감이 잠깐 말을 그치자 방 안은 물을 친 듯이 조용합니다.

"……오죽이나 좋은 세상이여? 오죽이나……"

윤 직원 영감은 팔을 부르걷은 주먹으로 방바닥을 땅 치면서 성난 황소가 영각을 하듯 고함을 지릅니다.
<small>소가 길게 우는 소리</small>

"화적패가 있너냐아? 부랑당 같은 수령(守令)들이 있더냐?…… 재산이 있대야 도적놈의 것이요, 목숨은 파리 목숨 같던 말세넌 다 지내가고오…… 자 부아라, 거리거리 순사요, 골골마다 공명헌 정사(政事), 오죽이나 좋은 세상이여…… 남은 수십만 명 동병(動兵)을 히여서, 우리 조선 놈 보호히여 주니, 오죽이나 고마운 세상이여? 으응?…… ㉤제 것 지니고 앉어서 편안허게 살 태평 세상, 이걸 태평천하라구 허는 것이여, 태평천하!…… 그런디 이런 태평천하에 태어난 부자 놈의 자식이, 더군다나 왜 지가 떵떵거리구 편안허게 살 것이지 어찌서 지가 세상 망쳐 놀 부랑당 패에 참섭(參涉)을 헌담 말이여, 으응?"
<small>보아라</small>
<small>군사를 일으킴.</small>
<small>어떤 일에 끼어들어 간섭함.</small>

ⓑ땅— 방바닥을 치면서 벌떡 일어섭니다. 그 몸짓이 어떻게도 요란스럽고 괄괄한지, 방금 발광이 되는가 싶습니다.

▶ 종학을 저주하며 크게 분노하는 윤 직원

— 채만식, 〈태평천하〉

• 밭은기침: 병이나 버릇으로 소리도 크지 아니하고 힘도 그다지 들이지 않으며 자주 하는 기침
• 오사육시(誤死戮屍): 형벌이나 재앙으로 죽은 사람의 목을 다시 벤다는 의미로, 몹시 저주할 때 쓰는 말

만점 노트

〉전체 줄거리 〈

고리대금업자 윤 직원은 1년에 십 수만 원을 벌어들이는 거부이면서도 인력거삯 몇 십 전과 전차비도 아까워하는 수전노이다. 과거 노름꾼이던 그의 아버지는 어찌해서 한 밑천을 잡은 뒤 악덕 지주가 되어 재산을 불려 나가던 중, 화적패(동학 의병)에게 죽임을 당한다. 이후 일제 강점기가 되자 윤 직원은 일본이 군사를 거느리고 와서 조선을 보호해 주기 때문에 도적(화적패)이나 불한당 같은 패거리가 없는 태평천하가 되었다며 흡족해한다. 그리고 손자인 종수와 종학을 각각 군수와 경찰서장으로 만들려고 애쓴다. 하지만 아들 창식은 향락과 노름에 빠져 있으며, 손자 종수 역시 아버지의 재산만 노리고, 증손자 경손도 윤 직원이 아끼는 기생과 연애를 하는 등 타락한 생활을 한다. 게다가 윤 직원이 기대하던 손자 종학마저 동경 유학 도중 사회주의 운동에 연루되어 체포되었다는 전보가 오고, 윤 직원은 이에 분노하며 절규한다.

〉일등급 정리 〈

1. 제목의 반어적 의미

일제 강점기	=	'태평천하'

→ 윤 직원은 자신이 살고 있는 현실 상황을 '태평천하'라고 여긴다. 참으로 살기 좋은 세상이라는 뜻이다. 그러나 이는 민족의 암흑기인 일제 강점기의 현실과는 어울리지 않는 말로, 윤 직원의 왜곡된 역사관을 (❶　　　)으로 표현하고 있는 것이다.

2. '전보'의 기능

① 사실의 전달: 윤종학의 검거 사실을 알림.
② 서사의 전개: 사건의 전개에 극적인 (❷　　　)을 유도
③ 인물의 제시: 작품에 직접 등장하지 않는 종학을 간접적으로 제시
④ (❸　　　)의 암시: 윤 직원과 그의 집안의 몰락을 예고

3. 가족사 소설로서의 특징

이 작품은 한 가족의 흥망성쇠의 내력을 다루었다는 점에서 가족사 소설이라 할 수 있다. 윤 직원을 중심으로 그의 아버지였던 윤용규의 삶의 모습부터 윤 직원의 아들 및 손자의 삶의 모습까지 여러 세대에 걸친 가족의 이야기를 그리고 있다. 가족의 여러 구성원들이 당대 사회에 어떻게 대응해 나갔는가를 형상화함으로써 당대의 역사적·사회적 단면들을 보여 주고 있다.

01 수능 기출

| 서술상의 특징 파악 |

'윤 직원'에 대한 서술자의 태도를 바르게 지적한 것은?

① 적대감을 강하게 드러내고 있다.

② 사건의 전개에 따라 태도가 변하고 있다.

③ 일관되게 우호적￭인 태도를 유지하고 있다.

④ 중립적인 것처럼 보이지만 사실은 비판적이다.

⑤ 대체로 냉정한 편이지만 때로는 동정하기도 한다.

02

| 소재의 기능 파악 |

전보의 기능에 대한 설명으로 적절하지 않은 것은?

① 작품의 주제를 암시한다.

② 작품의 분위기를 전환시킨다.

③ 주인공의 운명을 예고해 준다.

④ 서술 시점이 바뀌는 장치로 작용한다.

⑤ 갈등 구조가 급전(急傳)하는 계기가 된다.

03

| 말하기 방식의 이해 |

㉠～㉢에 대한 이해로 적절하지 않은 것은?

① ㉠: 평소와는 다른 아들의 행동을 조롱하는 말이다.

② ㉡: 그동안 찾아와 돈을 가져갔던 아들에 대한 못마땅함이 나타난 말이다.

③ ㉢: 앞의 발화에 언급된 인물과 사건에 대한 놀라움을 드러낸 말이다.

④ ㉣: 사회주의에 당한 사람이 왜 사회주의를 하느냐는 책망￭이 담겨 있는 말이다.

⑤ ㉤: 일제에 순응하여 안락한 삶을 살아가는 친일 지주 계층의 현실 인식이 드러난 말이다.

04

| 인물의 심리 파악 |

ⓐ와 ⓑ에 담긴 윤 직원의 심리로 적절한 것은?

① ⓐ는 놀람을, ⓑ는 분노를 드러낸다.

② ⓐ는 불만을, ⓑ는 단호한 결단을 나타낸다.

③ ⓐ는 부끄러움을, ⓑ는 초조함을 보여 준다.

④ ⓐ와 ⓑ는 모두 위기를 극복하려는 의지의 표현이다.

⑤ ⓐ에 나타난 상대에 대한 괘씸함이, ⓑ에서 완화되는 모습을 보인다.

05 수능 기출

| 인물의 태도 비판 |

〈보기〉와 같은 노래의 시적 화자는 '윤 직원'의 어떤 점을 비판하겠는가?

> 보기
>
> 무산자 누구냐 탄식마라.
> 부귀와 빈천은 돌고 돈다.
> 감발을 하고서 주먹을 쥐고
> 용감하게도 넘어간다.
> 밭 잃고 집 잃은 동무들아
> 어데로 가야만 좋을까 보냐.
> 괴나리 봇짐을 짊어지고
> 아리랑 고개로 넘어간다.
>
> ─ 일제 강점기의 민요 〈신아리랑〉에서

① 왜곡￭된 현실관

② 비타협적인 태도

③ 소극적인 인생관

④ 빗나간 자식 사랑

⑤ 채신머리￭ 없는 행동

문제 속 어휘&개념

■ 우호적(友好的): 개인끼리나 나라끼리 서로 사이가 좋은 것
  예 그는 전보다 우호적으로 변했다.

■ 책망(責望): 잘못을 꾸짖거나 나무라며 못마땅하게 여김.
  예 나는 선생님의 책망이 떨어지지 않을까 불안하였다.

■ 왜곡(歪曲): 사실과 다르게 해석하거나 그릇되게 함.
  예 일본의 역사 왜곡에 맞서야 합니다.

■ 채신머리: '처신'을 속되게 이르는 말. 세상을 살아가는 데 가져야 할 몸가짐이나 행동

[앞부분의 줄거리] 봉평 장에서 충줏집을 희롱하는 동이를 혼낸 왼손잡이이자 장돌뱅이인 허 생원은 조 선달, 동이와 함께 메밀꽃 핀 산길을 걸으며 대화 장으로 향한다. 길을 걸으며 허 생원은 이십 년 전 봉평에서 성 서방네 처녀와 인연을 맺은 이야기를 한다.

[A]
　　이지러는 졌으나 보름을 가제 지난 달은 부드러운 빛을 흐붓이 흘리고 있다. 대
(달 따위가) 한쪽이 차지 않았으나　이제 막　　　　　　　푸근하게, 흠뻑
화까지는 칠십 리의 밤길, 고개를 둘이나 넘고 개울을 하나 건너고 벌판과 산길
을 걸어야 된다. 길은 지금 긴 산허리에 걸려 있다. 밤중을 지난 무렵인지 죽은
듯이 고요한 속에서 짐승 같은 달의 숨소리가 손에 잡힐 듯이 들리며, 콩 포기와
옥수수 잎새가 한층 달에 푸르게 젖었다. 산허리는 온통 메밀밭이어서 피기 시
작한 꽃이 소금을 뿌린 듯이 흐붓한 달빛에 숨이 막힐 지경이다. 붉은 대궁이 향
'대'의 방언. 식물의 줄기
기같이 애잔하고 나귀들의 걸음도 시원하다. 길이 좁은 까닭에 세 사람은 나귀를
타고 외줄로 늘어섰다. 방울 소리가 시원스럽게 딸랑딸랑 메밀밭께로 흘러간다.
앞장선 허 생원의 이야기 소리는 꽁무니에 선 동이에게는 확적히는 안 들렸으나,
뚜렷이는
그는 그대로 개운한 제멋에 적적하지는 않았다.
　　　　　　　　　　　　　　　　　　　▶ 낭만적 분위기의 산길에서 옛 추억을 떠올리는 허 생원
　　"장 선 꼭 이런 날 밤이었네. 객줏집 토방이란 무더워서 잠이 들어야지. 밤중은 돼
나그네들에게 술이나 음식을 팔고 손님을 재우는 영업을 하던 집
서 혼자 일어나 개울가에 목욕하러 나갔지. 봉평은 지금이나 그제나 마찬가지지.
보이는 곳마다 메밀밭이어서 개울가가 어디 없이 하얀 꽃이야. 돌밭에 벗어도 좋
을 것을, 달이 너무도 밝은 까닭에 옷을 벗으러 물방앗간으로 들어가지 않았나. 이
상한 일도 많지. 거기서 난데없는 성 서방네 처녀와 마주쳤단 말이네. 봉평서야 제
일가는 일색이었지."
뛰어난 미인
　　"팔자에 있었나 부지."
　　아무렴 하고 응답하면서 ㉠말머리를 아끼는 듯이 한참이나 담배를 빨 뿐이었다.
구수한 자줏빛 연기가 밤기운 속에 흘러서는 녹았다.

[B]
　　"날 기다린 것은 아니었으나 그렇다고 달리 기다리는 놈팽이가 있는 것두 아니
었네. 처녀는 울고 있단 말야. 짐작은 대고 있었으나 성 서방네는 한창 어려워
서 들고날 판인 때였지. 한집안 일이니 딸에겐들 걱정이 없을 리 있겠나. 좋은
데만 있으면 시집도 보내련만 시집은 죽어도 싫다지……. 그러나 처녀란 울 때
같이 정을 끄는 때가 있을까. 처음에는 놀라기도 한 눈치였으나 걱정 있을 때는
누그러지기도 쉬운 듯해서 이럭저럭 이야기가 되었네……. 생각하면 무섭고도
부드러워지거나 약해지기도
기막힌 밤이었어."

　　"제천인지로 줄행랑을 놓은 건 그다음 날이었나?"

　　"다음 장도막에는 벌써 온 집안이 사라진 뒤였네. 장판은 소문에 발끈 뒤집혀 고작
장날과 장날 사이
해야 술집에 팔려 가기가 상수라고 처녀의 뒷공론이 자자들 하단 말이야. 제천 장
정해진 운수　　　　　　　일이 끝난 뒤에 쓸데없이 이러니저러니 다시 말함.
판을 몇 번이나 뒤졌겠나. 하나 처녀의 꼴은 꿩 궈 먹은 자리야. 첫날밤이 마지막
흔적도 남지 않은 상태
밤이었지. 그때부터 봉평이 마음에 든 것이 반평생을 두고 다니게 되었네. 평생인
들 잊을 수 있겠나."
　　　　　　　　　　　　　▶ 젊은 시절 성 서방네 처녀와 있었던 추억을 잊지 못하는 허 생원

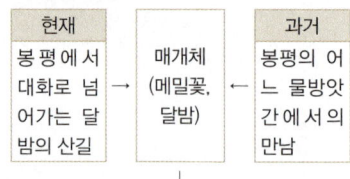

01
| 서술상의 특징 파악 |

이 글의 서술상의 특징으로 적절하지 않은 것은?

① 소재를 통해 향토적인 분위기가 형성되고 있다.
② 배경을 통한 서정성이 두드러지게 드러나고 있다.
③ 공간의 변화에 따라 인물 간의 갈등이 심화되고 있다.
④ 감각적이고 시적인 문체가 예술적 효과를 높이고 있다.
⑤ 대화를 통해 과거의 사건을 요약적으로 전달하고 있다.

02 학력평가 기출
| 배경의 역할 이해 |

이 글의 배경에 대하여 의견을 나눈 것으로 적절하지 않은 것은?

① 다양한 감각적 표현을 써서 시적인 느낌을 자아내는군.
② 등장인물이 과거를 회상하기에 적합한 분위기를 만들고 있지.
③ 메밀꽃 핀 달밤이라는 배경이 낭만적 분위기를 고조시키고 있어.
④ 달의 숨소리가 들릴 듯한 무서운 분위기가 이야기를 집중해서 듣게 하지.
⑤ 서정적인 배경과 인물들의 기이한 인연이 적절히 조화되었다고 할 수 있어.

03
| 인물의 심리 파악 |

㉠에 내재된 인물의 심리 상태로 가장 적절한 것은?

① 자신의 처지에 부끄러움을 느끼고 있다.
② 과거의 일을 추억하며 그리워하고 있다.
③ 메밀밭의 아름다운 풍경에 감탄하고 있다.
④ 조 선달의 맞장구에 고마움을 느끼고 있다.
⑤ 과거의 일이 잘 생각나지 않아 안타까워하고 있다.

04 수능 기출
| 작품의 종합적 감상과 적용 |

〈보기〉에 따라 '이효석 문학제'를 알리는 초청장을 만들려고 한다. 문안으로 가장 적절한 것은?

> **보기**
> • [A]의 분위기를 파악하여, 그것을 작가의 작품 세계가 지닌 특징을 드러내는 데 활용한다.
> • 비유를 사용하여 표현 효과를 높인다.

① 역사와 전통 위에 지은 터전, 이효석 문학 마을로 오세요.
② 지친 현대인에게 소박한 농촌의 맛과 인심을 돌려드립니다.
③ 이효석, 그 서정과 낭만으로 빚은 집에 여러분을 초대합니다.
④ 서도(西道)의 애수와 가락이 있는 제전, 당신의 의자를 비워 두었습니다.
⑤ 우리들의 잃어버린 고향, 다시 못 갈 그 서러운 곳으로 당신을 초대합니다.

05
| 서사 내용의 추리 |

[B]의 상황에서 오고갔을 대화를 추측해 보았을 때, 적절하지 않은 것은?

> **보기**
> 허 생원: 제가 괜히 왔나 봐요. 혹시 누구 기다리는 사람이 있나요? ⓐ
> 성 처녀: (울면서 고개를 젓는다.) 아니요. 누구를 기다리거나 그런 건 아니에요. ⓑ
> 허 생원: 네. 집이 많이 힘들어졌다고 들었어요. 걱정이 많을 것 같아요. ⓒ
> 성 처녀: (계속 울며) 네, 그래서 가족들이 시집이나 가라고 하는데 시집은 죽어도 싫거든요. ⓓ
> 허 생원: (위로하며) 그래요, 억지로 시집을 가야 한다면 무섭고 기막힌 생각이 들겠지요. ⓔ

① ⓐ   ② ⓑ   ③ ⓒ   ④ ⓓ   ⑤ ⓔ

문제 속 어휘&개념

▪ **기이(奇異)하다:** 보통과는 다르게 유별나고 이상하다.
  예 전설과 관련한 책을 읽으면 기이한 이야기들을 접하게 돼.

▪ **애수(哀愁):** 마음을 서글프게 하는 슬픈 시름
  예 떨어지는 낙엽을 보며 나는 애수에 잠겼다.

물은 깊어 허리까지 찼다. 속 물살도 어지간히 센 데다가 발에 채이는 돌멩이도 미끄러워 금시에 훌칠 듯하였다. 나귀와 조 선달은 재빨리 거의 건넜으나 동이는 허 생원을 붙드느라고 두 사람은 훨씬 떨어졌다.

물살에 쏠릴 듯

"모친의 친정은 원래부터 제천이었던가?"

"웬걸요. 시원스리 말은 안 해 주나, 봉평이라는 것만은 들었죠."

㉠"봉평? 그래 그 아비 성은 무엇이구?"

"알 수 있나요? 도무지 듣지를 못했으니까." / "그, 그렇겠지."

하고 중얼거리며 흐려지는 눈을 까물까물하다가 허 생원은 경망하게도 발을 빗디디었다. 앞으로 고꾸라지기가 바쁘게 몸째 풍덩 빠져 버렸다. 허비적거릴수록 몸을 걷잡을 수 없어, 동이가 소리를 치며 가까이 왔을 때에는 벌써 퍽으나 흘렀었다. 옷째 쫄딱 젖으니 물에 젖은 개보다도 참혹한 꼴이었다. 동이는 물 속에서 어른을 해깝게 업을 수 있었다. 젖었다고는 하여도 여윈 몸이라 장정 등에는 오히려 가벼웠다.

제법 많이 / 가볍게

▶ 동이 어머니 이야기를 듣고 놀라서 물에 빠진 허 생원

㉡"이렇게까지 해서 안 됐네. 내 오늘은 정신이 빠진 모양이야."

"염려하실 것 없어요."

"그래, 모친은 아비를 찾지는 않는 눈치지?"

"늘 한번 만나고 싶다고는 하는데요." / "지금 어디 계신가?"

㉢의부와도 갈라져서 제천에 있죠. 가을에는 봉평에 모셔 오려고 생각 중인데요. 이를 물고 벌면 이럭저럭 살아갈 수 있겠죠."

"아무렴, 기특한 생각이야. 가을이랬다?"

동이의 탐탁한 등어리가 뼈에 사무쳐 따뜻하다. 물을 다 건넜을 때에는 도리어 서글픈 생각에 좀더 업혔으면도 하였다.

마음에 들어 만족스러운

▶ 동이에게서 혈육의 정을 느끼는 허 생원

"진종일 실수만 하니 웬일이오, 생원?"

조 선달은 바라보며 기어코 웃음이 터졌다.

[A] ㉣"나귀야. 나귀 생각하다 실족을 했어. 말 안 했던가? 저 꼴에 제법 새끼를 얻었단 말이지. 읍내 강릉집 피마에게 말일세. 귀를 좋긋 세우고 달랑달랑 뛰는 것이 나귀 새끼같이 귀여운 것이 있을까? 그것 보러 나는 일부러 읍내를 도는 때가 있다네."

"사람을 물에 빠치울 젠 딴은 대단한 나귀 새끼군."

허 생원은 젖은 옷을 웬만큼 짜서 입었다. 이가 덜덜 갈리고 가슴이 떨리며 몹시도 추웠으나, 마음은 알 수 없이 둥실둥실 가벼웠다.

▶ 자신의 실수에 대한 허 생원의 변명

"주막까지 부지런히들 가세나. 뜰에 불을 피우고 훗훗이 쉬어. 나귀에겐 더운 물을 끓여 주고. 내일 대화 장 보고는 제천이다."

훈훈하게, 따뜻하게

"생원도 제천으로……?" / ㉤"오래간만에 가 보고 싶어. 동행하려나, 동이?"

나귀가 걷기 시작하였을 때 동이의 채찍은 왼손에 있었다. 오랫동안 아둑시니같이 눈이 어둡던 허 생원도 요번만은 ⓐ동이의 왼손잡이가 눈에 뜨이지 않을 수 없었다.

눈이 어두워 사물을 제대로 분간하지 못하는 사람

▶ 동이가 자신과 같은 왼손잡이임을 알게 되는 허 생원

– 이효석, 〈메밀꽃 필 무렵〉

＞ 전체 줄거리 ＜

왼손잡이요 곰보인 허 생원은 평생 장터를 돌아다니며 홀로 산 장돌뱅이다. 어느 날 봉평 장에서 대화 장으로 가기 위해 친구 조 선달, 젊은 장돌뱅이 동이와 산길을 걷는다. 달밤이 되자 허 생원은, 메밀꽃이 하얗게 핀 달밤에 당시 봉평에서 제일가는 미녀였던 성 서방네 처녀와 하룻밤을 지낸 젊은 시절의 이야기를 하면서, 성 서방네 처녀에 대한 그리움을 드러낸다. 그러다가 처녀의 몸으로 제천에서 아비를 모르는 자신을 낳은 뒤 집에서 쫓겨났다는 동이의 모친 고향이 봉평이라는 말을 듣게 된다. 다시 길을 떠날 때, 허 생원은 대화 장이 끝난 뒤 제천 장으로 가기로 한다. 그리고 동이가 자기처럼 왼손잡이인 것을 알게 된다.

＞ 일등급 정리 ＜

1. 공간에 따른 행렬 변화와 효과

좁은 산길: 세로 행렬
• 내용: 허 생원의 과거 인연
• 상황: 꽁무니에 있는 동이는 듣지 못함.

↓

큰길: 가로 행렬
• 내용: 동이의 집안 내력
• 상황: 동이의 이야기를 허 생원과 조 선달이 들음.

↓

개울: (❶   ) 행렬
• 내용: 동이 모친의 고향
• 상황: 홀로 앞선 조 선달은 듣지 못함.

→ 허 생원은 동이를 자신의 아들로 짐작하지만 동이는 그런 사실을 알지 못하게 함으로써 여운을 줌.

2. '허 생원'과 '나귀'의 관계

허 생원	나귀
늙고 추레한 모습. 성 서방네 처녀와의 단 한 번의 사랑으로 동이를 얻음.	늙고 추레한 모습. 강릉집 암말과 단 한 번 관계를 맺고 새끼를 얻음.

→ 허 생원과 나귀는 정서적으로 동일시되는 (❷   )적 관계로 그려짐.

3. 동이가 허 생원의 아들임을 암시하는 장치

① 봉평: 허 생원과 성 서방네 처녀가 인연을 맺은 곳으로, 동이 모친의 친정임.

② (❸   ): 동이 모친이 동이를 낳은 곳으로, 성 서방네가 도망간 곳임.

③ 왼손잡이: 허 생원과 동이 모두 왼손잡이임.

01
| 발화의 의도 추리 |

㉠~㉢에 대한 설명으로 적절하지 <u>않은</u> 것은?

① ㉠: 상대방에게 추가 정보를 요구하는 발화■이다.
② ㉡: 상대방을 질책함으로써 곤경에서 벗어나려는 발화이다.
③ ㉢: 상대방에게 다음 목적지 결정의 계기를 제공하는 발화이다.
④ ㉣: 자신의 실수에 대한 변명을 전달하기 위한 발화이다.
⑤ ㉤: 표면상의 제안과 달리 이면에는 어떤 기대가 담긴 발화이다.

02
| 작품의 내용 파악 |

ⓐ가 허 생원에게 미친 영향으로 가장 적절한 것은?

① 동이를 따라 제천으로 가게 되는 계기가 된다.
② 동이도 자신만의 고충■을 갖고 있음을 알게 된다.
③ 동이의 장돌뱅이로서의 오랜 경력을 인정하게 된다.
④ 동이가 추구하는 삶을 연민의 시선으로 바라보게 된다.
⑤ 동이가 자신의 아들일지도 모른다는 생각에 확신을 갖게 된다.

03
| 공간의 의미 이해 |

허 생원에게 '봉평(㉮)'과 '제천(㉯)'이라는 공간이 지니는 의미를 바르게 이해한 것은?

① ㉮는 삶의 고뇌를 느낀 공간이고, ㉯는 삶의 고뇌를 치유하는 공간이다.
② ㉮는 가족이 해체되는 공간이고, ㉯는 해체된 가족이 다시 결합하는 공간이다.
③ ㉮는 인간의 유한성을 경험한 공간이고, ㉯는 자연의 무한함을 깨닫는 공간이다.
④ ㉮는 잊지 못할 추억을 간직한 공간이고, ㉯는 새로운 희망을 갖게 하는 공간이다.
⑤ ㉮는 청년 시절에 열정을 불태웠던 공간이고, ㉯는 세월이 흘러 무상감■을 느끼게 하는 공간이다.

04
| 소재의 비유적 의미 파악 |

[A]에 나타난 대상과 그 대상이 의미하는 인물을 바르게 대응시킨 것은?

	나귀	강릉집 피마	나귀 새끼
①	의부	동이 모친	동이
②	허 생원	동이	성 서방네 처녀
③	허 생원	성 서방네 처녀	동이
④	조 선달	허 생원	동이
⑤	조 선달	성 서방네 처녀	동이

05 학력평가 기출
| 외적 준거에 따른 감상 |

〈보기〉를 바탕으로 이 글을 감상한 내용으로 적절하지 <u>않은</u> 것은?

> **보기**
>
> 이 작품은 자연 배경, 현재와 과거의 연결 구조, 한국적인 소재의 선택, 서정적 문체 등이 조화를 이루어 독자에게 감동을 주고 있다. 그리고 질문과 대답의 과정을 통해 중심인물들의 관계가 밝혀지는 탐정식 수법이 사용되고 있다.

① 허 생원의 옛 추억은 현재의 삶에 영향을 미치고 있군.
② 한국적 소재인 핏줄 찾기 이야기라서 독자가 쉽게 공감하겠군.
③ 허 생원의 과거 일이 작가의 글 솜씨로 아름답게 꾸며져 독자에게 전달되겠군.
④ 허 생원과 동이의 대화에서 인간과 자연의 조화를 추구하는 작가의 가치관이 드러나는군.
⑤ 허 생원은 동이 모친이 성 서방네 처녀가 아닐까 하는 기대감으로 탐정식 질문을 하고 있군.

문제 속 어휘&개념

■ **발화(發話):** 소리를 내어 말을 함. 또는 그 말의 한 단락
■ **고충(苦衷):** 괴로운 심정이나 사정
　예 해당 관청은 국민들의 <u>고충</u>을 듣고 해결 방안을 마련하는 중이다.

■ **무상감(無常感):** 모든 것이 덧없다는 느낌
　예 자신이 충성을 다한 고려 왕조가 무너지자 그는 <u>무상감</u>에 빠져들었다.

[앞부분의 줄거리] '나'는 성북동으로 이사를 와 어수룩한 황수건을 만난다. 황수건은 똑똑하지 못해 학교 급사나 신문 보조 배달원 자리에서 쫓겨나지만, '나'는 그와 가깝게 지내며 말벗이 되어 준다. 황수건은 삼산 학교에 다시 들어가기 위해 노력한다.

"제가 거길 또 들어가 볼랴굽쇼, 운동을 합죠." / 한다.

"어떻게 운동을 하오?"

"그까짓 거 날마당 사무실로 갑죠. 다시 써 달라고 졸라댑죠. 아, 그랬더니 새 급사란 녀석이 저보다 크기도 무척 큰뎁쇼, 이 녀석이 막 불근댑니다그려. 그래 한번 쌈을 해야 할 턴뎁쇼, 그 녀석이 근력이 얼마나 센지 알아야 뎀벼들 턴뎁쇼……, 허."

_{잔심부름을 시키기 위하여 부리는 사람}
_{흥분하여 자꾸 성을 월컥 냅니다}

ㄱ "그렇지, 멋모르고 대들었다 매만 맞지."

하니 그는 한 걸음 다가서며 또 은근한 말을 한다.

ㄴ "그래섭쇼, 엊저녁엔 큰 돌멩이 하나를 굴려다 삼산 학교 대문에다 났습죠. 그리구 오늘 아침에 가 보니깐 없어졌는뎁쇼, 이 녀석이 나처럼 억지루 굴려다 버렸는지, 뻔쩍 들어다 버렸는지 그만 못 봤거든입쇼, 제길……."

하고 머리를 긁는다. 〈중략〉

▶ 다시 삼산 학교의 급사로 들어가고 싶어 하는 황수건

그런데 요 며칠 전이었다. 밤인데 달포 만에 수건이가 우리 집을 찾아왔다. 웬 ⓐ포도를 큰 것으로 대여섯 송이를 종이에 싸지도 않고 맨손에 들고 들어왔다. 그는 벙긋거리며, / ㄷ "선생님 잡수라고 사 왔습죠."

_{한 달이 조금 넘는 기간}

하는 때였다. 웬 사람 하나가 날쌔게 그의 뒤를 따라들어오더니 다짜고짜로 수건이의 멱살을 움켜쥐고 끌고 나갔다. 수건이는 그 우둔한 얼굴이 새하얗게 질리며 꼼짝 못하고 끌려 나갔다. / 나는 수건이가 포도원에서 포도를 훔쳐온 것을 직각하였다. 쫓아나가 매를 말리고 포돗값을 물어 주었다. 포돗값을 물어 주고 보니 수건이는 어느 틈에 사라지고 보이지 않았다.

_{보거나 듣는 즉시 곧바로 깨달음.}

나는 그 다섯 송이의 포도를 탁자 위에 얹어 놓고 오래 바라보며 아껴 먹었다. 그의 은근한 순정의 열매를 먹듯 한 알을 가지고도 오래 입안에 굴려 보며 먹었다.

▶ '나'에게 주려고 포도를 훔친 황수건

어제다. 문안에 들어갔다 늦어서 나오는데 불빛 없는 성북동 길 위에는 밝은 달빛이 집을 깐 듯하였다. 그런데 포도원께를 올라오노라니까 누가 맑지도 못한 목청으로,

_{명주실로 바탕을 조금 거칠게 짠 비단}

ㄹ "사……케……와 나……미다카 다메이…… 키…… 카……"

를 부르며 큰길이 좁다는 듯이 휘적거리며 내려왔다. 보니까 수건이 같았다. 나는,

ㅁ "수건인가?"

하고 알은체하려다 그가 나를 보면 무안해할 일이 있는 것을 생각하고, 획 길 아래로 내려서 나무 그늘에 몸을 감추었다.

그는 길은 보지도 않고 달만 쳐다보며, ⓑ노래는 그 이상은 외우지도 못하는 듯 첫 줄 한 줄만 되풀이하면서 전에는 본 적이 없는데 담배를 다 퍽퍽 빨면서 지나갔다.

달밤은 그에게도 유감한 듯하였다.

▶ 달밤에 노래하는 황수건을 보며 연민을 느끼는 '나'

— 이태준, 〈달밤〉

이태준, 〈달밤〉

- **갈래** 단편 소설
- **시점** 1인칭 관찰자 시점
- **배경** 시간 – 1930년대 일제 강점기
　　　　공간 – 서울 성북동
- **주제** 세상에 적응하지 못하고 밀려난 황수건의 삶에 대한 연민
- **특징**
　① 동정과 연민의 시선으로 인물을 바라보는 1인칭 (❶　　　)에 의해 서술됨.
　② 인물의 성격을 보여 주는 일화들을 나열함.
　③ (❷　　　)을 통해 여운 있는 결말을 형성함.

〉 전체 줄거리 〈

성북동으로 이사 온 '나'는 우둔하고 천진한 황수건을 만나게 된다. 삼산 학교 급사로 일하다 쫓겨난 그는 형님의 집에 얹혀 살면서 신문 보조 배달원으로 일하고 있었다. 그는 '나'와 가깝게 지내면서 여러 가지 실속 없는 참견을 하기도 한다. 보조 배달원 자리마저 떨어지게 되자 '나'는 그에게 장사 밑천으로 3원을 준다. 이후 한동안 그의 모습은 보이지 않고, 장사에 실패하고 그의 아내마저 달아났다는 소식이 들려온다. 어느 늦은 달밤, '나'는 서툰 노래를 부르며 지나가는 그의 모습을 보게 된다.

〉 일등급 정리 〈

1. 서술자의 태도와 그 효과

서술자('나')의 태도
• 어수룩하지만 착하고 순박한 황수건의 이야기를 성의 있게 들어 줌.
• 황수건에게 장사 밑천을 주며 돈을 갚지 않아도 된다고 함.
→ 작품 안의 서술자 '나'가 황수건을 애정과 (❸　　　)의 태도로 바라봄.

↓

효과
서술자의 영향을 받아 독자도 황수건을 긍정적인 관점에서 바라보게 됨.

2. 작가의 의도

① 일제 강점기의 시대적 고통을 암시적으로 드러냄.
② 순박하고 천진한 인물이 살아갈 수 없는 세태에 대해 문제를 제기함.
③ 모자란다고 하여 배척하지 않는 인간적 사회에 대한 소망을 보여 줌.

01
| 서술상의 특징 파악 |

이 글의 서술상 특징으로 가장 적절한 것은?

① 작품 밖의 서술자가 사건에 직접 개입하여 논평■하고 있다.
② 서술자가 자신의 이야기를 중심으로 사건을 전개하고 있다.
③ 어수룩한 인물을 서술자로 내세워 해학성을 강화하고 있다.
④ 장면에 따라 서술자를 달리하여 사건을 입체적■으로 제시하고 있다.
⑤ 작품 속의 서술자가 주인공의 말과 행동을 관찰하여 전달하고 있다.

02
| 소재의 의미 파악 |

ⓐ와 ⓑ에 대한 설명으로 적절하지 않은 것은?

① ⓐ는 황수건이 값을 치르고 산 것이 아니다.
② ⓐ에는 '나'에 대한 황수건의 애정이 담겨 있다.
③ ⓑ는 황수건의 고달픈 심정을 대변하는 소재이다.
④ ⓑ를 통해 독자들은 황수건의 처지에 연민을 느끼게 된다.
⑤ ⓐ와 달리 ⓑ는 황수건의 도덕적 성품을 드러낸다.

03
| 발화의 의미 파악 |

㉠~㉤에 대한 이해로 가장 적절한 것은?

① ㉠: 상대방에 대한 존경과 애정을 드러내고 있다.
② ㉡: 예상 밖의 결과에 실망하고 있다.
③ ㉢: 과거의 잘못을 반성하면서 화해를 시도하고 있다.
④ ㉣: 상대방의 기대에 부응하기 위한 노래이다.
⑤ ㉤: 실제로 청자에게 발화가 된 발언이다.

04
| 감상의 적절성 판단 |

이 글을 읽고 난 뒤의 반응으로 적절하지 않은 것은?

① '나'는 황수건의 순박한 마음을 소중히 생각하며 인간적으로 대우해 주고 있어.
② 다소 모자라 보이지만 착하고 순진한 황수건이 좌절할 수밖에 없는 현실이 안타까워.
③ 황수건이 훔친 포돗값을 물어 준 것으로 보아 '나'는 황수건에게 마음의 빚을 지고 있어.
④ 훔쳐서까지 포도를 가져다 준 것으로 보아 황수건은 '나'에게 고마운 마음을 표시하고 싶었나 봐.
⑤ 황수건을 애정과 연민의 태도로 바라보는 '나'로 인해 독자도 황수건을 긍정적으로 바라보게 되는 것 같아.

05
| 결말 처리 방식의 이해 |

마지막 장면을 '달밤은 그에게도 유감인 듯하였다.'와 같이 처리한 효과로 적절하지 않은 것은?

① 여운을 남기며 독자의 상상력을 유도한다.
② 황수건을 향한 '나'의 연민의 감정을 효과적으로 드러낸다.
③ 부정적 현실을 극복하려는 황수건의 굳센 의지를 부각한다.
④ 각박한■ 시대를 힘겹게 살아가는 황수건의 불우한■ 처지를 강조한다.
⑤ 서정적 분위기를 통해 결말이 지나치게 비극적으로 느껴지는 것을 막는다.

문제 속 어휘&개념

■ **논평(論評):** 어떤 글이나 말, 사건에 대하여 논하여 평가함.
  📝 교육 정책에 대한 <u>논평</u>이 그 잡지에 실렸다.
■ **입체적(立體的):** 어떤 사물이나 상황을 여러 각도에서 이해하고 파악하는 것 📝 이 작품은 혼란스러운 시대적 분위기를 <u>입체적</u>으로 그리고 있다.
■ **각박(刻薄)하다:** 인정이 없고 삭막하다.
  📝 나는 도시에서의 <u>각박한</u> 삶에 지쳤다.
■ **불우(不遇)하다:** 살림이나 처지가 딱하고 어렵다.
  📝 연말이 되면 <u>불우한</u> 이웃을 돕자는 목소리가 높아진다.

[앞부분의 줄거리] 장마가 계속되고 있었다. 전쟁 통에 우리 집에 피난 와 있던 외할머니는 국군인 외삼촌의 전사 소식에 빨치산들을 저주하고, 이 때문에 빨치산 삼촌을 아들로 둔 할머니의 분노를 사게 된다. 할머니는 점쟁이의 말에 따라 삼촌이 돌아올 날을 기다리지만, 삼촌은 오지 않고 난데없이 구렁이가 나타나자 졸도한다. 이때 외할머니는 할머니의 머리카락을 태우며 구렁이에게 다가가 말을 하기 시작한다.

"쉬이! 쉬어이!"

외할머니의 쉰 목청을 뒤로 받으며 그것은 우물 곁을 거쳐 넓은 <u>뒤란</u>을 어느덧 완
_{집 뒤 울타리의 안}
전히 통과했다. 다음은 숲이 우거진 대밭이었다.

"㉠<u>고맙네. 이 사람!</u> 집안일은 죄다 성님한티 맡기고 자네 혼자 몸띵이나 지발 성
_{서술자인 '나'의 아버지}
혀서 먼 걸음 펜안히 가소. 뒷일은 아모 염려 말고 그저 펜안히 가소. 증말 고맙네,
이 사람아."

장마철에 무성히 돋아난 죽순과 대나무 사이로 모습을 완전히 감추기까지 외할머
니는 우물 곁에 서서 ㉡<u>마지막 당부의 말로 구렁이를 배웅하고 있었다.</u>
▶ 구렁이를 배웅하는 외할머니

이웃 마을 용상리까지 가서 진구네 아버지가 의원을 모시고 왔다. 졸도한 지 서너
시간 만에야 겨우 할머니는 의식을 회복할 수 있었다. 그 서너 시간이 무의식의 세계
에서는 서너 달에 해당되는 먼 여행이었던 듯 할머니는 방 안을 휘이 둘러보면서 정
말 오래간만에 집에 돌아온 사람 같은 표정을 지었다.

"갔냐?"

이것이 맑은 정신을 되찾고 나서 맨 처음 할머니가 꺼낸 말이었다. 고모가 말뜻을
재빨리 알아듣고 고개를 끄덕였다. ㉢<u>인제는 안심했다는 듯이 할머니는 눈을 지그시
내리깔았다.</u> 할머니가 까무러친 후에 일어났던 일들을 고모가 조용히 설명해 주었다.
외할머니가 사람들을 내쫓고 감나무 밑에 가서 타이른 이야기, 할머니의 머리카락을
태워 감나무에서 내려오게 한 이야기, 대밭 속으로 사라질 때까지 시종일관 행동을
_{일 따위를 처음부터 끝까지 한결같이 함.}
같이하면서 바래다 준 이야기……. 간혹가다 한 대목씩 빠지거나 약간 모자란다 싶
은 이야기는 어머니가 옆에서 상세히 설명을 보충해 놓았다. 할머니는 소리 없이 울
고 있었다. ㉣<u>두 눈에서 하염없이 솟는 눈물방울이 훌쭉한 볼 고랑을 타고 베갯잇으
로 줄줄 흘러내렸다.</u> 이야기를 다 듣고 나서 할머니는 사돈을 큰방으로 모셔 오도록
아버지한테 분부했다. 사랑채에서 쉬고 있던 외할머니가 아버지 뒤를 따라 큰방으로
건너왔다. 외할머니로서는 벌써 오래 전에 할머니하고 <u>한 다래끼</u> 단단히 벌인 이후로
_{'한 판'의 방언}
처음 있는 큰방 출입이었다.
▶ 전후 사정을 듣고 외할머니를 부르는 할머니

㉤<u>"고맙소."</u>

정기가 꺼진 <u>우묵한</u> 눈을 치켜 간신히 외할머니를 올려다보면서 할머니는 목이 꽉
_{가운데가 둥그스름하게 푹 패거나 들어가 있는 상태인}
메었다.

"사분도 별시런 말씀을 다……."
_{사부인, '안사돈'의 높임말}
외할머니도 말끝을 마무르지 못했다.
_{맺지}
▶ 할머니와 외할머니의 화해

— 윤흥길, 〈장마〉

만점 노트

윤흥길, 〈장마〉

• **갈래** 중편 소설, 전후 소설
• **시점** 1인칭 관찰자 시점
• **배경** 시간 – 6·25 전쟁 중 장마철
　　　　공간 – 어느 시골 마을
• **주제** 전쟁으로 인한 한 가족의 비극과 그
　　　극복
• **특징**
　① 어른인 서술자가 과거를 회상하며
　　어린아이의 시각으로 서술함.
　② 분단 상황을 축약해 놓은 한 가족의
　　모습을 통해 주제를 표현함.
　③ (❶　　　　)을 사용하여 사실감을
　　높임.

▶전체 줄거리◀

외할머니와 할머니의 아들이 각각 국군과
인민군이 되어 전쟁에 나간다. 외할머니
의 아들이 전사하자 외할머니는 빨치산에
대한 저주를 퍼붓고, 이로 인해 두 할머니
의 갈등은 고조된다. 삼촌이 살아서 돌아
온다고 예언한 점쟁이의 말을 믿는 할머
니는 가족들에게 삼촌을 맞이할 준비를
시킨다. 그러나 삼촌 대신 집에 들어온 구
렁이로 인해 할머니는 졸도하고 외할머니
가 구렁이를 달래 배웅하고 사태를 수습
한다. 할머니는 죽기 전에 외할머니와 화
해를 하고 지루한 장마가 끝난다.

▶일등급 정리◀

1. 등장인물

할머니	빨치산인 아들을 기다리는 인물. 무속 신앙을 믿으며 강한 모성애를 보임.
외할머니	국군인 아들을 잃고 빨치산을 증오하는 인물. 무속적 방법으로 구렁이를 대접하고 할머니와 화해함.

2. 제목 '장마'의 상징적 의미

'장마'는 '나'의 집안에 일어난 불행과 우
리 민족에게 닥친 (❷　　　　)의 비극을
의미한다. 계절적 배경인 장마의 시작은
비극적 사건과 이념적 대립을 의미하며,
장마의 끝은 대립의 극복이자 갈등의 해
소를 나타낸다.

3. '구렁이'의 상징적 의미

외할머니는 '구렁이'를 할머니가 기다리던
삼촌의 현신으로 여기는데, 이는 무속적
세계관을 반영한 것이다. '구렁이'는 할머
니와 외할머니의 (❸　　　　), 나아가
민족 화해의 매개체로서의 역할을 한다.

01

| 서술상의 특징 파악 |

이 글에 대한 설명으로 적절하지 않은 것은?

① 방언을 사용하여 사실감을 높이고 있다.

② 서술자가 사건을 관찰하면서 서술하고 있다.

③ 한 가족의 모습을 통해 민족의 비극을 그리고 있다.

④ 사건이 전개되면서 인물 간의 갈등이 고조되고 있다.

⑤ 시간적 배경이 갈등 상황과 밀접하게 관련되어 있다.

02

| 구절의 의미 파악 |

㉠~㉤에 대한 설명으로 적절하지 않은 것은?

① ㉠ : 구렁이를 삼촌처럼 대하는 말이다.

② ㉡ : 무속 신앙을 바탕으로 한 행동이다.

③ ㉢ : 아들의 죽음으로 인한 자포자기의 심정이 나타난다.

④ ㉣ : 떠나버린 아들에 대한 슬픔과 아들이 저승으로 잘 갔으리라는 안도감*이 섞인 눈물로 볼 수 있다.

⑤ ㉤ : 외할머니가 구렁이를 잘 달래서 배웅한 것에 대한 고마움으로 볼 수 있다.

03 수능 기출

| 갈등의 양상 이해 |

이 글의 내용을 〈보기〉와 같이 정리하였을 때, (가)에 해당하는 장면은?

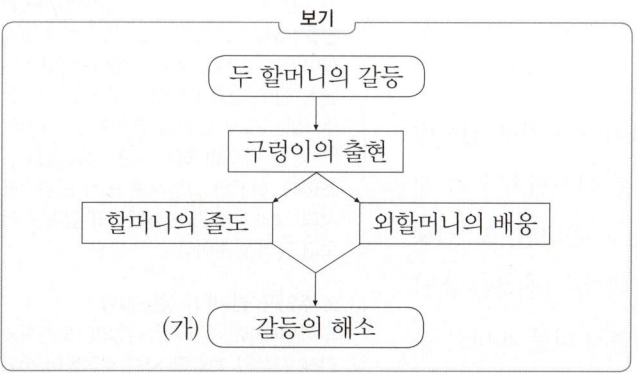

① 할머니가 삼촌을 기다렸다.

② 할머니가 의식을 회복하였다.

③ 고모가 할머니에게 경과를 이야기하였다.

④ 할머니가 눈물을 흘렸다.

⑤ 외할머니가 큰방으로 건너왔다.

04

| 작품의 주제 의식 이해 |

작품을 통해 작가가 궁극적으로 말하고자 하는 바로 가장 적절한 것은?

① 가족 간의 화목과 사랑의 중요성

② 민중에게 무속 신앙의 의미와 가치

③ 정서적 화해를 통한 분단 현실의 극복

④ 이념 대립으로 인한 가족 관계의 파괴

⑤ 전쟁이 초래한 세대 간의 갈등과 치유

05

| 소재의 기능 파악 |

사건 전개상 '구렁이'의 기능으로 알맞은 것은?

① 인간의 원죄를 상징한다.

② 새로운 갈등을 암시한다.

③ 비극적 결말을 예고한다.

④ 독자의 호기심을 유발한다.

⑤ 갈등 해소의 실마리를 제공한다.

06 수능 기출

| 외적 준거에 따른 감상 |

〈보기〉의 밑줄 친 부분을 중심으로 이 작품에 대해 토론할 때, 그 내용으로 적절하지 않은 것은?

> 보기
>
> 한국 문학의 세계화를 위해서는 한국 문학의 특수성을 어떻게 이해시킬 것인가 하는 문제를 해결해야 한다.

① 이 작품에 담겨 있는 사투리 특유의 어조를 어떻게 번역할 것인가?

② 이 작품에서 드러나는 인물들 사이의 심리적 갈등 양상을 어떻게 설명할 것인가?

③ 이 작품에 나타난 한국의 전통적 가족 제도 내의 인간관계를 어떻게 이해시킬 것인가?

④ 이 작품에 나오는 토속적 샤머니즘*에 대해 우리가 느끼는 정서를 어떻게 공감시킬 것인가?

⑤ 이 작품이 배경으로 하는 6·25 당시 우리 농촌 특유의 장마철 분위기를 어떻게 전달할 것인가?

문제 속 어휘&개념

▪ **안도감(安堵感)**: 불안한 마음이 가시고 걱정이 없이 편안한 느낌
　예 경제가 좋아지고 있다는 안도감 덕분에 투자 심리가 살아났다.

▪ **샤머니즘(shamanism)**: 병든 사람을 고치고 저세상과 의사소통을 하는 능력을 지녔다고 믿어지는 샤먼(무당)을 중심으로 하는 원시 종교

어색하게 들린 것은 그가 '제기랄'이라고 씹어뱉은 그 대목뿐이었다. 평상시의 권 씨답지 않은 그 말만 빼고는 그럴 수 없이 진지한 이야기였다. 아니다. 그가 처음으로 점잖지 못한 그 말을 사용했기 때문에 내 귀엔 더욱더 진지하게 들렸을지도 모른다. 나는 한동안 망설이지 않을 수 없었다. 그의 진지함 앞에서 '아아, 그것참 안됐군요.' 라든가 '그래서 어떡하죠.' 하는 <u>상투적인</u> 말로 섣불리 이쪽의 감정을 전달하기엔 사
늘 써서 버릇이 되다시피 한 것
실 말이지 '십만 원 가까이'는 내게 너무나 큰 부담이었다. 집을 살 때 학교에다 진 빚을 아직 절반도 못 가린 처지였다. 정상 분만비 1, 2만 원 정도라면 또 모르지만 단순히 권 씨를 도울 작정으로 나로서는 거금에 해당하는 10만 원 가까이를 또 빚진다는 건 무리도 이만저만이 아니었다. 뿐만 아니라 집안에서 경제권을 장악하고 있는 아내의 양해도 없이 멋대로 그런 큰일을 저질러도 괜찮을 만큼 나는 자유롭지도 못했다.

▶ 돈을 빌려 달라는 권 씨의 부탁에 갈등하는 '나'

"빌려만 주신다면 무슨 짓을, 정말 무슨 짓을 해서라도 반드시 갚겠습니다."

반드시 갚는 조건임을 강조하면서 그는 마치 성경책 위에다 오른손을 얹고 말하듯이 엄숙한 표정을 했다. 하마터면 나는 잊을 뻔했다. 그가 <u>적시에</u> 일깨워 주었기 망
알맞은 때
정이지 안 그랬더라면 빌려주는 어려움에만 골똘한 나머지 빌려줬다 나중에 돌려받는 어려움이 더 클 거라는 사실은 생각도 못 할 뻔했다. 그렇다. 끼니조차 감당 못 하는 주제에 막벌이 아니면 어쩌다 간간이 얻어걸리는 출판사 싸구려 번역 일 가지고 어느
아무 일이든지 닥치는 대로 해서 돈을 버는 일
겨를에 빚을 갚을 것인가. 책임이 따르는 동정은 피하는 게 상책이었다. 그리고 기왕
가장 좋은 대책이나 방책
피할 바엔 저쪽에서 감히 두말을 못하도록 야멸치게 굴 필요가 있었다.

"병원 이름이 뭐죠?" / "원 산부인괍니다."

"지금 내 형편에 현금은 어렵군요." 〈중략〉　　　　▶ 권 씨의 부탁을 거절하는 '나'

"바쁘실텐데 실례 많았습니다."

[A] '썰면'처럼 두툼한 입술이 선잠에서 깬 어린애같이 움씰거리더니 겨우 인사말이 나왔다. 무슨 말이 더 있을 듯싶었는데 그는 이내 돌아서서 휘적휘적 걷기 시작했다. 나는 내심 그의 입에서 <u>끈끈한 가래가 묻은 소리</u>가, 이를테면, 오 선생
원망의 말
너무하다든가 잘 먹고 잘 살라든가 하는 말이 날아와 내 이마에 탁 늘어붙는 순간에 대비하고 있었는지도 모른다. 그래서 그가 갑자기 돌아서면서 나를 똑바로 올려다봤을 때 그처럼 흠칫 놀랐을 것이다.

㉠"오 선생, 이래 봬도 나 대학 나온 사람이오."　　　▶ 자존심을 지키기 위해 애쓰는 권 씨

그것뿐이었다. 그는 수줍게 그 말만 건네고는 언덕을 내려갔다. 별로 휘청거릴 것도 없는 작달막한 체구를 연방 휘청거리면서 내딛는 한 걸음 한 걸음마다 땅을 저주하고 하늘을 저주하는 동작으로 내 눈에 그는 비쳤다. 산 <u>고팽이</u>를 돌아 그의 모습이
굽은 길의 모퉁이
벌거벗은 황토의 언덕 저쪽으로 사라지는 찰나, 나는 뛰어가서 그를 부르고 싶은 충동을 느꼈다.

▶ 권 씨에게 연민을 느끼는 '나'

• **썰면**: '나'와 함께 근무하는 교사의 별명. 입술이 두툼해서 썰면 한 접시는 될 것 같다는 의미

윤흥길, 〈아홉 켤레의 구두로 남은 사내〉
• **갈래** 중편 소설
• **시점** 1인칭 관찰자 시점
• **배경** 시간 – 1970년대 후반
　　　　공간 – 경기도 성남
• **주제** 산업화 과정에서 소외된 계층의 어려운 삶
• **특징**
　① (　❶　)인 소재를 통해 인물의 성격을 드러냄.
　② 작중 서술자가 주인공의 심리를 분석하여 제시함.

〉일등급 정리 〈

1. 등장인물

'나' (오 선생)	작품의 서술자로, 셋방살이를 하다 어렵게 집을 마련한 학교 교사. 소외된 이웃을 외면하지 못하면서도 자신의 안락한 삶을 먼저 생각하는 소시민
권 씨 (권기용)	자존심에 매달린 채 무능력하게 살아가는 대졸 지식인. 선량한 소시민이었으나 시위 사건의 주동자로 몰려 전과자가 된 이후 도시 빈민으로 전락하는 인물

2. '권 씨'의 인물 특성
권 씨는 (　❷　)으로서의 자존심만을 내세우고 생활고를 겪으며 어렵게 살아가는 소시민이다. 현실에서 그는 변변한 집도 없고 아내의 수술비도 마련할 수 없는 도시 빈민일 뿐이지만, 자신이 '안동 권 씨'이며 '대학 나온 사람'임을 강조한다. 하지만 그럴수록 도시 빈민으로서의 그의 좌절감과 패배감의 깊이는 더욱더 깊어질 뿐이다.

3. 주인공 '권 씨'가 겪는 갈등
1970년대에는 급속한 산업화·도시화와 함께 지식인 계층의 사회 부적응이 중요한 문제로 부각되기 시작했다. 주인공 권 씨는 사회의 변화에 따른 개인과 사회의 갈등을 단적으로 보여 주는 인물로, 뜻하지 않게 전과자가 되어 살길조차 막막한 처지이다. 권 씨가 말한 '이래 봬도 나 대학 나온 사람이오.'라는 구절은 비록 가난하여 참담한 생활을 하고 있지만, 결코 (　❸　)을 잃지 않으려는 인물의 모습을 보여 준다.

01
| 서술상의 특징 파악 |

이 글에 대한 설명으로 가장 적절한 것은?

① 과거 회상을 통해 현재의 사건이 발생한 원인을 추적하고 있다.

② 서술자가 직접 등장하여 자신이 겪은 사건에 대한 생각을 드러내고 있다.

③ 현재형 어미를 사용하여 작중 상황을 생생하고 현장감 있게 묘사하고 있다.

④ 현재와 과거의 사건을 교차하여 인물의 성격이 변화하는 과정을 보여 주고 있다.

⑤ 같은 시간에 벌어진 다양한 사건들을 나열하여 주제를 다각도에서 조명하고 있다.

02
| 작품의 내용 파악 |

이 글에서 알 수 있는 내용이 아닌 것은?

① 권 씨는 대학을 나온 지식인이다.

② '나'는 집을 사기 위해 빚을 진 상태이다.

③ 권 씨는 평소에는 비속어▪를 사용하지 않는다.

④ '나'는 권 씨의 직업과 경제 사정이 여의치 않다는 것을 알고 있다.

⑤ '나'는 권 씨가 빌리려는 돈이 크지 않지만 나중의 어려움을 생각해 거절한다.

03
| 인물의 심리와 태도 이해 |

이 글의 '나'에 대한 설명으로 가장 적절한 것은?

① 권 씨를 도울 수 없는 자신의 어려운 처지를 한탄하고 있다.

② 권 씨의 지나친 부탁에 불쾌해하며 냉정한 태도를 보이고 있다.

③ 힘들었던 자신의 과거를 떠올리며 권 씨에게 실질적 도움을 주고 있다.

④ 돈을 빌려주는 것을 부담스러워하면서도 권 씨에게 연민을 느끼고 있다.

⑤ 권 씨의 상황을 이해하고 그와 함께 해결책을 찾기 위해 노력하고 있다.

04
학력평가 기출 | 인물의 성격 이해 |

작가가 창작 과정에서 ㉠과 관련하여 구상했음 직한 내용으로 가장 적절한 것은?

① 강압적▪인 현실의 힘에 억눌려 현실에 차츰차츰 타협하는 인물로 설정하자.

② 현실에서 무력감을 느끼면서도 자존심은 끝내 버리지 않는 인물임을 보여 주자.

③ 겉보기와는 달리 내면의 불행에서 벗어나지 못하고 있는 인물로 그려 내자.

④ 현실에서 패배할 뿐만 아니라 내면의 욕망까지도 포기하는 인물로 그려 내자.

⑤ 현실의 패배를 인정하지 않고 부정적인 현실에 대항하려는 인물로 제시하자.

05
학력평가 기출 | 바꿔 쓰기의 효과 추론 |

[A]를 다음과 같이 바꾸어 썼을 때의 효과로 가장 적절한 것은?

> 보기
>
> 나는 그에게 겨우 인사말을 하고 돌아선다. 발걸음이 제대로 떼어지지 않는다. 입 안에서는 '오 선생, …… 나도 정말 오 선생께 아쉬운 소리를 하는 것이 죽기보다 싫었소.'라든가 '오 선생이 내게 그러실 줄은 몰랐소.'라는 말들이 맴돈다. 그러나 말을 내뱉으려고 돌아서는 순간 말문이 막혀 버린다. 흠칫 놀라는 듯한 그의 표정은 마치 날아올 화살을 예상하여 무슨 변명이라도 하기 위해 철저히 대비하고 있는 듯하다.

① 인칭을 바꾸어 표현함으로써 '나(권 씨)'의 객관적 판단이 강조된다.

② 시제▪를 바꿈으로써 인물이 과거를 회고하는 듯한 느낌이 감소된다.

③ 서술 시점▪을 바꿈으로써 추측성이 강한 관찰자('오 선생')의 시점이 부각된다.

④ 멀어져 가는 사람의 시선에서 정지해 있는 사람의 시선으로 바꿈으로써 서술 속도에 변화가 생긴다.

⑤ 서술의 초점이 되는 인물을 '그'에서 '나'로 바꿈으로써 '나(권 씨)'의 심정이 보다 정확하게 드러난다.

문제 속 어휘&개념

▪ **비속어(卑俗語)**: 격이 낮고 속된 말
  예 지나치게 <u>비속어</u>를 사용하는 것은 바람직하지 않다.
▪ **강압적(强壓的)**: 강제로 누르는 방식으로 하는 것
  예 그는 나에게 신분증을 제시하라며 <u>강압적</u>으로 말했다.

▪ **시제(時制)**: 어떤 사건이나 사실이 일어난 시간 선상의 위치를 표시하는 문법 범주. 과거·현재·미래가 있다.
▪ **시점(視點)**: 소설에서 인물이나 사건을 바라보는 서술자의 위치나 태도. 작중 화자가 '나'인 일인칭과 '그'인 삼인칭이 있다.

터지려는 웃음을 꼭 참은 채 강도의 애교스런 행각을 시종 주목하고 있던 나는 살그머니 상체를 움직여 동준이를 잠재울 때 이부자리 위에 떨어뜨린 식칼을 집어 들었다.

㉠"연장을 이렇게 함부로 굴리는 걸 보니 당신 경력이 얼마나 되는지 알 만합니다."

㉡내가 내미는 칼을 보고 그는 기절할 만큼 놀랐다. 나는 사람 좋게 웃어 보이면서 칼을 받아가라는 눈짓을 보냈다. 그는 겁에 질려 잠시 망설이다가 내 재촉을 받고 후닥닥 달려들어 칼자루를 낚아채 가지고 다시 내 멱을 겨누었다. 그가 고의로 사람을
　　　　　　　　　　　　　　　　　　　　　　　　　　　목의 앞쪽
찌를 만한 위인이 못 되는 줄 일찌기 간파했기 때문에 나는 칼을 되돌려준 걸 조금도
　　　　　　　　　　　　　속내를 꿰뚫어 알아차림.
후회하지 않았다. 아니나 다를까, 그는 식칼을 옆구리 쪽 허리띠에 차더니만 몹시 자존심이 상한 표정이 되었다.

"도둑맞을 물건 하나 제대로 없는 주제에 이죽거리긴!"

"그래서 경험 많은 친구들은 우리 집을 거들떠도 안 보고 그냥 지나치죠."

"누군 뭐 들어오고 싶어서 들어왔나? 피치 못할 사정 땜에 어쩔 수 없이……."
　　　　　　　　　　　　　　　　　　아내의 분만 수술비 마련
나는 강도를 안심시켜 편안한 맘으로 돌아가게 만들 절호의 기회라고 판단했다.

"그 피치 못할 사정이란 게 대개 그렇습니다. 가령 식구 중에 누군가가 몹시 아프다든가 빚에 몰려서……."
　　　　　　　　　　　　　　　　　　▶ 집에 강도로 침입한 권 씨를 안심시키려는 '나'

그 순간 강도의 눈이 의심의 빛으로 가득 찼다. ㉢분개한 나머지 이가 딱딱 마주칠 정도로 떨면서 그는 대청마루를 향해 나갔다. 내 옆을 지나쳐 갈 때 그의 몸에서는 역겨울 만큼 술냄새가 확 풍겼다. 그가 허둥지둥 끌어안고 나가는 건 틀림없이 갈기갈기 찢어진 한 줌의 자존심일 것이었다. 애당초 의도했던 바와는 달리 내 방법이 결국 그를 편안케 하긴커녕 외려 더욱더 낭패케 만들었음을 깨닫고 나는 그의 등을 향해 말했다.

"어렵다고 꼭 외로우란 법은 없어요. 혹 누가 압니까, 당신도 모르는 사이에 당신을 아끼는 어떤 이웃이 당신의 어려움을 덜어 주었을지?"

㉣"개수작 마! 그 따위 이웃은 없다는 걸 난 똑똑히 봤어! 난 이제 아무도 안 믿어!"

그는 현관에 벗어 놓은 구두를 신고 있었다. 그 구두를 보기 위해 전등을 켜고 싶은 충동이 불현듯 일었으나 나는 꾹 눌러 참았다. 현관문을 열고 마당으로 내려선 다음 부주의하게도 그는 식칼을 들고 왔던 자기 본분을 망각하고 엉겁결에 문간방으로 들
　　　　　　　　　　　　　　　　자신이 강도라는 사실을 잊고
어가려 했다. 그의 실수를 지적하는 일은 훗날을 위해 나로서는 부득이한 조처였다.

ⓐ"대문은 저쪽입니다."

문간방 부엌 앞에서 한동안 망연해 있다가 이윽고 그는 대문 쪽을 향해 느릿느릿
　　　　　　　　　　　　　　　　아무 생각이 없이 멍하게
걷기 시작했다. 비틀비틀 걷기 시작했다. 대문에 다다르자 그는 상체를 뒤틀어 이쪽을 보았다. / ㉤"이래 뵈도 나 대학까지 나온 사람이오."

누가 뭐라고 그랬나. 느닷없이 그는 자기 학력을 밝히더니만 대문을 열고는 보안등 하나 없는 칠흑의 어둠 저편으로 자진해서 삼켜져 버렸다.
　　　　　　　　　　　　　　▶ '나'에게 정체를 들키자 자존심에 상처를 입고 사라진 권 씨
　　　　　　　　　　　　　　　　　　　　– 윤흥길, 〈아홉 켤레의 구두로 남은 사내〉

만점 노트

〉전체 줄거리 〈

'나'는 어렵게 집 한 채를 장만하고 방 하나를 세놓는다. 이때 권기용 씨가 '나'의 집 문간방에 전세로 입주한다. 권 씨는 생활 능력이 부족한 전과자이면서도 자존심이 강하고 구두에 대한 정성이 지극하다. 권 씨는 집 장만을 위해 분양을 받았지만 세금을 감당할 수 없게 되자 사람들과 집단 소요를 일으키는데, 주동자로 몰려 징역을 살다 나왔다고 한다. '나'는 아내의 입원비를 빌리려는 권 씨의 청을 거절했다가 뒤늦게 자신의 이중성을 깨닫고 권 씨 모르게 수술을 잘 받도록 돕는다. 그날 밤 권 씨가 '나'의 집에 강도로 침입하고, '나'는 그를 안심시키려 했으나 권 씨는 자존심만 상한 채 나간다. 아홉 켤레의 구두만 남긴 권 씨가 행방불명되고 '나'는 지난밤 강도로 침입한 권 씨에게 했던 행동을 후회한다.

〉일등급 정리 〈

1. '권 씨'에 대한 '나'의 태도

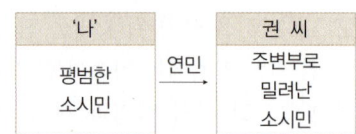

'나'		권 씨
평범한 소시민	연민 →	주변부로 밀려난 소시민

→ '나'는 힘든 상황에서도 자존심을 잃지 않으려는 권 씨에 대해 연민(❶　　　　)과 애정을 갖고 있다. '나'는 서투른 강도가 권 씨임을 알아차리고 그에게 우호적인 태도를 보이며 동정을 드러낸다. 하지만 이러한 '나'의 행동으로 권 씨는 자존심에 상처를 입고 집을 떠나게 된다.

2. '구두'의 상징성

'구두'에 대한 권 씨의 애착은 자신의 현실에 대한 (❷　　　　)이자, 지식인으로서의 자존심을 지키려는 욕망을 반영하고 있다. 권 씨는 구두의 반짝거림에 만족하며 마지막 남은 자존심을 고수하려 하고 있다. 마지막 부분에서 권 씨가 남기고 떠난 '아홉 켤레의 구두'는 자존심마저 잃은 권 씨의 처지를 나타낸다.

3. 작품의 시대적 배경

이 작품은 1971년에 실제로 일어난 '광주 대단지(현재 경기도 성남시) 사건'을 배경으로 한다. 광주 대단지 사건은 정부의 무계획적인 개발로 인해 토지 투기, 사기, 폭력, 절도 등이 증가하고 생업 문제가 해결되지 않아 피해를 입은 주민 5만여 명이 일으킨 대규모 시위이다. 이 작품은 이 사건을 배경으로 집을 장만하기 위한 소시민들의 꿈과 노력, 좌절감, 빈민으로의 전락 등 급격한 산업화의 모순을 드러내고 있다.

01 학력평가 기출 | 구절의 의미 파악 |

㉠~㉤에 대한 설명으로 적절한 것은?

① ㉠: 강도가 자신의 목적을 달성하기 위해 주도면밀하게 준비한 것에 감탄하고 있다.

② ㉡: 강도를 굴복시키기 위해 칼을 내민 주인의 행위는 둘 사이의 갈등을 증폭시키고 있다.

③ ㉢: 강도는 자신의 정체가 탄로 나서 붙잡힐지 모른다는 불안감으로 자리를 벗어나고자 한다.

④ ㉣: 강도는 어려운 상황에서 주변 사람들에게 어떤 도움도 받지 못해 실의*에 빠진 적이 있다.

⑤ ㉤: 강도가 평소 배움이 적어 당했던 설움을 무의식적으로 드러내고 있는 표현이다.

02 | 발화의 의도 파악 |

'나'가 ⓐ처럼 말한 의도로 적절한 것은?

① 권 씨의 강도짓에 대한 적개심에서

② 권 씨의 정체가 드러나지 않게 하려고

③ 강도를 대문 밖으로 유인하여 잡으려고

④ 강도가 빨리 사라지기를 바라는 마음 때문에

⑤ 집주인으로서 세입자에게 정당한 권리를 행사하기 위해

03 | 소재의 의미 파악 |

〈보기〉를 참고하여 '구두'의 상징적 의미를 파악한 것으로 가장 적절한 것은?

> **보기**
>
> 이 작품에서 권 씨는 일자리를 구하지 못해 공사판에 나가 막일을 하면서도 구두만은 반짝반짝 윤이 나게 닦아 신고 다닌다. 이러한 모습에 주목하면 권 씨라는 인물의 특성을 이해할 수 있다.

① 현실의 좌절을 보상받고자 하는 자존심을 의미한다.

② 급격하게 변하는 현실에 적응하려는 노력을 의미한다.

③ 지금과는 다른 새로운 삶에 대한 강한 의지를 의미한다.

④ 정신적인 가치와 물질적인 가치 사이의 갈등을 의미한다.

⑤ 가난한 현실을 이겨 내려는 근면한 생활 태도를 의미한다.

04 | 상황에 맞는 한자 성어 찾기 |

이 글에 나타난 '나'와 권 씨의 모습에 대해 적절하게 평가한 것은?

① '나'의 집에 권 씨가 강도로 들어온 것은 궁여지책(窮餘之策)이었군.

② '나'는 강도로 들어온 권 씨에게 수구초심(首丘初心)을 느끼고 있군.

③ '나'의 집에 제대로 된 물건이 없는 것은 가렴주구(苛斂誅求)의 현실을 보여 주는군.

④ '나'가 권 씨가 강도인 줄 알면서도 모른 척한 것은 분기탱천(憤氣撑天)했기 때문이군.

⑤ '나'에게 권 씨가 자기의 학력을 밝힌 것은 교언영색(巧言令色)으로 상황을 모면하기 위해서겠군.

05 학력평가 기출 | 작품 감상의 관점 이해 |

이 글을 〈보기〉와 같은 관점에서 이해한 사람은?

> **보기**
>
> 소설은 하나의 유기체*로서 독특한 미적 구조를 가지고 있다. 따라서 독자는 소설을 감상하기 위해 해당 작품이 가지는 미적 구조를 우선적으로 이해해야 한다. 즉 사건, 서술 시점, 시·공간적 배경, 인물 등 작품을 이루는 내적 요소들의 상호 관계와 통일을 파악할 수 있어야 한다.

① 지연: '나'와 권 씨 두 인물을 통해 작가는 현대인이 가진 모순된 인간관계를 드러냈다고 할 수 있어.

② 재환: 권 씨가 도둑질을 한 것은 인간의 삶이 도덕보다는 경제력에 더 많은 영향을 받는다는 것을 의미해.

③ 영희: 곤궁한 사정으로 도둑질하는 권 씨를 보면서 경제적 어려움을 미리 대비하는 자세가 필요하다고 생각했어.

④ 민수: 소시민적 지식인 권 씨의 행위를 통해 당시 사회가 앓고 있었던 빈부의 문제를 비판적으로 그린 것으로 보여.

⑤ 정민: 사건에 밀착한 서술자를 통해 권 씨의 심리와 갈등을 상징적 기법과 사실주의적 묘사로 날카롭게 포착하고 있어.

문제 속 어휘&개념

▪ **실의(失意):** 뜻이나 의욕을 잃음.
　예 그는 사업에 실패한 뒤로 <u>실의</u>에 찬 나날을 보내고 있다.

▪ **유기체(有機體):** 많은 부분이 일정한 목적 아래 통일·조직되어 그 각 부분과 전체가 필연적 관계를 가지는 조직체

[앞부분의 줄거리] 황만근이 새벽에 경운기를 타고 나가서 다음날이 되어도 돌아오지 않는다. 민 씨는 이장이 황만근에게 궐기 대회에 나가 달라고 부탁한 것을 떠올리고 이를 추궁한다.

"이 사람이 뭐라 카는 기라. 이장이 동민한테 ㉮농가 부채 탕감 촉구 전국 농민 총궐기 대회가 있다, 꼭 참석해서 우리의 입장을 밝히자 카는데 뭐가 잘못됐다 말이라."

"잘못이라는 게 아니고요. 다른 사람들은 다 돌아왔는데 왜 황만근 씨만 못 오고 있나 하는 겁니다."

"내가 아나. ㉠읍에 가 보이 장날이더라고. 보나 마나 어데서 술 처먹고 주질러 앉았을 끼라. 백 리 길을 깅운기를 끌고 갔으이 시간도 마이 걸릴 끼고."

다른 사람들은 말이 없었고 민 씨와 이장만이 공을 주고받는 꼴이 되어 버렸다.
▶ 황만근의 실종에 대한 이장과 민 씨의 다툼

"글쎄, 그 자리에 꼭 황만근 씨만 경운기를 끌고 갔어야 했느냐 이 말입니다. 그것도 고장 난 경운기를."

"㉡깅운기를 끌고 오라는 기 내 말이라? 투쟁 방침이 그렇다 카이. 깅운기도 그렇지. 고장은 무신 고장, 만그이가 그걸 하루 이틀 몰았나. 남들이 못 몬다 뿌이지."

"그럼 이장님은 왜 경운기를 안 타고 가고 트럭을 타고 가셨나요. 이장님부터 솔선 수범을 해야지 다른 동민들이 따라 할 텐데, 지금 거꾸로 되었잖습니까."
남보다 앞장서서 행동해서 몸소 다른 사람의 본보기가 됨.

"㉢내사 민사무소에서 인원 점검하고 다른 이장들하고 의논도 해야 되고 울매나 바쁜 사람인데 깅운기를 타고 언제 가고 말고 자빠졌나. 다른 동네 이장들도 민소 앞에서 모이 가이고 트럭 타고 갔는 거를. 진짜로 깅운기를 끌고 갔으마 군 대회에는 늦어도 한참 늦었지. 군청에 갔는데 비가 와 가이고 온 사람도 및 없더마. 소리마 및 분 지르고 왔지. 군청까지 깅운기를 타고 갈 수나 있던가. 국도에 차들이 미치괘이맨구로 쌩쌩 달리는데 받치만 우얘라고. 다른 동네서는 자가용으로 간 사람도 썼어."
미치광이처럼

"그러니까 국도를 갈 때는 여러 사람이 한꺼번에 경운기를 여러 대 끌고 가자는 거였잖습니까. 시위도 하고 의지도 보여 준다면서요. 허허, 나 참."
▶ 투쟁 방침을 지키지 않은 이장과 원칙을 지킨 황만근

"아침부터 바쁜 사람 불러내 놓더이, 사람 말을 알아듣도 못하고 엉뚱한 소리만 해 싸. 누구맨구로 반동가리가 났나." / 기어이 민 씨는 소리를 버럭 지르고야 말았다.

"반편은 누가 반편입니까. ㉣이장이니 지도자니 하는 사람들이 모여서 방침을 정
지능이 보통 사람보다 모자라는 사람
했으면 그대로 해야지, 양복 입고 자가용 타고 간 사람은 오고, 방침대로 경운기 타고 간 사람은 오지도 않고, 이게 무슨 경우냐구요."

"이 자슥이 뉘 앞에서 눈까리를 똑바로 뜨고 소리를 빽빽 질러 쌓노. ㉤도시에서
'눈깔'의 방언
쫄딱 망해 가이고 귀농을 했시모 얌전하게 납작 엎드려 있어도 동네 사람 시키 줄까 말까 한데, 뭐라꼬? 내가 만그이 이미냐, 애비냐. 나이 오십 다 된 기 어데를 가든동 오든동 지가 알아서 해야지, 목사리 끌고 따라다니까?"
개나 소 따위 짐승의 목에 두르는 굴레
▶ 이장을 비판하는 민 씨와 이에 반발하는 이장
— 성석제, 〈황만근은 이렇게 말했다〉

만점 노트

성석제, 〈황만근은 이렇게 말했다〉

- **갈래** 단편 소설, 농촌 소설
- **시점** 전지적 작가 시점
- **배경** 시간 – 1990년대
　　　　공간 – '신대리'라는 농촌 마을
- **주제** ① 황만근의 덕성과 이타적인 삶 예찬 ② 부채로 얼룩진 농촌 현실과 각박한 인심 비판
- **특징**
  ① 바보스럽지만 우직한 인물을 통해 (❶　　　　)인 세태를 비판함.
  ② 전(傳)의 양식을 변용하여 재구성함.
  ③ 사투리를 사용해 향토성을, 인물의 언행을 통해 해학성을 드러냄.

▷ 전체 줄거리 ◁

농민 궐기 대회에 참가하기 위해 집을 나섰던 황만근이 돌아오지 않는다. 황만근은 말투가 어눌하고 행동이 엉뚱해서 사람들에게 놀림을 받았으나, 실상은 누구보다도 성실하고 인정 많은 사람이었다. 그는 어머니와 아들을 정성을 다해 돌보며 마을의 온갖 궂은일을 도맡아 한다. 어느 날 황만근은 농가 부채 탕감 촉구를 위한 궐기 대회에 경운기를 몰고 참가하라는 이장의 지시를 받는다. 대회 전날 황만근은 민 씨와 술을 마시며 농사에 대한 소신을 밝힌다. 대회가 끝났음에도 돌아오지 않던 황만근은 일주일 후에 유해로 돌아온다. 백 리 길을 경운기를 끌고 갔다가 사고가 나 동사하고 만 것이다. 평소 황만근을 긍정적으로 평가해 왔던 민 씨는 그를 위해 묘비명을 쓰고 다시 도시로 돌아간다.

▷ 일등급 정리 ◁

1. 인물의 특성

황만근	모자라지만 이타적이고 자기희생적인 인물. 전통 사회의 인간형
(❷　　　)	이기적이고 이해타산적인 인물. 개인주의가 만연한 현대 사회의 인물형
민 씨	외지에서 마을로 귀농한 인물. 황만근과 마을 사람들을 객관적으로 평가함.

2. '전(傳)'의 양식 계승

'전(傳)'은 교훈이 될 만한 사람의 행적을 기록하고 그에 대한 (❸　　　　)을 덧붙이는 전통적 서사 형식이다. 이 작품 역시 '황만근'의 일생을 재구성하여 서술하고 있다는 점에서 '전'의 양식을 창조적으로 계승하고 있다고 볼 수 있다.

01
| 서술상의 특징 파악 |

이 글의 서술상 특징으로 가장 적절한 것은?

① 작중 인물들의 대화를 통해 사건을 전달하고 있다.

② 작품 속의 서술자가 관찰한 내용을 서술하고 있다.

③ 장면에 따라 서술자를 달리하여 입체감을 주고 있다.

④ 극적인 반전¹을 통해 작품의 분위기를 고조시키고 있다.

⑤ 섬세한 인물 묘사를 통해 성격을 간접적으로 제시하고 있다.

02 `학력평가` `기출`
| 소재의 서사적 기능 이해 |

㉮의 서사적 기능으로 가장 적절한 것은?

① 황만근의 성품을 드러내며 민 씨와 이장의 갈등을 야기²한다.

② 이장의 행동 변화를 유도하여 사건 해결의 실마리를 제시한다.

③ 과거의 사건과 연결되어 민 씨의 피할 수 없는 운명을 암시한다.

④ 대립하던 마을 사람들이 화해하여 위기를 극복하는 계기를 마련한다.

⑤ 민 씨로 하여금 현실과 이상의 괴리³를 깨닫게 하여 현실에 안주하게 한다.

03
| 구절의 의미 파악 |

㉠~㉤에 대한 설명으로 적절하지 않은 것은?

① ㉠: 황만근이 돌아오지 않은 것이 술 때문이라는 이장의 생각이 깔려 있다.

② ㉡: 이장은 투쟁 방침을 내세우며 자신의 책임을 회피하고 있다.

③ ㉢: 이장은 당시의 상황을 핑계로 자신의 행동을 변호하고 있다.

④ ㉣: 민 씨는 도리에 어긋난 이장의 행동을 비판하고 있다.

⑤ ㉤: 이장은 경제적 지위를 앞세워 자신의 열세를 만회하려 하고 있다.

04
| 작품의 내용 파악 |

이 글을 통해 알 수 있는 내용으로 적절하지 않은 것은?

① 민 씨는 도시에 있다가 귀농한 사람이다.

② 민 씨는 황만근을 바보라고 생각하지 않는다.

③ 황만근의 경운기는 다른 사람들이 몰 수 없다.

④ 이장은 황만근의 실종을 대수롭지 않게 여기고 있다.

⑤ 이장은 자신이 맡은 책무 때문에 투쟁 방침을 지키지 못했다.

05 `학력평가` `기출`
| 외적 준거에 따른 감상 |

〈보기〉를 참고하여 이 글을 감상할 때 적절하지 않은 것은?

> 보기
>
> 이 작품은 투쟁 방침을 지키기 위해 위험을 무릅쓰고 경운기를 타고 농민 궐기 대회에 갔다가 돌아오던 중 결국 경운기 사고로 죽은 황만근의 일대기를 그리고 있다.
>
> 이 작품 속에서 민 씨는 궐기 대회 전날 밤 황만근이 자신에게 했던 말을 다음과 같이 술회하고 있다.
>
> 「"농사꾼은 빚을 지마 안 된다 카이." / "기계화 영농 카더이마 집집마다 바퀴 달린 기계가 및이나 되나. 깅운기, 트랙터, 콤바인, 이앙기, 거다 탈곡기, 건조기에…… 다 빚으로 산 기라. 농사지 봐야 그 빚 갚느라고 정신 없다." / "그런 기 다 쌀값에 언차진다. 언차져야 하는데 사실로는 수매하마 먹고살기 간당간당한 돈을 준다. 그 대신에 빚을 준다. 자금을 대 준다 카는데 둘 다 안 했으마 좋겠다. 둘 다 농사꾼을 바보 멍텅구리로 만든다." ……」
>
> 농민으로서 진솔한 삶을 살아 온 황만근의 안타까운 죽음은 현실을 살아가는 우리에게 많은 것을 생각하게 한다.

① 황만근의 희생으로 마을 사람들이 갈등을 해소하고 화해에 이르는 과정을 보여 주고 있다.

② 농사를 짓기 위해 농기계를 사느라 빚을 지고 힘겹게 살아가는 농민들의 실상을 그리고 있다.

③ 원칙을 지키다 죽은 황만근의 모습은 원칙을 지키는 사람이 손해를 보는 현실을 돌아보게 한다.

④ 힘겨운 농민의 삶을 개선하기 위한 체계적이고 장기적인 영농⁴ 정책이 없는 현실을 드러내고 있다.

⑤ 마을 사람들에게 반편이로 취급받던 황만근이 농민으로서 확고한 신념을 가진 인물임을 알 수 있다.

문제 속 어휘&개념

▫ **반전(反轉):** 일의 형세가 뒤바뀜.
　예 우리는 위기를 <u>반전</u>의 기회로 삼아야 한다.

▫ **야기(惹起):** 일이나 사건 따위를 끌어 일으킴.
　예 회사 측의 무성의한 태도가 노사 갈등을 <u>야기</u>했다.

▫ **괴리(乖離):** 서로 어그러져 동떨어짐.
　예 현실과 이상은 언제나 <u>괴리</u>가 있기 마련이다.

▫ **영농(營農):** 농업을 경영함.
　예 그는 일찌감치 기계화 <u>영농</u>을 시작했다.

IV

고전 소설

고전 소설

핵심 개념 1 고전 소설의 개념과 특징

① 고전 소설의 개념

■ 설화와 같은 고대 서사 문학을 바탕으로 조선 시대에 생겨난 산문 문학의 한 종류로, 갑오개혁(1894년) 이전까지 창작된 옛 소설을 이르는 말

② 고전 소설의 특징

주제	착한 사람은 복을 받고 악한 사람은 벌을 받는다는 권선징악(勸善懲惡), 인과응보(因果應報)의 가치관을 드러내는 경우가 많음.
구성	• 시간의 흐름에 따라 사건을 전개하는 평면적 구성 • 주인공이 태어나 죽을 때까지의 내용을 다루는 일대기적 구성
인물	• 성격의 변화가 없는 평면적 인물과 특정 집단의 성격을 대표하는 전형적 인물이 주로 등장함. • 중심인물은 대부분 뛰어난 능력과 빼어난 외모를 지닌 재자가인(才子佳人)형 인물임. • 대체로 전형적인 선인과 악인이 대립하는 양상을 보임.
사건	• 우연적인 만남이나 상황에 의해 사건이 발생함. • 비현실적인 사건, 전기적(傳奇的)인 요소가 나타남.
배경	• 시간적 배경은 대부분 분명하지 않음. • 공간적 배경은 우리나라, 중국, 또는 비현실적인 공간인 경우가 많음.
시점	작품 밖의 서술자가 모든 것을 알고 이야기를 전달하는 전지적 작가 시점이 대부분임.
결말	주인공이 고난과 시련을 모두 이겨 내고 행복해지는 결말
작가	미상인 경우가 많음.
서술	• 작품 밖의 서술자가 사건에 개입하여 자신의 생각을 직접 표출하는 서술자의 개입이 자주 나타남. • 판소리계 소설 등에서는 언어유희, 과장 등의 방법으로 웃음을 유발하는 풍자적, 해학적인 표현이 자주 나타남.

> 길동이 점점 자라 여덟 살이 되자, 총명하기가 보통이 넘어 하나를 들으면 백 가지를 알 정도였다. 〈중략〉
> 주문을 외우니, 홀연히 검은 구름이 일어나며 큰비가 물을 퍼붓듯이 쏟아지고 모래와 자갈이 날리었다. 특재가 정신을 가다듬고 살펴보니 길동이었다. 재주가 대단하다고는 여기면서도 '어찌 나를 대적하리오.' 하고 달려들면서 소리쳤다. 〈중략〉
> 왕이 나라를 다스린 지 삼십 년만에 갑자기 병이 들어 세상을 떠나니 나이가 칠십이 세였다. 두 왕비도 곧이어 죽으니 조상의 무덤에 함께 안장한 뒤, 세자가 즉위하여 대대손손 태평성대를 누리며 살았다.
> – 허균, 〈홍길동전〉

⇨ • 인물: 뛰어난 능력을 지닌 주인공 '길동'이 등장함.
　• 사건: 길동이 도술을 부리는 비현실적이고 전기적(傳奇的)인 사건이 나타남.
　• 결말: 고난을 이겨 내고 행복한 결말을 맞이함.

✓ **개념 체크**

01 고전 소설의 일반적인 특징으로 적절하지 않은 것은?

① 대체로 비극적인 결말을 맺는다.
② 시간의 흐름에 따라 사건이 전개된다.
③ 평면적이고 전형적인 인물이 등장한다.
④ 권선징악적 주제를 드러내는 작품이 많다.
⑤ 초현실적이거나 기괴한 사건들이 발생하기도 한다.

02 다음 작품에 나타난 특징으로 알맞은 것은?

> 한 아름다운 여인이 들어왔다. 나이는 열다섯이나 열여섯쯤 되어 보였다. 머리는 곱게 땋아 내렸고 화장을 엷게 했는데, 용모와 자태가 아름다워서 마치 하늘의 선녀나 바다의 여신과도 같아 바라보고 있자니 위엄이 느껴졌다.
> – 김시습, 〈만복사저포기〉

① 행복한 결말을 맺는다.
② 구체적인 배경이 제시된다.
③ 비현실적인 사건이 일어난다.
④ 권선징악의 주제가 드러난다.
⑤ 재자가인형 인물이 등장한다.

03 다음 작품에 나타난 특징으로 알맞은 것은?

> 이때 원수 동에 번듯 서장을 베고 남으로 가는 듯 북장을 베고 좌충우돌하여 적장 오십여 명을 한 칼로 소멸하고 본진으로 돌아올 새.
> – 작자 미상, 〈홍계월전〉

① 과거와 현재가 교차하고 있다.
② 해학적 표현을 사용하고 있다.
③ 비현실적인 사건이 제시되고 있다.
④ 사건을 병렬적으로 구성하고 있다.
⑤ 서술자가 자신의 생각을 직접 드러내고 있다.

▶ 정답과 해설 33쪽

핵심 개념 ② 고전 소설에 자주 나오는 구성 방식

❶ 일대기적 구성
① 주인공의 일생 동안의 일에 초점을 맞추어 서술하는 구성
② '고귀한 혈통 – 비정상적 출생 – 비범한 능력 – 어렸을 때의 위기 – 조력자의 구출과 양육 – 성장 후의 위기 – 고난 극복과 승리'의 구조에 따라 내용이 전개됨.

<유충렬전>에 나타난 영웅 서사 구조

고귀한 혈통	개국 공신의 후예인 유심의 아들로 태어남.
비정상적 출생	부모가 산천에 기도하여 늦게 아들을 얻음.
비범한 능력	천상 신선의 적강이므로 비범함.
어렸을 때의 위기	간신 정한담의 박해로 죽을 위기에 처함.
조력자의 구출과 양육	강희주에게 구출되어 사위가 되고 노승을 만나 도술을 배움.
성장 후의 위기	외적의 침입과 정한담의 반란으로 국가적 위기를 맞음.
고난 극복과 승리	반란을 평정하고 헤어졌던 가족과 만나 부귀영화를 누림.

❷ 환몽 구성
① '현실 – 꿈 – 현실'의 구조로 이루어진 구성
② '꿈'은 현실에서 얻지 못한 것을 얻거나, 채우지 못한 욕망을 채우는 공간

"사부가 어이 정도로 소유를 인도치 아니하고 환술로 서로 희롱하느뇨."
말을 떨구지 못하여서 구름이 걷히니 호승이 간 곳이 없고 좌우를 돌아보니 여덟 낭자가 또한 간 곳이 없는지라. 정히 경황하여 하더니, 그런 높은 대와 많은 집이 일시에 없어지고 제 몸이 한 작은 암자 중의 한 포단(蒲團) 위에 앉았으되, 향로에 불이 이미 사라지고, 지는 달이 창에 이미 비치었더라. – 김만중, 〈구운몽〉

➪ 불제자인 성진이 **꿈속**에서 세상의 온갖 부귀영화를 누리다가, **꿈에서 깨어** 인간의 부귀영화는 일장춘몽에 불과하다는 진리를 깨닫게 된다는 내용을 담은 작품

❸ 적강 구성
① 주인공이 천상계에서 죄를 짓고 지상계로 추방당하는 내용으로 이루어진 구성
② 주인공은 대개 시련을 겪다가 자신의 죗값을 치르고 다시 천상계로 올라감.

"오늘 묘시(卯時)에 붉은 도포를 입은 선관이 내려와 이르기를, '남두성이 옥황상제께 득죄하여 십 년 동안 허물을 쓰고 세상을 보지 못하게 하였는데, 죄악이 다 끝났다.' 하고, 허물을 벗겨 방 안에 두고 이르기를, '이 허물을 가져갈 것이로되 네 부모께 뵈어 확실한 자취를 알게 하라.' 하고 갔사오니, 소자가 보자기를 벗고 보온즉 허물이 곁에 놓여 있고 책 세 권이 놓였사오니, 십 년 불효를 어찌 다 아뢰리이까?" – 작자 미상, 〈김원전〉

➪ **천상계**에서 옥황상제께 죄를 지어 수박 형상을 하고 **인간계**에 태어난 '소년(김원)'이, 허물을 벗고 아귀를 퇴치하여 잡혀간 공주를 구출한다는 내용을 담은 작품

04 영웅의 일대기 구조를 지닌 소설에서 주인공의 특징으로 적절하지 않은 것은?
① 고귀한 혈통을 타고난다.
② 비범한 능력을 지니고 있다.
③ 고난을 극복하고 승리한다.
④ 어렸을 때 위기를 겪게 된다.
⑤ 남의 도움 없이 위기를 극복한다.

05 다음의 상황에 어울리는 한자 성어는?

정신이 황홀하여 오랜 후에 비로소 제 몸이 연화 도량 성진 행자인 줄 알고 생각하니, 처음에 스승에게 수책하여 풍도로 가고 인세에 환도하여 양가의 아들 되어 장원 급제 한림학사 하고 출장입상하여 공명신퇴하고 두 공주와 여섯 낭자로 더불어 즐기던 것이 다 하룻밤 꿈이라. – 김만중, 〈구운몽〉

① 오매불망(寤寐不忘)
② 이심전심(以心傳心)
③ 일장춘몽(一場春夢)
④ 전전반측(輾轉反側)
⑤ 허장성세(虛張聲勢)

06 다음 작품에서 주인공이 천상계의 존재였음을 알 수 있는 말을 찾아 쓰시오.

이때 김원의 나이가 열 살이었다. 원이 마음속에 생각하되, '내가 무슨 죄악으로 10세가 되도록 허물을 벗지 못하고, 어느 시절에 세상을 구경하리오.' 하고 차탄하기를 마지 아니하였다. 〈중략〉
"남두성(南斗星)아, 네 죄악이 다하였으매 옥황상제께서 나를 보내시어 네가 쓰고 있는 보자기를 벗기고 오라 하시매 내가 이곳에 와서 보자기를 벗기고 가노라." – 작자 미상, 〈김원전〉

핵심 개념 3 고전 소설의 유형

1 애정(염정) 소설

■ 남녀 간의 사랑과 이별을 주제로 하는 소설로, 〈운영전〉을 제외하고는 대개 시련을 극복하고 사랑의 결실을 맺는 구조임. 예 〈운영전〉, 〈숙영낭자전〉, 〈숙향전〉

> 저는 봉한 편지를 구멍 사이로 던졌습니다. 진사는 편지를 주워 집으로 돌아가서 뜯어보고는 슬픔을 이기지 못해 편지를 차마 손에서 놓지 못했답니다. 그리워하는 정이 지난날보다 곱절이 되어 버틸 수 없을 지경이었고, 답장을 보내고자 하나 전할 방도가 없는지라 홀로 수심에 잠겨 탄식할 뿐이었지요. — 작자 미상, 〈운영전〉
>
> ⇨ 궁녀 운영과 선비 김 진사의 비극적인 사랑을 다룬 애정 소설

2 영웅·군담 소설

■ 비범한 인물의 영웅적인 삶을 다룬 소설로, 전쟁을 승리로 이끌어 나라를 위기에서 구하는 영웅의 활약상을 그림. 예 〈유충렬전〉, 〈조웅전〉, 〈임경업전〉

> 원수 달려들어 한담의 목을 산 채로 잡아들고 말에서 내려 천자 앞에 엎드리니, 이때 천자 백사장에 엎어져서 반생반사 기절하여 누워 있거늘, 원수 붙잡아 앉히고 정신을 진정한 후에 엎드려 주왈,
> "소장이 도적을 함몰하고 한담을 사로잡아 말에 달고 왔나이다." — 작자 미상, 〈유충렬전〉
>
> ⇨ 주인공 유충렬이 고난을 극복하고 위기에 처한 가문과 국가를 구하는 과정을 그린 소설

3 풍자 소설

■ 부정적 인물들의 무능과 위선을 비판하고 풍자하는 소설로, 당대 현실의 모순을 선명하게 드러냄. 예 〈호질〉, 〈양반전〉

> "궁한 양반이 시골에 묻혀 있어도 무단(武斷)을 하여 이웃의 소를 끌어다 먼저 자기 땅을 갈고 마을의 일꾼을 잡아다 자기 논의 김을 맨들 누가 감히 나를 괄시하랴. 너희들 코에 잿물을 들이붓고 머리끄덩을 회회 돌리고 수염을 낚아채더라도 누구 감히 원망하지 못할 것이다." — 박지원, 〈양반전〉
>
> ⇨ 조선 후기 양반들의 무능력과 위선적인 생활 태도를 폭로하고 비판한 한문 소설

4 사회 소설

■ 주인공이 사회적 모순이나 제도적 한계와 맞섬으로써 사회 구조와 제도를 비판하는 소설 예 〈홍길동전〉, 〈전우치전〉

> 조정에 벼슬하는 이들은 권세를 다투기에만 눈이 붉고 가슴이 탈 뿐이요, 백성의 질고(疾苦)는 모르는 듯 내버려 두니 뜻있는 이는 팔을 뽑아내어 통분함이 이를 길 없더니, 우치 또한 참다 못하여 그윽이 뜻을 결단하고 집을 버리며 세간을 헤치고 천하를 집을 삼고 백성으로 하여금 몸을 삼으려 하였다. — 작자 미상, 〈전우치전〉
>
> ⇨ 전우치가 부패한 무리를 벌하고 가난한 백성을 도와준다는 내용을 담은 소설

개념 체크

07 다음 작품 중, 유형이 다른 하나는?
① 〈조웅전〉
② 〈서동지전〉
③ 〈유충렬전〉
④ 〈소대성전〉
⑤ 〈임경업전〉

08 다음 작품 중, 결말 구조가 다른 하나는?
① 〈운영전〉
② 〈박씨전〉
③ 〈심청전〉
④ 〈홍길동전〉
⑤ 〈사씨남정기〉

09 다음 작품에 대한 감상으로 가장 적절한 것은?

> 군수는 그 양반이 가난해서 갚을 힘이 없는 것을 딱하게 여기고 차마 가두지 못했지만 무슨 도리도 없었다.
> 양반 역시 밤낮 울기만 하고 해결할 방도를 찾지 못했다. 그 부인이 역정을 냈다.
> "당신은 평생 글 읽기만 좋아하더니 고을의 환곡을 갚는 데는 아무런 도움이 안 되는군요. 쯧쯧 양반, 양반이란 한 푼어치도 안 되는 걸." — 박지원, 〈양반전〉

① 생활 능력이 없는 양반을 비판하고 있어.
② 남편을 비웃는 부인의 탐욕을 비판하고 있어.
③ 가난을 막지 못하는 사회 제도를 비판하고 있어.
④ 노력하지 않고 대가를 바라는 세태를 풍자하고 있어.
⑤ 원칙대로 행동하지 않는 군수의 우유부단함을 풍자하고 있어.

5 몽자류 소설

■ 중심인물이 꿈속에서 새로운 삶을 체험한 뒤 꿈에서 깨어나 깨달음을 얻는 구조의 소설로, 제목에 '몽(夢)'자가 붙음. 예 〈구운몽〉, 〈옥련몽〉, 〈옥루몽〉

> 양창곡이 정신을 집중하여 자세히 살피니, 한 소년 장군이 쌍검을 짚고 표연히 들어와서 촛불 아래에 섰다. 놀라서 살펴보니 분명히 아득한 저승으로 생사의 길 이별하고 오롯한 마음으로 자나깨나 잊지 못하던 강남홍이었다.
> — 남영로, 〈옥루몽〉
>
> ⇨ 천상계의 존재인 양창곡이 꿈속에서 인간 세계의 부귀영화를 누린다는 내용의 소설

6 가정 소설

■ 가족 사이의 갈등 관계, 처첩 간의 갈등, 계모의 학대 등 가정 내 불화와 그 극복 과정을 다룬 소설 예 〈창선감의록〉, 〈사씨남정기〉, 〈장화홍련전〉

> 자고로 여자가 나쁜 마음을 먹으면 못할 일이 없는 법이라. 십랑은 교 씨를 위해 남자를 유혹하는 방법을 알려 주었다. 이후로는 한림이 교 씨에게 푹 빠져 종전의 모습을 잃었다. 사 씨는 미심쩍은 구석이 있다고 생각했지만 별 수 없어 그냥 두고 보았다. 교 씨는 사 씨를 시기하여 한림에게 여러 번 비방을 했지만 여의치 못하자 조바심이 들어 다시 십랑을 불러 물었다.
> — 김만중, 〈사씨남정기〉
>
> ⇨ 조선 시대 일부다처제의 가부장적 사회에서 일어나는 처첩 간의 갈등을 다룬 가정 소설

7 우화 소설

■ 동물이나 식물 등을 의인화하여 인간 사회의 결함이나 부조리를 비판하고 풍자하는 소설 예 〈장끼전〉, 〈서동지전〉

> 장끼 고집 끝끝내 굽히지 아니하니 까투리 할 수 없이 물러났다. 그러자 장끼란 놈 얼룩 꽁지깃 펼쳐 들고 꾸벅꾸벅 고개짓하며 조츰조츰 콩을 먹으러 들어가는구나. 반달 같은 혓부리로 콩을 꽉 찍으니 두 고패 둥그러지며 머리 위에 치는 소리 박랑사중에 저격시황 하다가 버금수레 맞히는 듯 와지끈 뚝딱 푸드드득 푸드드득 어찌할 수 없이 치었구나.
> — 작자 미상, 〈장끼전〉
>
> ⇨ 꿩을 의인화하여 남성 중심의 유교 윤리를 풍자한 우화 소설

8 판소리계 소설

■ 구전되던 이야기가 판소리 사설을 거쳐 소설로 정착된 것으로, 서민들의 익살과 해학, 소망 등을 담고 있음. 예 〈심청전〉, 〈흥부전〉, 〈춘향전〉

> "자네 이 말을 천기누설 하지 마소. 읍내를 가서 환곡 호방을 보았더니 나를 보고, '병영으로 매품 팔러 가려오?' 하기에, 돈 삼십 냥 받고 별도로 마삯 닷 냥까지 받아 왔네."
> 흥보 아내 이 말 듣고,
> "애고, 이게 웬 말이오. '하늘은 복록이 없는 사람은 내지 않고 땅은 이름 없는 풀을 키우지 않는다.'고 하옵나니, 모진 목숨 사는 대로 살 것이지 남의 죄로 매 맞을까. 마오 마오, 가지 마오."
> — 작자 미상, 〈흥부전〉
>
> ⇨ 형제간의 우애와 권선징악이라는 주제를 해학적으로 표현한 판소리계 소설

✔ 개념 체크

10 다음 작품 중, 소설의 문체가 다른 하나는?

① 〈흥부전〉　② 〈심청전〉
③ 〈춘향전〉　④ 〈임진록〉
⑤ 〈별주부전〉

11 다음 작품의 영향을 받은 고전 소설의 유형을 쓰시오.

> 이리하여 서로 작별하고 길을 떠나려 하는데 꿈에서 깨었다. 타다 남은 등잔불은 깜박거리고 밤도 이제 새려고 한다. 아침이 되었다. 수염과 머리털은 모두 희어졌고 망연히 세상일에 뜻이 없었다. 괴롭게 살아가는 것도 이미 싫어졌고 마치 한평생의 고생을 다 겪고 난 것과 같아 재물을 탐하는 마음도 얼음 녹듯이 깨끗이 없어졌다.
> — 작자 미상, 〈조신의 꿈〉

12 다음 부분에 나타난 특징으로 적절하지 않은 것은?

> "그렇지. 볼기 구실 들어 보소. 이내 몸이 정승 되어 평교자(平轎子)에 앉아 볼까, 육판서 하였으면 초헌(軺軒) 위에 앉아 볼까, 〈중략〉 풍류 호걸 되어 기생집에 앉아 볼까, 서울 이름난 기생 되어 가마 안에 앉아 볼까, 많은 돈 벌어 부담마(負擔馬)에 앉아 볼까, 쓸데없는 이내 볼기 놀려 무엇 한단 말인가. 매품이나 팔아 먹세."
> — 작자 미상, 〈흥부전〉

① 서술자가 사건에 개입하여 상황을 판단하고 있다.
② 대구와 반복, 열거를 통해 독자에게 흥미를 주고 있다.
③ 신체 부위를 소재로 하여 해학적 효과를 거두고 있다.
④ 간단하게 할 수 있는 말을 장황하게 늘여서 표현하고 있다.
⑤ 자신의 볼기짝이 쓸모없음을 들어 매품팔이가 최선임을 말하고 있다.

핵심 개념 4 필수 한자 성어

각골통한(刻骨痛恨)	뼈에 사무칠 만큼 원통하고 한스러움.
감언이설(甘言利說)	귀가 솔깃하도록 남의 비위를 맞추거나 이로운 조건을 내세워 꾀는 말
결초보은(結草報恩)	죽은 뒤에라도 은혜를 잊지 않고 갚음.
경거망동(輕擧妄動)	경솔하여 생각 없이 망령되게 행동함.
고장난명(孤掌難鳴)	외손뼉만으로는 소리가 울리지 아니한다는 뜻으로, 혼자의 힘만으로 어떤 일을 이루기 어려움을 이르는 말
고진감래(苦盡甘來)	쓴 것이 다하면 단 것이 온다는 뜻으로, 고생 끝에 즐거움이 옴을 이르는 말
괄목상대(刮目相對)	눈을 비비고 상대편을 본다는 뜻으로, 남의 학식이나 재주가 놀랄 만큼 부쩍 늚을 이르는 말
구사일생(九死一生)	죽을 고비를 여러 차례 넘기고 겨우 살아남.
근묵자흑(近墨者黑)	먹을 가까이하는 사람은 검어진다는 뜻으로, 나쁜 사람과 가까이 지내면 나쁜 버릇에 물들기 쉬움을 이르는 말
기호지세(騎虎之勢)	호랑이를 타고 달리는 형세라는 뜻으로, 이미 시작한 일을 중도에서 그만둘 수 없는 경우를 이르는 말
내우외환(内憂外患)	나라 안팎의 여러 가지 어려움
다기망양(多岐亡羊)	갈림길이 많아 잃어버린 양을 찾지 못한다는 뜻으로, 두루 섭렵하기만 하고 전공하는 바가 없어 끝내 성취하지 못함을 이르는 말
동병상련(同病相憐)	어려운 처지에 있는 사람끼리 서로 가엾게 여김.
동분서주(東奔西走)	사방으로 이리저리 몹시 바쁘게 돌아다님.
동상이몽(同床異夢)	겉으로는 같이 행동하면서도 속으로는 각각 딴생각을 하고 있음.
막역지우(莫逆之友)	허물이 없이 아주 친한 친구
명재경각(命在頃刻)	거의 죽게 되어 곧 숨이 끊어질 지경에 이름.
물아일체(物我一體)	외물(外物)과 자아, 객관과 주관, 또는 물질계와 정신계가 어울려 하나가 됨.
방약무인(傍若無人)	곁에 사람이 없는 것처럼 아무 거리낌 없이 함부로 말하고 행동하는 태도가 있음.
백골난망(白骨難忘)	남에게 큰 은덕을 입었을 때 고마움의 뜻으로 이르는 말
백척간두(百尺竿頭)	몹시 어렵고 위태로운 지경
분기탱천(憤氣撑天)	분한 마음이 하늘을 찌를 듯 격렬하게 북받쳐 오름.
사고무친(四顧無親)	의지할 만한 사람이 아무도 없음.
사면초가(四面楚歌)	아무에게도 도움을 받지 못하는, 외롭고 곤란한 지경에 빠진 형편
사필귀정(事必歸正)	모든 일은 반드시 바른길로 돌아감.
설상가상(雪上加霜)	눈 위에 서리가 덮인다는 뜻으로, 난처한 일이나 불행한 일이 잇따라 일어남을 이르는 말
수구초심(首丘初心)	고향을 그리워하는 마음

개념 체크

13 ㉠의 심정을 표현하기에 가장 적절한 한자 성어는?

> "어머니 어머니, 나를 낳고 초칠일 안에 죽었으니 지금까지 십오 년을 얼굴도 모르오니 ㉠천지간 끝없이 깊은 한이 갤 날이 없었습니다.
> – 작자 미상, 〈심청전〉

① 각골통한(刻骨痛恨)
② 물아일체(物我一體)
③ 이심전심(以心傳心)
④ 진퇴양난(進退兩難)
⑤ 천우신조(天佑神助)

14 ⓐ의 상황을 가장 잘 나타낸 것은?

> 삼대의 죽음을 보고 ⓐ적진이 대경 황망하여 일시에 도망하거늘 원수와 강장이 본진에 돌아와 승전고를 울리니 여러 장수와 군졸이 치하하며 모두 즐기더라. – 작자 미상, 〈조웅전〉

① 경거망동(輕擧妄動)
② 동분서주(東奔西走)
③ 분기탱천(憤氣撑天)
④ 적반하장(賊反荷杖)
⑤ 혼비백산(魂飛魄散)

15 ㉠의 상황을 가장 잘 드러낸 것은?

> 비장이 감사께 여쭈되,
> "㉠ 추월에게 설욕하고 춘풍도 찾삽고 호조 돈도 거두어 받으니 은혜 감축 무지하온 중, 소인 몸이 외람되이 존중한 처소에 오래 있삽기 죄송하여 떠날 줄로 아뢰나이다."
> – 작자 미상, 〈이춘풍전〉

① 근묵자흑(近墨者黑)
② 백척간두(百尺竿頭)
③ 설상가상(雪上加霜)
④ 순망치한(脣亡齒寒)
⑤ 일거양득(一擧兩得)

순망치한(脣亡齒寒)	입술이 없으면 이가 시리다는 뜻으로, 서로 이해관계가 밀접한 사이에 어느 한쪽이 망하면 다른 한쪽도 그 영향을 받아 온전하기 어려움을 이르는 말
어부지리(漁夫之利)	두 사람이 이해관계로 서로 싸우는 사이에 엉뚱한 사람이 애쓰지 않고 가로챈 이익
어불성설(語不成說)	말이 조금도 사리에 맞지 아니함.
역지사지(易地思之)	처지를 바꾸어서 생각하여 봄.
연목구어(緣木求魚)	나무에 올라가서 물고기를 구한다는 뜻으로, 도저히 불가능한 일을 굳이 하려 함을 이르는 말
오리무중(五里霧中)	무슨 일에 대하여 방향이나 갈피를 잡을 수 없음.
오매불망(寤寐不忘)	자나 깨나 잊지 못함.
오월동주(吳越同舟)	서로 적의를 품은 사람들이 한자리에 있게 된 경우나 서로 협력하여야 하는 상황을 이르는 말
온고지신(溫故知新)	옛것을 익히고 그것을 미루어서 새것을 앎.
이실직고(以實直告)	사실 그대로 고함.
이심전심(以心傳心)	마음과 마음으로 서로 뜻이 통함.
일거양득(一擧兩得)	한 가지 일을 하여 두 가지 이익을 얻음.
임기응변(臨機應變)	그때그때 처한 사태에 맞추어 즉각 그 자리에서 결정하거나 처리함.
자승자박(自繩自縛)	자기가 한 말과 행동에 자기 자신이 옭혀 곤란하게 됨.
자화자찬(自畫自讚)	자기가 한 일을 스스로 자랑함.
적반하장(賊反荷杖)	도둑이 도리어 매를 든다는 뜻으로, 잘못한 사람이 아무 잘못도 없는 사람을 나무람을 이르는 말
전화위복(轉禍爲福)	재앙과 근심, 걱정이 바뀌어 오히려 복이 됨.
절치부심(切齒腐心)	몹시 분하여 이를 갈며 속을 썩임.
조변석개(朝變夕改)	아침저녁으로 뜯어고친다는 뜻으로, 계획이나 결정 따위를 일관성이 없이 자주 고침을 이르는 말
좌고우면(左顧右眄)	앞뒤를 재고 망설임.
중구난방(衆口難防)	막기 어려울 정도로 여럿이 마구 지껄임.
중언부언(重言復言)	이미 한 말을 자꾸 되풀이함.
진퇴양난(進退兩難)	이러지도 저러지도 못하는 어려운 처지를 이르는 말
천우신조(天佑神助)	하늘이 돕고 신령이 도움.
풍수지탄(風樹之嘆)	효도를 다하지 못한 채 어버이를 여읜 자식의 슬픔을 이르는 말
함구무언(緘口無言)	입을 다물고 아무 말도 하지 아니함.
호가호위(狐假虎威)	남의 권세를 빌려 위세를 부림.
호사다마(好事多魔)	좋은 일에는 흔히 방해되는 일이 많음.
혼비백산(魂飛魄散)	몹시 놀라 넋을 잃음.
환골탈태(換骨奪胎)	사람이 보다 나은 방향으로 변하여 전혀 딴사람처럼 됨.

✔ **개념 체크**

16 ⓐ를 나타낸 말로 가장 적절한 것은?

이후로 임금은 곤드레만드레 취하여 정사를 폐하게 되었다. 그러나 순은 ⓐ입을 굳게 다문 채 그 앞에서 간언할 줄 몰랐다. — 임춘, 〈국순전〉

① 어불성설(語不成說)
② 이실직고(以實直告)
③ 중구난방(衆口難防)
④ 중언부언(重言復言)
⑤ 함구무언(緘口無言)

17 ㉠과 같은 상황을 나타낼 수 있는 말로 가장 적절한 것은?

그해 겨울, 여유문이 병들어 죽었다. 또다시 ㉠의탁할 곳이 막막하게 된 최척은 강호(江湖)를 떠돌며 두루 명승지를 유람하였다. — 조위한, 〈최척전〉

① 다기망양(多岐亡羊)
② 사고무친(四顧無親)
③ 전화위복(轉禍爲福)
④ 좌고우면(左顧右眄)
⑤ 호사다마(好事多魔)

18 ⓐ의 상황을 가장 잘 나타낸 것은?

특이 십여 일 만에 일어나 말했습니다.
"제가 혼자 산 속에서 지키고 있는데 많은 도적들이 갑자기 들이닥쳤습니다. ⓐ박살날 것 같아 죽을힘을 다해 달아나 겨우 목숨을 보존하게 되었습니다.
— 작자 미상, 〈운영전〉

① 내우외환(內憂外患)
② 명재경각(命在頃刻)
③ 오리무중(五里霧中)
④ 자승자박(自繩自縛)
⑤ 호가호위(狐假虎威)

[앞부분의 줄거리] 이생과 최 씨는 우여곡절 끝에 사랑을 이루지만, 홍건적의 난이 일어나 집이 불타고 최 씨가 죽는다. 폐허가 된 집에 돌아온 이생은 최 씨가 나타나자 죽은 사람인지 알면서도 함께 살기로 한다.

어느덧 몇 년이 지났다. 어느 날 저녁 여인이 이생에게 말하였다.

"세 번이나 가약을 맺었지만, 세상일이란 뜻대로 되지 않는 것 같습니다. 즐거움도 다하기 전에 슬픈 이별이 갑자기 닥쳐왔습니다."

그리고 슬피 우는 것이었다. 이생이 놀라 그 <u>연유</u>를 물으니 여인이 대답하기를,
_{일의 까닭}

"저승길은 피할 수 없습니다. ㉠<u>하느님께서 저와 낭군의 연분이 끊어지지 않았고 또 전생에 아무런 죄도 짓지 않았다면서, 이 몸을 환생시켜 당신과 잠시라도 시름을 풀게 해 주었지요.</u> 그러나 제가 오랫동안 인간 세상에 머물면서 산 사람을 미혹할 수는 없답니다."

▶ 저승으로 돌아가야 함을 알리는 최 씨

그리고 나서 시녀에게 명하여 술상을 마련하게 하고 <u>옥루춘곡(玉樓春曲)</u>에 맞추어
_{이별의 정한을 노래한 악곡}
노래를 지어 부르며 이생에게 술을 권했다.

[A]
도적 떼 밀려와 처참한 싸움터에 / 떼죽음을 당하니 원앙도 짝 잃었네.

여기저기 흩어진 백골 누가 묻어 주리. / 피투성이 떠도는 혼은 하소연도 할 곳 없네.

슬프다 이 내 몸은 무산 선녀 될 수 없고 / 깨진 거울 다시 갈라지니 마음만 쓰라리네.

이제 작별하면 둘 다 아득하여 / 저승과 이승 사이 소식조차 막히리라.

눈물을 삼키느라 목소리를 제대로 내지 못했고, 이생도 슬픔을 이기지 못했다.

"나도 차라리 부인과 함께 저승으로 가겠소. 어찌 쓸쓸히 남은 인생을 살겠소. 난리를 겪고 난 후 친척과 <u>노복</u>들이 뿔뿔이 흩어지고 돌아가신 부모님의 유골이 들판
_{종살이를 하는 남자}
에 널렸을 때에도 부인이 아니었더라면 누가 능히 장사를 지내 주었겠소. 〈중략〉 원컨대 사람의 세상에 오래 머물다가 백 년이 지난 후 함께 죽는 것이 어떻겠소?"

여인이 말하기를,

"낭군의 수명은 남아 있으나 저는 이미 저승의 <u>명부</u>에 오른 몸이라 오래 있을 수가
_{관계자의 이름을 적은 장부}
없습니다. 만약 인간 세상에 미련을 둔다면 그것은 하늘의 율법을 어기는 것입니다. 그 죄는 제 한 몸뿐만 아니라 낭군님에게까지 미칠 것입니다. 다만 베풀어 주시겠다면 저의 유골을 거두어 비바람 맞지 않게 해 주십시오."

두 사람은 서로 마주 보며 눈물을 흘렸다.

"낭군님 부디 안녕히 계십시오."

▶ 운명에 따라 저승으로 떠나는 최 씨

말을 마치자 점차 사라져 마침내 자취가 없어졌다. 이생은 여인의 유골을 거두고 부모의 무덤 곁에 장사를 치러 주었다. 장사가 끝난 후 이생은 부인에 대한 지극한 애정 때문에 병을 얻어 몇 개월 만에 죽게 되었다.

▶ 최 씨를 그리워하다 생을 마감한 이생

– 김시습, 〈이생규장전〉

만점 노트

김시습, 〈이생규장전〉

• **갈래** 애정 소설, 전기 소설, 명혼 소설
• **배경** 시간 – 고려 공민왕 때
　　　　　 공간 – 송도(개성)
• **주제** 죽음을 초월한 남녀 간의 사랑
• **특징**
　① (❶　　　　　)적이고 신비로운 내용을 다룸.
　② '만남 – 이별'을 반복하는 구조로 이루어짐.

〉전체 줄거리〈

송도에 사는 이생은 어느 날 담 너머로 최씨 집안의 아름다운 처녀를 보게 된다. 사랑에 빠진 두 사람은 부모의 반대로 만나지 못하게 되고, 최랑은 상사병에 걸린다. 결국 부모의 허락을 받아 두 사람은 혼인을 한다. 그 후 홍건적의 난 때 이생은 겨우 목숨을 건지지만 최랑은 정조를 지키다 죽고 만다. 집으로 돌아온 이생은 죽은 아내의 환신을 만나고 두 사람은 행복하게 산다. 3년이 지난 어느 날 최랑은 이생에게 영원한 이별을 고하고 자신의 유골을 거두어 장사 지낼 것을 부탁한다. 아내의 장사를 지낸 후 이생 역시 병들어 아내의 뒤를 따라 죽는다.

〉일등급 정리〈

1. '만남 – 이별'의 반복 구조

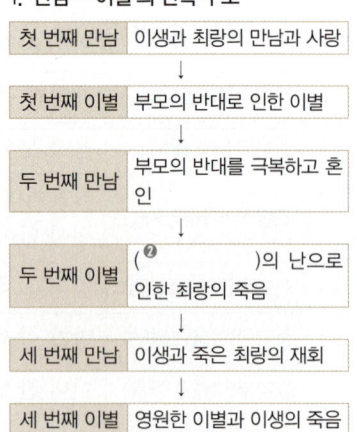

첫 번째 만남	이생과 최랑의 만남과 사랑
첫 번째 이별	부모의 반대로 인한 이별
두 번째 만남	부모의 반대를 극복하고 혼인
두 번째 이별	(❷　　　　)의 난으로 인한 최랑의 죽음
세 번째 만남	이생과 죽은 최랑의 재회
세 번째 이별	영원한 이별과 이생의 죽음

2. 작품에 드러난 작가의 생사관

최 씨가 죽어서도 이생과의 만남을 이어 가지만 끝내는 저승으로 가야 함.

사람이 죽으면 영혼이 잠시 이승에 머물 수도 있지만 끝내는 이승에서 사라짐.
→ 이승과 저승의 엄연한 구분

01
| 작품의 종합적 감상 |

이 글에 대한 설명으로 적절하지 않은 것은?

① 인물과 세계의 갈등이 드러나 있다.

② 생사(生死)를 초월한 남녀 간의 사랑을 그리고 있다.

③ 전기적(傳奇的)▣인 사건에 의해 내용이 전개되고 있다.

④ 거듭되는 시련과 맞서 싸워 운명을 개척하는 인물들을 형상화하고 있다.

⑤ 만남과 이별, 행복과 불행의 구조가 교차되면서 독자의 흥미를 끌고 있다.

02
| 작품의 내용 파악 |

이 글을 통해 알 수 있는 내용으로 적절하지 않은 것은?

① 여인은 난리 중에 목숨을 잃었다.

② 이생과 여인은 세 번의 만남과 이별을 거듭하였다.

③ 이생은 부모의 유골과 여인의 유골을 함께 수습하였다.

④ 죽은 사람의 영혼이 오랫동안 이승에 머물 수는 없었다.

⑤ 초월적 존재가 여인을 환생시켜 이생과 만날 수 있게 하였다.

03
| 삽입시의 의미 파악 |

[A]에 대한 설명으로 가장 적절한 것은?

① 여인이 이생과 헤어져야만 하는 이유를 밝히고 있다.

② 여인과 이생이 내세에 다시 만날 것임을 암시하고 있다.

③ 여인이 저승으로 돌아가면서 이생에게 당부하는 내용이 담겨 있다.

④ 여인이 처한 상황을 비유적으로 표현하여 여인의 정서를 드러내고 있다.

⑤ 여인이 이생과의 행복했던 지난날을 회상하면서 이별의 슬픔을 가라앉히고 있다.

04 [학력평가] [기출]
| 장면의 의미 파악과 적용 |

〈보기〉는 '도미 설화'의 서사 구조이다. ⓐ~ⓔ 중, 이야기의 성격이 ⓐ과 유사한 것은?

―――――――― 보기 ――――――――

ⓐ 도미의 아내가 절행(節行)이 있어 사람들이 칭찬하자, 개루왕이 이를 듣고 시험하고자 도미의 아내를 유혹했다.

ⓑ 도미의 아내가 계집종을 단장하여 왕의 처소에 들게 하자, 왕이 속은 줄을 알고 노하여 도미의 두 눈을 빼고 배에 태워 강물에 띄웠다.

ⓒ 개루왕이 다시 도미의 아내를 겁탈하려 하자, 그녀는 목욕을 하고 오겠다고 속이고 도망하여 강가에 이르렀다.

ⓓ 도미의 아내가 하늘을 우러러 통곡하자, 별안간 한 척의 배가 나타났고, 그녀는 천성도에 가서 남편을 만났다.

ⓔ 도미와 도미의 아내는 고구려로 가서 여생을 마쳤다.

――――――――――――――――――――

① ⓐ ② ⓑ ③ ⓒ ④ ⓓ ⑤ ⓔ

05 [수능] [기출]
| 상황에 맞는 한자 성어 찾기 |

이 글로 알 수 있는 전체 사건의 줄거리를 요약하여 한자 성어와 연결해 보았다. 한자 성어의 쓰임이 잘못된 것은?

―――――――― 보기 ――――――――

▶ 두 차례의 이별과 해후

▶ 불행의 연속 ―――――――― ① 설상가상(雪上加霜)
  ◦ 집이 병화(兵火)▣에 불탐.
  ◦ 부모와 최 씨가 죽음.

▶ 회상 : 꿈 같은 과거 ――――― ② 일장춘몽(一場春夢)
  (최 씨와의 생활)

▶ 최 씨 혼령의 등장

▶ 행복한 생활 ―――――――― ③ 결초보은(結草報恩)
  ◦ 금실 좋게 함께 지냄.

▶ 행복한 생활의 파국 ――――― ④ 흥진비래(興盡悲來)
  ◦ 이생과 최 씨의 인연이 다함.

▶ 최 씨 사라짐. ―――――――― ⑤ 회자정리(會者定離)
  ◦ 최 씨의 유골을 거두어 장사 지냄.

▶ 이생의 죽음

――――――――――――――――――――

문제 속 어휘&개념

▣ **전기적(傳奇的)**: 현실에서 일어날 수 없는 기이하고 신기한 이야기가 나오는 것을 말한다. 귀신과 인연을 맺는다거나 도술을 사용한다거나 하는 내용이 이에 해당한다.

▣ **병화(兵火)**: 전쟁으로 인해 발생하는 화재
  예 병화로 온 마을이 다 타 버렸다.

[앞부분의 줄거리] 한림학사 유연수는 사 씨와 혼인하나, 9년이 넘도록 아이가 없자 교 씨를 첩으로 들인다. 천성이 간악한 교 씨는 정실이 되기 위해 사 씨를 참소한다.

유 한림은 두(杜) 부인 ⓐ모자를 집으로 초청했다. 큰 잔치를 열어 전별하려는 것
　　　　　　　　　　　　　　　　　　　　　　　　　잔치를 베풀어 작별함.
이었다. 두 부인은 그 자리에 사 씨가 없는 것을 보고는 ㉠온종일 언짢은 표정을 짓고

있다가 마침내 한림에게 말했다.

"ⓑ오라버니께서 세상을 떠나신 후로 ⓒ조카님을 의지해 지내 왔네. 이제 만 리

먼 작별을 앞두고 내가 한 마디 부탁을 하려고 하네."

유 한림은 무릎을 꿇고 물었다. / "무슨 말씀이신지요?"

"다른 일이 아니라 바로 사 씨 문제라네. 사 씨는 오라버니께서 아끼던 사람으로

성품이 본래 근실하고 신중하네. 그에게 죄과가 없으리라는 것은 백 번이라도 보
　　　부지런하며 진실하고
장할 수 있지. 내가 떠난 후 다른 사람이 무슨 말을 해도 절대 그대로 믿지 말게.

설혹 그의 잘못을 눈으로 직접 보았더라도 반드시 내게 편지를 보내 의논해 주게.

㉡부디 가볍게 처리하지 말게나." / "삼가 가르침을 받들겠습니다."
　　　　　　　　　　　　　　　　　　　　　　　▶ 사 씨를 염려하며 유 한림에게 당부하는 두 부인
두 부인이 이어서 시비를 돌아보며 물었다.
　　　　　　　　　곁에서 시중을 드는 계집종
"ⓓ부인은 어디 계시냐? 내 직접 가 보아야겠다."

시비는 두 부인을 모시고 사 씨가 있는 곳으로 갔다. 사 씨는 누추한 방에 거적을
　　　　　　　　　　　　　　　　　　　　　　　　　　　짚 따위를 엮어 자리처럼 만든 물건
깔고 있어 보기에도 처참했다. 나무 비녀와 베치마에 다북쑥처럼 헝클어진 머리를 하

고 있는데, ㉢몸은 초췌하여 의복도 이기지 못할 듯했다.

사 씨는 두 부인을 맞아 절을 올린 후 말했다.

"숙숙께서 영귀하여 멀리 떠나시지요. 그러나 돌아보건대 저는 상복을 입은 사람
　　두 부인의 아들을 가리킴.
이고 또한 씻을 수 없는 죄명을 지고 있어, 감히 뜰에 나가 경하 드리며 떠나시는

길을 바라볼 수 없습니다. 집에 오셨다는 말을 들었지만 또한 나가서 뵈올 수가 없

었습니다. ㉣이생에서는 다시 존안을 대할 날이 없을 듯하여 무궁한 한으로 여기

고 있었는데, 뜻밖에도 부인께서 이 누추한 곳까지 왕림하셨습니다."
　　　　　　　　　　　　　　　　　남이 자기 있는 곳으로 찾아옴을 높여 이르는 말
"오라버니께서 임종하실 때 한림을 내게 부탁하셨지. 그 말씀이 아직도 귀에 남아 있
　　　　　　　　죽음을 맞이함.
네. 내가 조카를 잘 인도하지 못한 탓에, 자네를 이 지경에 이르게 했어. 모두 내 허

물일세. 그런데 내가 몇 해 전에 자네에게 했던 말을 혹시 지금도 기억하고 있는가?"

사 씨는 다시 절을 하고 대답했다.

"마음속에 깊이 간직하고 있습니다. 어찌 잊을 날이 있겠습니까? 제가 눈은 있으

나 사람을 알아보지 못하여 이 지경에 이르렀습니다. ㉤어찌 감히 하늘을 원망하

고 사람을 탓할 수 있겠습니까?" 〈중략〉　　▶ 작별을 앞두고 사 씨를 걱정하는 두 부인과 사 씨의 회한

마침내 한림은 화를 벌컥 냈다.

"투부가 처음에 저주를 했을 때, 나는 부부의 정의를 생각하여 차마 적발할 수가
　질투심이 많은 여자. 사 씨를 가리킴.
없었지. 그 후 신성현에서 더러운 행실을 한 단서가 이미 드러났을 때에도 죄를 물

김만중, 〈사씨남정기〉

• **갈래** 가정 소설, 풍간 소설
• **배경** 시간 - 중국 명나라 초기
　　　　 공간 - 중국 북경 금릉 순천부
• **주제** 사 씨의 높은 덕성과 권선징악(勸善
　懲惡)
• **특징**
　① 숙종이 인현 왕후를 폐위한 사건을
　　(❶　　　　)하기 위해 쓴 일종의
　　목적 소설임.
　② (❷　　　　　　)이라는 당대의 윤
　　리관을 드러냄.
　③ 처첩 간의 갈등을 소재로 한 최초의
　　가정 소설로, 후대 가정 소설의 모
　　범이 됨.

〉일등급 정리〈

1. 등장인물의 성격

사 씨 (사정옥)	유 한림의 본처. 현모양처이며 고매한 인품을 지닌 선인(善人)의 전형
교 씨 (교채란)	유 한림의 첩. 간교하고 사악하며 자신의 이익을 위해 수단과 방법을 가리지 않는 악인(惡人)의 전형
유 한림 (유연수)	봉건적 사고방식을 지닌 인물로, 본성은 착하나 판단력이 부족함.

2. 작품에 드러난 사회·문화적 상황

〈사씨남정기〉	사회·문화적 상황
오래도록 후사가 없자 사 씨가 유 한림에게 첩을 들일 것을 권함.	첩을 들이는 것이 일반적이었으며, 여인은 투기하지 않아야 했음.
본처인 사 씨가 아이를 낳지 못하자 교 씨를 첩으로 들여 아들을 낳게 함.	가문의 대가 끊기면 안 되기 때문에 첩을 들여서라도 아들을 낳아야 했음.
사 씨가 아들을 낳자 불안해하던 교 씨가 사 씨를 모함하여 쫓아냄.	축첩 제도 때문에 처첩 간의 갈등이나 적서 차별 문제가 나타남.

지 않았어. 지금 또 이렇게 세상에 보기 드문 흉악한 짓을 하다니…… ⓔ이 사람
을 집안에 그대로 둔다면 조상께서 제사를 받지 않으시고, 자손도 완전히 끊어질
거야. 날이 밝으면 일가들을 모아 사당에 고한 후에 투부를 내칠 것이네. 그리고
자네를 부인으로 삼을 것이야.”

교 씨는 눈물을 거두며 대답했다. / “그같이 조치하시다니…… 이제 첩의 원한이
거의 풀렸습니다. 하지만 부인의 자리를 첩이 어찌 감당하겠습니까?”

▶ 교 씨의 흉계에 빠져 사 씨를 내쫓기로 결심한 유 한림

01
| 서술상의 특징 파악 |

이 글에 대한 설명으로 적절하지 않은 것은?

① 한 집안을 배경으로 하여 사건을 전개하고 있다.
② 역순행적 구성을 통해 사건을 입체적으로 조명하고 있다.
③ 전형적 인물▪ 간의 갈등을 중심으로 이야기를 진행하고 있다.
④ 대화를 통해 주인공이 위기에 처하게 될 것임을 예고하고 있다.
⑤ 등장인물의 선악 대결과 삼각 관계를 통해 흥미를 유발하고 있다.

02
| 작품의 내용 파악 |

이 글의 내용을 잘못 이해한 것은?

① 유 한림의 아버지는 사 씨를 매우 아꼈다.
② 사 씨는 두 부인 전별 잔치에 참석하지 않았다.
③ 유 한림은 사 씨가 더러운 행실을 했다고 의심했다.
④ 두 부인은 유 한림에게 사 씨를 의심하지 말라고 당부했다.
⑤ 교 씨는 사 씨를 내쫓지 않는다면 자손이 끊어질 것이라고 모함했다.

03
| 지시 대상의 의미 파악 |

ⓐ～ⓔ가 지시하는 대상이 바르지 않은 것은?

① ⓐ: 두 부인과 그 아들   ② ⓑ: 유 한림의 아버지
③ ⓒ: 유 한림   ④ ⓓ: 사 씨
⑤ ⓔ: 교 씨

04
| 작품에 반영된 현실 추론 |

이 글을 바탕으로 당시의 사회 · 문화적 상황을 추론한 내용으로 적절하지 않은 것은?

① 귀족이 종을 부리는 봉건적 계급 사회였다.
② 본처와 첩의 지위에 차등이 있는 사회였다.
③ 남편이 아내를 내쫓을 수도 있는 가부장제▪ 사회였다.
④ 남편이 부인을 여럿 취할 수 있는 일부다처제 사회였다.
⑤ 자식을 낳지 못하면 여자가 시집에서 내쫓기는 사회였다.

05 수능 기출
| 구절의 의미 파악 |

㉠～㉤에 대한 이해로 적절하지 않은 것은?

① ㉠: 사 씨가 곤경에 빠져 있는 것에 대한 불만을 드러내고 있다.
② ㉡: 사 씨 문제를 제대로 처리하지 못할지도 모른다는 우려가 반영되어 있다.
③ ㉢: 낡고 해진 옷을 입고 있는 사 씨의 모습을 그리고 있다.
④ ㉣: 자신의 처지를 절망적으로 바라보는 사 씨의 생각이 드러나 있다.
⑤ ㉤: 잘못된 상황을 자신의 탓으로 돌리는 사 씨의 태도를 드러내고 있다.

문제 속 어휘&개념

▪ **전형적(典型的) 인물**: 사회의 어떤 집단이나 계층의 공통적인 성격을 대표하는 인물

▪ **가부장제(家父長制)**: 가장이 강력한 권력을 가지고 안으로는 가족을 지배하고 통솔하며 밖으로는 가족을 대표하는 가족 형태

왕비가 웃으며 말했다. / "부인이 이곳에 오긴 오겠지만 아직 때가 멀었소. 남해 도인이 그대와 인연이 있으니 잠깐 <u>의탁</u>하게 될 것이오. 이 또한 하늘의 뜻이니라."
<small>어떤 것에 몸이나 마음을 의지하여 맡김.</small>

사 씨가 여쭈었다. / "남해라면 바다 끝으로 알고 있사옵니다. 첩에게는 탈 것이 없고 돈도 없는데 어찌 갈 수 있겠나이까?"

왕비가 말했다. / "조만간 길을 <u>인도</u>하는 자가 있을 것이니 조금도 염려 마라."
<small>길이나 장소를 안내함.</small>

이윽고 좌우에 앉아 있는 부인들을 하나하나 소개했다. 위국 부인 장강, 한나라의 <u>반첩여</u> 등이 있었다. 사 씨가 다소곳이 일어나 머리를 조아리고 말했다.
<small>춘추 전국 시대 위나라 장공의 아내</small>
<small>한나라 성제의 후궁</small>

"뜻밖에도 모든 부인님의 얼굴을 오늘 뵙게 되니 크나큰 영광입니다."

드디어 하직을 하고 여동의 인도를 받아 내려오는데, 걷었던 ㉠<u>주렴을 내리는 소리</u>가 요란하다. 이 소리에 놀라 몸을 일으키니 유모와 시비가 부인이 깨신다 하고 부르거늘 사 씨가 일어나 앉으니 이미 날이 저물었다. 멍한 정신이 한참 만에야 진정되었다. 입에서는 향기로운 냄새가 났고 왕비께서 하시던 말씀이 뚜렷했다. 유모에게 물었다.

▶ 꿈에서 왕비를 만나고 깨어난 사 씨

"내가 어디 갔다 왔느냐?"

유모와 시비가 답했다. / "부인께서 기절하는 바람에 소인들이 간호하여 이제야 깨어 나셨는데 어디를 가셨단 말입니까?"

사 씨가 <u>조금 전에 있었던 일</u>을 다 말하고 ㉡<u>대나무 수풀</u>을 가리키며 말했다.
<small>꿈속의 일</small>

"분명히 저 길로 갔다 왔으니 어찌 꿈이라 하리오. 믿지 못하겠다면 나를 따라오라."

그러고는 길을 찾아 대나무 수풀 뒤쪽으로 가니 <u>사당</u>이 하나 있었다. 현판이 걸려 있는데 황릉묘라고 쓰여 있었다. 분명 아황과 여영, 두 왕비의 묘로 ⓐ<u>꿈</u>에서 본 것과
<small>조상의 위패를 모셔 놓은 집</small>
<small>순임금의 두 왕비인 아황과 여영을 추모하기 위해 세운 사당</small>
같았다. 사당 안으로 들어가 살펴보니 두 왕비의 ㉢<u>초상화</u>가 걸려 있는데 꿈에서 본 것과 같았다. 이에 사 씨가 향을 피우고 절하며 말했다.

"첩이 왕비의 가르치심을 입어 훗날 좋은 시절을 만나서 영화를 누리게 된다면 어찌 그 은혜를 잊으리까?"

<u>분향</u>을 마친 후 앉아서 신세를 생각하니 슬픔이 밀려왔다. 시비를 시켜 묘지기 집
<small>향을 피움.</small>
에 가서 밥을 구해 와서는 세 사람이 나누어 먹었다. 이윽고 사 씨가 말했다.

"의지할 곳이 없으니 신령이 나를 놀리시는구나."

앞길이 막막하여 어쩔 줄 모르는 중 벌써 달이 밝았다. 세 사람이 방황하고 있는데 <u>묘문</u>으로 ㉣<u>두 사람</u>이 들어와 물었다.
<small>무덤 앞으로 들어가는 문</small>

"어려움을 만나 물에 빠지려 하시는 부인이 아니옵니까?"

사 씨가 눈을 들어 자세히 보니 한 명은 여승이고 다른 한 명은 여동이었다. 크게 놀라며 말했다. / "어찌 우리를 아는가?"

"우리는 동정 군산에 사는 사람인데 조금 전 꿈결에 관음보살께서 어진 여자가 화를 만나 날이 저물어 갈 곳을 몰라 방황하니 급히 황릉묘로 가서 구하라고 하셨습니다. 이에 ㉤<u>배를 저어 와서</u> 부인을 만나게 되었습니다."

▶ 자신을 인도할 여승과 여동을 만난 사 씨

– 김만중, 〈사씨남정기〉

〉 전체 줄거리 〈

중국 명나라 때 유현이라는 명신(名臣)의 아들로 태어난 유연수는 15세에 과거에 장원 급제해 한림학사를 제수받는다. 유연수는 덕성과 재학을 겸비한 사 씨와 혼인하나, 9년이 넘도록 아이가 없자 교 씨를 첩으로 들인다. 간악하고 시기심이 많은 교 씨는 아들을 낳자 정실이 되기 위해 사 씨를 참소하고, 결국 교 씨의 계략으로 사 씨가 쫓겨난다. 그리고 교 씨와 간통한 동청의 모함으로 유연수도 귀양을 가게 된다. 하지만 조정에서 유연수에 대한 혐의를 풀어 소환하고, 유연수를 모해한 동청을 처형한다. 사 씨와 해후한 유연수는 고향에 돌아와 교 씨를 찾아 처형하고, 사 씨를 다시 정실로 맞아 영화를 누린다.

〉 일등급 정리 〈

1. 작품의 창작 배경

인현 왕후를 폐출하고 장희빈을 중전으로 책봉한 (❶)의 잘못을 일깨워 주기 위해 쓴 풍간(諷諫) 목적의 소설로, 일부다처제의 축첩 제도를 비판하기 위한 의도도 나타남.

현실	〈사씨남정기〉
장희빈의 무고	교 씨의 모해
↓	↓
인현 왕후의 폐위	사 씨의 추방
↓	↓
인현 왕후의 복위	사 씨의 복권

2. 제목 '사씨남정기'의 의미

원래 제목은 '남정기(南征記)'로 사 씨와 유 한림이 모함으로 인해 '남쪽으로 쫓겨 간 이야기'라는 의미였는데, 그중 사 씨가 쫓겨난 사건을 강조하여 제목이 '사씨남정기(謝氏南征記)'로 바뀌었다. 첩의 모함으로 가정에서 쫓겨나는 정실부인의 모습과 간신배의 참소로 조정에서 쫓겨나는 사대부의 모습을 통해 당시 조선 사회의 모순을 비판하고 있다.

3. 가정 소설

가정사를 소재로 한 작품을 말한다. 처첩 간의 갈등이나 전처 소생과 후처 혹은 후처 소생과의 갈등을 그린 작품들이 여기에 속한다. 보통 처나 전처의 소생이 선인으로, 첩이나 후처 혹은 그 소생이 악인으로 묘사되어 벌을 받는 (❷)의 결말을 지니고 있다. 이것은 당시의 사대부들이 가진 적통주의(嫡統主義)를 드러내는 것이다.

01
| 서술상의 특징 파악 |

이 글에 대한 설명으로 가장 적절한 것은?

① 사건 전개에 비현실적 요소가 나타난다.
② 인물의 내면 심리가 세밀하게 묘사되어 있다.
③ 대화를 통해 인물 간의 갈등이 해소되고 있다.
④ 서술자가 직접 개입▪하여 생각을 드러내고 있다.
⑤ 배경 묘사를 통해 인물의 심리를 제시하고 있다.

02
| 소재의 의미 파악 |

㉠~㉤에 대한 설명으로 적절하지 않은 것은?

① ㉠: 사 씨가 꿈에서 현실로 돌아오는 계기가 된다.
② ㉡: 사 씨의 꿈이 현실과 연결되어 있음을 보여 준다.
③ ㉢: 사 씨가 꿈속에서 만났던 '부인들'의 초상이다.
④ ㉣: 꿈의 내용이 실현되리라는 것을 보여 주는 인물들이다.
⑤ ㉤: 여승이 사 씨를 남해로 인도하기 위한 수단이다.

03 학력평가 기출
| 외적 준거에 따른 감상 |

〈보기〉를 참고하여 이 글을 이해한 내용으로 적절하지 않은 것은?

> **보기**
>
> 　이 작품은 천상계([A])와 지상계([B])라는 공간, 그리고 그것을 매개하는 '꿈', '꿈결'과 같은 반(半)현실적 공간([C])이라는 세 개의 공간적 층위를 기반으로 한다. 이러한 공간 설정은 이야기 전개와 인물 형상화의 측면에서 중요한 서사적 기능을 하고 있다.

① [C]에서는 [A]의 뜻에 따라 [B]에서의 사건이 전개되는 방향을 '사 씨'에게 예고하고 있다.
② [C]의 '꿈'은 '사 씨'가 [B]에서 조력자▪를 만나게 될 것이라는 사실을 알려 주고 있다.
③ [C]의 '꿈'에서 일어난 사건은 '사 씨'가 [B]에서 느끼고 있는 미래에 대한 불안감을 심화하고 있다.
④ [B]의 존재인 '사 씨'가 [C]의 '꿈'에서 만나는 '장강', '반첩여' 등은 그녀의 현숙한 인물됨과 관련지을 수 있다.
⑤ [B]에서 '여승'이 '사 씨'를 돕기 위해 온 것은 [C]의 '꿈결'을 통해 [A]의 뜻이 작동한 것으로 볼 수 있다.

04
| 작품의 내용 파악 |

이 글의 내용에 대한 이해로 가장 적절한 것은?

① 사 씨는 황릉묘에서 두 왕비와 만나는 꿈을 꾸었다.
② 사 씨는 유모와 시비가 부르는 소리에 꿈에서 깨었다.
③ 사 씨는 꿈에서 깬 후 잠시 현실과 꿈을 분간하지 못했다.
④ 여승과 여동은 남해 도인의 명령을 받아 사 씨 일행을 찾아왔다.
⑤ 사 씨 일행은 황릉묘를 떠나 정처 없이 방랑하던 중에 여승 일행을 만났다.

05 수능 기출
| 소재의 비교 평가 |

ⓐ와 〈보기〉의 ⓑ에 대한 이해로 가장 적절한 것은?

> **보기**
>
> 　한림학사 유연수는 유배지에 도착하여 병에 걸리고 말았다. 병세는 날로 심해져 죽을 지경에 이르렀다. 하루는 흰 옷 입은 노파가 병(瓶)을 들고 와서 말했다.
> 　"상공의 병이 위독하니 이 물을 먹으면 좋아지리라."
> 　한림이 물었다.
> 　"그대는 누구인데 유배당한 사람의 병을 구하시오?"
> 　노파가 말했다.
> 　"나는 동정 군산에 사는 사람이로다."
> 　그러고는 병을 뜰 가운데 놓고 사라졌다. 한림이 놀라 일어나니 ⓑ꿈이었다.

① ⓐ와 ⓑ에는 모두 꿈을 꾼 주체를 돕는 역할을 하는 존재가 출현한다.
② ⓐ와 ⓑ에는 모두 꿈을 꾼 주체가 만나고 싶어 하던 역사적 인물이 등장한다.
③ ⓐ와 ⓑ에는 모두 꿈을 꾼 주체가 처한 고난이 심화될 것임을 암시하는 징표가 제시된다.
④ ⓐ에는 ⓑ에서와 달리, 꿈을 꾼 두 주체가 공유하고 있는 과거의 기억이 나타나고 있다.
⑤ ⓑ에는 ⓐ에서와 달리, 꿈을 꾼 주체의 출생 내력이 제시되어 있다.

문제 속 어휘&개념

▪ **서술자의 개입**: 작품 밖의 서술자가 자신의 생각을 직접 드러내는 것. 서술자가 인물의 행위와 동기에 대해 직접적으로 평가하거나 사건에 개입하여 견해를 제시한다.

▪ **조력자(助力者)**: 도와주는 사람
　예 부모님이 내 인생의 가장 큰 조력자이다.

[앞부분의 줄거리] 천상의 신선인 자미성과 익성은 백옥루 잔치에서 다툰 죄로 지상으로 내려온다. 자미성은 개국 공신의 후예인 유심의 아들 유충렬로, 익성은 정한담으로 태어난다.

정한담과 최일귀 두 사람이 이때를 타서 천자께 여쭈오되,

"폐하 즉위하신 후에 은덕이 온 백성에게 미치고 위엄이 온 세상에 진동하여 열국
여러 신하 나라, 제후국
제신이 다 조공을 바치되, 오직 ㉠토번과 가달이 강포함만 믿고 천명을 거스르니,
몹시 우악스럽고 사나움.
신 등이 비록 재주 없사오나 남적을 항복 받아 충신으로 돌아오면 폐하의 위엄이
남쪽의 오랑캐 – 토번과 가달
남방에 가득하고 소신의 공명은 후세에 전하리니, 엎드려 바라옵건대 폐하는 깊이

생각하옵소서."

천자 매일 남적이 강성함을 근심하더니, 이 말을 듣고 대희 왈,
크게 기뻐하며 말하기를
"경의 마음대로 기병하라." / 하시니라.   ▶ 토번과 가달을 정벌할 것을 주장하는 정한담
군사를 일으킴.
이때 유 주부 조회하고 나오다가 이 말을 듣고 천자 앞에 들어가 엎드려 주왈,
아뢰기를
"듣사오니 폐하께옵서 ㉡남적을 치라 하시기로 기병하신단 말씀이 옳으니이까?"

천자 왈, / "한담의 말이 여차여차하기로 그런 일이 있노라."
이러이러하기로 – 구체적인 내용을 생략할 때 쓰는 표현
주부 여쭈오되,

"폐하, 어찌 망령되게 허락하였습니까? 왕실은 미약하고 외적은 강성하니, 이는
㉢자는 범을 찌름과 같고 드는 토끼를 놓침이라. 한낱 ㉣새알이 천 근의 무게를
견디리까? 가련한 백성 목숨 백 리 사장(沙場) 외로운 혼이 되면 그것인들 아니 적
악(積惡)이리오. 엎드려 바라옵건대 황상은 기병치 마옵소서."
남에게 악한 짓을 많이 함.   황제, 천자   ▶ 토번과 가달의 정벌에 반대하는 유심
천자 그 말을 들으시고 여러 가지로 생각하던 차에, 한담과 일귀 일시에 합주하되,
한꺼번에 아뢰기를
"유심의 말을 듣사오니 죽여도 애석하지 않으니, 오국 간신과 같은 무리로소이다.

대국을 저버리고 도적놈만 칭찬하여 ㉤개미 무리를 대국에 비하고 한낱 새알을 폐

하에게 비하니, 일대의 간신이요 만고의 역적이라. 신 등은 저어하건대 유심의 말
염려하거나 두려워하건대
이 가달을 못 치게 하니 가달과 동심하여 내응이 된 듯하니 유심의 목을 먼저 베고

가달을 치사이다."

천자가 허락하니, / 한림학사 왕공렬이 유심 죽인단 말을 듣고 땅에 엎드려 주왈,

"주부 유심은 선황제 개국 공신 유기의 자손이라. 위인이 정직하고 일심이 충직
사람의 됨됨이
하오니 남적을 치지 말자는 말이 사리에 당연하옵거늘, 그 말을 죄라 하와 충신

[A] 을 죽이시면 태조 황제 사당 안에 유 상공을 배향하였으니 춘추로 제사 지낼 때
공신의 신주를 종묘에 모시는 일
에 무슨 면목으로 뵈오며, 유심을 죽이면 직간할 신하 없사올 것이니, 황상은 생
임금이나 웃어른에게 잘못된 일에 대하여 직접 말함.
각하와 죄를 용서하옵소서."

천자 이 말 듣고 한담을 돌아보니, 한담이 여쭈오되,

"유심을 죄하실진대 만 번 죽여도 애석하지 않으나 공신의 후예이오니, 죄목대로

다 못하오나 정배나 하사이다."
죄인을 지방이나 섬으로 보내 감시를 받으며 생활하게 하던 일
천자 "옳다." 하시고, / "황성 밖에 멀리 유배 보내라."   ▶ 정한담에게 모함을 받아 위기에 처한 유심

만점 노트

작자 미상, 〈유충렬전〉
• 갈래 영웅 소설, 군담 소설
• 배경 시간 – 중국 명나라 시대
　　　공간 – 명나라 조정과 대륙
• 주제 유충렬의 고난과 영웅적 행적
• 특징
① 영웅 소설의 전형적인 요소를 두루
　갖춤.
② (❶　　　　　) 후 청나라에 대
　한 적개심이 반영됨.
③ 천상계와 지상계의 이원적 공간을
　설정함.

〉일등급 정리〈
1. 등장인물의 성격

유충렬	천상계의 선을 대표했던 자미성으로, 적강하여 유심의 아들이 된 인물. 악인들과 싸워 물리치는 전형적인 영웅
정한담	천상계에서 자미성과 대립하던 익성으로, 적강하여 명나라의 간신이 된 인물. 적과 내통하여 역모를 꾀하다가 충렬에 의해 퇴치됨.
유심	유충렬의 아버지. 개국 공신의 후예로, 충성스럽고 강직한 인물

2. 영웅의 일대기 구조

고귀한 (❷　　)	개국 공신의 후예인 유심의 아들임.
비정상적 출생	부모가 산천에 기도하여 태어남.
비범한 능력	천상계에서 적강(謫降)하여 비범한 능력을 지님.
어렸을 때의 위기	간신 정한담의 박해로 죽을 위기에 처함.
구출과 양육	강희주를 만나 그의 사위가 되고, 노승을 만나 도술을 배움.
성장 후의 (❸　　)	강희주가 유배당하고, 정한담이 외적과 함께 반란을 일으킴.
극복과 승리	반란을 평정하고 부귀영화를 누림.

01
| 작품의 종합적 감상 |

이 글에 대한 설명으로 적절하지 <u>않은</u> 것은?

① 영웅의 일생을 다룬 군담 소설이다.

② 영웅 서사 구조를 충실하게 따르고 있다.

③ 필연적이고 인과적[*]인 사건 전개가 나타난다.

④ 천상계와 지상계의 이원적 공간을 설정하고 있다.

⑤ 병자호란에서의 패배를 설욕하려는 의도가 내재되어 있다.

02
| 인물의 성격 파악 |

이 글에 나타난 '천자'의 성격에 대한 설명으로 적절한 것은?

① 온순하고 침착하지만 신하들의 의견을 의심한다.

② 포악하고 권위적이어서 신하들의 의견을 묵살한다.

③ 가식적[*]이며 허풍이 세서 신하들의 의견을 무시한다.

④ 변덕스럽고 신경질적이나 신하들의 의견을 경청[*]한다.

⑤ 사리에 어둡고 줏대[*]가 없어 신하들의 의견에 휘둘린다.

03
| 지시 대상의 의미 파악 |

㉠~㉤ 중에서 의미하는 바가 <u>다른</u> 하나는?

① ㉠   ② ㉡   ③ ㉢   ④ ㉣   ⑤ ㉤

04 학력평가 기출
| 인물의 견해 파악 |

[A]에 나타난 '왕공렬'의 견해로 볼 수 <u>없는</u> 것은?

① 개국 공신의 후손을 죽여서는 안 된다.

② 유심은 정직하고 충성스러운 사람이다.

③ 토번과 가달을 토벌하는 것이 쉽지 않다.

④ 사당에 태조와 충신을 함께 모셔야 한다.

⑤ 바른 말을 하는 신하를 죽여서는 안 된다.

05 수능 기출
| 서사 구조의 이해 |

이 글의 내용을 〈보기〉와 같이 정리해 보았다. ㉠~㉣에 들어갈 말을 바르게 배열한 것은?

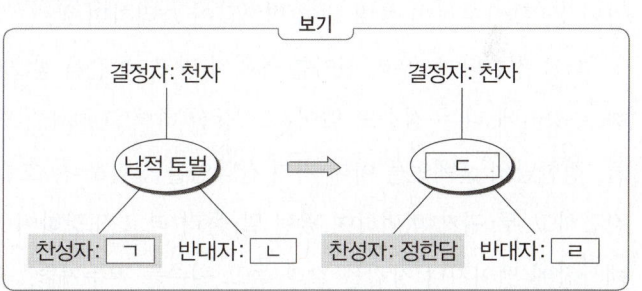

	ㄱ	ㄴ	ㄷ	ㄹ
①	유심	정한담	유심 처벌	왕공렬
②	유심	정한담	사당 참배	최일귀
③	정한담	유심	유심 처벌	왕공렬
④	정한담	유심	사당 참배	왕공렬
⑤	정한담	유심	조공 징수	최일귀

문제 속 어휘&개념

- **인과적(因果的)**: 어떤 일이나 현상의 원인과 결과 관계를 따지는 것
  - 예 두 사건이 <u>인과적</u>으로 연관되어 있지는 않다.
- **가식적(假飾的)**: 말이나 행동 따위를 거짓으로 꾸미는 것
  - 예 그의 말은 늘 <u>가식적</u>이기 때문에 사람들은 믿지 않는다.

- **경청(傾聽)**: 귀를 기울여 주의 깊게 들음.
  - 예 대화에서 가장 중요한 것은 <u>경청</u>이다.
- **줏대**: 자기의 처지나 생각을 꿋꿋이 지키고 내세우는 기질이나 기풍
  - 예 이편에 붙었다 저편에 붙었다 하지 말고 <u>줏대</u>를 지켜라.

[앞부분의 줄거리] 유심이 유배된 후, 아들 충렬은 정한담의 박해로 고난을 겪다가 영웅적 능력을 갖추게 된다. 정한담이 황제를 내쫓고 도성을 차지하자, 유충렬은 위기에 처한 천자를 구하고 대원수가 된다. 유충렬이 도성을 비운 사이, 천자는 다시 위기에 처하게 된다.

이때 대원수가 금산성에서 적 십만 병을 한칼에 무찌르고 바로 호산대에 득달하여 적병을 씨 없이 함몰코자 행하더니, 뜻밖에 월색이 희미하며 난데없는 ㉠빗방울이 원수 얼굴에 내리거늘, 원수 괴이히 여겨 말을 잠깐 머무르고 천기를 살펴보니, 도성에 살기 가득하고 천자의 자미성(紫微星)이 떨어져 ㉡번수 가에 비쳤거늘, 크게 놀라 발을 구르며 왈, / "이게 웬 변이냐?"

갑옷과 투구, 창검을 갖추고 ㉢천사마 위에 바삐 올라 산호 채찍을 높이 들어 채질하며 말에게 단단히 부탁하여 왈,

"천사마야, 너의 용맹 두었다가 이런 때에 아니 쓰고 어디 쓰리오. 지금 천자 도적에게 잡히어 목숨이 경각에 달려 있는지라. 순식간에 득달하여 천자를 구원하라."

천사마는 본디 천상에서 타고 온 비룡이라. 채질을 아니 하고 단단히 부탁하여 말해도, 비룡의 조화라 제 가는 대로 두어도 순식간에 몇 천 리를 갈 줄 모르는데, 하물며 제 임자 급한 말로 부탁하고 산호채로 채질하니, 어찌 아니 급히 갈까. 눈 한 번 깜짝이며 황성 밖을 얼른 지나 번수 가에 다다르니,

▶ 위기에 처한 천자를 구하려는 유충렬

이때 천자는 ㉣백사장에 엎어지고 한담은 칼을 들고 천자를 치려 하거늘, 원수 이때를 당하매 평생에 있는 기력과 일생에 지를 호통을 힘을 다해 지르고, 천사마도 평생 용맹을 이때에 다 부리고, 변화 좋은 장성검도 삼십삼천 어린 조화 이때에 다 부리니, 원수 닫는 앞에 귀신인들 아니 울며, 강산도 무너지고 하해도 뒤엎는 듯 혼백인들 아니 울리오. 온몸이 불빛 되어 벽력같이 소리하며 왈,

"이놈 정한담아, 우리 천자를 해치지 말고 내 칼을 받으라."

하는 소리에 나는 짐승도 떨어지고 강신 하백(江神河伯)도 넋을 잃어 용납지 못하거늘, 정한담의 혼백인들 아니 가며 간담인들 성할쏘냐. 호통 소리 지나는 곳에 두 눈이 캄캄하고 두 귀가 먹먹하여 탔던 말 둘러 타고 도망하여 가려다가, 형산마 거꾸러져 백사장에 떨어지니 창검을 갈라 들고 원수를 겨누거늘, 구만 청천 구름 속에 번개칼이 번쩍 하며 한담의 장창 대검이 부서지니, 원수 달려들어 한담의 목을 산 채로 잡아 들고 말에서 내려 천자 앞에 엎드리니, 이때 천자 백사장에 엎어져서 반생반사 기절하여 누워 있거늘, 원수 붙잡아 앉히고 정신을 진정한 후에 엎드려 주왈,

"소장이 도적을 함몰하고 한담을 사로잡아 말에 달고 왔나이다." / 하니, 천자 원수란 말을 듣고 벌떡 일어나서 보니 원수 엎드려 있는지라. 달려들어 목을 안고 왈,

"네가 일정 충렬이냐? 정한담은 어디 가고 네가 어찌 여기에 왔느냐? 내가 거의 죽게 되었더니, 네가 와서 살렸구나!"

하시었다. 원수 전후수말을 아뢴 후에 한담의 머리를 풀어 손에 감아 들고 천자와 함께 ㉤도성으로 돌아왔다.

▶ 천자를 구하고 정한담을 사로잡은 유충렬

– 작자 미상, 〈유충렬전〉

만점 노트

> 전체 줄거리 <

명나라 고관인 유심은 늦도록 자식이 없자 산천에 기도하여 신이한 태몽을 꾸고 아들 충렬을 얻는다. 충렬이 7세 때 역심을 품은 정한담, 최일귀 등이 유심을 모함하여 귀양 보내고, 그의 가족마저 죽이려 한다. 충렬은 강희주의 도움과 천우신조로 위기에서 벗어나고 강희주의 사위가 된다. 그러나 강희주마저 정한담에 의해 귀양을 가게 되고, 충렬은 백룡사의 노승을 만나 무술과 병법을 익힌다. 이때 남적과 북적이 명나라에 쳐들어오자, 정한담은 이들과 합세하여 천자를 공격한다. 그러나 충렬이 등장하여 단신으로 반란군을 제압한 다음, 잡혀진 황실 가족을 구출하고 아버지 유심과 장인 강희주도 구해 낸다. 이후 이별하였던 어머니와 아내를 다시 만나고, 충렬은 높은 벼슬에 올라 부귀영화를 누린다.

> 일등급 정리 <

1. 이원적 공간의 설정

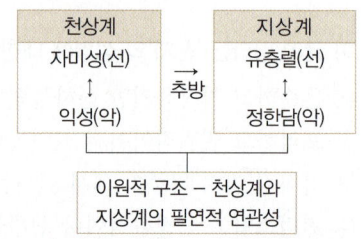

→ 천상계의 신선인 자미성(유충렬)과 익성(정한담)은 백옥루 잔치에서 싸운 죄로 지상계인 인간 세상으로 추방된다. 유충렬은 충신, 정한담은 간신으로 등장하여 천상계에서의 갈등이 지상계에서도 지속되는 (❶   ) 구조를 보인다.

2. 작품에 반영된 시대상

① 유충렬이 호국을 정벌하는 내용을 통해 병자호란 때 수모를 당한 민중의 보상 심리를 반영함.
② 충신인 유충렬이 승리하는 내용을 통해 당대의 지배적 가치관인 유교적 (❷   ) 사상을 반영함.
③ 당쟁으로 권력에서 밀려나 몰락한 계층의 명예 회복 의지를 반영함.

3. 작품에 드러난 고전 소설의 특징

① 권선징악: 선인과 악인의 대결에서 선인(유충렬)이 승리함.
② 서술자의 개입: 서술자가 직접 개입하여 견해를 드러냄.
③ 전형적 인물: 전형적인 영웅과 전형적인 간신이 등장함.
④ (❸   ) 요소: 주인공이 초인적인 활약을 펼침.

01
| 서술상의 특징 파악 |

이 글에 대한 설명으로 가장 적절한 것은?

① 시간적 배경을 묘사하여 사건의 사실성을 높이고 있다.
② 외양 묘사를 통해 인물의 내적 갈등을 보여 주고 있다.
③ 꿈과 현실을 교차하여 사건을 입체적으로 구성하고 있다.
④ 서술자가 빈번하게* 개입하여 주관적 견해를 드러내고 있다.
⑤ 초월적 공간을 설정하여 사건을 새로운 국면으로 전환하고 있다.

02
| 작품의 내용 파악 |

이 글로 미루어 알 수 있는 것은?

① 형산마는 천상에서 원수가 타던 비룡이다.
② 원수는 정한담의 머리를 베어 천자에게 바쳤다.
③ 천자는 체통*을 잃고 기절한 채 백사장에 누워 있었다.
④ 원수는 변수 가에서 강신 하백과 정한담을 단숨에 무찔렀다.
⑤ 원수는 호산대에서 적의 계략에 넘어가 함몰당할 위기에 빠졌다.

03
| 소재와 공간의 의미 이해 |

㉠~㉤에 대한 이해로 적절하지 않은 것은?

① ㉠: 주인공이 위급한 상황을 알아채는 계기가 된다.
② ㉡: 주인공이 부재*하는 사이에 천자가 위기에 처하는 공간이다.
③ ㉢: 주인공의 빠른 이동을 가능하게 하는 소재이다.
④ ㉣: 주인공의 영웅적 면모가 극대화되는 공간이다.
⑤ ㉤: 주인공에 의해 새로운 질서가 창출*될 공간이다.

04 수능 기출
| 작품의 내용 이해와 적용 |

이 글의 내용을 바탕으로 삽화를 그리려고 한다. 〈보기〉에서 이 글의 내용을 잘 반영한 것을 골라 바르게 묶은 것은?

〈보기〉

ㄱ. 유충렬이 천기를 살펴보는 호산대의 배경을 밝고 명랑한 분위기로 표현하여 앞으로의 승리를 예감할 수 있도록 한다.
ㄴ. 쓰러져 있는 천자에게서 무력함 또는 나약함을 느낄 수 있도록 한다.
ㄷ. 정한담을 향해 달려가는 천사마는 역동적이면서 용맹스러운 모습으로 그린다.
ㄹ. 장성검을 들고 진격하는 유충렬의 모습에서 천자를 구하고자 하는 강인한 의지가 엿보이도록 한다.
ㅁ. 달려오는 유충렬을 보고 도망가는 정한담의 표정에서 여유와 의연함이 드러날 수 있도록 그린다.

① ㄱ, ㄴ, ㅁ   ② ㄱ, ㄷ, ㄹ   ③ ㄱ, ㄷ, ㅁ
④ ㄴ, ㄷ, ㄹ   ⑤ ㄷ, ㄹ, ㅁ

05
| 서사 구조의 이해 |

〈보기〉와 같은 영웅 서사 구조를 고려할 때, 이 글에 제시된 내용에 해당하는 것은?

〈보기〉

ⓐ 주인공은 고귀한 혈통이지만 비정상적인 출생 과정을 겪는다.
ⓑ 어려서부터 탁월한 능력을 보인다.
ⓒ 성장 과정에서 적대자의 박해로 죽을 고비를 맞는다.
ⓓ 조력자나 양육자의 도움을 받아 위기에서 벗어난다.
ⓔ 다시 찾아온 위기를 영웅적 활약으로 극복하고, 위업을 달성한다.

① ⓐ   ② ⓑ   ③ ⓒ   ④ ⓓ   ⑤ ⓔ

문제 속 어휘&개념

■ **빈번(頻繁)하다**: 일어나는 횟수가 매우 잦다.
　예 최근 도난 사고가 <u>빈번하게</u> 발생하고 있다.
■ **체통(體統)**: 지체나 신분에 알맞은 체면
　예 그는 가장으로서의 <u>체통</u>을 잃지 않으려 노력했다.

■ **부재(不在)**: 그곳에 있지 아니함.
　예 어머니의 <u>부재</u>로 집안은 늘 썰렁했다.
■ **창출(創出)**: 전에 없던 것을 처음으로 생각하여 만들어 냄.
　예 새로운 시대에 걸맞는 정치 문화를 <u>창출</u>해야 한다.

[앞부분의 줄거리] 부모를 잃은 계월은 여공에게 구원된 뒤, 이름을 평국이라 고치고 여공의 아들 보국과 동문수학하여 과거에 급제한다. 전쟁에 나가 공을 세운 계월이 병이 나자 황제는 어의를 보내 치료한다.

이때에 평국이 병세 차차 나으매 생각하되, / '어의가 내 맥을 보았으니 본색이 탄로 날
지라. 이제 하릴없으니 여복으로 고쳐 입고 규중에 몸을 감추어 세월을 보냄이 옳다.'
하고, 즉시 남복을 벗고 여복 입고 부모님을 뵙고 흐느끼며 두 볼에 ㉠눈물이 흘러내
리거늘 부모도 눈물을 흘리며 위로하더라. 계월 비감하여 우는 모습은 추(秋) 구월 연
꽃이 가랑비를 머금은 듯 초승달이 구름에 잠긴 듯하며, 아리따운 모습은 당대에 제
일이라. 이때에 계월이 황제께 상소를 올렸거늘,

상이 보시니, / "한림학사 겸 대원수 좌승상 청주후 평국은 머리가 땅에 닿도록 거
듭 절하며 아뢰옵니다. ㉮신첩이 오세 이전에 장사랑의 난에 부모를 잃고 도적 맹
길을 만나 수중고혼(水中孤魂)이 되올 것을 여공의 덕으로 살아났사옵니다. 일념
에 생각하온즉 여자의 행색을 하여서는 규중에 늙어 부모의 해골을 찾지 못함이
되옵기로 여자의 행실을 버리고 남자의 복색을 하와 황상을 속이옵고 조정에 들었
사오니 신첩의 죄 죽어도 아깝지 않으며 큰 벌을 각오하고 있기에 유지와 인수를
올리옵나이다. 임금을 속인 큰 죄를 빨리 처벌해 주시옵소서."
▶ 천자에게 자신이 여자임을 밝히고 처분을 바라는 계월
하였거늘 천자 글을 보시고 용상을 치며 좌우를 돌아보아 왈,
"평국을 누가 여자로 보았으리오. 고금에 없는 일이로다. 비록 세상은 넓으나 문무
(文武)를 다 갖추어 갈충보국(竭忠報國)하고, 충효를 다하며 나가서는 장수가 되고
들어 와서는 재상이 될 만한 재주를 가진 이는 남자 중에도 없을 것이로다. 비록
여자나 벼슬을 어찌 거두리오." / 하시고 환관에게 명하여 유지와 인수를 도로 보
내시고 답장하였거늘 계월이 황공 감사하여 받아 보니,
"경의 상소를 보니 놀랍고 일변 장하도다. 충효를 다 갖추어 반적을 소멸하고 사직
을 보존한 것은 다 경의 하해 같은 덕이라. 짐이 어찌 여자라 허물하리오. 유지와
인수를 도로 보내니 추호도 염려하지 말고 경은 갈충보국하여 짐을 도우라."
하였거늘 계월이 사양하지 못하여 여복을 입고 그 위에 관복을 입고 부리던 제장 백
여 명과 군사 천여 명을 갑주를 갖추어 승상부 문밖에 진을 치고 있게 하니 그 위의
엄숙하더라.
▶ 계월이 여성임을 알고도 능력을 높이 평가하여 신임하는 천자

하루는 천자께서 위국공을 대궐로 들어오라 하여 말씀하셨다.

"짐이 원수의 상소를 본 뒤로 생각이 많도다. 평국의 혼인을 위해 짐이 중매를 서
고자 하는데, 그대의 뜻은 어떠한가?"

위국공이 엎드려 아뢰었다. / "신의 뜻도 그러하옵니다. 제가 평국에게 나아가 말
하겠지만, 평국의 배필을 누구로 정하려 하나이까?"

천자께서 말씀하셨다.

"평국과 함께 공부하던 보국으로 정하고자 하는데, 그대의 생각은 어떠한가?"
▶ 여성인 계월을 위해 혼인을 중매하는 천자

각주:
- 임금이나 왕족의 병을 치료하던 의원
- 달리 어떻게 할 도리가 없으니
- 처량하고 슬픈 느낌
- 물에 빠져 죽은 사람의 외로운 넋
- 임금이 신하에게 내리던 글과 도장과 병부 주머니
- 임금이 정무를 볼 때 앉던 평상
- 충성을 다하여서 나라의 은혜를 갚음.
- 나라와 조정
- 큰 강과 바다를 아울러 이르는 말
- 매우 적거나 조금인 것을 비유적으로 이르는 말
- 갑옷과 투구
- 위엄이 있고 엄숙한 태도나 차림새

만점 노트

작자 미상, 〈홍계월전〉
- **갈래** 여성 영웅 소설, 군담 소설
- **배경** 시간 – 중국 명나라 때
  공간 – 중국
- **주제** 여성인 홍계월의 영웅적 활약상
- **특징**
  ① 영웅 소설의 서사 구조를 지님.
  ② 남성보다 (❶   )한 능력을 지닌 여성이 영웅으로 등장함.
  ③ 남성 인물이 통념적인 남성상을 벗어나 나약한 모습으로 그려짐.

》일등급 정리 〈

1. 등장인물의 특징

계월(여성)
• 보국보다 능력이 뛰어남.
• 우월한 능력을 바탕으로 보국을 조롱하기도 하고 구해 주기도 함.
• 혼인을 한 뒤에도 영웅으로서의 능력을 지속적으로 발휘함.

↕ 갈등

보국(남성)
• 계월에 비해 능력이 부족함.
• 계월이 자신보다 우위에 서는 것을 못마땅해함.
• 남성의 권위를 내세워 계월에 대한 열등감을 만회하려 함.

2. 영웅의 일대기 구조

고귀한 혈통	명문거족인 이부시랑 홍무의 딸로 태어남.
비정상적 (❷)	어머니가 선녀의 꿈을 꾸고 잉태함.
비범한 능력	어렸을 때부터 비범한 능력을 보임.
어렸을 때의 위기	장사랑의 난이 일어나 부모와 헤어짐.
구출과 양육	여공에게 구출되어 평국으로 이름을 바꾼 후 보국과 함께 양육됨.
성장 후의 위기	여자라는 사실이 밝혀지고 (❸)과 갈등함.
극복과 승리	천자를 구하고 남편과 부귀영화를 누림.

01

| 서술상의 특징 파악 |

이 글에 대한 설명으로 적절하지 <u>않은</u> 것은?

① 시간의 흐름에 따라 이야기를 진행하고 있다.

② 서술자가 인물의 심리를 직접적으로 드러내고 있다.

③ 남장(男裝)이 사건 전개에 중요한 역할을 하고 있다.

④ 주어진 문제가 초월적[■] 조력자에 의해 해결되고 있다.

⑤ 인물의 대화와 행동을 중심으로 사건을 전개하고 있다.

02

| 작품의 내용 파악 |

이 글의 내용에 대한 이해로 가장 적절한 것은?

① 계월은 자신이 여자라는 사실을 끝까지 숨겼다.

② 천자는 계월의 문제를 처리하고자 신하들과 의논하였다.

③ 천자는 계월을 궁궐로 불러들여 계월의 마음을 달래 주었다.

④ 천자는 계월이 여자임을 알고도 벌하지 않고 보국과 혼인시키려 하고 있다.

⑤ 위국공은 자신과 미리 의논하지 않았다는 점을 들어 계월의 혼인을 반대하였다.

03

| 인물의 심리 파악 |

㉠에 대한 이해로 적절한 것은?

① 자신의 정체를 눈치 챈 어의에 대한 원통함의 눈물이다.

② 오랫동안 헤어져 있던 보국과 만나고 싶은 그리움의 눈물이다.

③ 천자를 속인 일 때문에 받아야 할 처벌에 대한 두려움의 눈물이다.

④ 부모의 곁을 다시 떠나야 한다는 사실에 대한 안타까움의 눈물이다.

⑤ 여성으로서의 사회적 속박[■]에 얽매여 살아야 하는 서러움의 눈물이다.

04

| 서사 구조의 이해 |

〈보기〉에 설명된 영웅 소설의 구조 중에서 ㉮에 나타나는 것은?

> ┤ 보기 ├
>
> 영웅 소설의 구조는 일반적으로 '고귀한 혈통 → ⓐ기이한 출생 → ⓑ비범한 능력 → ⓒ어려서의 위기 → ⓓ조력자의 구출과 양육[■] → ⓔ성장 후의 위기 → 고난 극복과 승리'로 이루어진다.

① ⓐ, ⓑ　　　　② ⓐ, ⓔ　　　　③ ⓑ, ⓒ

④ ⓒ, ⓓ　　　　⑤ ⓓ, ⓔ

05

| 작품에 반영된 현실 추론 |

이 글과 〈보기〉를 바탕으로 추론할 수 있는 당대의 사회상이 아닌 것은?

> ┤ 보기 ├
>
> 위국공이 물러 나와 계월을 불러 앉히고 천자께서 하교하신 말씀을 자세히 전하니 계월이 아뢰었다.
>
> "소녀의 마음은 평생을 홀로 늙으면서 부모 슬하에 있다가 죽은 후에 다시 남자가 되어 공자와 맹자의 행실을 배우고자 하는 것입니다. 하지만 근본이 밝혀져 천자의 하교가 이러하시고, 부모님도 슬하에 다른 자식이 없어 슬프게도 조상의 제사를 전할 곳이 없으니, 자식이 되어 부모의 명을 어찌 거역하며 천자의 하교를 어찌 배반하겠나이까? 하교대로 보국을 섬겨 여공의 은혜를 만분의 일이나마 갚을까 하오니 부친은 이 사연을 천자께 아뢰옵소서."

① 여성의 사회 활동이 제약을 받던 사회였다.

② 신하에게는 충의(忠義)가 중요시되던 사회였다.

③ 자식은 부모의 뜻을 따르는 것이 미덕인 사회였다.

④ 아내는 남편의 뜻에 따라야 하는 여필종부(女必從夫)[■]의 사회였다.

⑤ 공자와 맹자의 행실을 실천하면 남자로 태어난다는 내세관이 존재하던 사회였다.

문제 속 어휘&개념

■ **초월적(超越的):** 어떤 제한을 뛰어넘거나 경험과 인식의 범위를 벗어나는 것　◉ 그는 어려운 처지가 되면 <u>초월적</u>인 힘에 의지하려고 한다.

■ **속박(束縛):** 강압적으로 얽어매거나 제한함.
◉ 여자를 <u>속박</u>하는 과거의 인습은 청산되어야 한다.

■ **양육(養育):** 아이를 보살펴서 자라게 함.
◉ 부모가 세상을 뜨자 아이들의 <u>양육</u>은 친척들의 손에 맡겨졌다.

■ **여필종부(女必從夫):** 아내는 반드시 남편을 따라야 한다는 말
◉ 어머니는 <u>여필종부</u>라는 도덕관념에 얽매여 평생 아버지께 충실하셨다.

[앞부분의 줄거리] 천자는 계월을 보국과 혼인시키고, 보국은 여자라는 이유로 계월을 괄시한다. 이때 오왕과 초왕이 반란을 일으켜 쳐들어오자 계월은 원수로, 보국은 부하인 중군으로 출정한다.

천병만마를 즉시 조발하여 상림원에 진을 치고, 원수 친히 붓을 잡아 보국에게 전령
<u>군사로 쓸 사람을 강제로 뽑아 모음.</u>　　　　　　　　　　　　　　<u>명령을 전하여 보냄.</u>
하되, '지금 적병이 급하매 중군은 바삐 대령하여 군령을 어기지 말라.' 하였거늘, 보

국이 군령을 보고 분함을 이기지 못하여 부모께 여쭈오되,

"계월이 또 소자를 중군으로 부리려 하오니, 이런 일이 어디 있사오리까?"

여공이 말하기를, / "내 전일에 너더러 무엇이라 이르더냐. 계월을 괄시하다가 이런

일을 당하니 어찌 그르다 하리오. 국사가 지중(至重)하니 어찌할 수가 없음이라."

하고 바삐 감을 재촉하니 보국이 하릴없어 갑주를 갖추고 <u>진문</u>에 나아가 원수 앞에
　　　　　　　　　　　　　　　　　　　　　　<u>진영(陣營)으로 드나드는 문</u>
엎드리니, 원수 분부하기를, / "만일 영을 거역하는 자면 군법을 시행하리라."

하니, 보국이 <u>황겁</u>하여 중군 처소로 돌아와 영 내리기를 기다리는지라.
　　　　　　<u>겁이 나서 얼떨떨하여</u>
원수 적진을 대하여 진을 치고 명령하기를,

"명령을 어기는 자가 있으면 세워 두고 베리라."

호령이 <u>추상(秋霜)</u>같거늘 모든 장수와 군졸이 황겁하여 어찌할 줄을 모르고, 보국
　　　　　　<u>호령 따위가 위엄이 있고 서슬이 푸르거늘</u>
도 조심이 무궁하더라.　　　　　　　　　　　　　▶ 보국을 부하 장수로 거느리고 출정한 계월

이튿날, 원수 중군에게 분부하되, / "오늘은 중군이 나가 싸우라." 하니

[A]
　　중군이 명을 듣고 말에 올라 삼척 장검을 들고 적진을 가리키며 외치기를,

　　"나는 평국 중군 보국이라, 대원수의 영을 받아 너희 머리를 베려 하니 바삐 나

　　와 내 칼을 받으라."

　　하니 적장 운평이 이 말을 듣고 <u>대로</u>하여 말을 몰아 싸우더니 수 <u>합</u>이 못하여 보
　　　　　　　　　　　<u>크게 화를 냄.</u>　　　　　　　　<u>칼이나 창이 서로 마주치는 횟수를 세는 단위</u>
　　국의 칼이 빛나며 머리가 말 아래에 떨어지니, 적장 운경이 운평의 죽음을 보고

　　분노하여 말을 몰아 달려들거늘, 보국이 승기(勝氣) 등등하여 장검을 높이 들고

　　서로 싸우더니 수 합이 못하여 보국이 칼을 날려 운경의 칼 든 팔을 치니 운경이

　　미처 손을 올리지 못하고 칼 든 채 말 아래에 떨어지거늘, 보국이 운경의 머리를

　　베어 들고 본진으로 돌아오던 중, 적장 구덕지 대로하여 장검을 높이 들고 말을

　　몰아 크게 고함하며 달려올 새, 난데없는 적병이 또 사방으로 달려들거늘, 보국

　　이 황겁하여 피하고자 하더니 경각에 적장이 함성을 지르고 보국을 천여 겹 에워

　　싸는지라. 사세 위급하매 보국이 하늘을 우러러 탄식하더니,

이때 원수 <u>장대</u>에서 북을 치다가 보국의 위급함을 보고 급히 말을 몰아 장검을 높
　　　　<u>장수가 올라서서 명령·지휘하던 대</u>
이 들고 좌충우돌하며 적진을 헤치고 구덕지 머리를 베어 들고 보국을 구하여 몸을

날려 적진을 충돌할 새, 동에 번듯 서장(西將)을 베고 남으로 가는 듯 북장(北將)을 베

고 좌충우돌하여 적장 오십여 명을 한 칼로 소멸하고 본진으로 돌아올 새, 보국이 원

수 보기를 부끄러워하거늘, 원수 보국을 꾸짖어 말하기를,

"저러하고도 평일에 남자라 칭하고 나를 업신여기더니, 이제도 그리할까."

하며 무수히 조롱하더라.　　　　　　　　　　▶ 위기에 빠진 보국을 구하고 조롱하는 계월

　　　　　　　　　　　　　　　　　　　　　　　　　　　　　　– 작자 미상, 〈홍계월전〉

만점 노트

〉 전체 줄거리 〈

명나라 때 홍 시랑의 무남독녀로 태어난 계월은 부모에 의해 남장을 한 채 자란다. 어릴 때 난을 만나 부모와 헤어진 계월은 자신을 구조한 여공의 집에서 살면서 평국이라는 이름을 얻는다. 평국과 여공의 아들 보국은 함께 공부하여 둘 다 과거에 급제한다. 오랑캐가 침략하자 대원수가 된 평국(계월)은 보국을 중군으로 삼아 적을 섬멸하고, 헤어졌던 부모를 다시 만난다. 전쟁 후 평국이 여자임이 밝혀지자 천자의 명으로 보국과 결혼한다. 이후 남편으로서의 권위를 내세우는 보국과 갈등을 겪던 계월은 다시 전쟁이 일어나자 대원수로 참전하여 천자를 구하는 공을 세운다. 결국 보국도 계월의 능력을 인정하게 되고 두 사람은 행복하게 산다.

〉 일등급 정리 〈

1. 작품에 반영된 현실

작품의 내용
• 보국이 계월의 뛰어난 능력을 인정하게 됨.   • 계월이 천자에게 물러날 것을 간청했지만, 천자가 계월의 (❶　　　)을 회수하지 않음.

↓

반영된 현실
가정과 사회에서 모두 인정받는 결말을 통해 조선 후기에 성장하고 있는 여성 의식을 반영함.

2. 여성 영웅 소설로서의 의의와 한계

의의	남성을 능가하는 능력을 발휘하는 여성상 제시 → 당시 사회적으로 인정받지 못했던 여성들에게 통쾌함과 대리 만족을 느끼게 함.
한계	남장을 한 상태에서만 영웅적인 능력을 발휘함. → 진정한 여성의 모습, 여성 고유의 (❷　　　)에 대한 의식이 드러나지 않음.

01 | 상황에 맞는 한자 성어 찾기 |

이 글의 내용을 잘못 이해한 것은?

① 계월은 종횡무진(縱橫無盡)하며 적을 무찔렀다.

② 계월은 일사불란(一絲不亂)하게 군대를 이끌었다.

③ 보국은 순망치한(脣亡齒寒) 끝에 계월에게 구출되었다.

④ 여공은 선공후사(先公後私)를 거론하며 아들을 달랬다.

⑤ 보국은 적에 의해 사면초가(四面楚歌)의 위기에 빠졌다.

02 | 다른 작품과의 비교 감상 |

이 글과 〈보기〉를 비교한 내용으로 적절하지 않은 것은?

┌─ 보기 ─────────────────────────┐

변 사또가 크게 기뻐하며 춘향더러 분부하기를,

"오늘부터 몸을 깨끗이 하고 수청을 들도록 하라."

"사또 분부 황송하오나 일부종사(一夫從事) 바라오니 분부 시행 못하겠소." 〈중략〉

사또가 크게 노하여,

"이년, 들어라. 반역을 꾀하는 죄는 능지처참하고, 나라의 관리를 조롱하고 거역하는 죄는 중형에 처하고 유배를 보내라고 법률에 정해져 있으니 죽어도 서러워 마라."

춘향이 악을 쓰며,

"유부녀에게 함부로 하는 것은 죄가 아니고 무엇이오"

— 작자 미상, 〈춘향전〉

└────────────────────────────┘

① 〈보기〉는 이 글에 비해 여성의 절개를 강조하고 있다.

② 이 글은 〈보기〉에 비해 여성의 우월한 능력을 부각하고 있다.

③ 이 글과 〈보기〉에는 모두 남성 중심의 사회상이 반영되어 있다.

④ 이 글에서는 여성이, 〈보기〉에서는 남성이 상대에게 부당한 요구를 하고 있다.

⑤ 이 글에서는 가부장제의 모순을, 〈보기〉에서는 지배 계층과 서민 계층의 갈등을 드러내고 있다.

03 학력평가 기출 | 다른 갈래에의 적용 |

[A]를 〈보기〉의 시나리오로 각색했다고 할 때, 고려한 내용으로 적절하지 않은 것은?

┌─ 보기 ─────────────────────────┐

S# 120. ⓐ(ELS°) 영경루 전쟁터

보국: ⓑ(삼척장검을 들고 적진을 향해 외치며) 나는 명나라 중군장 보국이라. 대원수의 명을 받아 너희 머리를 베려 하니 적장은 어서 나와 내 칼을 받아라!

운평: (큰 칼을 휘두르며) 가소롭구나. 감히 어디서 그런 말을……. 내 칼을 받아라.

　운평과 보국이 수 합도 채 겨루지 않아 보국의 칼에 운평이 죽는다.

운경: (운평이 죽는 모습을 보며) 네 이놈! (칼을 휘두르며 말을 몰아 달려 나감.)

보국: (칼을 막으며) ⓒ너도 같이 저승길로 보내 주마.

　보국이 운경을 죽이고 의기양양한 얼굴을 하고 본진으로 말을 돌린다.

구덕지: (긴 칼을 휘두르고 크게 고함을 치며) 네 이놈! 살아서 돌아갈 생각을 하지 마라.

　ⓓ(E°) 적병들이 사방에서 나타나 보국을 포위한다.

보국: ⓔ(CU°) (탄식하며) 아뿔싸, 내가 너무 방심했구나.

● ELS: 아주 멀리서 넓은 지역을 조망하는 촬영 기법

● E: 극, 영화, 방송 등에서 소리 등의 효과

● CU: 대상의 일부를 두드러지게 강조하기 위해 크게 찍거나 화면에 크게 나타내는 촬영 기법

└────────────────────────────┘

① ⓐ에서 대규모 전쟁의 모습을 보여 주기 위해 멀리서 전쟁터를 조망하면서 촬영해야겠어.

② ⓑ에서 장군의 위엄을 드러내기 위해 삼척장검과 이에 어울리는 갑옷을 소품으로 준비해야겠어.

③ ⓒ에서 인물의 당황한 심리를 드러내기 위해 떨리는 목소리로 연기하도록 해야겠어.

④ ⓓ에서 인물의 상황을 부각하기 위해 긴박한 분위기의 효과음을 사용해야겠어.

⑤ ⓔ에서 위기에 처한 인물의 심정을 강조하기 위해 표정을 확대해서 촬영해야겠어.

경자년(1600) 봄이었다. 최척은 송우를 따라 한마을의 장사꾼들과 함께 배를 타고 ㉠안남(베트남)으로 장사하러 갔다. 이때 일본 배 10여 척도 같은 포구(浦口)에 정박
해 있었다.
> 배가 닻을 내리고 머무름.

열흘 넘게 머물러 4월 초이튿날이 되었다. 하늘엔 구름 한 점 없고 물빛은 비단처럼 고왔다. 바람이 그쳐 물결이 잔잔했으며 사방이 고요해 그림자 하나 보이지 않았다. 뱃사람들은 깊은 잠에 빠져 있었고, 간간이 물새 울음소리가 들려올 뿐이었다. 일본 배에서는 염불하는 소리가 들렸는데, 그 소리가 매우 구슬펐다.
> ▶ 최척이 안남의 항구에 정박함.

최척은 홀로 선창(船窓)에 기대 자신의 신세를 생각하다가, 짐 꾸러미 안에서 퉁소
> 잃어버린 가족에 대한 그리움과 슬픔

를 꺼내 슬픈 곡조의 노래를 한 곡 불어 가슴속에 맺힌 슬픔과 원망을 풀어 보려 했다. 최척의 퉁소 소리에 ㉡바다와 하늘이 애처로운 빛을 띠고 구름과 안개도 수심에 잠긴 듯했다. 뱃사람들도 그 소리에 놀라 일어나 모두들 서글픈 표정을 지었다. 그때 문득 일본 배에서 염불하던 소리가 뚝 그쳤다. 잠시 후 조선말로 시를 읊는 소리가 들렸다.

[A]
왕자교 퉁소 불 제 달은 나지막하고 / 바닷빛 파란 하늘엔 이슬이 자욱하네.
> 주나라 때의 신선으로 퉁소를 잘 불었다고 함.

푸른 난새 함께 타고 날아가리니 / 봉래산 안개 속에서도 길 잃지 않으리.
> 중국 전설에 나오는 상상의 새

시 읊는 소리가 그치더니 한숨 소리, 쯧쯧 혀 차는 소리가 들려왔다. 최척은 시 읊는 소리를 듣고는 깜짝 놀라 얼이 빠진 사람 같았다. 저도 모르는 새 ㉢퉁소를 땅에 떨어뜨리고 마치 죽은 사람처럼 멍하니 서 있었다. 송우가 말했다. / "왜 그래? 왜 그래"
> ▶ 퉁소를 불던 최척이 일본 배에서 들려오는 시 읊는 소리에 놀람.

거듭 물어도 대답이 없었다. 세 번째 물음에 이르러서야 비로소 최척은 뭔가 말을 하려 했지만 목이 막혀 말을 하지 못하고 눈물만 하염없이 흘렸다. 최척은 잠시 후 마음을 진정시킨 뒤 이렇게 말했다.

"저건 내 아내가 지은 시일세. 우리 부부 말곤 아무도 알지 못하는 시야. 게다가 방금 시를 읊던 소리도 아내 목소리와 흡사해. 혹 아내가 저 배에 있는 게 아닐까? ㉣그럴 리 없을 텐데 말야."

그러고는 자기 일가가 왜적에게 당했던 일의 전말을 자세히 말했다. 배 안에 있던
> 처음부터 끝까지 일이 진행되어 온 경과

사람들이 모두 놀랍고 희한한 일로 여겼다.

그 자리에 ⓐ두홍이란 사람이 있었는데, 젊고 용감한 자였다. 두홍은 최척의 말을 듣더니 의기 넘치는 표정이 되어 주먹으로 노를 치고 분연히 일어서며 이렇게 말했다.

"내가 저 배로 가서 사정을 살펴보겠소!"

송우가 두홍을 말리며 말했다. / ⓑ"야심한 시각에 소란을 일으켰다가는 큰 난리가 날지도 모르네. 내일 아침에 조용히 처리하는 게 좋겠어."

사람들이 모두 그러는 게 좋겠다고 했다. 최척은 앉은 채로 아침이 오기만을 기다렸다. 이윽고 해가 떠올랐다. 〈중략〉
> ▶ 최척이 자신의 사연을 이야기하고 다음 날 일본 배에 찾아가기로 함.

옥영은 어젯밤 배 안에서 최척의 퉁소 소리를 들었다. 조선 가락인 데다 귀에 익은

만점 노트

조위한, 〈최척전〉

- 갈래 한문 소설, 전쟁 소설
- 배경 시간 – 조선 중기
  공간 – 조선, 중국, 일본, 베트남
- 주제 전란으로 인한 가족의 이산과 재회
- 특징
  ① 실제 일어났던 (❶   )을 배경으로 하여 당시 백성들의 고통을 사실적으로 표현함.
  ② 조선뿐만 아니라 중국, 일본, 베트남 등 해외를 배경으로 하고 있음.
  ③ '만남 – (❷   ) – 재회'의 과정이 반복됨.

전체 줄거리

남원에 사는 최척과 옥영은 사랑에 빠져 혼인을 약속한다. 그러나 왜구의 침략에 의병으로 참전한 최척은 혼인날까지 돌아오지 않는다. 옥영의 어머니는 옥영을 부잣집 아들과 결혼시키려 하지만, 옥영은 끝까지 최척을 기다려 결국 두 사람은 혼인을 하고 아들 몽석을 낳는다. 이후 정유재란으로 최척의 가족은 뿔뿔이 흩어지고, 왜인의 장사를 돕던 옥영과 상선을 타고 다니던 최척은 우연히 안남(베트남)에서 재회한다. 둘은 중국에 정착해 둘째 몽선을 낳아 기르던 중 호족이 침략해 최척은 명나라의 군사로 출전하게 된다. 청군의 포로가 되었던 최척은 맏아들 몽석을 만나 고향으로 돌아오고, 옥영 역시 조선으로 돌아와 재회하여 행복하게 산다.

일등급 정리

1. 작품의 배경

이 작품은 1592년 임진왜란과 1597년 정유재란, 그리고 1619년 후금의 명나라 침입을 시대적 배경으로 하고 있다. 공간적으로는 남원을 중심으로 조선, 일본, 중국, 베트남 등 4개국을 넘나들고 있다. 드넓은 시간적·공간적 배경을 설정하여 16세기 말에서 17세기 전반의 현실을 사실적으로 그리고 있다.

2. 작품의 소설사적 의의

이 작품은 전란의 경험을 사실적으로 그렸다는 점 이외에도 여러 가지 면에서 독특한 소설사적 의의를 지니고 있다.
① 조선뿐 아니라 중국, 일본, 베트남 등 동아시아 전체를 배경으로 하고 있음.
② 다른 전란 소설에 비해 객관적인 시선으로 전란의 비극을 바라봄.
③ 몽선이 중국인(홍도)과 결혼하는 등 다른 작품에서 볼 수 없는 설정을 삽입함.

▶ 정답과 해설 37쪽

곡조인지라, 혹시 자기 남편이 저쪽 배에 타고 있는 것이 아닐까 의심하여 시험 삼아 예전에 지었던 시를 읊어 본 것이었다. 그러던 차에 밖에서 최척이 말하는 소리를 듣고는 허둥지둥 엎어질 듯이 배에서 뛰어 내려왔다.

최척과 옥영의 재회 – 고전 소설의 우연성

최척과 옥영은 마주 보고 소리치며 얼싸안고 모래밭을 뒹굴었다. 기가 막혀 입에서 말이 나오지 않았다. ⓜ눈물이 다하자 피눈물이 나왔으며 눈에 아무것도 보이지 않았다.

▶ 극적으로 재회한 최척과 옥영

– 조위한, 〈최척전〉

01 | 작품의 내용 파악 |

이 글의 내용에 대한 이해로 적절하지 않은 것은?

① 최척과 옥영이 이별한 이유는 왜적 때문이다.
② 옥영은 통소를 분 사람이 최척일지도 모른다고 생각했다.
③ 옥영은 자신이 지은 시를 최척에게 들려준 적이 있었다.
④ 최척과 옥영의 재회는 조선이 아닌 외국에서 이루어졌다.
⑤ 최척은 시를 읊은 사람이 옥영이라는 확신이 서지 않아 날이 밝을 때까지 기다렸다.

02 | 구절의 의미 파악 |

㉠~ⓜ에 대한 설명으로 적절하지 않은 것은?

① ㉠: 작품의 공간적 배경이 우리나라와 중국을 넘어 크게 확장되었다.
② ㉡: 자연물에 인물의 감정이 이입되었다.
③ ㉢: 인물의 심리적 충격을 행동 묘사를 통해 드러내었다.
④ ㉣: 과거의 경험을 바탕으로 기대감이 절망으로 바뀌고 있다.
⑤ ⓜ: 뜻하지 않은 만남의 충격을 과장해서 나타내고 있다.

03 | 인물 제시 방법의 이해 |

ⓐ와 ⓑ에 사용된 인물 제시 방법의 특징으로 적절하지 않은 것은?

	ⓐ	ⓑ
①	직접 제시	간접 제시
②	보여 주기	말하기
③	설명적, 분석적	극적, 장면적
④	시간 절약 효과	상상력 자극 효과
⑤	구체성을 잃기 쉬움.	사건의 진행이 느림.

04 | 삽입시의 기능 파악 |

[A]의 기능에 대한 평가로 적절하지 않은 것은?

① 앞으로 진행될 사건을 암시하고 있어.
② 인물들에게 닥칠 새로운 고난을 예고하고 있어.
③ 헤어졌던 인물들이 재회하게 되는 계기를 제공하고 있어.
④ 통소에 대한 답가 형식으로 시를 듣는 이에게 심리적 충격을 주고 있어.
⑤ 운문을 삽입함으로써 단조로움을 탈피하면서 함축성을 획득하고 있어.

05 [모의평가 기출] | 배경의 의미 이해 |

이 글의 '밤'과 '아침'에 대한 설명으로 가장 적절한 것은?

① 밤은 주인공이 초월적 존재와 교감하고, 아침은 주인공이 현실적 문제와 대결하는 시간이다.
② 밤은 운명과의 대결을 통해 주인공이 위기에 처하고, 아침은 조력자의 등장으로 그 위기에서 벗어나는 시간이다.
③ 밤은 폐쇄적인 공간에서 새로운 계획이 구상되고, 아침은 개방적인 공간에서 그 계획을 실행할지 논의하는 시간이다.
④ 밤은 인물의 내면적 갈등이 점진적으로 심화되고, 아침은 그 내면적 갈등이 새로운 인물들 간의 갈등으로 비화되는 시간이다.
⑤ 밤은 주인공이 새로운 상황을 맞이하면서 서사적 긴장이 조성되고, 아침은 극적 장면이 펼쳐지면서 그 긴장이 해소되는 시간이다.

[앞부분의 줄거리] 가난 속에도 글만 읽던 선비 허생은 아내의 성화에 공부를 중단하고 돈을 벌러 나선다. 집을 나간 허생은 변 씨에게 빌린 만 냥으로 과일이며 말총 등을 매점매석하여 큰돈을 번다.

이때, 변산(邊山)에 수천의 군도(群盜)들이 우글거리고 있었다. ㉠각 지방에서 군사를
　　　　　　　　　　　　　　　 떼를 지어 도둑질을 하는 무리
징발하여 수색을 벌였으나 좀처럼 잡히지 않았다. 군도들도 감히 나가 활동을 못 해서 배

고프고 곤란한 판이었다. 허생이 군도의 산채를 찾아가서 우두머리를 달래었다. 〈중략〉
　　　　　　　　　　　　　　　산적들의 소굴

허생이 군도와 언약하고 내려가자, 군도들은 모두 그를 미친놈이라고 비웃었다.
　　　　　　　　　　　　　　　　　　　　　　▶ 군도들을 회유하는 허생

이튿날, 군도들이 바닷가에 나가 보았더니, 과연 허생이 삼십만 냥의 돈을 싣고 온

것이었다. 모두들 대경(大驚)해서 허생 앞에 줄지어 절했다.
　　　　　　　　크게 놀라서

㉡"오직 장군의 명령을 따르겠소이다." / "너희들, 힘껏 짊어지고 가거라."

이에, 군도들이 다투어 돈을 짊어졌으나, 한 사람이 백 냥 이상을 지지 못했다.

"너희들, 힘이 한껏 백 냥도 못 지면서 무슨 도둑질을 하겠느냐? 인제 너희들이

양민(良民)이 되려고 해도, 이름이 도둑의 장부에 올랐으니, 갈 곳이 없다. 내가 여
선량한 백성

기서 너희들을 기다릴 것이니, 한 사람이 백 냥씩 가지고 가서 여인 한 명과 소 한 필

을 거느리고 오너라." / 허생의 말에 군도들은 모두 좋다고 흩어져 갔다.

허생은 몸소 이천 명이 일 년 먹을 양식을 준비하고 기다렸다. 군도들이 빠짐없이

모두 돌아왔다. 드디어 다들 배에 싣고 그 빈 섬으로 들어갔다. ㉢허생이 도둑을 몽땅

쓸어 가서 나라 안에 시끄러운 일이 없었다.
　　　　　　　　　　　　　　　▶ 군도들을 데리고 빈 섬으로 들어가는 허생

그들은 나무를 베어 집을 짓고, 대[竹]를 엮어 울을 만들었다. 땅기운이 온전하기
　　　　　　　　　　　　　　　　　　　　울타리
때문에 백곡이 잘 자라서, 한 해나 세 해만큼 걸러 짓지 않아도 한 줄기에 아홉 이삭
온갖 곡식
이 달렸다. 3년 동안의 양식을 비축해 두고, 나머지를 모두 배에 싣고 장기도(長崎島)
　　　　　　　　　　　만약의 경우를 대비하여 미리 갖추어 모아 두거나 저축함.
로 가져가서 팔았다. 장기라는 곳은 삼십만여 호나 되는 일본(日本)의 속주(屬州)
　　　　　　　　　　　　　　　　　　　　　　　　　　어느 나라에 속하여 있는 주
다. ㉣그 지방이 한참 흉년이 들어서 구휼하고 은 백만 냥을 얻게 되었다.

허생이 탄식하면서, / "이제 나의 ⓐ조그만 시험이 끝났구나."

하고, 이에 남녀 이천 명을 모아 놓고 말했다.

"내가 처음에 너희들과 이 섬에 들어올 때엔 먼저 부(富)하게 한 연후에 따로 문자

를 만들고 의관(衣冠)을 새로 제정하려 하였더니라. 그런데 땅이 좁고 덕이 엷으

니, ㉤나는 이제 여기를 떠나련다. 다만, 아이들을 낳거들랑 오른손에 숟가락을 쥐

고, 하루라도 먼저 난 사람이 먼저 먹도록 양보케 하여라."

다른 배들을 모조리 불사르면서, / "가지 않으면 오는 이도 없으렷다."

하고 돈 오십만 냥을 바다 가운데 던지며,

"바다가 마르면 주워 갈 사람이 있겠지. 백만 냥은 우리나라에도 용납할 곳이 없거

늘, 하물며 이런 작은 섬에서랴!"

했다. 그리고 글을 아는 자들을 골라 모조리 함께 배에 태우면서,

"이 섬에 ⓑ화근을 없애야 되지." / 했다.
　　　　　　　　　　　　　　　　　▶ 시험을 마치고 섬을 떠나는 허생

만점 노트

박지원, 〈허생전〉

• **갈래** 한문 소설, 풍자 소설
• **배경** 시간 – 17세기 조선 효종 때
　　　　공간 – 한반도 전역, 빈 섬, 장기도
• **주제** 무능한 양반 계층에 대한 비판과
　　　　새로운 삶의 각성 촉구
• **특징**
　① (❶　　　　　　)을 바탕으로 당대
　　의 현실을 비판함.
　② '빈 섬'이라는 상상의 공간을 통해
　　이상향의 모습을 제시함.
　③ 미완의 결말 구조를 취해 고전 소설
　　의 전형적인 방식에서 벗어남.

〉일등급 정리 〈

1. 작품에 반영된 당대의 사회상

사건	당대의 사회상
허생이 과일과 말총을 (❷　　) 하여 큰돈을 벎.	경제 구조가 취약하고 양반의 허례허식이 심했음.
허생이 수많은 도둑을 데리고 빈 섬으로 들어감.	지배층이 무능하여 백성들의 삶이 피폐해졌음.
허생이 시사 삼책을 제안하였으나 모두 거절당함.	지배층에게 문제를 해결할 의지나 능력이 없었음.

2. '빈 섬'의 의미

① (❸　　　　　) 건설의 시험적 공간으로, 현실 사회에 대한 저항 의식을 표출하는 공간임.
② 가족을 바탕으로 하는 농경 사회로서의 이상향을 나타냄.

3. 〈허생전〉의 '빈 섬'과 〈홍길동전〉의 '율도국'의 비교

빈 섬	율도국
가족을 바탕으로 하는 농경 사회	추상적인 낙원
구체적인 해외 교역의 대상	단순히 현실과 유리된 곳
완전한 이상향이 아닌 경륜 시험장	완전한 이상향이자 최종적인 공간

01 학력평가 기출 | 인물의 관점과 태도 이해 |

이 글의 허생이 〈보기〉의 화자에게 해 줄 수 있는 말로 가장 적절한 것은?

───────── 보기 ─────────

"요즘 전국 각처에 도적들이 날뛰고 있소이다. 이들은 양민을 해치고 국법을 어지럽히는 자들이므로 마땅히 엄히 다스려야 합니다. 비록 흉년으로 처지가 곤궁하다 하나, 그렇다고 도둑 떼가 된다면 나라의 기강이 무너지고 민생은 더욱 도탄■에 빠질 것이오. 하여 군사를 보내 끝까지 추격하여 도적들을 발본색원(拔本塞源)■해야 할 것이오."

① 나라의 기강을 지키는 일은 백성들을 구제하는 일보다 우선해야 할 일이오.

② 도적들은 나라의 질서를 어지럽히고 백성을 해치는 자들이므로 엄벌에 처해야 하오.

③ 조정이 무능한 탓에 백성들이 도적이 되었으니 먼저 반성의 기회를 주어야 할 것이오.

④ 처벌만이 능사가 아니라 스스로 칼을 놓고 양민으로 돌아갈 수 있는 길을 열어 줘야 할 것이오.

⑤ 수령들의 가렴주구를 해결하지 않고 도적의 토벌에만 힘을 기울인다면 도적은 계속 늘어날 것이오.

02 | 구절의 의미 파악 |

㉠~㉤에 대한 이해로 적절하지 않은 것은?

① ㉠: 어지러운 현실을 바로잡지 못하는 지배층의 무능함을 보여 준다.

② ㉡: 호칭을 통해 허생을 미친놈이라고 비웃던 도적들의 태도가 달라졌음을 드러낸다.

③ ㉢: 당시 위정자■들의 모습과 대비되는 허생의 비범함을 부각한다.

④ ㉣: 농업을 통한 자급자족 못지않게 해외 무역도 중요함을 보여 준다.

⑤ ㉤: 섬에서의 경험을 바탕으로 더 넓은 공간에서 자신의 능력을 펼치려는 의도를 드러낸다.

03 | 작품의 내용 파악 |

ⓐ의 내용으로 적절하지 않은 것은?

① 해외 무역을 통한 부의 축적 가능성 시험

② 매점매석을 통한 조선 경제 구조의 취약성 확인

③ 자신이 뛰어난 능력의 인물인지 알아보기 위한 시험

④ 농업을 중심으로 한 가족 공동체의 이상국 건설 시험

⑤ 백성들의 생활을 안정시킬 수 있는 이상적인 제도의 현실화 가능성 확인

04 | 인물의 심리 파악 |

ⓑ에 담긴 '허생'의 생각을 가장 잘 이해한 것은?

① 글을 아는 것은 농사짓는 일에 방해가 된다.

② 자신 같은 학자를 포함한 모든 지식인이 혐오스럽다.

③ 책 읽기에 시간을 낭비하지 말고 노동에만 전념하길 바란다.

④ 사람들을 이끌어 가는 지도자가 따로 없는 평등한 세상을 만들고 싶다.

⑤ 백성들의 곤궁한 삶은 돌보지 않고 공리공론■만 일삼는 지식인은 비판받아야 한다.

05 | 작품의 종합적 감상 |

이 글을 읽은 후 당시 시대상에 대해 학생들이 토론한 내용으로 적절하지 않은 것은?

① 지원: '빈 섬'은 작가의 상상에 의해서 만들어진 세계라고 할 수 있겠어.

② 상민: 그러한 이상향을 꿈꿀 수 있다는 것은 그만큼 삶에 여유가 있다는 증거이기도 해.

③ 연경: 군도를 데리고 새로운 세상을 만든다는 것은 당시의 관점에서는 역모로 볼 수도 있겠군.

④ 도희: 군도가 우글거려도 잡지 못했다는 것을 통해 당시 집권층의 무능력을 비판하는 것이기도 해.

⑤ 장훈: 작가는 평범한 양민이 도둑이 될 수밖에 없는 현실을 개혁해야 한다는 것을 지적하고 있는 거야.

문제 속 어휘&개념

■ **도탄(塗炭):** 몹시 곤궁하여 고통스러운 지경을 이르는 말
  예 나라에서 심하게 세금을 수탈해 백성들이 도탄에 빠졌다.

■ **발본색원(拔本塞源):** 좋지 않은 일의 근본 원인이 되는 요소를 완전히 없애 버려서 다시는 그러한 일이 생길 수 없도록 함.

■ **위정자(爲政者):** 정치를 하는 사람
  예 위정자가 국민을 무서워할 줄 모르니 안타까운 일이다.

■ **공리공론(空理空論):** 실천이 따르지 아니하는, 헛된 이론이나 논의
  예 책상에 앉아 공리공론만 일삼고 있다.

"그렇다면 너는 나라의 신임받는 신하로군. 내가 와룡 선생 같은 이를 <u>천거하겠으</u>
<u>인재를 어떤 자리에 추천함.</u>
니, 네가 임금께 아뢰어서 <u>삼고초려(三顧草廬)</u>를 하게 할 수 있겠느냐?"
<u>인재를 맞아들이기 위하여 참을성 있게 노력함.</u>

이 대장은 고개를 숙이고 한참 생각하더니,

"어렵습니다. 제이(第二)의 계책을 듣고자 하옵니다." / 했다.　　　▶ 허생이 제시한 시사 1책

"나는 원래 '제이'라는 것은 모른다."

하고 허생은 외면하다가, 이 대장의 간청에 못 이겨 말을 이었다.

"명(明)나라 장졸들이 조선은 옛 은혜가 있다고 하여, 그 자손들이 많이 우리나라
로 망명해 와서 정처 없이 떠돌고 있으니, 너는 조정에 청하여 <u>종실(宗室)</u>의 딸들
을 내어 모두 그들에게 시집보내고, <u>훈척(勳戚)</u> <u>권귀(權貴)</u>의 집을 빼앗아서 그들
　　　　　　　　　　<u>나라를 위하여 드러나게 세운 공로가 있는 임금의 친척</u> <u>지위가 높고 권세가 있는 사람</u>
에게 나누어 주게 할 수 있겠느냐?"

이 대장은 또 머리를 숙이고 한참을 생각하더니,

"어렵습니다." / 했다.　　　　　　　　　　　　　　　　　▶ 허생이 제시한 시사 2책

"이것도 어렵다, 저것도 어렵다 하면 도대체 무슨 일을 하겠느냐? 가장 쉬운 일이
있는데, 네가 능히 할 수 있겠느냐?" / "말씀을 듣고자 하옵니다."

"무릇, 천하에 대의(大義)를 외치려면 먼저 천하의 호걸들과 접촉하여 결탁하지 않
　　　　　　　　　　　　　　　　　　<u>지혜와 용기가 뛰어나고 기개와 풍모가 있는 사람</u>
고는 안 되고, 남의 나라를 치려면 먼저 첩자를 보내지 않고는 성공할 수 없는 법이
다. 지금 <u>만주 정부</u>가 갑자기 천하의 주인이 되어서 <u>중국 민족</u>과는 친근해지지 못하
　　　<u>청나라</u>　　　　　　　　　　　　　　　　　<u>한족(漢族)</u>
는 판에, 조선이 다른 나라보다 먼저 섬기게 되어 저들이 우리를 가장 믿는 터이다.
진실로 당나라, 원나라 때처럼 우리 자제들이 유학 가서 벼슬까지 하도록 허용해 줄
것과, 상인의 출입을 금하지 말도록 할 것을 간청하면, 저들도 반드시 자기네에게
친근하려 함을 보고 기뻐 승낙할 것이다. 국중의 자제들을 가려 뽑아 머리를 깎고
　　　　　　　　　　　　　　　　　　　　　　　　　　　　　　<u>변발과 호복</u>
<u>되놈의 옷을 입혀서,</u> 그중 선비는 가서 빈공과(賓貢科)에 응시하고, 또 서민은 멀리
　　　　　　　　　　　<u>중국에서 외국인을 대상으로 실시하던 과거 제도</u>
강남(江南)에 건너가서 장사를 하면서, 저 나라의 실정을 정탐하는 한편, 저 땅의 호
걸들과 결탁한다면 한번 천하를 뒤집고 국치(國恥)를 씻을 수 있을 것이다." 〈중략〉

"사대부들이 모두 조심스럽게 예법(禮法)을 지키는데, 누가 변발(辮髮)을 하고 호
복(胡服)을 입으려 하겠습니까?"　　　　　　　　　　　　▶ 허생이 제시한 시사 3책

허생은 크게 꾸짖어 말했다.

"소위 사대부란 것들이 무엇이란 말이냐? 오랑캐 땅에서 태어나 자칭 사대부라 뽐
내다니, 이런 어리석을 데가 있느냐? 의복은 ㉠<u>흰옷</u>을 입으니 그것이야말로 상인
　　　　　　　　　　　　　　　　　　　　　　　　　　　　　<u>상을 당한 사람</u>
(喪人)이나 입는 것이고, 머리털을 한데 묶어 송곳같이 만드는 것은 남쪽 오랑캐의
　　　　　　　　　　　<u>상투를 트는 것</u>
습속에 지나지 못한데, 대체 무엇을 가지고 예법이라 한단 말인가? <u>번오기(樊於</u>
　　　　　　　　　　　　　　　　　　　　　　　　　　　　<u>중국 진나라의 장수</u>
<u>期)</u>는 원수를 갚기 위해서 자신의 머리를 아끼지 않았고, <u>무령왕(武靈王)</u>은 나라를
　　　　　　　　　　　　　　　　　　　　　<u>중국 전국 시대 조나라의 왕</u>
강성하게 만들기 위해서 ㉡<u>되놈의 옷</u>을 부끄럽게 여기지 않았다. 이제 대명(大明)
을 위해 원수를 갚겠다 하면서, 그까짓 ㉢<u>머리털</u> 하나를 아끼고, 또 장차 말을 달
리고 칼을 쓰고 창을 던지며 활을 당기고 돌을 던져야 할 판국에 ㉣<u>넓은 소매의 옷</u>

만점 노트

〉 전체 줄거리 〈

남산 묵적골에 사는 허생은 글 읽기만을
좋아하여 집안의 생계를 내버려 두고 아
내의 바느질품으로 겨우 살아간다. 가난
에 시달리던 아내가 허생을 질타하자 허
생은 집을 나와 변 씨에게 만 냥을 빌린
다. 과일과 말총을 매점매석하여 큰돈을
번 허생은 군도를 모아 빈 섬으로 들어가
이상국 건설을 시험한다. 이후 본국으로
돌아온 허생은 변 씨에게 빌린 돈을 갚고
변 씨의 주선으로 이완을 만나게 된다. 허
생은 이완에게 세 가지 현실 대응책을 제
시하지만, 이완은 모두 받아들이기 어렵
다고 한다. 이에 허생은 사대부들의 허위
의식을 비판하고 이완을 꾸짖은 후 종적
을 감춘다.

〉 일등급 정리 〈

1. 시사 삼책의 내용과 의미

〈1책〉

내용	와룡 선생과 같은 인재를 천거할 것이니 왕이 삼고초려를 하게 할 것
의미	인재 (❶　　　)의 문제점 비판과 당파를 초월한 과감한 인재 등용 촉구

〈2책〉

내용	명나라 후손들에게 종실의 딸을 시집보내고 훈척 권귀의 집을 나누어 줄 것
의미	친명배청의 허구성 폭로와 훈척 권귀의 기득권 척결

〈3책〉

내용	북벌을 위해 청나라와 전략적으로 (❷　　　)하여 실리를 취할 것
의미	북벌론의 허구성과 명분만을 중시하는 양반들의 허례허식 비판

2. 결말 처리 방식과 그 효과

결말 처리 방식
• 주인공이 종적을 감추는 설화적 결말 • 미완성의 결말이자 열린 결말 • 현실의 문제가 해결되지 않음.

↓

효과
• 허생의 이인다운 면모 부각 • 여운을 남겨 독자의 상상력 자극 • 허생의 주장이 (❸　　　)되기 어려움을 암시함.

▶ 정답과 해설 38쪽

을 고쳐 입지 않고 딴에 ㉤예법이라고 한단 말이냐? 내가 세 가지를 들어 말하였는데, 너는 한 가지도 행하지 못한다면서 그래도 신임받는 신하라 하겠는가? 신임받는 신하라는 게 참으로 이렇단 말이냐? 너 같은 자는 칼로 목을 잘라야 할 것이다." 하고 좌우를 돌아보며 칼을 찾아서 찌르려 했다. 이 대장은 놀라서 일어나 급히 뒷문으로 뛰쳐나가 도망쳐서 돌아갔다. ▶ 명분만 중시하는 사대부 집권층을 비판하는 허생

이튿날, 다시 찾아가 보았더니, 집이 텅 비어 있고, 허생은 간 곳이 없었다.

▶ 종적을 감춘 허생

– 박지원, 〈허생전〉

01 | 작품의 종합적 감상 |

이 글에 대한 설명으로 적절하지 않은 것은?

① 사대부의 각성과 실천을 촉구하고 있다.
② 당대의 시대적 변화를 잘 보여 주는 작품이다.
③ 당대의 사회 현실을 날카롭게 비판한 풍자 문학이다.
④ 소외된 계층에게 널리 읽힌 평민 문학의 대표작이다.
⑤ 이용후생(利用厚生)의 실학사상을 배경으로 하고 있다.

02 | 소재의 의미 파악 |

㉠~㉤ 중, 의미하는 바가 다른 하나는?

① ㉠   ② ㉡   ③ ㉢   ④ ㉣   ⑤ ㉤

03 | 작품에 반영된 현실 이해 |

이 글을 통해 추측할 수 있는 당시의 사회상으로 가장 적절한 것은?

① 청나라에 대한 정벌 계획이 다양하게 추진되고 있었다.
② 나라의 신임받는 신하를 보내 널리 인재를 찾고 있었다.
③ 서민들 사이에서는 청나라와 실질적인 경제적 교류가 이루어지고 있었다.
④ 사대부들은 명나라를 은혜의 나라로 섬기면서 청나라와 접촉하는 것을 수치로 여겼다.
⑤ 명나라 장졸들이 조선으로 망명해 와 훈척 권귀의 집을 빼앗는 횡포를 부리기도 했다.

04 | 결말 구조의 이해 |

이 글의 결말을 〈보기〉와 같이 바꾸었을 때, 독자들이 보일 수 있는 반응으로 적절하지 않은 것은?

> **보기**
>
> 이튿날, 이완 대장은 허생을 다시 찾아갔다. 이완 대장은 어제의 잘못을 사죄하며 허생이 제시한 세 가지 계책을 임금에게 아뢰겠다고 말했다. 그러자 허생은 이완 대장을 정중하게 맞이하였다. 이후 이완 대장은 허생의 계책에 대해 구체적이고 실천적인 대안을 마련하고 다른 사대부들과 힘을 합쳐 조선의 개혁에 앞장섰다.

① 독자의 상상력과 호기심을 제한하여 여운이 남지 않아.
② 앞서 제기되었던 현실의 문제가 해결되면서 마무리되었어.
③ 허생의 개혁 방안이 현실에서 수용될 수 있음을 보여 주고 있어.
④ 허생의 영웅적인 행적과 비범한 능력이 더욱 돋보이는 것 같아.
⑤ 일반적인 고전 소설의 행복한 결말과 유사한 방식으로 끝을 맺고 있네.

05 학력평가 기출 | 작품의 의의 추리 |

이 글은 17세기의 삶을 그린 것인데도 오늘날 우리가 흥미를 가지고 읽게 된다. 그 이유로 가장 적절한 것은?

① 이상 사회를 꿈꾸는 인간의 욕망은 오늘날까지 이어진다.
② 전문가들의 논리 정연한 주장과 이론의 힘은 어느 때에나 통한다.
③ 오늘날에도 전쟁 발발의 위험은 존재하며, 이에 대한 계책은 늘 필요하다.
④ 현대 사회에도 모순된 현실이 존재하며, 이를 개혁하려는 의지는 오늘날에도 유효하다.
⑤ 현대 사회에서도 매점매석과 같은 경제 문제는 존재하며, 이의 타파는 사회 구성원의 공동 관심사이다.

이때 춘향이 비몽사몽간에, ㉠서방님이 오셨는데 머리에는 금관(金冠)이요 몸에는 홍
삼(紅衫)이라. <u>완전히 잠이 들지도 깨어나지도 않은 어렴풋한 상태</u> 오로지 사랑만을 생각하며 목을 안고 온갖 회포에 젖어 있던 터라.
<u>마음속에 품은 생각이나 정</u>

"춘향아." / 부른들 대답이나 있을쏘냐. 어사또 하는 말이,

"크게 한번 불러 보소." 〈중략〉

"왔단 말을 하게 되면 기절해서 간 떨어질 것이니 가만히 계시옵소서."

춘향이 저의 모친 음성 듣고 깜짝 놀라서,

㉡"어머니, 어찌 오셨소? 몹쓸 딸자식을 생각하와 천방지방 다니다가 낙상(落傷)하기
쉽소. 다음부터는 오실라 마옵소서." <u>떨어지거나 넘어져서 다침.</u>

"날랑은 염려 말고 정신을 차리어라. 왔다." / "오다니 누가 와요?" / "그저 왔다."

"갑갑하여 나 죽겠소! 일러 주오. 꿈 가운데 임을 만나 온갖 회포 나누었더니 혹시 서
방님께서 기별 왔소? 언제 오신단 소식 왔소? 벼슬 띠고 내려온단 공문 왔소? 애고,
답답하여라!" / ㉮"너의 서방인지 남방인지 걸인 하나가 내려왔다!"

"허허, 이게 웬 말인가? 서방님이 오시다니 꿈결에 보던 임을 생시에 본단 말인가?"
<u>자지 아니하고 깨어 있을 때</u>

문틈으로 손을 잡고 말 못하고 기가 막혀,

"애고, 이게 누구시오? 아마도 꿈이로다. 그토록 그린 임을 이리 쉽게 만날쏜가? 이제
죽어도 한이 없네. 어찌 그리 무정한가? 박명하다 나의 모녀. 서방님 이별 후에 자나
<u>복 없고 팔자가 사납다</u>
누우나 임 그리워 오래도록 한이더니, 이내 신세 이리 되어 매에 감겨 죽게 되니 날 살
리려 와 계시오?"
▶ 이몽룡과 춘향의 옥중 상봉

한참 이리 반기다가 임의 형상 자세히 보니 어찌 아니 한심하랴.

㉢"여보 서방님, 내 몸 하나 죽는 것은 설운 마음 없소마는 서방님 이 지경이 웬일이오?"

㉣"오냐 춘향아, 설워 마라. 인명이 재천(在天)인데 설만들 죽을쏘냐?"

춘향이 저의 모친 불러,

"한양성 서방님을 <u>칠년대한(七年大旱)</u> 가문 날에 큰비 오기를 기다린들 나와 같이 기
<u>칠 년 동안이나 내리 계속되는 큰 가뭄</u>
다렸으랴. 심은 나무 꺾어지고 공든 탑이 무너졌네. 가련하다 이내 신세 하릴없이 되
었구나. 〈중략〉 치렁치렁 흐트러진 머리 이렁저렁 걷어 얹고 이리 비틀 저리 비틀 들
어가서 곤장 맞고 죽거들랑, <u>삯꾼</u>인 척 달려들어 둘러업고 우리 둘이 처음 만나 놀던
<u>삯을 받고 임시로 일하는 일꾼</u>
ⓐ부용당(芙蓉堂)의 적막하고 고요한 데 뉘어 놓고, 서방님 손수 염습(殮襲)하되 나의
<u>시신을 씻긴 뒤 수의를 갈아입히고 염포로 묶는 일</u>
혼백 위로하여 입은 옷 벗기지 말고 양지 끝에 묻었다가, 서방님 귀히 되어 벼슬에 오
르거든 잠시도 지체 말고 <u>육진장포(六鎭長布)</u>로 다시 염습하여 조촐한 상여 위에 덩
<u>함경북도의 육진이 있던 곳에서 나는 베</u>
그렇게 실은 후에 <u>북망산천</u> 찾아갈 제, 앞 남산 뒤 남산 다 버리고 한양으로 올려다가
<u>무덤이 많은 곳이나 사람이 죽어서 묻히는 곳을 이르는 말</u>
ⓑ <u>선산(先山)</u>발치에 묻어 주고 비문에 새기기를 '<u>수절원사(守節冤死)</u> 춘향지묘(春香之
<u>절개를 지키다 원통하게 죽은 춘향의 묘</u>
墓)'라 여덟 자만 새겨 주오. 망부석이 아니 될까. ㉤서산에 지는 해는 내일 다시 오련
마는 불쌍한 춘향이는 한 번 가면 언제 다시 올까. <u>신원(伸冤)</u>이나 하여 주오. 애고 애
<u>가슴에 맺힌 원한을 풀어 버림.</u>
고 내 신세야."
▶ 걸인 행색으로 온 이몽룡을 보고 유언을 남기는 춘향

01 모의평가 기출 　　　　　　　　　　| 서술상의 특징 파악 |

이 글에 대한 설명으로 가장 적절한 것은?

① 꿈의 삽입을 통해 환상적 분위기를 조성하고 있다.
② 서술자의 직접 개입으로 인물의 성격을 희화화하고 있다.
③ 순차적 사건 진행으로 갈등이 해소되었음을 보여 주고 있다.
④ 우의적▪ 소재를 활용하여 사건 해결의 실마리를 제공하고 있다.
⑤ 인물 간의 대화를 통해 주인공이 처한 상황과 내면을 드러내고 있다.

02 수능 기출 　　　　　　　　　　| 인물의 심리 파악 |

이 글을 통해 알 수 있는 춘향의 심리 상태는?

① 과거를 뉘우친다.
② 더 살기를 단념한다.
③ 모든 것을 사회 탓으로 돌린다.
④ 이몽룡의 모습을 보고 분노한다.
⑤ 모친과 이몽룡의 불화를 걱정한다.

03 　　　　　　　　　　| 구절의 의미 파악 |

㉠~㉤에 대한 이해로 가장 적절한 것은?

① ㉠: 이몽룡에 대한 춘향의 기대감이 무의식중에 나타나 있다.
② ㉡: 춘향은 갑자기 찾아온 모친에 대한 원망을 드러내고 있다.
③ ㉢: 춘향은 자문자답하는 말로 이몽룡에 대한 믿음을 드러내고 있다
④ ㉣: 이몽룡은 어사또의 신분을 과시하며 춘향을 위로하고 있다.
⑤ ㉤: 춘향은 혼잣말로 상황을 반전▪시키려는 의지를 드러내고 있다.

04 　　　　　　　　　　| 인물의 태도와 어조 파악 |

㉮와 같이 말한 의도를 고려할 때, 이 말을 할 때 '춘향 모친'의 어조를 바르게 추측한 것은?

① 춘향의 기대가 좌절될 것을 염려하는 말투
② 춘향을 깜짝 놀라게 해 주려는 장난스러운 말투
③ 걸인 행색으로 춘향을 찾은 이몽룡을 비꼬는 말투
④ 이몽룡이 어사또인 것을 숨기려는 의뭉스러운 말투
⑤ 이몽룡이 춘향을 구해 줄 수 없다는 사실을 알고 체념하는 말투

05 모의평가 기출 　　　　　　　　　　| 외적 준거에 따른 감상 |

〈보기〉를 참고하여 ⓐ, ⓑ에 대해 토의하였다. 토의한 내용으로 적절하지 않은 것은?

> 보기
>
> 〈춘향전〉은 춘향과 이몽룡의 신분을 초월한 사랑 이야기를 중심으로 여성의 정절 및 신분 상승의 문제를 다루면서 당대 사회에 대한 비판 의식을 드러내고 있다.

① ⓐ는 춘향과 어사또의 사랑이 싹튼 곳이니까 두 사람의 추억이 어린 공간이라 할 수 있어.
② ⓐ를 춘향의 혼백이 위로받는 장소로 본다면 춘향이 어사또의 사랑을 다시 확인받고자 하는 공간이라 할 수 있어.
③ ⓑ는 수절원사라는 표현으로 보아 춘향의 정절에 대한 보상이 이루어지는 공간이라 할 수 있어.
④ ⓑ는 춘향의 한이 풀어지는 장소이자 신분 상승을 상징하는 공간이라 할 수 있어.
⑤ ⓑ는 춘향에게 정절을 강요하는 당대 사회에 대한 춘향의 비판 의식이 투영된 공간이라 할 수 있어.

문제 속 어휘&개념

▪ **우의적(寓意的)**: 어떤 의미를 직접 말하지 않고 다른 사물에 빗대어 넌지시 표현하는 것 예 이솝 우화는 <u>우의적</u> 방법을 통해 인생의 중요한 교훈들을 가르치고 있다.

▪ **반전(反轉)**: 일의 형세가 뒤바뀜. 예 후반전에 경기 분위기가 <u>반전</u>되었다.

"여봐라 사령들아, 너의 사또에게 여쭈어라. 먼 데 있는 걸인이 좋은 잔치에 왔으
니 술과 안주나 좀 얻어먹자고 여쭈어라."
<small>거지, 암행어사가 된 이몽룡</small>

저 사령의 거동 보소. / "우리 사또님이 걸인을 금하였으니, 어느 양반인지는 모르
오만 그런 말은 내지도 마오."

등을 밀쳐 내니 어찌 아니 명관(名官)인가. 운봉 영장이 그 거동을 보고 본관 사또
에게 청하는 말이, / "저 걸인의 의관은 남루하나 양반의 후예인 듯하니 말석에 앉히
<small>좌석의 차례에서 맨 끝 자리</small>
고 술잔이나 먹여 보냄이 어떠하뇨?"

본관 사또 하는 말이, / "운봉의 소견대로 하오마는."

'마는' 하는 끝말을 내뱉고는 입맛이 사납겠다. 어사또 속으로,

'오냐. 도적질은 내가 하마. 오라는 네가 받아라.'
<small>도둑이나 죄인을 묶을 때에 쓰던, 붉고 굵은 줄</small>

운봉 영장이 분부하여, / "저 양반 듭시라고 하여라." ▶ 변 사또의 생일잔치에 끼어드는 이몽룡

어사또 들어가 단정히 앉아 좌우를 살펴보니, 당 위의 모든 수령 다담상을 앞에 놓
<small>손님을 대접하기 위하여 내놓은 다과 따위를 차린 상</small>
고 진양조가 높아 가는데, 어사또의 상을 보니 어찌 아니 통분하랴. 모서리 떨어진
<small>민속 음악의 가장 느린 장단</small>
개상판에 닥나무 젓가락, 콩나물, 깍두기, 막걸리 한 사발 놓았구나. 상을 발길로 탁
<small>개다리소반</small>
차 던지며 운봉 영장의 갈비를 가리키며,

㉠ "갈비 한 대 먹고지고." / "다리도 잡수시오."

하고는 운봉이 하는 말이,

"이러한 잔치에 풍류로만 놀아서는 맛이 적사오니 차운(次韻) 한 수씩 하여 보면
<small>남이 지은 시의 운자(韻字)를 따서 시를 짓는 일</small>
어떠하오?" / "그 말이 옳다."

하니 운봉이 운을 낼 제 '높을 고(高)' 자, '기름 고(膏)' 자 두 자를 내어놓고 차례로 운
을 달아 시를 짓는다. 이때 어사또 하는 말이,

"걸인이 어려서 한시(漢詩)깨나 읽었더니 좋은 잔치 당하여서 술과 안주를 포식하
고 그냥 가기 민망하니 차운 한 수 하사이다."

운봉 영장이 반겨 듣고 필연(筆硯)을 내어 주니, 좌중 사람들이 다 짓지도 않았는
<small>붓과 벼루를 아울러 이르는 말</small>
데 순식간에 글 두 귀를 지었으되, 백성들의 형편을 생각하고 본관 사또의 정체를 감
안하여 지었것다.

[A]
금준미주(金樽美酒) 천인혈(千人血)이요 / 옥반가효(玉盤佳肴) 만성고(萬姓膏)라
촉루락시(燭淚落時) 민루락(民淚落)이요 / 가성고처(歌聲高處) 원성고(怨聲高)라

이 글 뜻은 / 금동이의 아름다운 술은 일만 백성의 피요 / 옥소반의 아름다운 안
주는 일만 백성의 기름이라. / 촛불 눈물 떨어질 때 백성 눈물 떨어지고 / 노랫소
리 높은 곳에 원망 소리 높았더라.

이렇듯이 지었으되 본관 사또는 몰라보는데 운봉 영장은 글을 보며 속으로,

'아뿔싸! 일이 났다.' ▶ 한시를 지어 탐관오리를 꾸짖는 어사또

– 작자 미상, 〈춘향전〉

만점 노트

〉 전체 줄거리 〈

퇴기 월매와 성 참판 사이에서 태어난 춘
향은 어느 봄날, 남원 부사의 아들 이몽룡
과 만나 백년가약의 인연을 맺는다. 서로
사랑에 빠져 있던 두 사람은 몽룡의 부친
이 한양으로 가게 되자 훗날을 기약하며
헤어진다. 새로 남원 부사로 부임한 변학
도는 오자마자 춘향의 미모를 탐내면서
기생의 딸이라는 점을 내세워 춘향에게
수청을 요구한다. 그러나 춘향은 이를 거
부하며 정절을 지키다가 모진 시련을 겪
는다. 한편 한양으로 올라간 몽룡은 과거
에 급제하고 암행어사가 되어 남원으로
내려온다. 걸인으로 변장한 몽룡은 변학
도의 학정과 춘향의 사정을 알게 되고, 변
학도의 생일날 어사출두를 하여 변학도
를 파직하고 춘향을 구해 낸다. 이후 춘향
은 정렬부인이 되고, 후손들은 대대로 행
복하게 산다.

〉 일등급 정리 〈

1. 〈춘향전〉의 근원 설화

① 염정 설화: 기생과 양반 자제의 사랑을
다룬 내용의 설화 예 성세창 설화

② (❶   ) 설화: 여자가 고난 속
에서도 정절을 지킨다는 내용의 설화
예 지리산녀 설화

③ 신원(伸寃) 설화: 억울하게 죽은 원혼
의 한을 풀어 준다는 내용의 설화
예 남원 추녀 설화

④ 관탈 민녀(官奪民女) 설화: 임금이나
관리가 평민의 여자를 빼앗는다는 내
용의 설화 예 도미 설화

⑤ 암행어사 설화: 암행어사가 권력자의
횡포를 징계하고 약자의 한을 풀어 주
는 내용의 설화 예 박문수 설화

2. 〈춘향전〉의 전승 과정

근원 설화	열녀 설화, 관탈 민녀 설화, 암행어사 설화
↓	
판소리	춘향가
↓	
고전 소설	춘향전
↓	
신소설	(❷)(이해조)
↓	
현대 소설	일설 춘향전(이광수), 춘향뎐(최인훈)
현대시	추천사(서정주), 수정가(박재삼)
↓	
영화·드라마	춘향뎐, 쾌걸 춘향

01

| 작품의 전승 과정 이해 |

이 글이 〈보기〉와 같이 시대를 뛰어넘어 다양한 갈래로 재창조되며 사랑받는 이유로 알맞지 <u>않은</u> 것은?

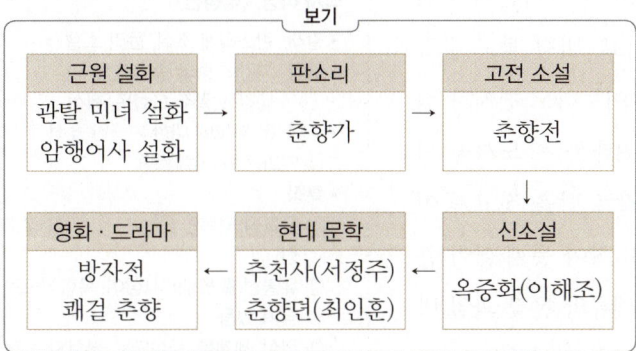

① 인물들의 전형적인 모습이 흥미를 더해 주기 때문에
② 신분을 초월한 순수한 사랑이 아름답게 느껴지기 때문에
③ 악인을 징벌▪하는 극적인 상황 전개에서 통쾌감이 느껴지기 때문에
④ 현실의 문제를 극복하고 새로운 세계로 나아가려는 의지를 보여 주기 때문에
⑤ 사랑을 지키려는 의지적 태도가 현대인에게도 보편적인 공감대를 형성하기 때문에

02

| 인물의 심리와 태도 추리 |

이 글에 등장하는 인물들이 할 수 있는 생각으로 가장 적절한 것은?

① 기생들 : 고통받는 백성을 외면하고 잔치를 벌이는 사또를 풍자하는 진양조 가락의 노래를 불러야겠어.
② 사령 : 이 거지가 어사또이지만 본관 사또의 명령이니 들여보낼 수 없어.
③ 운봉 영장 : 생일잔치에서는 인정을 베푸는 것이 좋으니 저 걸인이 양반이 아닐지라도 불러들여야겠군.
④ 본관 사또 : 운봉의 요청을 흔쾌히 받아들여 불쌍한 걸인에게 음식을 베풀어야겠군.
⑤ 어사또 : 일단 생일잔치 음식을 실컷 먹은 후에 어사출두하여 본관 사또를 벌해야겠군.

03

| 표현상의 특징 파악 |

〈보기〉를 참고할 때, ㉠과 같은 유형에 해당하는 것은?

───── 보기 ─────

[언어유희의 유형]
• 동음이의어를 활용한 언어유희 **예** "내 듣건대 유(儒)는 유(諛)라 하더니 과연 그렇구나."
• 유사한 음운의 반복을 이용한 언어유희 **예** "아, 이 양반이 허리 꺾어 절반인지, 개다리소반인지, 꾸레미전에 백반인지"
• 언어의 도치에 의한 언어유희 **예** "어 추워라. 문 들어온다 바람 닫아라. 물 마르다 목 들여라."
• 발음의 유사성을 이용한 언어유희 **예** "이애 이애 그 말 마라. 시집살이 개집살이"

① "아닌 게 아니라 우리 빵파가 열녀도 더 되고 백녀다 백녀."
② "마구간에 들어가 노새 원님을 끌어다가 등에 솔질을 쏼쏼하여"
③ "어이구, 그만 정신이 없다 보니 말이 빠져서 이가 헛 나와 버렸네."
④ "거 신 것을 그리 많이 먹어. 그놈은 낳드라도 안 시건방질가 몰라."
⑤ "말뚝아 꼴뚝아 밭 가운데 최뚝아 오뉴월에 밀뚝아 잔대뚝에 메뚝아 부러진 다리 절뚝아."

04

| 삽입시의 기능과 의미 이해 |

[A]에 대한 설명으로 적절하지 <u>않은</u> 것은?

① 인간 존중과 애민(愛民) 정신을 엿볼 수 있다.
② 사건의 전개에 있어 위기감을 고조시키고 있다.
③ 작품의 전승 과정에서 상류층의 문화가 반영되기도 했음을 추측할 수 있다.
④ 표현한 내용과 그 속에 숨어 있는 의미를 반대로 나타내어 독자의 흥미를 이끌어 내고 있다.
⑤ 성대한 잔치와 백성들의 고통을 대비시켜 탐관오리의 가렴주구(苛斂誅求)▪를 풍자하고 있다.

문제 속 어휘&개념

▪ **징벌(懲罰)** : 옳지 아니한 일을 하거나 죄를 지은 데 대하여 벌을 줌.
 예 법원은 탈세를 한 공무원들을 엄중하게 징벌하였다.

▪ **가렴주구(苛斂誅求)** : 세금을 가혹하게 거두어들이고, 무리하게 재물을 빼앗음.

한 곳을 다달아 돛을 지우고 닻 내리니 여기가 바로 인당수라. ㉮거센 바람 크게 일어 바다가 뒤누우며 어룡이 싸우는 듯, 벽력이 일어난 듯, 너른 바다 한가운데 일천 석 실은 배, 노도 잃고 닻도 끊어지고 용총도 부러지며 키도 빠지고, 바람 불고 물결 쳐 안개 비 뒤섞여 잦아진데 갈 길은 천리만리 남아 있고, 사면은 어둑하고 천지가 적막하여 간신히 떠오르는데 뱃전은 탕탕, 돛대도 와지끈, 순식간에 위태하니, 도사공 이하 모두들 겁을 내어 정신이 달아나고, 고사 제물 차릴 적에 섬 쌀로 밥을 짓고 동이 술에 큰 소 잡아 온 소다리 온 소머리 사지 갈라 올려놓고, 큰 돼지 잡아 통째 삶아 큰 칼 꽂아 기는 듯이 받쳐 놓고, 삼색 실과 오색 탕수, 갖은 고기 식혜류와 온갖 과일 방위 차려 고여 놓고, 심청을 목욕시켜 흰옷으로 갈아입혀 상머리에 앉힌 뒤에, ⓐ도사공 이 앞에 나서 북을 둥둥 울리면서 고사한다. 〈중략〉

> ▶ 심청을 인당수의 제물로 바칠 준비를 하는 남경 상인들

"우리 동무 스물네 명 장사를 직업 삼아 십여 세에 조수 타고 서호를 떠다니니, 인당수 용왕님은 사람 제물 받잡기로 도화동에 사는 십오 세 효녀 심청을 제물로 드리오니, 사해 용왕님은 고이고이 받으소서. 동해신 아명 서해신 거승이며, 남해신 축융 북해신 옹강이며, 칠금산 용왕님 자금산 용왕님 개개 섬 용왕님 영각대감 성황님, 허리간에 화장성황 이물고물 성황님네 다 굽어보옵소서. 물길 천리 먼먼 길에 바람구멍 열어내고, 낮이면 골을 넘어 대야에 물 담은 듯이, 배가 무쇠도 되고 닻도 무쇠가 되고 용총마류 닻줄 모두 다 무쇠로 점지하시고, 빠질 근심 없삽고 재물 잃을 근심도 없애시어 억십만 금 이문 남겨 웃음으로 즐기고 춤으로 기뻐하게 점지하여 주옵소서." / 하며 북을 '두리둥 두리둥' 치면서,

"심청은 시각이 급하니 어서 바삐 물에 들라."

ⓑ심청이 거동 보소. 두 손을 합장하고 일어나서 하느님 전 비는 말이,

"비나이다, 비나이다, 하느님 전에 비나이다. 심청이 죽는 일은 추호라도 섧지 아니하여도, 병든 아버지 깊은 한을 생전에 풀려 하고 이 죽음을 당하오니 명천(明天)은 감동하사 어두운 아비 눈을 밝게 띄워 주옵소서."

눈물지며 하는 말이,

"여러 선인님네 평안히 가옵시고 억십만 금 이문 남겨 이 물가를 지나거든 나의 혼백 불러내어 물밥이나 주시오." 〈중략〉

> ▶ 아버지의 눈을 뜨게 하기 위해 인당수에 몸을 던지는 심청

이때 심 낭자는 너른 바다에 몸이 들어 죽은 줄로 알았는데, 무지개 영롱하고 향내가 코를 찌르더니, 맑은 피리 소리 은근히 들리기에 몸을 머물러 주저할 제, 옥황상제 하교하사 인당수 용왕과 사해용왕 지부왕에게 일일이 명을 내리셨다.

"내일 출천(出天) 효녀 심청이가 그곳에 갈 것이니 몸에 물 한 점 묻지 않게 할 것이며, 만일 모시기를 실수하면 사해용왕은 천벌을 주고 지부왕은 파문을 내릴 것이니, 수정궁으로 모셔들여 3년 받들고 단장하여 세상으로 돌려보내라."

> ▶ 옥황상제의 명으로 구출되는 심청
> – 작자 미상, 〈심청전〉

만점 노트

작자 미상, 〈심청전〉

- **갈래** 판소리계 소설, 윤리 소설
- **배경** 시간 – 중국 송나라 말
  공간 – 황주 도화동, 황성
- **주제** ① 부모에 대한 지극한 효성
  ② 인과응보(因果應報)
- **특징**
  ① 유교적 덕목인 (❶   )를 강조함.
  ② 유불선(儒佛仙) 사상이 복합적으로 담겨 있음.
  ③ 현실 세계를 중심으로 펼쳐지는 전반부와 환상적인 이야기 중심의 후반부로 내용이 구분됨.

〉전체 줄거리〈

송나라 말 맹인 심학규는 부인이 심청을 낳은 후 7일 만에 죽자, 동냥젖을 얻어 딸을 키운다. 어느 날 심청을 마중 나갔던 심 봉사는 물에 빠지게 되고 눈을 뜰 수 있다는 말에 몽운사 화주승에게 공양미 삼백석을 시주하기로 한다. 공양미를 마련하기 위해 제물이 되어 인당수에 몸을 던진 심청은 용왕에게 구출되어 연꽃에 싸여 다시 인간계로 돌아온다. 황후가 된 심청은 맹인 잔치를 통해 아버지를 만나고 그 자리에서 심 봉사는 눈을 뜨게 된다.

〉일등급 정리〈

1. 작품의 사상적 배경

유교 사상	아버지의 눈을 뜨게 하기 위해 자신을 희생하는 심청의 '효'를 강조함.
(❷) 사상	부처의 신통력으로 눈을 뜰 수 있다고 믿음.
도교 사상	옥황상제와 선녀 등이 등장하여 심청을 구원함.
민간 신앙	뱃길의 안전을 기원하기 위해 사람을 제물로 바침.

2. 작품의 구조

전반부	후반부
• 현실적, 세속적 공간 • 비천한 신분, 불행한 삶	• 환상적, 초월적 공간 • 고귀한 신분, 행복한 삶

인당수에 몸을 던짐.
(❸   )적 성격

01
| 서술상의 특징 파악 |

이 글의 서술상 특징으로 가장 적절한 것은?

① 공간의 이동에 따라 인물의 성격이 변화한다.
② 배경 묘사를 통해 인물의 내면 심리를 드러낸다.
③ 사건 전개 과정에서 전기적(傳奇的) 요소가 나타난다.
④ 주인공이 운명과 대결하는 과정에서 긴장감이 높아진다.
⑤ 시간의 흐름에 따라 대립적 인물 간의 갈등이 해소된다.

02 학력평가 기출
| 서사 구조의 이해 |

〈보기〉는 이 작품 전체의 서사 구조를 정리한 것이다. 이 글과 〈보기〉를 관련지어 내린 판단으로 적절하지 않은 것은?

보기

1단계(현실계)	2단계(환상계)	3단계(현실계)
가난한 맹인의 집에서 출생한 심청이 고생하며 살다가 부친을 위해 인당수에 투신함.	→ 용왕들의 도움으로 심청은 수정궁으로 가고 선녀가 된 어머니를 만남.	→ 심청이 황후가 되어 맹인 잔치를 열어 심 봉사와 재회하고 심 봉사는 눈을 뜸.

① 이 글의 선인들은 〈보기〉 1단계에 등장하는 인물이겠군.
② 이 글의 옥황상제는 〈보기〉 2단계의 도움을 지시했군.
③ 이 글은 〈보기〉 3단계로 미루어 볼 때 행복한 결말이 되겠군.
④ 이 글에서는 현실계에서 환상계로의 공간적 이동이 나타나는군.
⑤ 이 글은 환상계를 속이야기로 하는 액자식 구성▪을 취하고 있군.

03
| 상황에 맞는 한자 성어 찾기 |

㉮의 상황을 나타내기에 적절하지 않은 것은?

① 누란지위(累卵之危)　　② 백척간두(百尺竿頭)
③ 설상가상(雪上加霜)　　④ 점입가경(漸入佳境)
⑤ 풍전등화(風前燈火)

04
| 인물의 행위 평가 |

ⓐ와 ⓑ에 대한 평가로 가장 적절한 것은?

① ⓐ는 자신을 합리화하며 ⓑ의 희생을 강요하고 있어.
② ⓑ는 ⓐ를 원망하며 자신의 불우한 신세를 한탄하고 있어.
③ ⓐ와 ⓑ는 각자 자신들의 목적을 달성하기 위해 행동하고 있어.
④ ⓐ와 ⓑ는 모두 자신의 운명을 개척하는 적극적인 모습을 보이고 있어.
⑤ ⓐ와 ⓑ는 모두 불합리한 사회 구조에 저항하는 당대 피지배 계층의 모습을 대변하고 있어.

05
| 작품의 종합적 감상 |

〈보기〉는 이 작품에 대한 발표 수업 내용이다. 이 글에 대한 설명으로 적절하지 않은 것은

보기

선생님: 이 작품은 판소리계 소설인 〈심청전〉이야. 이 작품의 주요 특징에 대해 발표해 볼까
학생: 이 작품은 판소리 사설▪을 기반으로 하여 ㉠평민들과 양반들의 언어가 혼재되어 있습니다. ㉡'인신 공희 설화', '효녀 지은 설화', '거타지 설화' 등 다양한 근원 설화를 기반으로 창작되었습니다. 뿐만 아니라 다양한 사상적 배경을 가지고 있기도 합니다. ㉢작품 전반에 흐르는 유교적 효 사상과 함께 옥황상제가 등장한다는 점에서 도교 사상, 인간을 제물로 바친다는 점에서 민간 신앙의 흔적도 찾아볼 수 있지요. ㉣아버지를 위해 인당수에 빠지는 심청의 모습에서는 비장미(悲壯美)를 느낄 수 있습니다. 그리고 ㉤돈으로 심청을 사고 제물로 바치는 상인들의 모습을 통해 조선 후기 상업의 비인간성을 비판하고 있습니다.

① ㉠　　② ㉡　　③ ㉢　　④ ㉣　　⑤ ㉤

문제 속 어휘&개념

▪ **액자식 구성**: 이야기 안에 또 다른 이야기가 들어 있는 구성. 보통 '외부 이야기(서술자의 이야기) – 내부 이야기(서술자가 전하는 이야기) – 외부 이야기(서술자의 이야기)'로 구성됨.

▪ **판소리 사설**: 판소리를 글로 엮어 가사로서 표현한 것. 판소리의 음악적 요소를 제외한 사설의 의미로 이해할 수 있으나, 구전되던 판소리를 의도적으로 개작하여 기록한 희곡 작품으로도 이해할 수 있다.

고등 국어 수업을 위한 쉽고 체계적인 맞춤 교재

고등국어

기본 문학 문법

(전 3권)

고등 국어 학습, 시작이 중요합니다!

- 고등학교 공부는 중학교 공부에 비해 훨씬 더 사고력, 독해력, 어휘력이 필요합니다.
- 국어 공부는 모든 교과 학습의 기초가 됩니다.

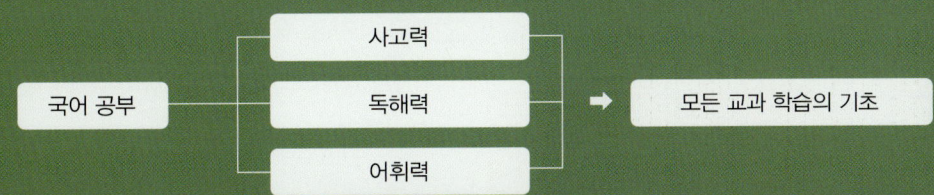

'고고 시리즈'로 고등 국어 실력을 키우세요!

- 국어 핵심 개념, 교과서 필수 문학 작품, 주요 비문학 지문, 문법 이론 등 고등학교 국어 공부에 필요한 모든 내용을 알차게 정리하였습니다.
- 내신 대비는 물론 수능 기초를 다질 수 있는 토대를 마련할 수 있습니다.

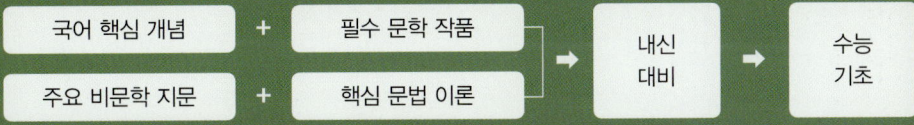

수능
기출 완성

밥 먹듯이 매일매일
국어 공부

밥 시리즈의 새로운 학습 시스템

'밥 시리즈'의
학습 방법을
확인하고
공부 방향 설정
→
권장 학습 플랜을
참고하여
자신만의
학습 계획 수립
→
학습 방법과
학습 플랜에 맞추어
밥 먹듯이 꾸준하게
국어 공부
→
수능 국어
1등급을 달성

▶ 수능 국어 1등급 달성을 위한 학습법 제시   ▶ 문학, 비문학 독서, 언어와 매체, 화법과 작문 등 국어의 전 영역 학습   ▶ 문제 접근 방법과 해결 전략을 알려 주는 친절한 해설

처음 시작하는 밥 비문학
• 전국연합 학력평가 고1, 2 기출문제와 첨삭식 지문·문제 해설
• 예비 고등학생의 비문학 실력 향상을 위한 친절한 학습 프로그램

밥 비문학
• 수능, 평가원 모의평가 기출문제와 첨삭식 지문·문제 해설
• 지문 독해법과 문제별 접근법을 제시하여 비문학 완성

처음 시작하는 밥 문학
• 전국연합 학력평가 고1, 2 기출문제와 첨삭식 지문·문제 해설
• 예비 고등학생의 문학 실력 향상을 위한 친절한 학습 프로그램

밥 문학
• 수능, 평가원 모의평가 기출문제와 첨삭식 지문·문제 해설
• 작품 감상법과 문제별 접근법을 제시하여 문학 완성

밥 언어와 매체
• 수능, 평가원 모의평가, 전국연합 학력평가 및 내신 기출문제
• 핵심 문법 이론 정리, 문제별 접근법, 풍부한 해설로 언어와 매체 완성

밥 화법과 작문
• 수능, 평가원 모의평가, 전국연합 학력평가 기출문제
• 문제별 접근법과 풍부한 해설로 화법과 작문 완성

밥 어휘
• 필수 어휘, 한자 성어, 속담, 관용어, 다의어, 동음이의어, 헷갈리는 어휘, 개념어, 배경지식 용어
• 방대한 어휘, 어휘력 향상을 위한 3단계 학습 시스템

2022 개정 교육 과정

| 정답과 해설

고등국어 고고

高·GO | 고등 국어로 달려가자

문학

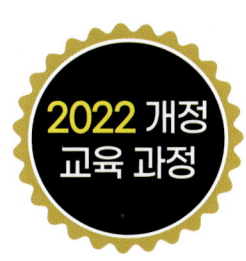

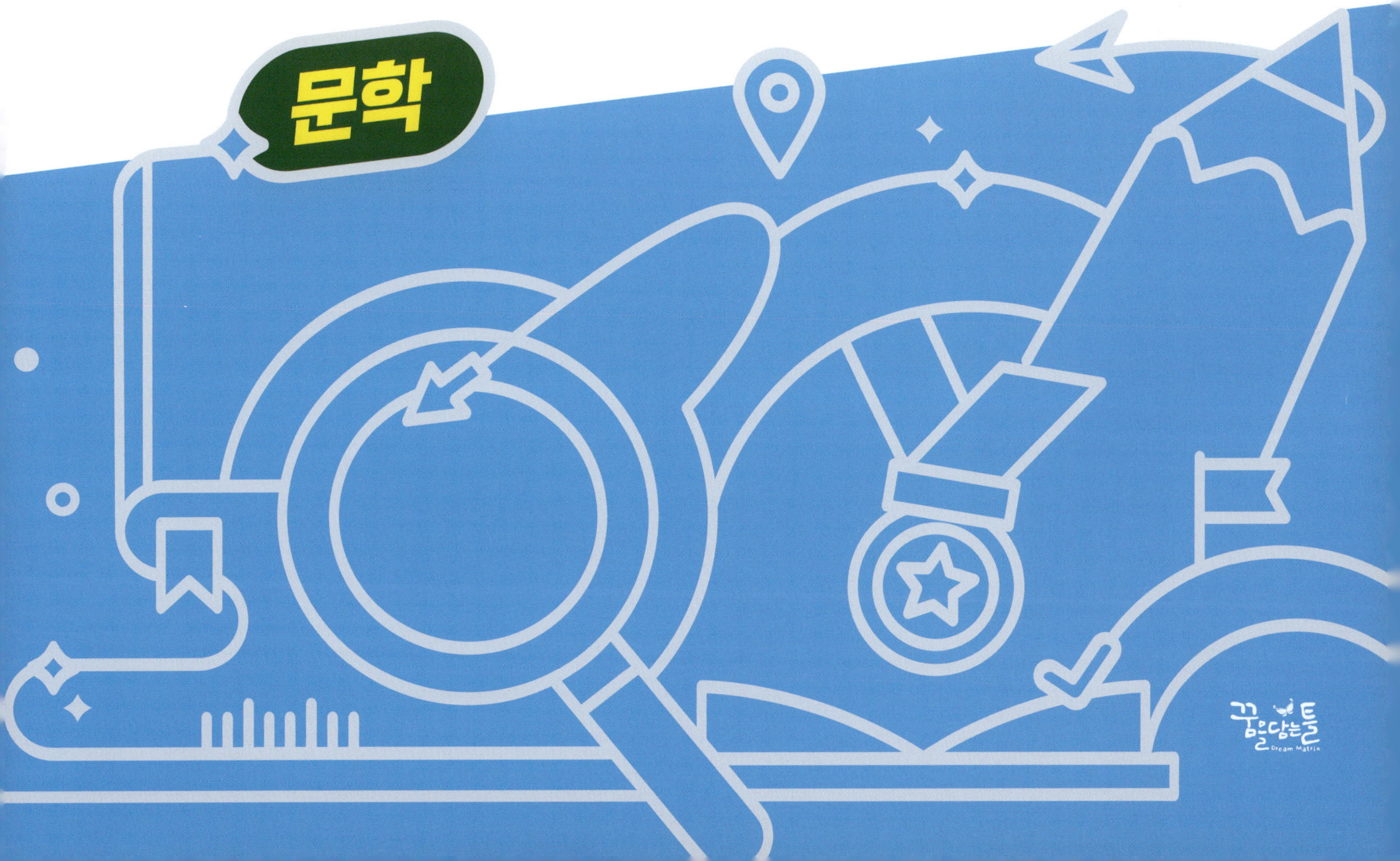

꿈을담는틀
Dream Matrix

정답과 해설

I 현대시

핵심 개념

01 ②   **02** 그리움   **03** ①   **04** 시적 화자의 어조   **05** ④   **06** 조국 광복   **07** ②, ④   **08** 후각적 이미지   **09** 수미상관   **10** 선경후정   **11** 시간의 역순행적 흐름에 따른 전개   **12** 시선의 이동에 따른 전개   **13** 원관념 : 낙엽, 보조 관념 : 폴란드 망명 정부의 지폐   **14** ③   **15** 반어   **16** 설의   **17** 새   **18** 효용론적 관점   **19** 반영론적 관점   **20** ④   **21** ③, ⑤   **22** ②, ④

필수 작품

👍 **만점 노트**   ❶ 반어적   ❷ 수미상관   ❸ 호흡   ❹ 재촉

01 ①   **02** ⑤   **03** ②   **04** ②   **05** ④

👍 **만점 노트**   ❶ 대립   ❷ 별   ❸ 연민   ❹ 성찰

01 ①   **02** ④   **03** ②   **04** ⑤   **05** ④

👍 **만점 노트**   ❶ 속죄양   ❷ 지금   ❸ 고원   ❹ 모순

01 ④   **02** ⑤   **03** ⑤   **04** ①   **05** ④

👍 **만점 노트**   ❶ 경어체   ❷ 재회   ❸ 연인

01 ④   **02** ④   **03** ①   **04** ⑤   **05** ②

👍 **만점 노트**   ❶ 후렴구   ❷ 가난   ❸ 통일성

01 ②   **02** ④   **03** ②   **04** ①   **05** ③

👍 **만점 노트**   ❶ 대위법   ❷ 상반   ❸ 절제   ❹ 들길

01 ③   **02** ④   **03** ②   **04** ①   **05** ①

👍 **만점 노트**   ❶ 수미상관   ❷ 상실   ❸ 시간   ❹ 모태

01 ①   **02** ③   **03** ③   **04** ④

👍 **만점 노트**   ❶ 편지   ❷ 희망   ❸ 정화   ❹ 극복 의지

01 ⑤   **02** ④   **03** ⑤   **04** ④   **05** ②

👍 **만점 노트**   ❶ 대립   ❷ 양지   ❸ 광명   ❹ 명령형

01 ①   **02** ②   **03** ①   **04** ②   **05** ⑤

👍 **만점 노트**   ❶ 눈   ❷ 청유   ❸ 점층   ❹ 정화

01 ①   **02** ②   **03** ②   **04** ④   **05** ④

👍 **만점 노트**   ❶ 가난   ❷ 반복   ❸ 설의   ❹ 새빨간 감 바람 소리

01 ④   **02** ②   **03** ④   **04** ②   **05** ②

👍 **만점 노트**   ❶ 의문형   ❷ 연민   ❸ 골방   ❹ 시각적

01 ②   **02** ②   **03** ③   **04** ④   **5** ④

👍 **만점 노트**   ❶ 슬픔   ❷ 기쁨   ❸ 이기적   ❹ 함박눈

01 ③   **02** ④   **03** ②   **04** ④   **05** ④

👍 **만점 노트**   ❶ 사랑   ❷ 역설   ❸ 낙화   ❹ 성숙

01 ②   **02** ①   **03** ③   **04** ④   **05** ②

👍 **만점 노트**   ❶ 애환   ❷ 역설   ❸ 막막한 한숨   ❹ 숨결

01 ⑤   **02** ④   **03** ④   **04** ④

Ⅲ | 현대 소설

핵심 개념

✔ 개념 체크
p. 88~93

01 전형적 인물 02 ① 03 간접 제시 04 ① 05 ④ 06 인물과 인물의 갈등 07 ⑤ 08 ④ 09 발단 10 액자식 구성 11 ④ 12 1인칭 관찰자 시점 13 ① 14 ① 15 ⑤

필수 작품

01 고향
p. 94~95

👍 만점 노트 ❶ 액자식 ❷ 일체감 ❸ 관찰자

01 ⑤   02 ④   03 ⑤   04 ⑤   05 ①

02 봄·봄 ❶
p. 96~97

👍 만점 노트 ❶ 역순행적 ❷ 장인 ❸ 갈등

01 ⑤   02 ③   03 ④   04 ⑤   05 ⑤

봄·봄 ❷
p. 98~99

👍 만점 노트 ❶ 생생 ❷ 점순 ❸ 해학성

01 ②   02 ③   03 ③   04 ③   05 ④

03 태평천하 ❶
p. 100~101

👍 만점 노트 ❶ 창자 ❷ 반어적 ❸ 족보

01 ①   02 ⑤   03 ③   04 ③

태평천하 ❷
p. 102~103

👍 만점 노트 ❶ 반어적 ❷ 반전 ❸ 주제

01 ④   02 ④   03 ③   04 ①   05 ①

04 메밀꽃 필 무렵 ❶
p. 104~105

👍 만점 노트 ❶ 배경 ❷ 동이 ❸ 달밤

01 ③   02 ④   03 ②   04 ③   05 ⑤

메밀꽃 필 무렵 ❷
p. 106~107

👍 만점 노트 ❶ 세로 ❷ 동반자 ❸ 제천

01 ②   02 ⑤   03 ④   04 ③   05 ④

05 달밤
p. 108~109

👍 만점 노트 ❶ 관찰자 ❷ 배경 ❸ 연민

01 ⑤   02 ⑤   03 ②   04 ③   05 ③

06 장마
p. 110~111

👍 만점 노트 ❶ 방언 ❷ 전쟁 ❸ 화해

01 ④   02 ③   03 ⑤   04 ③   05 ⑤   06 ②

07 아홉 켤레의 구두로 남은 사내 ❶
p. 112~113

👍 만점 노트 ❶ 상징적 ❷ 지식인 ❸ 자존심

01 ②   02 ⑤   03 ④   04 ②   05 ⑤

아홉 켤레의 구두로 남은 사내 ❷
p. 114~115

👍 만점 노트 ❶ 연민 ❷ 부정

01 ④   02 ②   03 ①   04 ①   05 ⑤

08 황만근은 이렇게 말했다
p. 116~117

👍 만점 노트 ❶ 이기적 ❷ 이장 ❸ 논평

01 ①   02 ①   03 ⑤   04 ⑤   05 ①

IV | 고전 소설

핵심 개념

필수 작품

I | 현대시

핵심 개념

01 화자는 시인을 대신해서 말하는 사람으로, 반드시 시인과 일치하는 것은 아니다.

03 이 시의 화자는 순수한 삶에 대한 의지적 태도를 보이고 있다.

05 시어와 표현 대상 사이에는 1 : 다(多)의 의미 관계도 성립한다.

07 이 시는 7·5조의 3음보 율격을 보이므로, 일정한 음절 수와 음보를 반복하여 운율을 형성한 것이다.

11 1연의 1~4행은 과거 생활의 고백, 5~8행은 미래의 삶에 대한 신념, 2연은 화자가 처한 현재 상황에 대한 제시로 이루어져 있다.

12 '호장저고리 → 기인 치마 → 운혜, 당혜'로 화자의 시선이 이동하며 시상이 전개되고 있다.

13 '낙엽'을 폴란드 망명 정부의 지폐에 비유하여 쓸쓸하고 공허함을 나타내고 있다.

14 짐승인 '사슴'을 사람처럼 표현하고 있다.

18 독자에게 교훈, 감동 등 영향을 미쳤는가를 중요시하는 작품 감상 방법은 효용론적 관점이다.

20 나머지는 모두 내재적 접근 방법에 따라 감상한 것이지만, ④는 외재적 접근 방법의 반영론적 관점에 따라 작품을 감상한 것이다.

21 이 시는 '복사꽃, 살구꽃, 막쇠, 돌이' 등에서 향토적 정감이 느껴지고(①), '널널널, 두둥실' 등에서 음성 상징어를 활용하였으며(②), '~ 일러라'와 같이 유사한 문장 구조가 반복되었다(④).

22 이 시는 '예수 그리스도에게 / 처럼'에서 행간 걸침이 나타나며(②), '괴로웠던 사나이, / 행복한 예수 그리스도에게'에서 역설적 표현을 사용하였다(④).

필수 작품

01 진달래꽃 / 가는 길 p. 16~17

👍 **만점 노트** ❶ 반어적 ❷ 수미상관 ❸ 호흡 ❹ 재촉

01 ① 02 ⑤ 03 ② 04 ② 05 ④

01 ①

(가)에서는 이별의 상황을 가정하여 화자가 느끼는 슬픔을 드러내고 있다. 또 (나)에서는 임을 두고 떠나야 하는 상황에서 화자가 느끼는 아쉬움과 미련을 드러내고 있다. 따라서 (가)와 (나)는 모두 이별의 상황에 대한 화자의 정서를 드러내고 있다.

02 ⑤

(가)에서는 주로 시각적 이미지를 중심으로 시적 화자의 정서를 드러내고 있을 뿐, 청각적 이미지는 나타나 있지 않다.

❌ **오답 풀이**

① 1, 2, 4연에서 종결 어미 '–우리다'를 반복함으로써 리듬감을 살리고 있다.
② 각 연을 3행(1행 2음보, 2행 1음보, 3행 3음보)으로 배치하여 운율감과 함께 형태적 안정감을 얻고 있다.
③ 4연에서 반어법을 사용하여 떠나는 임에 대한 화자의 복잡 미묘한 심정을 효과적으로 드러내고 있다.
④ 시의 처음과 끝에 유사한 시구를 배열하는 수미상관 방식을 통해 주제를 강조하고 있다.

03 ②

'진달래꽃'은 화자의 분신과도 같은 꽃으로, 임에 대한 화자의 사랑과 정성을 표상하는 소재이다. 아울러 그 꽃을 짓밟고 가라는 표현을 고려할 때, '진달래꽃'은 임에 대한 화자의 희생적 태도를 드러내는 소재이기도 하다.

04 ②

2연의 '다시'는 화자가 떠나지 못하고 머뭇거리고 있음을 나타내는 시어이고, 4연의 '어서'는 머뭇거리는 화자에게 빨리 행동할 것을 재촉하는 표현이다. 따라서 두 시어는 모두 화자가 떠남의 결단을 내린 것을 보여 주는 것이 아니다.

❌ **오답 풀이**

① 1연의 '말을 할까'와 2연의 '그냥 갈까'에서 의문형 종결 어미인 '–ㄹ까'를 사용하여 이별을 망설이는 화자의 내적 갈등을 나타내고 있다.
③ 3연의 '까마귀'는 화자에게 이별을 재촉하는 존재이며 '지는 해'는 시간이 없다는 의미를 나타내므로, 두 소재는 모두 화자에게 떠나가야 하는 상황임을 환기시키고 있다.

④ 1연에서 2행에 있어야 할 '하니'를 3행으로 내려 낭송 속도를 조절함으로써 떠나지 못하고 머뭇거리는 화자의 정서를 드러내고 있다.

⑤ 1연과 2연은 짧은 시행을 느린 호흡으로 전개하여 이별을 망설이는 화자의 심정을 드러내고 있고, 3연과 4연은 긴 시행을 빠른 호흡으로 전개하여 서둘러 떠나야만 하는 촉박한 상황과 화자의 안타까운 심정을 드러내고 있다.

05 ④

'까마귀'와 '강물'은 화자에게 떠남을 재촉하는 구체적 자연물로, 화자가 이별의 상황에서 느끼는 아쉬움과 안타까움을 간접적으로 드러내며, 작품의 애상적 분위기를 강화하는 기능을 하고 있다. 하지만 '까마귀'와 '강물'이 화자가 추구하는 삶의 모습을 보여 주고 있지는 않다.

03 ②

ㄴ(1연 3행의 '바람')은 화자의 내면적 갈등과 동요를 의미한다. 부정적 현실에 따른 시련과 고난을 의미하는 시어는 2연의 '바람'이다.

04 ⑤

우물 속을 들여다보거나 돌아가다 생각하고 다시 가서 들여다보는 등의 구체적 행동을 통해 '미움 → 연민 → 미움 → 그리움'과 같은 화자의 심리 변화를 형상화하였다.

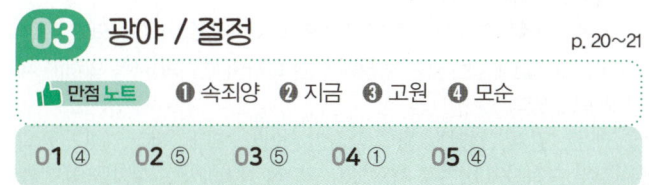 오답 풀이

① 구어체 문장을 사용하여 산문 형식으로 표현하였다.

② 자연물에 인격을 부여한 의인법은 사용되지 않았다.

③ '파아란 바람'에 공감각적 심상(촉각의 시각화)이 나타나 있기는 하지만, 우물 속의 평화로운 정경을 그리고 있을 뿐 화자의 내면을 구체화하고 있지는 않다.

④ 의성어나 의태어와 같은 음성 상징어가 사용되지 않았다.

02 서시 / 자화상 p. 18~19

👍 만점 노트 ❶ 대립 ❷ 별 ❸ 연민 ❹ 성찰

01 ① 02 ④ 03 ② 04 ⑤ 05 ④

01 ①

(가)의 화자는 자신의 삶을 성찰하면서 식민지 현실을 살아가는 고뇌와 부끄러움 없는 삶에 대한 소망을 드러내고 있다. 또 (나)의 화자는 우물을 들여다보면서 일제 강점기를 살아가고 있는 자기 자신의 모습을 성찰하고 있다. 따라서 (가)와 (나)의 화자는 모두 자신의 삶에 대해 성찰적 태도를 보이고 있다.

 오답 풀이

② (가)의 화자는 '나한테 주어진 길을 걸어가야겠다'라며 미래의 삶에 대해 확고한 의지를 드러내고 있지만, (나)의 화자는 미래의 삶에 대한 의지를 드러내고 있지 않다.

③ (가)의 화자는 미래의 삶에 대한 결의를 드러내고 있고, (나)의 화자는 순수했던 과거 자신의 모습을 발견하며 현실적 자아와 화해하고 있으므로, 모두 심리적 갈등이 심화되고 있다고 볼 수 없다.

④ (가)와 (나)의 화자는 모두 성찰적 태도를 보이고 있을 뿐, 현재의 부정적 상황에 대해 냉소적 태도를 보이고 있지 않다.

⑤ (가)의 화자는 과거에 순결한 삶을 살고자 했고, (나)의 화자는 과거의 순수했던 모습을 그리워하고 있으므로, 모두 과거에 무기력하게 살았다고 볼 수 없다.

05 ④

6연에서 자연과 '사나이(자아)'가 함께 나타난다고 해서 화자가 존재 탐구를 끝냈다고 볼 수는 없다. 그보다는 우물 속에 투영된 자신을 미워하고 가엾어하며 그리워해 온 이제까지의 내적 갈등을 극복하고, 우물 속에서 과거의 순수했던 이상적 자아를 발견하는 것으로 이해하는 것이 적절하다.

03 광야 / 절정 p. 20~21

👍 만점 노트 ❶ 속죄양 ❷ 지금 ❸ 고원 ❹ 모순

01 ④ 02 ⑤ 03 ⑤ 04 ① 05 ④

01 ④

(나)는 '북방 – 고원 – 서릿발 칼날진 그 위'와 같이 화자가 처한 시적 상황이 점층적으로 고조되면서 시상이 전개되고 있다.

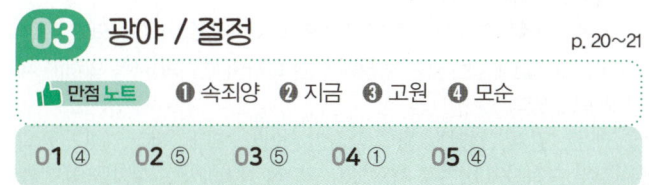 오답 풀이

① (가)는 시간의 흐름에 따라 시상이 전개되고 있으며, (나)가 '북방 – 고원 – 서릿발 칼날진 그 위'와 같이 공간의 이동에 따라 시상이 전개되고 있다.

② (가)와 (나)에는 모두 뚜렷한 색채 이미지가 나타나지 않으며, 색채 이미지를 대비하고 있지도 않다.

③ (가)와 (나)에는 모두 수미상관의 구조가 나타나 있지 않다.

⑤ (가)는 '과거 → 현재 → 미래'의 시간의 흐름에 따라 시상이 전개되고 있지만, (나)는 시간의 흐름에 따라 시상이 전개되고 있지 않다. (나)는 기승전결의 구조, 공간의 이동과 상황의 점층적 고조를 통해 시상이 전개되고 있다.

02 ④

〈보기〉에서 윤동주는 절대적 가치를 추구하는 윤리적인 삶을 꿈꾸었다고 했는데, (가)의 '별을 노래하는 마음'은 이러한 절대적 가치와 윤리적 삶을 추구하고자 하는 의지를 의미한다. 윤리적 삶과 현실의 삶 사이의 갈등은 '잎새에 이는 바람에도 / 나는 괴로워했다.'에 나타나 있다.

02 ⑤

(가)의 화자는 '눈'이 내리는 부정적 현실에서도 뜻을 굽히지 않고, '가난한 노래의 씨'를 뿌리겠다며 현실 극복에 대한 강한 의지를 드러내고 있다.

⊗ 오답 풀이

③ 화자는 현실을 부정적으로 인식하고 있을 뿐, 회의적인 태도를 보이고 있지는 않다.

03 ⑤

ⓔ은 조국 광복의 밝은 미래에 대한 확신을 드러낸 표현으로, 조국 광복의 노래('가난한 노래의 씨')를 훗날에 나타날 초인이 부르게 하겠다는 뜻이다. 즉, 화자와 초인이 함께 노래를 부르겠다는 것도 아니고, 과거의 삶을 그리워하는 것도 아니다.

04 ①

'겨울은 강철로 된 무지갠가 보다.'는 반어적 표현이 아니라, 모순되는 표현 속에 깊은 진리를 담는 역설적 표현이다. 차갑고 비정한 이미지의 '강철'과 따뜻하고 황홀한 이미지의 '무지개'를 결합하여, 극한 상황에 대한 화자의 역설적 인식과 초극 의지를 드러내고 있다.

⊗ 오답 풀이

② 한시의 전형적인 구성 방식인 '기승전결'의 4단 구성을 통해 절제된 형식미를 보여 주고 있다.

③ 현재형 시제를 사용함으로써 보다 긴박감을 주고 현실과의 대결 의식을 드러내고 있다.

④ 전반부인 1, 2연에서는 극한에 놓인 화자의 상황이 제시되고, 후반부인 3, 4연에서는 극한 상황에 대한 화자의 인식과 극복 의지가 제시되고 있다.

⑤ '매운', '갈겨', '칼날진' 등의 강렬한 시어와 '오다', '서다', '없다' 등과 같은 단정적인 어조를 사용하여 극단적 상황에서도 희망을 잃지 않고 극복하려는 의지를 나타내고 있다.

05 ④

3연의 '한 발 재겨디딜 곳조차 없다.'는 절대적 존재에게 무릎을 꿇고 빌 수조차 없는 극한 상황을 나타낸 표현이다. 이는 화자가 처한 극한 상황을 드러내고 있을 뿐, 화자가 고난이 끝났음을 인지한 것이 아니다.

---

04 님의 침묵
p. 22~23

👍 **만점 노트** ❶ 경어체 ❷ 재회 ❸ 연인

01 ④　02 ④　03 ①　04 ⑤　05 ②

---

01 ④

이 시는 전반적으로 독백체의 어조를 통해 임에 대한 영원한 사랑을 노래하고 있을 뿐, 질문과 대답의 구조가 나타나지는 않는다.

⊗ 오답 풀이

① 7행의 '그러나'에서 시적 화자의 정서가 슬픔에서 희망으로 전환되고 있다.

② '-습니다'의 경어체를 사용하여 부드러운 여성적 어조를 형성하고 있다.

③ '푸른 산빛'과 '단풍나무 숲', '황금의 꽃같이 굳고 빛나던 옛 맹세'와 '차디찬 티끌' 등 대조적 이미지의 시어를 사용하여 이별의 상황을 나타내고 있다.

⑤ '님은 갔습니다'를 반복하여 임과 이별한 상실감을 강조하고 있다.

02 ④

'나는 향기로운 님의 말소리에 귀먹고, 꽃다운 님의 얼굴에 눈멀었습니다.'는 임과의 이별로 인한 화자의 번뇌가 아니라, 임이 화자에게 절대적 존재였음을 나타낸 표현이다.

⊗ 오답 풀이

① 시인이 승려였던 사실을 바탕으로 이 시를 이해할 때, '님'은 부처나 종교적인 절대자를 의미한다고 볼 수 있다.

② '황금의 꽃같이 굳고 빛나던 옛 맹세'가 '차디찬 티끌'이 되었다는 것은 영원한 사랑의 약속이 덧없고 보잘것없는 것이 되었음을 의미하는 표현이다.

③ '날카로운 첫 키스의 추억'은 임을 처음 만난 순간 또는 임에 대한 사랑을 깨달은 순간의 감동과 황홀함을 감각적으로 형상화한 표현이다.

⑤ '우리는 만날 때에 떠날 것을 염려하는 것과 같이, 떠날 때에 다시 만날 것을 믿습니다.'는 불교의 윤회 사상을 바탕으로 한 '회자정리 거자필반'의 의미가 담겨 있는 표현이다.

03 ①

ⓐ는 임을 잃은 슬픔과 충격에서 나온 단식이며, ⓑ는 현실적으로는 임이 떠났지만 재회에 대한 의지와 확신만 있으면 임은 반드시 돌아올 것이라는 깨달음에서 나온 것이다.

⊗ 오답 풀이

⑤ 화자는 임과의 재회를 확신하고 있으므로, ⓑ에는 공허함이 담겨 있지 않다.

04 ⑤

㉠에는 모순된 표현 속에 깊은 진리를 담는 역설적 표현이 사용되었다. 하지만 ⑤에는 역설적 표현이 아니라, 나타내려는 뜻과 반대가 되게 표현하는 반어적 표현이 사용되었다. 비판 의식을 상실한 채 맹목적으로 하급반 교과서를 따라 읽는 모습을 외우기도 좋고 읽기에도 좋다고 반어적으로 표현함으로써 획일화된 삶을 풍자하고 있다.

❌ 오답 풀이

① 슬픔을 찬란하다고 역설적으로 표현하였다.

② 결별을 축복이라고 역설적으로 표현하였다.

③ 차가운 이미지인 '강철'과 희망의 이미지인 '무지개'를 결합하여 극한의 현실에 대한 초극 의지를 역설적으로 표현하였다.

④ '괴로웠던'과 '행복한'이라는 상반된 형용사를 사용하여 역설적으로 표현하였다.

05 ②

〈보기〉에 의하면, 〈반비례〉에서 화자는 침묵이라는 부재의 상태에서 '님'의 실재를 보았으며, 〈나의 노래〉에서 화자는 자신의 노래에 '님'과 근원적으로 소통할 수 있는 힘을 부여했다고 하였다. 이를 ⓒ에 적용하면 '사랑의 노래'가 '님'의 침묵을 휩싸고 돈다는 것은 화자가 부재 속에 실재하는 '님'을 만나 근원적으로 소통한다는 의미로 이해할 수 있다.

❌ 오답 풀이

① 7행 이후 화자는 '님'이 침묵하는 상황을 극복하고자 하고 있다.

③ 〈보기〉에서는 '나의 노래'가 '산과 들을 지나서 멀리 계신 님에게'까지 전달된다는 점을 강조한 것이다.

④ 침묵이 끝나야 사랑이 비로소 시작되는 것이 아니라, 이미 진행 중인 사랑으로 인해 침묵이 끝날 것이라는 의미이다.

⑤ '사랑의 노래'는 현실적 임의 부재를 극복하려는 화자의 의지적 노래이다.

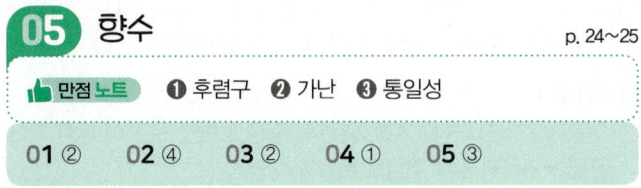

05 향수   p. 24~25

👍 만점 노트 ❶ 후렴구 ❷ 가난 ❸ 통일성

01 ② **02** ④ **03** ② **04** ① **05** ③

01 ②

이 시에는 문법에 맞는 정상적인 문장을 어순을 바꾸어 표현하는 도치법이 사용되지 않았다.

❌ 오답 풀이

① 각 연마다 '그곳이 차마 꿈엔들 잊힐 리야.'라는 후렴구를 사용하여 시 전체에 안정감과 통일성을 주고 있다.

③ 시각적, 청각적, 촉각적, 공감각적 심상 등 다양한 감각적 심상을 사용하여 고향의 모습을 그리고 있다.

④ '실개천', '얼룩백이 황소', '질화로', '짚베개' 등과 같은 토속적 시어를 사용하여 시골의 정취를 느끼게 하고 있다.

⑤ '옛이야기 지줄대는 실개천'에서 자연물에 인격을 부여한 의인법을 사용하여 평화로운 고향의 모습을 친근하게 그리고 있다.

02 ④

㉮는 각 연의 끝에 사용된 후렴구이다. 이 후렴구는 화자의

정서를 절제하는 기능을 하는 것이 아니라, 고향에 대한 그리움을 집약하여 시의 주제를 강조하는 기능을 하고 있다.

❌ 오답 풀이

② '～ 잊힐 리야'와 같이 설의적 표현을 통해 '고향에 대한 그리움'이라는 주제를 강조하고 있다.

03 ②

이 시는 어린 시절 가난하지만 평화로운 고향의 모습을 그리고 있다. 2연에 늙은 아버지의 고단한 모습이 그려져 있기는 하지만, 이 모습에서 노년의 서글픔이 느껴지는 것은 아니다.

04 ①

㉠에서는 '울음'이라는 청각적 심상을 '금빛'이라는 시각적 심상으로 전이한 공감각적 심상이 나타나며, 이를 통해 한가로운 고향의 정취를 그리고 있다.

❌ 오답 풀이

② '밤바람 소리'라는 청각적 심상을 '말을 달리고'라는 시각적 심상으로 전이한 공감각적 심상에 해당한다.

③ '검은'은 후각적 심상이 아니라 시각적 심상에 해당한다.

④ '따가운'은 청각적 심상이 아니라 촉각적 심상에 해당한다.

⑤ '우지짖고'는 촉각적 심상이 아니라 청각적 심상에 해당한다.

05 ③

이 시는 가난하지만 평화로웠던 고향의 모습을 회상하며 고향에 대한 간절한 그리움을 노래하고 있다. 고향의 모습과 고향에 대한 그리움을 다양한 감각적 이미지를 통해 표현함으로써 마치 눈에 보이는 것 같은 느낌을 주고 있다.

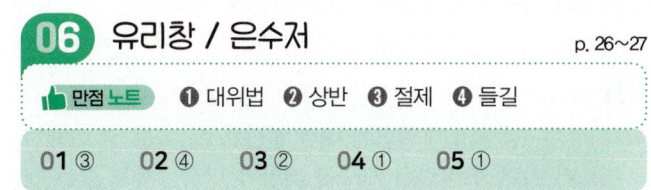

06 유리창 / 은수저   p. 26~27

👍 만점 노트 ❶ 대위법 ❷ 상반 ❸ 절제 ❹ 들길

01 ③ **02** ④ **03** ② **04** ① **05** ①

01 ③

(가)와 (나)는 대상의 부재(자식의 죽음)로 인한 슬픔과 대상에 대한 그리움의 정서가 드러나지만, 부정적 현실을 극복하려는 태도는 나타나 있지 않다.

❌ 오답 풀이

④ (가)에서는 '차고 슬픈 것', '외로운 황홀한 심사'와 같이 감정의 대위법을 통해 자식을 잃은 슬픔을 절제하여 표현하고 있다. (나)에서도 간결하고 평이한 서술을 통해 자식을 잃은 비통한 심정을 절제된 어조로 표현하고 있다.

02 ④

(가)에서 화자가 그리워하는 시적 대상은 '죽은 아들'이다. 이 시에서 죽은 아이의 이미지를 형상화한 시어는 '차고 슬픈 것', '언 날개', '물 먹은 별', '산새'이다. 따라서 시적 대상의 이미지를 형상화한 시어끼리 바르게 묶인 것은 ④이다.

03 ②

(가)에서 '고운 폐혈관이 찢어진 채로'는 화자의 자식이 폐병으로 죽었음을 암시하는 구절이다. 하지만 (나)에서 '한밤중에 바람이 분다.'는 화자에게 죽은 자식에 대한 환상을 불러일으키는 계기가 될 뿐, 자식이 죽은 원인을 암시하고 있지 않다.

오답 풀이

① (가)의 '지우고 보고 지우고 보아도'와 (나)의 '들창을 열었다 다시 닫는다.'는 모두 죽은 자식을 만나고 싶어 하는 화자의 간절한 마음을 드러내고 있다.
③ (가)에서 화자는 유리에 어린 '차고 슬픈 것(화자의 입김)'으로 인해 죽은 자식을 떠올리고 있고, (나)에서 화자는 '은수저'를 보며 죽은 자식을 떠올리고 있다.
④ (가)의 '새까만 밤'과 (나)의 '먼 들길'은 모두 죽음의 세계를 의미한다.
⑤ (가)에서 화자는 사라져 가는 입김으로 인해 죽은 아이의 환영을 볼 수 없게 된 안타까움을 '늬는 산새처럼 날아갔구나!'라고 표현하고 있고, (나)에서 화자는 아이의 환영마저 잘 보이지 않게 된 안타까움을 '그림자마저 아른거린다'.라고 표현하고 있다.

04 ①

ⓐ와 ⓑ는 모두 화자가 있는 이승과 죽은 자식이 있는 저승을 나누는 경계의 역할을 하고 있다.

오답 풀이

⑤ ⓐ와 ⓑ는 모두 화자와 죽은 자식 사이를 단절시키기도 하고 연결시키기도 하는 단절과 소통의 이중적 기능을 하고 있다.

05 ①

〈보기 1〉은 감정의 대위법에 대한 설명으로, 이를 잘 이해하고 〈보기 2〉에서 관련된 시구를 찾아야 한다. '차고 슬픈 것이 어린거린다.'(ⓐ)는 슬픈 감정이 차가운 감각에 의해 절제되고 있는 표현으로 감정의 대위법에 해당한다고 볼 수 있다. '외로운 황홀한 심사이어니,'(ⓒ) 역시 외로움의 감정이 황홀함의 감정에 의해 절제되고 있는 표현으로 감정의 대위법에 해당한다고 볼 수 있다.

07 모란이 피기까지는 / 아침 이미지 1 p. 28~29

만점 노트 ❶ 수미상관 ❷ 상실 ❸ 시간 ❹ 모태

01 ① 02 ③ 03 ③ 04 ④

01 ①

(가)에서는 모란이 피고 지고 다시 피기까지의 과정이 드러나고, (나)에서는 어둠이 걷히고 아침이 밝아오는 과정이 드러난다. 따라서 (가)와 (나)는 모두 시간의 흐름을 바탕으로 시상을 전개하고 있다고 볼 수 있다.

오답 풀이

② (가)에서는 '나는 아직 기다리고 있을 테요, 찬란한 슬픔의 봄을.'에서 도치의 방식을 활용했지만, (나)에는 도치의 방식을 활용한 표현이 나타나 있지 않다.
③ (나)에서는 '무거운 어깨를 털고'와 같이 사람이 아닌 대상에 인격을 부여하여 주제 의식을 드러내고 있지만, (가)에는 대상에 인격을 부여한 표현이 나타나 있지 않다.
④ (가)에서는 시의 처음과 끝에 유사한 시구를 배치하는 수미상관의 방식으로 구조적 안정감을 부여하고 있지만, (나)에는 수미상관의 방식이 나타나 있지 않다.
⑤ (가)에서는 '찬란한 슬픔의 봄'에서 역설적 표현을 사용하여 화자의 정서를 드러내고 있지만, (나)에는 역설적 표현이 나타나 있지 않다.

02 ③

㉰에서는 의문형 진술을 사용하고 있지 않다. '찬란한 슬픔의 봄'이라는 역설적 표현을 사용하여 모란이 피는 기쁨과 모란이 지는 슬픔의 이중적인 정서를 표현하고 있다.

오답 풀이

① ㉮에서는 '아직'이라는 표현을 통해 중심 소재인 '모란'에 대한 기다림을 포기하지 않을 것임을 제시하고 있다.
② ㉯에서는 '삼백예순 날'이라는 수량화된 표현을 사용하여 화자의 정감의 깊이를 드러내고 있다.
④ ㉰에서 ㉮를 반복 · 변주한 수미상관의 구성을 통해 운율을 형성하는 한편 모란이 피는 봄을 기다리겠다는 화자의 의지를 강조하고 있다.
⑤ 이 시는 '봄을 기다림 → 봄의 상실과 슬픔 → 다시 봄을 기다림'의 순환 구조로 시상이 전개되고 있다.

03 ③

9행의 '다'는 모란이 져버린 것에 대한 화자의 덧없음을 표현한 것이다.

04 ④

(나)에서 '아침'은 모든 것이 새로운 활력과 생기를 가지고 움직이는 시간으로 형상화되어 있다. '태양의 즐거운 울림'은 태양이 밝아오면서 지상의 사물들과 어울려 생동감을 띠

는 모습을 표현한 것으로, 아침이 가져오는 활기찬 분위기를 나타내고 있다.

❌ 오답 풀이

① '무거운 어깨를 털고'는 어둠이 걷히면서 모습을 드러내기 시작하는 물상들의 움직임을 감각적으로 표현한 것이다.
② '노동의 시간을 즐기고'는 아침을 맞아 생기가 넘치는 사물들의 모습을 표현한 것이다.
③ '즐거운 지상의 잔치'는 어둠이 사라지고 온갖 물상들이 생동감 있게 움직이는 아침의 모습을 표현한 것이다.
⑤ '세상은 개벽을 한다'는 마치 새로운 세상이 열리는 것처럼 생동감 넘치고 신선한 아침의 이미지를 표현한 것이다.

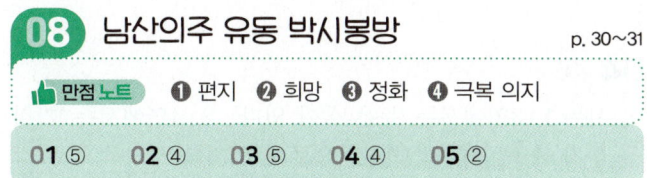

08 남산의주 유동 박시봉방   p. 30~31

👍 **만점 노트**   ❶ 편지   ❷ 희망   ❸ 정화   ❹ 극복 의지

01 ⑤   **02** ④   **03** ⑤   **04** ④   **05** ②

01 ⑤

이 시는 가족의 근황이 아니라 화자의 근황을 편지 형식의 산문적 진술을 통해 담담하게 고백하고 있다.

❌ 오답 풀이

① 1~19행에서 절망과 외로움에 빠져 있는 화자의 처지를 열거하고 있다.
② 20행에서 접속 부사 '그러나'를 사용하여 절망에서 희망으로 시상을 전환하고 있다.
③ 산문 형식을 갖추고 있음에도 불구하고 쉼표를 자주 사용함으로써 리듬감을 형성하고 있다.
④ '샅', '딜옹배기', '북덕불', '나줏손' 등의 토속적인 시어를 사용하여 향토적 정감을 불러일으키고 있다.

02 ④

이 시는 암울한 현실에 절망하던 화자가 운명에 대한 인식을 바탕으로 새로운 삶에 대한 의지를 다지는 구조로 이루어져 있다. ㉡은 화자의 슬픔과 절망감을 드러낸 것이 아니라, 현재의 삶이 운명임을 인식하는 상황을 제시하여 절망적인 정서에서 벗어나게 될 것임을 암시한 것이다.

❌ 오답 풀이

⑤ ㉤은 슬픔과 부끄러움으로 점철된 삶 속에서도 갈매나무를 생각하며 희망의 끈을 놓지 않으려는 화자의 모습을 드러낸 것이다.

03 ⑤

화자는 자신의 힘으로 어쩔 수 없는 상황이라면 이를 참고 견뎌야 한다고 생각하고 있다. 이런 생각을 드러낼 수 있는 한자 성어는 '마음속에 감추어 참고 견디면서 몸가짐을 신

중하게 행동함.'을 뜻하는 '은인자중'이다.

❌ 오답 풀이

① 참되고 실속 있도록 힘써 실행함.
② 자기의 몸을 희생하여 인(仁)을 이룸.
③ 미리 준비가 되어 있으면 걱정할 것이 없음.
④ 속세를 떠나 아무 속박 없이 조용하고 편안하게 삶.

04 ④

이 시에서 '방'은 단순한 배경이 아니라 화자의 인식을 드러내는 공간으로 기능한다. [D]의 '더 크고, 높은 것이 있어서, 나를 마음대로 굴려 가는 것'을 통해 화자가 운명론적 세계관에 빠져 있음을 알 수 있다. 따라서 '방'을 운명론에서 벗어나 타인에 대한 책임감을 느끼는 공간이라고 이해하는 것은 적절하지 않다.

05 ②

이 시에서 '갈매나무'는 화자의 정서를 대신해서 드러내고 있는 객관적 상관물이다. 화자는 눈을 맞으며 서 있는 곧고 정한 갈매나무를 떠올리고, 힘들고 어려운 상황을 견디며 굳세게 살아야겠다는 의지를 다지고 있다.

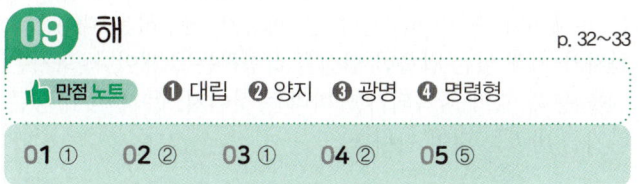

09 해   p. 32~33

👍 **만점 노트**   ❶ 대립   ❷ 양지   ❸ 광명   ❹ 명령형

01 ①   **02** ②   **03** ①   **04** ②   **05** ⑤

01 ①

이 시는 산문 형식으로 쓰였으므로 언어를 절제하고 있다고 볼 수 없으며, 동양적 여백의 미도 나타나 있지 않다.

❌ 오답 풀이

② 명령형 어미 '-아라'를 사용하여 광명의 세계에 대한 간절한 소망을 드러내고 있다.
③ '훨훨훨', '이글이글', '워어이 워어이' 등의 음성 상징어를 활용하여 분위기를 생동감 있게 전달하고 있다.
④ 어둠의 이미지를 지닌 시어와 밝음의 이미지를 지닌 시어를 대립시켜 주제를 부각하고 있다.
⑤ '해야 솟아라', '달밤이 싫여', '청산이 좋아라' 등의 시구를 반복하여 리듬감을 형성하고 의미를 강조하고 있다.

02 ②

〈보기〉의 시어 중 '해', '청산', '양지'는 밝고 긍정적인 이미지를 지닌 시어들이고, '달밤', '어둠', '골짜기'는 어둡고 부정적인 이미지를 지닌 시어들이다. 따라서 성격이 유사한 시어만을 바르게 묶은 것은 ②이다.

03 ①

이 시에는 시의 처음과 끝에 유사한 시구를 배치하는 수미 상관의 방식은 사용되지 않았다.

❌ 오답 풀이

② 1연의 '해야 솟아라. 해야 솟아라. 말갛게 씻은 얼굴 고운 해야 솟아라', 2연의 '달밤이 싫여, 달밤이 싫여, 눈물 같은 골짜기에 달밤이 싫여', 4연의 '사슴을 따라 사슴을 따라, 양지로 양지로 사슴을 따라'에서 'a-a-b-a'의 구조가 나타난다.

③ '이글이글', '훨훨훨'과 같은 의태어, '워어이 워어이'와 같은 의성어를 사용하였다.

④ 종결 어미 '-아라'를 반복하여 화자의 의지를 강조하였다.

⑤ 4연과 5연에서 '~을 따라 ~을 만나면 ~과 놀고'라는 통사 구조가 반복되었다.

04 ②

'해'는 작가가 지향하는 세계로 향하게 하는 긍정적 매개의 역할을 한다고 하였다. 이 시에서 '눈물 같은 골짜기'와 '아무도 없는 뜰'은 해가 없는 공간으로 부정적이고 고통스러운 현실을 상징하고 있다. 따라서 해가 이러한 부정적 공간을 매개한다는 것은 적절하지 않다.

05 ⑤

㉠('해')은 화자가 소망하는 대상으로 광명과 평화를 표상하는 소재이다. 반면 ㉡('달밤')은 화자가 거부하는 대상으로 화자가 처해 있는 암울한 현실을 상징하는 소재이다. 화자는 ㉠을 통해 ㉡이 극복되기를 바라는 것이지, ㉠과 ㉡이 공존하기를 바라는 것이 아니다.

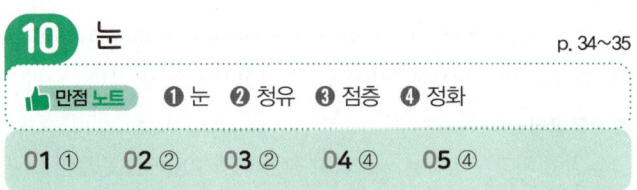

10 눈 · p. 34~35

👍 만점 노트 ❶ 눈 ❷ 청유 ❸ 점층 ❹ 정화

| 01 ① | 02 ② | 03 ② | 04 ④ | 05 ④ |

01 ①

'눈'이라는 시어에서 흰색의 색채 이미지를 연상할 수는 있지만, 이와 대비되는 색채가 나타나 있지는 않다.

❌ 오답 풀이

② '눈은 살아 있다'와 '기침을 하자'라는 시구를 반복하여 눈의 생명력과 순수한 정신의 추구를 강조하고 있다.

③ '눈', '마당', '기침' 등과 같이 일상적으로 사용하는 평범한 시어를 통해 시적 이미지를 표현하고 있다.

④ '-자'라는 청유형 어미를 사용하여 화자의 의지를 강조하고 독자에게 적극적으로 함께 행동할 것을 권유하고 있다.

⑤ 대립적 의미를 지닌 '눈'과 '가래'라는 시어를 사용하여 순수하고 정의로운 삶에 대한 소망과 의지를 부각하고 있다.

02 ②

이 시의 화자는 부정적 현실에 살고 있는 자신의 내면 의식에 잠재해 있는 비겁한 일상성, 소시민성, 속물성에서 벗어나고 싶어 하며, 이를 위해 기침을 하여 불순한 것들을 뱉어 내는 행위를 하고 있다.

03 ②

이 시는 '눈'이라는 소재를 통해 순수하고 정의로운 삶에 대한 소망과 의지를 드러내고 있다. 주어진 자료를 참고했을 때, '눈'은 '순수, 정화'를 상징하는 '눈[雪]'과 '사물을 보고 판단하는 힘'을 뜻하는 '눈[眼]'의 두 가지 의미를 지니고 있다. 이를 종합했을 때, ㉮의 '눈은 살아 있다'는 '옳고 그름을 판단할 수 있는 순수한 생명력'을 의미한다고 해석할 수 있다.

04 ④

이 시는 1, 3연에서는 '눈은 살아 있다', 2, 4연에서는 '기침을 하자'를 반복하고 변형함으로써 의미를 점층적으로 강조하고 있다. 2연의 '눈더러 보라고'에서 '보라고'의 주체는 '눈'이고, 4연의 '눈을 바라보며'에서 '바라보며'의 주체는 '젊은 시인'이다. 이 두 시구의 의미가 다르기 때문에, 둘 사이에 의미의 점층적 강화가 일어났다고 보기 어렵다.

❌ 오답 풀이

① 1연에서는 '눈이 살아 있다'에 '떨어진'과 '마당 위에 떨어진'이라는 수식어가 덧붙어 점층적으로 의미가 강조되고 있다.

② 1, 2연의 내용이 3, 4연에서 다르게 변주되면서 시상이 전개되고 있다.

③ 1연과 3연에서는 '눈은 살아 있다'라는 시구가 반복, 변주되고 있고, 2연과 4연에서는 '기침을 하자'라는 시구가 반복, 변주되고 있다.

⑤ 4연에서 '기침을 하자'와 '가래라도 뱉자'는 비슷한 의미를 지닌 표현이다. '기침을 하자'가 '가래라도 뱉자'로 변화되고 '밤새도록 고인 가슴의'와 '마음껏'이라는 수식어가 덧붙어 의미가 강조되고 있다.

05 ④

'죽음을 잊어버린 영혼과 육체'는 죽음을 초월하여 순수하고 가치 있는 것을 추구하는 존재를 뜻하는데, '젊은 시인'과 유사한 의미를 지니고 있다. 따라서 '젊은 시인'이 '죽음을 잊어버린 영혼과 육체'를 지닌 사람들을 비판한다는 것은 적절하지 않다.

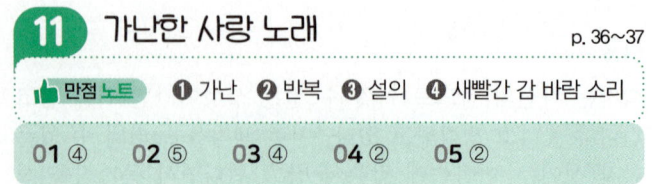

11 가난한 사랑 노래 · p. 36~37

👍 만점 노트 ❶ 가난 ❷ 반복 ❸ 설의 ❹ 새빨간 감 바람 소리

| 01 ④ | 02 ⑤ | 03 ④ | 04 ② | 05 ② |

01 ④

가난하기 때문에 인간적 감정을 포기해야 하는 현재의 삶의 모습이 나타날 뿐, 과거의 삶의 모습이 나타나 있지는 않다. 그리고 화자의 반성적 태도가 드러나 있지도 않다.

❌ 오답 풀이

① '눈 쌓인 골목길에 새파랗게 달빛이 쏟아지는데'에서 눈의 흰색과 달빛의 푸른색의 색채 대비를 통해 외롭고 쓸쓸한 분위기를 조성하고 있다.

② '가난하다고 해서 ~겠는가'를 반복하여 가난 때문에 소중한 감정들을 버려야 하는 비애를 강조하고 있다.

③ '모르겠는가', '없겠는가', '버렸겠는가'와 같이 설의적 표현을 활용하여 가난하더라도 소중한 인간적 감정을 알고 있다는 의미를 부각하고 있다.

⑤ 시각, 청각, 촉각 등의 다양한 감각적 이미지를 사용하여 화자의 정서를 구체적으로 드러내고 있다.

02 ⑤

삶의 고달픔을 잊으려고 인간적인 감정을 떠올리고 있는 것이 아니라, 가난으로 인해 인간적인 감정마저 포기해야 하는 현실에 비애를 느끼고 있는 것이다.

03 ④

〈보기〉의 '작은 마을'은 화자가 '너'를 두고 온 고향을 의미한다. 이 시에서 '새빨간 감' 또한 화자가 그리워하는 어머니가 계시는 '고향'을 의미한다고 할 수 있다.

04 ②

이 시의 화자는 도시에 사는 가난한 젊은이이고, 부제는 '이웃의 한 젊은이를 위하여'이다. 시인과 화자가 분리되어 있는 것은 맞지만, 시의 내용이 시인 자신의 생각과 거리가 있음을 드러내고 있지는 않다. 오히려 시인이 시의 내용에 공감하고 가난한 젊은이의 삶을 위로하고 있음을 알 수 있다.

05 ②

'이웃의 한 젊은이를 위하여'라는 부제는 가난한 젊은이들의 힘겨운 삶에 대해 연민의 정서를 드러내면서, 그들의 고달픈 삶을 위로하고 불합리한 현실에 대한 울분을 대신 전달하려는 의도를 표현한 것이라고 할 수 있다.

12 추억에서
p. 38~39

👍 **만점 노트** ❶ 의문형 ❷ 연민 ❸ 골방 ❹ 시각적

01 ②   02 ②   03 ③   04 ④   5 ④

01 ②

이 시에 대화를 주고받는 형식은 나타나 있지 않다. 가난했던 어린 시절을 회상하며 어머니의 슬프고 한스러운 삶을 절제된 어조로 그리고 있다.

❌ 오답 풀이

① '울 엄매야 울 엄매', '손 시리게 떨던가 손 시리게 떨던가' 등과 같이 시어나 시구를 반복하여 운율을 형성하고 있다.

③ '해 다 진 어스름', '골방', '손 시리게 떨던가' 등과 같이 추위와 어둠의 이미지를 통해 화자의 궁핍한 처지를 보여 주고 있다.

④ '빛 발하는 눈깔들', '은전만큼 손 안 닿는 한', '달빛 받은 옹기전의 옹기들'과 같이 시각적 이미지를 사용하여 어머니의 한과 슬픔을 부각하고 있다.

⑤ '진주 장터', '진주 남강'과 같은 구체적 지명과 '울 엄매', '오명 가명' 등과 같은 사투리를 사용하여 어린 시절의 정서를 드러내고 있다.

02 ②

이 시는 어른이 된 화자가 가난했던 어린 시절을 회상하며 어머니의 힘겨웠던 삶에 대한 안타까움을 드러내고 있다. 하지만 화자가 자신의 잘못을 반성하고 있지는 않다.

03 ③

이 시에서 '골방'은 가난한 삶을 표상하고 있다. '손 시리게 떨던가'는 오누이가 추운 밤 '골방'에서 어머니를 기다리며 추위에 떨던 모습을 형상화한 것으로, 행복감과는 거리가 멀다.

❌ 오답 풀이

① '해 다 진 어스름'은 어둠이 깔리는 파장 무렵 '생어물전'의 어둡고 무거운 분위기를 보여 주고 있다.

② 팔리지 않고 남은 생선의 '빛 발하는 눈깔'은 유사한 이미지를 지닌 '은전'과 연결되어 벗어날 수 없었던 가난으로 인한 어린 시절의 '한'의 정서를 유발하고 있다.

④ '신새벽이나 별빛에 보는 것을'을 통해 볼 때, '진주 남강'은 낮에는 강을 보지 못할 정도로 새벽부터 밤까지 바쁘게 생계를 꾸려 가던 '울 엄매'의 모습을 떠올리게 하고 있다.

⑤ '글썽이고 반짝이던'은 달빛 받은 '옹기'의 표면과 '울 엄매'의 눈물을 연결 지어 슬픔을 삭이던 어머니의 깊은 한을 환기하고 있다.

04 ④

'진주 장터'는 어머니가 가족의 생계를 위해 늦은 밤까지 장사를 하던 곳이며, '골방'은 오누이가 어머니를 기다리던 공간이다. 어머니가 새벽부터 밤까지 일하느라 진주 남강의 맑은 물을 볼 수 없다고 했을 뿐, 오누이가 강물을 바라보며 어머니의 귀갓길을 염려하는 모습은 나타나 있지 않다.

05 ④

〈보기〉에 제시된 작품은 새벽 서리를 맞으며 장사를 나갔다

가 밤이슬을 맞으며 돌아오시곤 했던 어머니의 고생과 자식들을 위한 사랑을 노래하고 있다. 이와 유사한 상황을 나타내고 있는 것은 자식들을 위해 새벽부터 밤까지 진주 장터에 나가 장사를 해야 했던 어머니의 한스러운 모습을 보여 주고 있는 [D]이다.

13 슬픔이 기쁨에게 p. 40~41

👍 만점 노트 ❶ 슬픔 ❷ 기쁨 ❸ 이기적 ❹ 함박눈

01 ③ 02 ④ 03 ⑤ 04 ④ 05 ④

01 ③

이 시는 화자인 '슬픔'이 청자인 '기쁨'에게 말을 건네는 방식으로 시상을 전개하고 있다. 하지만 청자의 반응은 드러나 있지 않으므로, 화자와 청자가 말을 주고받는 대화 방식으로 시상이 전개되고 있는 것은 아니다.

❌ 오답 풀이
① '사랑보다 소중한 슬픔'에서 역설적 표현을 통해 이기적인 사랑보다 타인의 아픔을 보듬는 것이 더 소중하다는 시적 의미를 부각하고 있다.
② 추상적 개념인 '슬픔'을 '나'로, '기쁨'을 '너'로 의인화하여 주제 의식을 효과적으로 전달하고 있다.
④ '-겠다'를 반복하여 화자의 의지적인 자세를 나타내고 있다.
⑤ '슬픔'과 '기쁨', '함박눈'과 '봄눈'과 같이 대립되는 이미지의 시어를 활용하여 더불어 살아가는 삶의 태도의 소중함을 형상화하고 있다.

02 ④

'기다림'은 소외된 이웃의 아픔에 공감할 수 있는 시간을 뜻하는 시어로 긍정적인 의미를 지니고 있다. 이에 비해 나머지는 부정적인 의미를 지니고 있는 시어들이다.

❌ 오답 풀이
① 소외된 이웃과 함께할 줄 모르는 이기적인 존재를 의미한다.
② 자신의 기쁨만 생각하는 이기적인 사랑을 의미한다.
③ 인정이 메마른 이기적인 태도를 의미한다.
⑤ 가진 자만이 누리는 기쁨과 풍요를 의미한다.

03 ⑤

〈보기〉의 화자는 자신을 희생하여 다른 이에게 온기를 전하는 '연탄 한 장'과 같은 이타적인 삶의 자세를 강조하고 있다. 따라서 〈보기〉의 화자는 우리 주변의 소외된 사람들의 아픔을 외면하는 이 시의 '너'에게 힘겨운 사람들에게 아낌없이 베푸는 것이 가치 있는 삶이라는 말을 들려줄 것이다.

❌ 오답 풀이
① 이 시의 '너'는 소외된 사람들의 아픔을 외면하는 이기적인 존재를

의미하므로, '너'에게 어려움을 참고 이겨 내라고 말하는 것은 적절하지 않다.
②, ④ '신념을 불태우는 삶'이나 '큰 일보다는 작은 일을 추구하는 삶'은 이 시나 〈보기〉의 내용과 직접적으로 관련이 없다.
③ 힘겨운 사람들에게 아낌없이 베푸는 이타적인 삶의 자세에 대한 내용이 반드시 포함되어야 하는데, '모든 사람을 평등하게 대우하는 삶'에는 이러한 내용이 담겨 있지 않다.

04 ④

이 시의 화자는 이기적인 세태를 비판하면서 더불어 사는 삶을 추구해야 한다고 말하고 있다. 따라서 타인에게 무관심한 현대 사회의 모습을 보여 주고 있는 ④가 화자가 비판할 만한 사회적 현실이라고 할 수 있다.

05 ④

이 시에서 '너'는 소외된 이웃에게 무관심한 존재를 의미하므로, ㉣은 타인의 고통과 슬픔에 공감하지 못하는 인정이 메마른 모습으로 이해해야 한다.

14 첫사랑 / 낙화 p. 42~43

👍 만점 노트 ❶ 사랑 ❷ 역설 ❸ 낙화 ❹ 성숙

01 ② 02 ① 03 ③ 04 ④ 05 ②

01 ②

(가)는 눈꽃이 피고 눈꽃이 녹은 자리에 다시 봄꽃이 피는 자연 현상에서 사랑의 의미를 발견하고 있다. (나)는 꽃이 피고 지는 자연 현상에서 사랑과 이별의 의미를 발견하고 있다. 따라서 (가)와 (나)는 모두 자연 현상에서 삶의 의미를 이끌어 내고 있다.

02 ①

'눈은 얼마나 많은 도전을 멈추지 않았으랴'에서 설의법을 사용하여 사랑을 이루기 위한 눈의 노력을 부각하고 있다.

❌ 오답 풀이
② 시간의 흐름을 역전시켰다는 것은 '현재 → 과거 → 현재'와 같이 시간의 순서를 뒤바꾸었다는 뜻인데, (가)는 시간의 순서에 따라 시상을 전개하고 있다.
③ '싸그락 싸그락', '난분분 난분분'과 같이 음성 상징어를 사용한 것은 맞지만, 이것이 목표를 이룬 기쁨을 나타낸 것은 아니다.
④ 가정법을 사용해 화자의 간절한 소망을 드러낸 표현은 이 시에 나타나 있지 않다.
⑤ '눈'을 의인화한 것은 맞지만, 대상에 대한 그리움을 노래하고 있지는 않다.

03 ③

'마침내 피워 낸 저 황홀'은 수많은 도전 끝에 눈이 나뭇가지에 피워 낸 눈꽃을 의미하므로, 나뭇가지의 노력이나 봄꽃의 기쁨과는 관련이 없다. 봄이 되어 눈꽃이 녹으면 그 자리에 봄꽃이 피게 되는 것이다.

❌ 오답 풀이

①, ② 〈보기〉에서 '눈'은 나뭇가지에 눈꽃을 피우기 위해 인내하고 헌신하는 존재라고 하였다. '미끄러지고 미끄러지길 수백 번'은 눈이 눈꽃을 피우기 위해 겪는 시련을 의미하며, '다 퍼부어 준 다음에야'는 나뭇가지에 눈꽃을 피우기 위한 눈의 헌신적 태도로 볼 수 있다.

④, ⑤ 〈보기〉에서 이 작품은 인내와 헌신으로 피워 낸 사랑의 고귀함을 전달하고 있다고 하였다. '한 번 덴 자리'는 눈이 녹은 자리이자 봄꽃이 피는 자리로 첫사랑의 아픈 경험을 의미하는데, 이는 보다 성숙한 사랑을 위한 바탕으로 볼 수 있다. 그리고 '아름다운 상처'는 눈꽃이 녹은 자리에 핀 봄꽃을 의미하는데, 이는 아픈 경험을 극복하고 인내와 헌신 끝에 도달한 성숙한 사랑으로 볼 수 있다.

04 ④

㉣은 꽃이 지는 것이 열매라는 결실을 가져오듯, 이별의 경험 역시 삶의 내적 충만으로 이어질 수 있다는 화자의 기대감을 '가을'이라는 계절의 의미에 빗대어 나타낸 것이다.

❌ 오답 풀이

① ㉠은 이별의 가치와 아름다움을 알고 이별을 수용하는 모습을 나타낸 것이다.

② ㉡은 낙화와 이별을 동일시하여 젊은 날의 격정적인 사랑이 끝났음을 나타낸 것이다.

③ ㉢은 꽃이 떨어진 후 여름이 되면 맞이할 모습을 그린 것으로, '낙화'가 끝이 아니고 여름과 가을로 이어지고 있음을 나타낸 것이다.

⑤ ㉤은 이별을 통한 정신적 성숙을 나타낸 것이다.

05 ②

〈보기〉에서는 (나)를 청춘기 자아의 성장과 정체성의 변화, 이후 새로운 자아상의 확립이라는 관점에서 감상하고 있다. 따라서 '봄 한철'과 '꽃답게 죽는다'는 시련에 부딪혀 열정을 잃어 가는 모습이 아니라, 내적으로 성숙해지며 새로운 자아상을 확립해 나가는 모습을 나타낸 것이라고 할 수 있다.

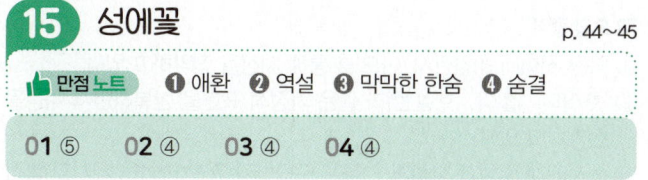

15 성에꽃 p. 44~45

👍 **만점 노트** ❶ 애환 ❷ 역설 ❸ 막막한 한숨 ❹ 숨결

01 ⑤ 02 ④ 03 ④ 04 ④

01 ⑤

화자는 열심히 살아가는 서민들에게 애정과 연민을 느끼고

있기 때문에 서민들의 입김과 숨결을 '성에꽃'이라고 표현하고 있다. 하지만 화자가 안일한 모습을 보이는 사람이라고 볼 수 없으며, 서민들에게 부끄러움을 느끼는 내용도 나타나 있지 않다.

❌ 오답 풀이

① '엄동 혹한', '면회마저 금지된 친구' 등을 통해 이 작품이 부정적 현실에 대한 인식을 바탕으로 하고 있음을 알 수 있다.

④ '섬세하고도 차가운 아름다움'에서 역설적 표현을 통해 고단하지만 아름다운 서민들의 삶의 아름다움을 나타내고 있다.

02 ④

'정열의 숨결'은 서민들의 삶의 애환이 아니라, 서민들의 강한 생명력과 열정을 의미한다.

03 ④

화자가 성에꽃을 정성스레 지우는 것은 서민들의 삶을 공감하고 이해하기 위한 행위로, 화자의 무력감과는 관련이 없다.

❌ 오답 풀이

① '엄동 혹한'이라는 계절적 배경과 관련지어 추울수록 더욱 아름답게 피어나는 성에꽃의 속성을 드러내고 있다.

② 화자는 '처녀, 총각, 아이, 어른, 미용사, 외판원, 파출부, 실업자'와 같은 평범한 서민들의 입김과 숨결이 만나 이루어진 성에꽃에서 '번뜩이는 기막힌 아름다움'을 발견하고 있다.

③ 화자는 시내버스 차창에 핀 성에꽃을 서민들의 '막막한 한숨', '정열의 숨결'로 느끼면서 서민들의 삶에 대해 따뜻한 시선을 보내고 있으며, 이러한 성에꽃을 '자리를 옮겨 다니며' 보면서 '차가운 아름다움'에 심취하고 있다.

⑤ 화자는 시내버스 차창에 핀 성에꽃을 보며 서민들의 삶을 생각하다가, 버스가 덜컹거리는 순간 감옥에 수감된 친구를 떠올리고는 안타까움을 드러내고 있다.

04 ④

이 시와 〈보기〉는 모두 추운 겨울에 핀 '성에'를 소재로 하여 그 아름다움을 노래하고 있다. 이 시는 '면회마저 금지된 친구'가 있는 암울한 사회 현실을 드러내고 있지만, 〈보기〉는 절망적인 사회 현실을 드러내고 있지 않다. 〈보기〉는 혹독한 추위 속에 핀 성에꽃처럼 인간도 시련을 이겨 낸 후에야 아름다운 결실을 얻을 수 있음을 노래하고 있다.

❌ 오답 풀이

② 〈보기〉는 피었다가 금방 사라지는 성에꽃의 순간적인 모습을 부각하고 있다. 이러한 순간성에서 느끼는 비애감을 '한 방울 물로 스러지는 / 불가해한 비애의 꽃송이들'이라고 표현하고 있다.

II | 고전 시가

핵심 개념

✔ 개념 체크   p. 48~53

01 ④ 02 ④ 03 ⑤ 04 ③ 05 ④ 06 ③ 07 ① 08 ⑤
09 ④ 10 ⑤ 11 ④ 12 ② 13 ②

01 '꾀꼬리'는 화자의 정서를 심화하는 객관적 상관물로, 화자의 감정이 이입된 대상은 아니다.

02 향가의 작가층은 다양하나 현전하는 작품의 작가는 대체로 승려이다.

03 밝고 경쾌한 느낌을 주는 후렴구는 작품 전체의 애상적 분위기와 상반된다.

04 경기체가는 구비 전승된 것이 아니라, 처음부터 한문이나 이두로 기록되었다.

05 이 작품은 '기 – 승 – 전 – 결'의 구조로 되어 있는데, 시상의 전환은 전구에서 일어난다. 따라서 시상 전환의 매개물은 '대동강 물'이라고 할 수 있다.

06 〈용비어천가〉는 훈민정음 창제 이후 지어진 최초의 악장으로, 처음부터 한글로 기록된 문학 작품이다.

07 한문으로 된 것을 우리말로 번역한 작품을 '언해'라고 한다.

08 조선 후기에 시조의 향유층이 서민으로 확대된 것은 맞지만, 여전히 양반들도 시조를 창작하였다.

09 아우들이 저녁 무렵 나간 것이 아니라, 화자가 전란으로 헤어진 아우들이 돌아오기를 바라는 마음에 매일 저녁 문밖에서 아우들을 기다리고 있는 것이다.

10 이 작품에는 봄을 즐기는 화자의 안빈낙도하는 삶의 태도가 나타날 뿐, 임금에 대한 충성이라는 유교적 관념은 나타나 있지 않다.

11 이 작품의 화자는 낮에도 하루 종일 일하고 밤늦게까지 바느질을 해야 하는 여인이다.

12 〈보기〉는 자연을 벗 삼아 지내는 즐거움을 노래하고 있는데, ②의 주제 역시 이와 유사하다. ①은 물의 변함없는 덕성 예찬, ③은 국화의 절개 예찬, ④는 근면한 노동 생활 권유, ⑤는 부단한 학문 수양의 의지를 노래하고 있다.

13 이 작품은 탐관오리의 수탈을 풍자하고 비판하려는 의도를 담고 있다.

필수 작품

01 제망매가 / 안민가
p. 54~55

만점 노트 ❶ 사별 ❷ 한 가지 ❸ 유교적 ❹ 어머니

01 ③   02 ④   03 ③   04 ④   05 ③

01 ③

(가)가 불교적 세계관을 바탕으로 한 것은 맞지만, 이 작품에 절망적 어조가 나타나 있지는 않다. (가)는 불교적 윤회 사상을 바탕으로 죽은 누이와의 재회를 소망하면서, 누이의 죽음으로 인한 슬픔을 종교적으로 승화시키고 있다.

❌ 오답 풀이

① 한자의 음과 훈을 빌려 국어 문장 전체를 적은 '향찰'이라는 표기 방식을 사용한 향가이다.
② 내용상 기(1~4구), 서(5~8구), 결(9~10구)의 세 부분으로 나뉘며 9구에서 '아아'라는 감탄사를 통해 시상이 전환되고 있다.
④ 누이의 죽음이라는 부정적 상황으로 인한 슬픔을 종교를 통해 극복하려는 모습이 나타난다.
⑤ 죽은 누이를 '떨어질 잎'에 빗대는 등 고도의 비유를 통해 죽은 누이에 대한 추모의 정을 그리고 있다.

02 ④

㉣은 죽은 누이와 화자가 같은 부모에게서 태어났다는 것을 의미한다.

03 ③

화자는 [A]에서 죽은 누이에 대한 안타까움을 드러내고 있고, [B]에서 누이의 죽음에서 느끼는 무상감을 드러내고 있으며, [C]에서 누이와의 재회에 대한 소망과 기대를 드러내고 있다. 따라서 (가)의 시상 전개 과정을 가장 잘 나타낸 것은 ③이다.

04 ④

화자는 임금, 신하, 백성이 각자 자신의 본분에 충실할 때 나라가 태평해질 수 있다고 말하고 있다. 그런데 이러한 생각을 우회적으로 돌려서 말하지 않고 직설적으로 드러내고 있다.

❌ 오답 풀이

① 낙구 첫머리의 감탄사 '아으'를 통해 시상을 집약하고 있다.
② '호살디', '홀디', '호놀둔'과 같은 가정적 표현을 반복하면서 시상을 전개하고 있다.
③ 독자에게 민생과 정치의 안정을 도모하기 위한 방법을 제시할 목적으로 창작되었다.
⑤ 현재 전하는 향가 중에 유일하게 유교적 이념을 바탕으로 나라를 다스리는 올바른 자세에 대해 밝히고 있다.

05 ③

(나)는 임금, 신하, 백성이 각자 자신의 본분에 충실하는 것이 나라를 태평하게 하는 근본이라고 말하고 있다. 따라서 ⓓ는 임금, 신하, 백성이 모두 갖추어야 할 태도로, ⓐ가 ⓑ와 ⓒ에게 당부하는 내용이 아니다.

❌ 오답 풀이

① 국가를 이루는 '임금', '신하', '백성'을 가족 구성원인 '아버지', '어머니', '어린아이'에 비유하고 있으므로, 화자는 국가를 가족의 확대된 형태로 생각하고 있음을 알 수 있다.

② 5~8구의 내용을 통해 화자는 백성을 먹여 다스리는 일이 통치의 근본이라고 생각하고 있음을 알 수 있다.

④ '임금'과 '신하' 또한 자신의 본분을 행해야 한다고 말하고 있고, 이들의 본분은 백성을 잘 먹여 다스리는 것이므로, 화자는 민심을 중시하는 정치의식을 지니고 있음을 알 수 있다.

⑤ 화자는 임금, 신하, 백성이 각자 자신의 본분에 충실해야 나라의 태평에 도달할 수 있다고 생각하고 있음을 알 수 있다.

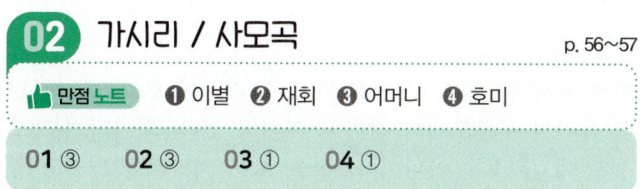

02 가시리 / 사모곡 p. 56~57

👍 **만점 노트** ❶ 이별 ❷ 재회 ❸ 어머니 ❹ 호미

01 ③　　02 ③　　03 ①　　04 ①

01 ③

'날러는 어찌 살라 ㅎ고'는 임이 떠난다면 살지 못할 정도로 힘들 것이라는 의미로, 떠나는 임에 대한 하소연과 원망의 정서가 담겨 있다. 따라서 임을 붙잡지 못하고 체념한 심정이 드러나 있다는 설명은 적절하지 않다.

❌ 오답 풀이

① '가시리 가시리잇고'는 '가시리 / 가시리 / 잇고'와 같이 3글자, 3글자, 2글자로 된 3·3·2조와 3음보의 율격을 보인다.

② '위 증즐가 대평셩ᄃᆡ'는 각 연의 마지막 부분에 반복적으로 나타나는 후렴구로, 작품의 음악적 효과를 높여 주는 역할을 한다.

④ '선ᄒᆞ면 아니 올셰라'는 임이 서운하게 생각하면 돌아오지 않을까 두렵다는 의미로, 화자가 임을 적극적으로 붙잡지 못하는 이유가 드러나 있다.

⑤ '셜온 님 보내ᄋᆞᆸ노니'는 떠나보내고 싶지는 않지만 어쩔 수 없이 임을 떠나보내야 하는 화자의 한의 정서를 담고 있다.

02 ③

〈보기〉의 화자('갑')는 삶의 터전과 생계 수단을 버리고라도 임을 쫓아가겠다며 적극적인 태도를 보이고 있다. 반면 (가)의 화자('을')는 떠나는 임이 섭섭하여 돌아오지 않을까 봐 서운한 감정도 드러내지 못하는 소극적인 태도를 보이고 있다.

03 ①

시어와 표현 방법을 중심으로 작품을 감상한 ①이 작품의 해석 근거를 작품 안에서 찾는 내재적 관점에 해당한다.

❌ 오답 풀이

② 시대적 상황이나 현실이라는 작품 밖의 요소를 중심으로 감상한 외재적 관점(반영론)에 해당하며, (나)에 가족 구성원 간의 갈등은 드러나 있지도 않다.

③, ④ 독자에게 미치는 영향이라는 작품 밖의 요소를 중심으로 감상한 외재적 관점(효용론)에 해당한다.

⑤ 작가의 경험이라는 작품 밖의 요소를 중심으로 감상한 외재적 관점(표현론)에 해당한다.

04 ①

(나)는 아버지의 사랑을 '호미', 어머니의 사랑을 '낫'에 비유하고 그 차이를 강조하고 있다. 즉, '대조'의 발상 및 표현을 통해 시상을 전개하고 있다. ① 역시 '구름', '바람'의 가변적인 속성과 '물'의 영구적인 속성을 대조하여 시상을 전개하고 있다.

❌ 오답 풀이

② 임금에 대한 충성심을 설의법, 과장법을 통해 드러내고 있다.

③ 물아일체의 정서를 '달'과 '청풍'에게도 방 한 칸씩 내어 주겠다는 참신한 발상을 통해 드러내고 있다.

④ 추상적 관념인 '사랑'을 구체적인 형태를 지닌 대상으로 형상화하고, 사랑의 속성을 열거법을 통해 드러내고 있다.

⑤ 임에 대한 그리움을 도치법을 통해 드러내고 있다.

03 청산별곡 p. 58~59

👍 **만점 노트** ❶ 후렴구 ❷ 바다 ❸ 새 ❹ 돌

01 ⑤　　02 ④　　03 ③　　04 ②　　05 ④　　06 ⑤

01 ⑤

화자는 삶의 비애를 극복하려는 강한 의지보다는 이상향인 '청산(청산)'과 '바ᄅᆞᆯ(바다)'로 도피하고자 하는 태도를 보이고 있다.

❌ 오답 풀이

① '살어리 / 살어리 / 랏다'와 같이 3·3·2조, 3음보의 운율을 보이고 있다.

② 'ㄹ, ㅇ' 음의 반복으로 밝고 경쾌한 느낌을 주는 후렴구가 삽입되어 있다.

③ '청산'과 '바ᄅᆞᆯ'은 현실의 도피처이자 속세와 대비되는 이상향을 의미한다.

④ 고려 가요는 구전되다가 훈민정음 창제 이후에 문자로 정착되기 시작했다.

02 ④

7연은 사슴이 해금을 켜는 것과 같은 기적이 일어나기를 바라는 화자의 절박한 심정을 노래했다고 해석할 수도 있고, 화자가 광대의 산대놀이를 보며 시름을 잊고자 하는 것으로 해석할 수도 있다. 그러나 '해금' 소리가 화자의 깨달음을 유도하고 있는 것은 아니다.

03 ③

ⓐ는 현실과 대조되는 이상향을 의미하는 공간으로 화자가 가고 싶어 하는 곳이므로, 화자가 아직 경험하지 못한 공간이다. 반면 ⓑ는 '청산'과 대비되는 속세를 의미하는 공간으로 화자가 삶을 이어 가던 곳이므로, 화자가 이미 경험한 공간이다.

04 ②

이 작품의 화자를 유랑민으로 본다면 ㉠은 '갈던 밭', ㉡은 '이끼 묻은 쟁기'로 해석할 수 있다. 좌절한 지식인으로 본다면 ㉠은 '함께하던 벗', ㉡은 '날이 무딘 병기'로 해석할 수 있다. 그리고 실연한 여인으로 본다면 ㉠은 '떠나는 임', ㉡은 '녹슨 은장도'로 해석할 수 있다.

05 ④

㉮는 운율을 형성하고 작품 전체에 통일성과 안정감을 주는 후렴구이다. 이러한 후렴구는 경쾌한 리듬감을 형성하고 있는데, 화자의 정서(비애와 고독)와는 상반되는 느낌을 준다. 따라서 ㉮가 화자의 정서와 태도를 압축적으로 드러내고 있다고 보기는 어렵다.

06 ⑤

주어진 〈조건〉에 따라 시조 짓기를 할 때, 삶의 고뇌와 비애라는 작품의 주제가 반영되고, 화자의 체념적 태도가 드러나며, 감각적 이미지도 함께 드러나야 한다. ⑤에서는 '시름 많은'에 이 작품의 주제인 삶의 고뇌와 비애가 반영되어 있고, '꿈을 접어 버리네'에 화자의 체념적 태도가 드러난다. 그리고 '누룩 냄새 매웁기가 그지없어'에 감각적(후각적) 이미지가 드러난다.

❌ 오답 풀이

① 자연 속에서 살아가는 만족감을 노래하고 있다. 작품의 주제가 반영되지 않았고, 화자의 체념적 태도도 드러나 있지 않다.
② 고향에 대한 그리움을 노래하고 있다. 작품의 주제가 반영되지 않았고, 화자의 체념적 태도도 드러나 있지 않다.
③ 이상향에 대한 동경을 드러내고 있다. 이상향의 추구라는 일부 주제가 반영되어 있지만, 화자의 체념적 태도가 드러나 있지 않다.
④ 임에 대한 그리움을 노래하고 있다. 삶의 고뇌가 일부 반영되어 있지만, 화자의 체념적 태도가 드러나 있지 않다.

---

04 상춘곡
p. 60~61

만점 노트 ❶ 한정 ❷ 시냇가 ❸ 대구법 ❹ 설의법

01 ⑤   02 ④   03 ⑤   04 ⑤   05 ⑤

01 ⑤

이 작품은 생활과 밀착된 주제가 아니라, 봄의 완상(玩賞)과 안빈낙도의 추구라는 관념적 주제를 다루고 있다.

❌ 오답 풀이

① 이 작품은 조선 시대 사대부 가사의 효시이자 강호 한정 가사의 출발점으로 평가받고 있다.
② 이 작품은 마지막 행의 형식(3·5·4·4)이 시조의 종장 형식과 유사한 정격 가사이다.
③ '공명도 날 꾀우고, 부귀도 날 꾀우니'에서 공명과 부귀를 주체로, 화자 자신을 객체로 설정하여 안빈낙도와 자연 친화적 인생관을 제시하였다.
④ '수풀에 우는 새는 춘기를 못내 계워 소리마다 교태로다.'에서 봄에 대한 화자의 흥취를 '새'에 이입하여 표현하였다.

02 ④

화자는 시냇가에 앉아 술을 마시며, 자신이 보고 있는 봄날의 들판이 무릉도원과 같다고 여기고 있다. 화자가 실제로 '들판'에 간 것은 아니며, 들판을 보며 적막감을 느끼고 있지도 않다.

03 ⑤

'풍수지탄(風樹之嘆)'은 '효도를 다하지 못한 채 어버이를 여읜 자식의 슬픔을 이르는 말'이므로 화자가 추구하는 삶의 태도와 관련이 없다.

❌ 오답 풀이

① 누항에서 먹는 한 그릇의 밥과 한 바가지의 물이라는 뜻으로, 선비의 청빈한 생활을 이르는 말
② 외물(外物)과 자아, 객관과 주관, 또는 물질계와 정신계가 어울려 하나가 됨.
③ 편안한 마음으로 제 분수를 지키며 만족할 줄 앎.
④ 가난한 생활을 하면서도 편안한 마음으로 도를 즐겨 지킴.

04 ⑤

〈보기〉의 '그 남은 여남은 일'은 화자가 지향하는 풍류적이고 자연 친화적인 삶의 태도와는 거리가 먼 세속적 욕심을 의미한다. 이 작품에서 '공명', '부귀', '훗튼 혜음' 등의 시어가 이와 함축적 의미가 유사하다.

05 ⑤

[E]에서 '검은 들'이 '봄빛'으로 가득한 것은 겨울 들판에 봄

기운이 충만해지는 계절의 변화를 나타내는 것으로, 인간과 자연이 조화로운 합일을 이루어 감을 의미하는 것이 아니다.

곳을 촬영지로 설정하는 것은 적절하지 않다. [A]에서 금강산의 가을 명칭인 '풍악'을 사용한 것은 화자의 흥취를 돋우기 위해서이다. '은 ㄱ튼 무지게'는 절벽에서 떨어지는 폭포의 물줄기를 비유한 말이므로, ㅁ에서 실제 무지개로 화면을 이동하는 것은 적절하지 않다.

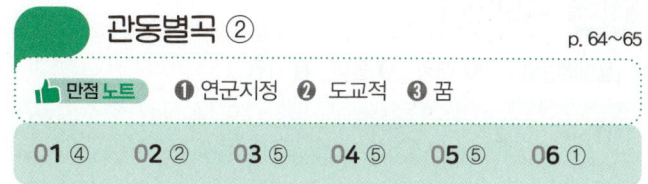

05 관동별곡 ①　　　　　　　p. 62~63

만점 노트　❶ 종장　❷ 우국지정　❸ 은유법　❹ 삼일우

01 ④　**02** ⑤　**03** ②　**04** ②　**05** ④

01 ④
이 작품은 금강산과 관동 팔경을 유람하면서 유교적 삶의 실천 의지와 개인적 유흥을 노래한 양반 가사이다. 민중들의 진솔한 생활 감정은 주로 조선 후기 가사에 나타나는데, 이 작품에는 드러나 있지 않다.

02 ⑤
'셕경'은 돌이 많은 좁은 길을 의미할 뿐, 화자가 관찰사로서 해결해야 할 과제가 많음을 상징하거나 선정에 대한 의지를 드러내고 있지 않다.

❌ **오답 풀이**
① '방면'은 임금이 화자에게 맡긴 관찰사의 소임을 의미한다. '어와 성은이야 가디록 망극ᄒ다.'를 통해 화자가 임금의 성은에 감격하고 있음을 알 수 있다. 또한 '방면'을 맡게 된 것을 계기로 화자가 강원도를 향한 여정을 시작하게 되므로, '방면'이 새로운 공간으로 이동하게 되는 계기로 작용했다는 것을 알 수 있다.
② '빅발'은 나라를 걱정하는 화자의 근심을 의미한다. 한양을 떠나는 외로운 신하인 화자 자신이 백발이 많다고 하였으므로, 이를 통해 나라를 걱정하는 화자의 심리 상태를 알 수 있다.
③ '오작'만이 지저귀는 '대궐 터'는 옛날 궁예의 성터이다. 화자는 예전에 번성했던 곳이 지금은 까마귀와 까치만 지저귀고 있는 모습을 보며 무상감을 느끼고 있다.
④ '회양'에 온 화자가 선정을 베풀었다는 '급댱유'를 떠올린 것은 그와 같은 선정을 베풀겠다는 포부가 있기 때문인 것으로 볼 수 있다.

03 ②
'풍운'은 선정을 베풀 수 있는 여건이나 기회를 의미한다.

04 ②
②는 소양강의 물이 한강으로 흘러가는 모습에서 한양에 계신 임금을 연상한 것이므로, 이 시구에는 '인생무상'이 아니라 '연군지정'이 적절하다.

05 ④
이 작품의 배경은 3월이므로, ㄴ에서 가을 단풍이 아름다운

관동별곡 ②　　　　　　　p. 64~65

만점 노트　❶ 연군지정　❷ 도교적　❸ 꿈

01 ④　**02** ②　**03** ⑤　**04** ⑤　**05** ⑤　**06** ①

01 ④
이 작품에서 화자의 심리적 갈등이 종교를 통해 해결되고 있지는 않다. 화자는 위정자로서의 책임감과 인간 본연의 욕망 사이에서 갈등하다가 연군과 애민 정신을 통해 이를 해소하고 있다.

02 ②
ㄱ은 물에 비친 태백산 그림자를 임금이 계시는 한강으로 흘러가게 하여 남산에 닿게 하고 싶다는 뜻으로, 아름다운 풍경을 임금께 보이고 싶다는 연군의 정이 드러난 표현이다. 이와 같은 연군지정이 드러난 것은 ②이다.

❌ **오답 풀이**
① 우국지정이 드러난다.
③ 인생무상, 맥수지탄이 드러난다.
④, ⑤ 선정에 대한 포부가 드러난다.

03 ⑤
화자는 관찰사로서의 책임감을 의미하는 '왕뎡'과 자연을 즐기고 싶은 인간 본연의 욕망을 의미하는 '긕수' 사이에서 갈등하고 있다.

04 ⑤
이 작품에서 화자는 꿈을 통해 선우후락의 자세를 깨닫고 있으므로, ㉮는 화자의 갈등을 해소하는 계기가 되고 있다. 〈보기〉에서 화자는 꿈을 통해 임과의 재회를 소망하지만 '오뎐된 계셩'의 방해로 잠을 깨면서 아쉬워하고 있으므로, ㉯는 화자에게 안타까움을 심어 주고 있다.

05 ⑤
ㄷ은 임금의 은혜가 온 백성에게 두루 미치는 세상에 대한 화자의 염원을 드러낸 것이므로, 도교적 풍류를 지향하는

화자의 심리를 드러내고 있다고 볼 수 없다.

06 ①
ⓐ는 화자의 꿈속에 나타난 신선이고, ⓑ~ⓔ는 모두 화자 자신을 가리킨다.

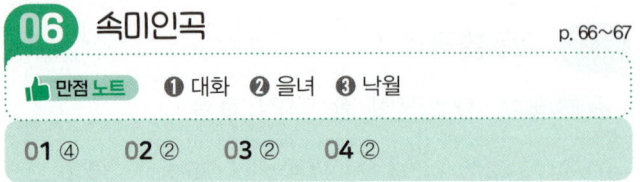

06 속미인곡 p. 66~67

👍 만점 노트   ❶ 대화   ❷ 을녀   ❸ 낙월

01 ④   02 ②   03 ②   04 ②

01 ④
이 작품에서 화자는 일관되게 임(임금)을 그리워하고 있을 뿐, 계절의 변화에 따라 태도가 변화하고 있지 않다.

❌ **오답 풀이**
① 이 작품은 우리말의 묘미를 잘 살려 화자의 정서를 진실하고 소박하게 표현했다는 점에서 〈사미인곡〉과 함께 가사 문학의 백미로 꼽히고 있다.
②, ③ 이 작품은 두 여성이 대화를 나누는 형식을 통해 임에 대한 화자의 그리움과 사랑의 마음을 드러내고 있다.
⑤ '낙월', '궂은비' 등의 자연물에 상징적 의미를 부여하여 임을 그리워하는 화자의 심정을 표현하였다.

02 ②
'내 얼굴 이 거동이 님 괴얌즉 ᄒᆞ가마ᄂᆞᆫ'은 '내 모습과 이 행동이 임에게 사랑을 받음직한가마는'이라는 뜻이다. 이는 작가가 조정을 떠나기 전에 임금에게 사랑을 받았던 상황을 나타낸 것이므로, 자신의 상황에 대한 자책이 드러나 있다는 진술은 적절하지 않다.

❌ **오답 풀이**
① '텬샹 빅옥경'은 임금이 있는 조정을 의미하며, '엇디ᄒᆞ야 니별ᄒᆞ고'는 임금이 있는 조정을 떠난 상황을 드러낸 것이다.
③ '조물의 타시로다'는 자신의 상황을 거부할 수 없는 운명으로 받아들이는 모습을 드러낸 것이다.
④ '어엿븐 그림재 날 조출 ᄲᅮᆫ이로다'는 임금의 곁을 떠나 홀로 지내며 임금을 그리워하는 외롭고 쓸쓸한 심정을 드러낸 것이다.
⑤ '출하리 싀여디여 낙월이나 되야이셔'는 죽어서라도 임금을 따르겠다는 변치 않는 충정을 드러낸 것이다.

03 ②
화자는 임 계신 곳의 소식을 알기 위해 '믈ᄀᆞ'로 가 뱃길을 알아보고자 하지만 'ᄇᆞ람, 믈결' 때문에 뱃사공은 없고 '빈 배만 걸린 상황'에서 '외로움'을 느끼게 된다(ㄱ). 이후 화자는 집으로 돌아와 '모쳠' 찬 잠자리에 누워 잠들었다가 꿈에

서 그리운 임을 만나지만 '계셩'으로 인해 꿈을 깨고 '안타까움'만 느끼게 된다(ㄴ).

04 ②
이 작품에서 '일월'을 가리는 '구롬'과 '안개'는 화자와 임 사이를 가로막는 장애물로, 임금의 눈을 가리던 조정의 간신을 의미한다. 이와 유사한 의미의 '구름'은 '광명'을 가리는 ②의 '구름'이다.

❌ **오답 풀이**
① 임금에 대한 변함없는 충절을 노래하고 있는 작품으로, '구름'은 귀양 가는 화자의 감정이 이입된 대상이다.
③ 가을 산의 아름다운 경치를 예찬하고 있는 작품으로, '구름'은 아름다운 자연의 일부이다.
④ 자연의 다섯 벗을 예찬하고 있는 작품으로, '구름'은 '물'과 달리 가변성을 지닌 존재이다.
⑤ 임에 대한 연모의 정을 노래하고 있는 작품으로, '구름'은 화자로 하여금 착각을 일으키게 하는 소재이다.

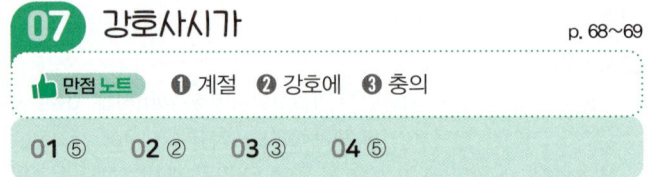

07 강호사시가 p. 68~69

👍 만점 노트   ❶ 계절   ❷ 강호에   ❸ 충의

01 ⑤   02 ②   03 ③   04 ⑤

01 ⑤
이 작품에 현실 정치에서의 갈등은 나타나 있지 않다. 화자는 자연 속에서 한가롭게 지내는 삶을 임금의 은혜와 결부시키고 있으므로, 태평스러운 시대에 임금의 은혜를 찬양하는 것으로 보는 것이 타당하다.

02 ②
제2수의 B('초당에 일이 업다')에는 초당에서 느끼는 한가로움이 드러나 있고, 제3수의 B('고기마다 슬져 잇다')에는 가을의 풍요로움이 드러나 있다. 모두 자연 경관에 대한 화자의 평가는 드러나 있지 않다.

❌ **오답 풀이**
① 제1수~제4수의 A에는 '봄, 여름, 가을, 겨울'과 같은 계절이 드러나 있다.
③ 제1수의 C에는 물고기를 안주 삼아 막걸리를 마시며 냇가에서 노니는 화자의 삶의 모습이 드러나 있고, 제3수의 C에는 배에서 그물을 던져 고기잡이를 하는 화자의 삶의 모습이 드러나 있다.
④ 제1수의 D('한가회옴')와 제2수의 D('서놀회옴')에는 화자가 느끼는 한가로움과 시원함이 드러나 있다.
⑤ 제1수~제4수의 E에는 D를 가능하게 해 주는 '임금님'이라는 존재가 드러나 있다.

03 ③

㉠은 자연을 의미하는 시어이다. 〈보기〉에서 ⓒ는 속세를 의미하므로 ㉠과 그 의미가 상반된다. ⓐ, ⓑ, ⓓ, ⓔ는 모두 자연, 혹은 자연의 아름다운 모습을 의미한다.

04 ⑤

〈보기〉를 통해 〈강호사시가〉가 유교적 이상이 현실화된 시기에 지어졌음은 알 수 있지만, 이 작품에서 화자가 유교적 이상을 현실화하기 위해 노력했다는 근거는 나타나 있지 않다.

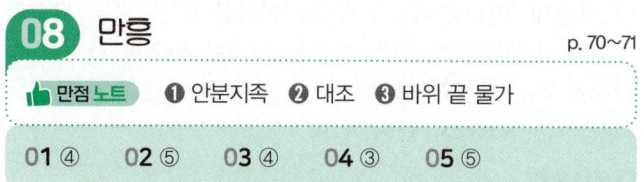

08 만흥 　　　　　　　　　　　　　　　　p. 70~71

👍 **만점 노트** 　❶ 안분지족 ❷ 대조 ❸ 바위 끝 물가

| 01 ④ | 02 ⑤ | 03 ④ | 04 ③ | 05 ⑤ |

01 ④

이 작품에는 청자가 나타나지 않으며 문답 형식으로 시상을 전개하고 있지도 않다.

❌ **오답 풀이**

① 4음보의 반복을 통해 운율을 형성하고 있다.
② '부럴 줄이 이시랴', '반가움이 이러하랴', '만승이 이만하랴' 등에서 설의적 표현을 사용하여 의미를 강조하고 있다.
③ 〈제3수〉에서 '먼 뫼'를 말도 없고 웃음도 없다고 사람처럼 표현하여 친근감을 드러내고 있다.
⑤ 자연과 속세를 의미하는 대립적 의미의 시어를 활용하여 주제 의식을 효과적으로 부각하고 있다.

02 ⑤

〈제1수〉에서 〈제5수〉까지는 자연에 묻혀 사는 즐거움을 노래하고 있고, 〈제6수〉에서는 임금의 은혜에 대한 감사를 노래하고 있다. 따라서 〈제6수〉의 '아무리 갚고자 하여도 해올 일이 없어라'에서 연군지정의 태도를 엿볼 수 있다.

03 ④

㉠, ㉡, ㉢, ㉣은 화자가 추구하는 '자연'을, ㉣은 이와 대립적 의미의 '현실(속세)'을 의미한다.

04 ③

'향암'은 시골에서 지내 세상 물정에 어둡고 어리석은 사람을 뜻하는 말로, 화자가 스스로를 겸손하게 일컫는 표현이다. 유배와 낙향을 반복하는 과정에서 세상 물정에 어두워졌다는 의미로 볼 수는 없다.

05 ⑤

〈제3수〉의 중장은 '그리던 님'이 온다고 해도 '먼 뫼(자연)'처럼 반갑지는 않을 것이라는 내용이다. 즉 '그리던 님'은 자연에서의 삶(B)이 더 낫다는 것을 드러내기 위해 끌어들인 대상일 뿐, 속세에서의 삶(A)에 미련이 남았음을 의미하는 것이 아니다.

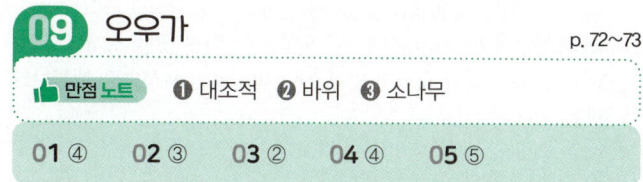

09 오우가 　　　　　　　　　　　　　　　p. 72~73

👍 **만점 노트** 　❶ 대조적 ❷ 바위 ❸ 소나무

| 01 ④ | 02 ③ | 03 ② | 04 ④ | 05 ⑤ |

01 ④

이 작품은 〈제1수〉에서 다섯 벗을 소개한 다음, 〈제2수〉~〈제6수〉에서 각각의 벗이 지닌 덕성을 예찬하고 있다. 따라서 점층적으로 확대하는 방식이 아니라 병렬적으로 나열하는 방식으로 시상을 전개하고 있다고 볼 수 있다.

❌ **오답 풀이**

② 〈제1수〉에서 '내 버디 몟치나 ᄒ니'라고 스스로 묻고 '수석', '송죽', '달'이라고 스스로 답하고 있다.

02 ③

[A]에서 '구름'과 '바람'은 쉽게 변하는 대상이고, '물'은 변하지 않는 대상이다. [B]에서도 '꽃'과 '풀'은 순간적인 대상이고, '바위'는 변하지 않는 대상이다. 따라서 [A]와 [B]에서는 모두 변화하는 대상들에 이어 변화하지 않는 대상을 제시하고 있다.

03 ②

화자가 벗으로 삼은 다섯 자연물의 공통점은 고결하고 변함이 없다는 데 있다. 따라서 시대 흐름에 따라 빠르게 변할 줄 아는 사람은 화자가 지향하는 덕성을 지닌 사람으로 볼 수 없다.

❌ **오답 풀이**

④ 속이 비어 있지만 곧고 사시에 푸른 '대나무'의 특성에서 유추할 수 있다.
⑤ 보고도 말을 하지 않는 과묵한 '달'의 특성에서 유추할 수 있다.

04 ④

이 작품은 먼저 A에서 '물, 바위, 소나무, 대나무, 달'의 다섯 벗을 소개한 다음, B~D에서 각각의 벗이 지닌 덕성을 예찬하고 있다. B~D에서 화자의 시선은 각각의 벗을 향하고 있을 뿐, 화자의 내면으로 이동하고 있지 않다.

① A에서는 중심 소재인 다섯 벗을 무생물인 '수석', 생물인 '송죽', 천상의 자연물인 '달'로 묶어 제시하고 있다.
② B의 〈제2수〉에서는 가변성을 지닌 '구름, 바람'과 대조하여 불변성을 지닌 '물'을 예찬하고 있다. 그리고 〈제3수〉에서는 순간성을 지닌 '꽃, 풀'과 대조하여 영원성을 지닌 '바위'를 예찬하고 있다.
③ B에서는 〈제2수〉의 초장과 중장, 〈제3수〉의 초장과 중장에서 대구의 방법이 사용되었다. 그리고 C에서는 〈제4수〉의 초장, 〈제5수〉의 초장, 〈제5수〉의 중장에서 대구의 방법이 사용되었다. 즉 B와 C에서는 모두 대구의 방법을 활용하여 운율감을 형성하고 있다.
⑤ A에서 '물, 바위, 소나무, 대나무, 달'이라는 다섯 벗을 소개한 다음, B~D의 각 수에서 각각의 벗이 지닌 덕성을 순차적으로 예찬하고 있다.

05 ⑤

〈제6수〉의 내용을 통해 볼 때 '달'은 광명과 과묵함의 속성을 지니고 있다. 따라서 '달'과 같이 많은 사람들을 거느리는 사람이 되고 싶다는 반응은 적절하지 않다.

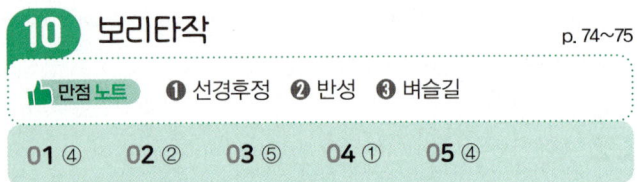

10 보리타작
p.74~75

만점 노트   ❶ 선경후정   ❷ 반성   ❸ 벼슬길

01 ④   02 ②   03 ⑤   04 ①   05 ④

01 ④

이 작품에는 대상을 의인화하거나 말을 건네는 방식이 나타나 있지 않다.

①, ② '무엇하러 벼슬길에 헤매고 있으리요.'에서 설의적 표현을 통해 헛된 명분을 좇는 삶에 대한 비판적 태도를 드러내며 시상을 마무리하고 있다.
③ 앞부분에서 보리타작하는 모습을 묘사한 후 뒷부분에서 이에 대한 화자의 생각을 드러내고 있다.
⑤ '막걸리', '보리밥', '도리깨' 등 실생활과 관련된 시어를 사용하여 사실감을 주고 있다.

02 ②

화자는 보리타작을 하는 농민들의 밝고 건강한 모습을 보면서 벼슬에 집착하며 살아온 자신의 과거 삶을 반성하고 있다. 따라서 벼슬길에 나아가려는 사람들의 준비 과정을 보여 주는 것은 적절하지 않다.

03 ⑤

[A]~[D]에는 힘차게 보리타작을 하는 농민들의 밝고 건강

한 모습을 보면서 벼슬에 집착하며 살아온 과거를 반성하는 화자의 모습이 드러나 있다. 하지만 이를 지난날에 얽매이지 않는 삶을 살려는 화자의 의지로 이해하는 것은 적절하지 않다.

04 ①

이 작품에서 농촌은 농민들이 즐겁고 건강하게 노동하고 있는 곳이다. 반면 〈보기〉에서 농촌은 농민들이 관리들에게 수탈당하는 곳이다. 따라서 두 작품에서 작가는 농촌 현실을 서로 다른 시각으로 바라보고 있는 것이다.

05 ④

이 작품의 '벼슬길'과 〈보기〉의 '여나믄 일'은 모두 세속적 가치와 욕망을 뜻하는데, 화자는 이러한 세속적 가치에 집착하지 않는 태도를 보이고 있다. 따라서 이는 화자가 이루고자 하는 목표라고 볼 수 없다.

① 이 작품의 '보리밥'은 자신의 삶에 만족하며 농사일에 몰두하는 농민들의 모습을 보여 주고, 〈보기〉의 '보리밥'은 그 무엇도 부러워하지 않고 소박하게 살아가는 화자의 삶의 태도를 보여 준다.
② 이 작품의 '마당'은 보리타작을 하는 노동의 공간이고, 〈보기〉의 '물가'는 유유자적하며 즐기는 풍류의 공간이다.
③ 이 작품의 '노랫가락'에서는 노래를 하며 일하는 흥겨움을 느낄 수 있고, 〈보기〉의 '노니노라'에서는 한가롭게 자연을 즐기는 여유로움을 느낄 수 있다.
⑤ 이 작품의 '헤매고 있으리요.'와 〈보기〉의 '부럴 줄이 이시랴.'에서는 설의적 표현을 통해 세속적 가치를 추구하지 않겠다는 화자의 생각을 드러내고 있다.

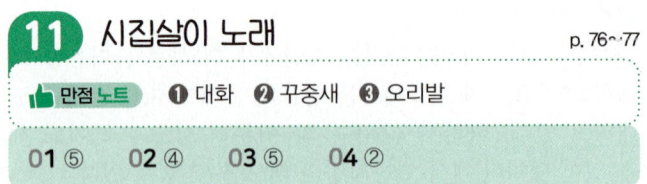

11 시집살이 노래
p.76~77

만점 노트   ❶ 대화   ❷ 꾸중새   ❸ 오리발

01 ⑤   02 ④   03 ⑤   04 ②

01 ⑤

이 작품에 반복적 표현이 나타나기는 하지만, 화자가 시집살이의 어려움을 극복하려는 태도를 보이고 있지는 않다. 화자는 해학적 표현을 통해 현실에 순응하고 체념하는 태도를 보이고 있다.

① '둥글둥글 수박 식기 ~ 시어머니보다 더 푸르랴?'에서 시집살이의 어려움을 열거하여 화자의 고충을 부각하고 있다.
② '수박 식기', '도리소반' 등 평범한 일상어를 사용하면서도 언어 표현의 묘미를 잘 살리고 있다.

③ 사촌 동생이 시집살이에 대해 묻고, 형님이 시집살이의 괴로움을
   토로하는 대화 형식으로 이루어져 있다.
④ '시집살이 개집살이'와 같은 언어유희와 시집 식구들을 새에 비유
   한 표현을 통해 시집살이의 한(恨)을 해학적으로 풀어 내고 있다.

02 ④

이 작품에 화자가 시집살이에 익숙해졌다거나, 집안의 형편
이 어려워져 걱정하고 있다는 내용은 나타나 있지 않다.

❌ 오답 풀이
① '오 리 물을 길어다가 십 리 방아 찧어다가, 아홉 솥에 불을 때고 열
   두 방에 자리 걷고'라는 표현에서 확인할 수 있다.
② '동세 하나 할림새요 시누 하나 뾰족새요'라는 표현에서 확인할 수
   있다.
③ '시아버니 호랑새요 시어머니 꾸중새요'라는 표현에서 확인할 수
   있다.
⑤ '울었던가 말았던가 베갯머리 소 이뤘네'라는 표현에서 확인할 수
   있다.

03 ⑤

화자가 현실에 대응하지 못하고 체념하는 태도를 보이는 것
은 맞지만, 화자가 자신을 '거위'와 '오리'에 빗대어 표현하
고 있지는 않다. ⑩에서 거위와 오리는 자식들을 비유한 표
현이다.

❌ 오답 풀이
① ⑦에서는 '고추', '당추'보다 시집살이가 더 맵다며 시집살이의 고통
   을 드러내고 있다.
② ⑥에서는 '오 리'와 '십 리'라는 과장된 표현을 통해 가사 노동의 과
   중함을 강조하고 있다.
③ ⑥에서는 시집 식구들을 새에 비유하여 시집살이의 괴로움을 표현
   하고 있다. '호랑새'는 무서운 시아버지, '꾸중새'는 꾸중을 잘하는
   시어머니를 비유한 것으로, 화자가 시아버지와 시어머니를 대하기
   힘든 존재로 생각하고 있음을 알 수 있다.
④ ⑩에서는 결혼 전과 후를 대비하여 시집살이의 고충을 토로하고 있
   다. '배꽃'은 결혼 전의 고왔던 옛 모습, '호박꽃'은 결혼 후의 초라
   해진 현재 모습을 비유한 것이다.

04 ②

작품에 사용된 소재와 시어에 주목하여 감상한 ②는, 작품
자체에 초점을 맞추어 작품을 감상하는 내재적 관점에 의한
감상에 해당한다. 나머지는 모두 외재적 관점에 의한 감상
이다.

❌ 오답 풀이
①, ④ 독자에게 주는 영향과 효과에 주목하여 감상한 효용론적 관점
   에 해당한다.
③ 작가의 의도에 주목하여 감상한 표현론적 관점에 해당한다.
⑤ 작품에 반영된 현실에 주목하여 감상한 반영론적 관점에 해당한다.

12 눈 마주 휘여진 뒤를~ 외   p. 78~79

👍 만점 노트   ❶ 눈   ❷ 낙락장송   ❸ 촛불

01 ②   02 ④   03 ④   04 ②   05 ⑤

01 ②

(가)에서 '눈'은 새 왕조를 세우려던 이성계 일파를 의미하
고, (나)에서 '백설'은 단종을 폐위시켰던 수양 대군 일파의
횡포를 의미한다. 그리고 (다)에서 '이별'은 유배를 가는 단
종과의 이별을 의미한다. 따라서 (가)~(다)에서는 '눈', '백
설', '이별' 등의 시어를 통해 화자가 처한 부정적 상황을 드
러내고 있다.

❌ 오답 풀이
① 자문자답의 방식으로 시상이 전개되고 있는 것은 (나)이다.
③ 설의적 표현을 통해 화자의 지조와 절개를 강조하고 있는 것은 (가)
   이다.
④ 의인법이 사용된 것은 (가)와 (다)이다.
⑤ 역설적 표현은 (가)~(다)에 모두 쓰이지 않았다.

02 ④

(가)에서 '눈 속에 프를소냐'는 새로운 왕조를 세우려는 이
성계 일파의 핍박 속에서도 굽히지 않은 작가의 지조와 절
개를 나타낸 것이지, 새 왕조에 협력하는 사람들에 대한 원
망을 나타낸 것이 아니다.

03 ④

(다)의 화자는 타오르는 촛불을 보면서 임(단종)과 이별한
슬픔을 드러내고 있을 뿐 재회에 대한 희망은 나타나 있지
않다.

❌ 오답 풀이
①, ② 여성적 어조를 사용하여 애절한 이별의 정한을 효과적으로 표
   현하고 있다.
③, ⑤ 타오를 때 촛농이 떨어지고 심지가 타들어 가는 촛불의 속성을
   활용하여 사랑하는 이와의 이별로 애타는 화자의 마음을 표현하고
   있다.

04 ②

(나)의 화자는 죽어서 봉래산의 가장 높은 봉우리에 우뚝 솟
은 '낙락장송'이 되겠다고 다짐하고 있다. 따라서 '봉래산 제
일봉'은 단종에 대한 자신의 높은 절개를 드러내고자 한 표
현이라고 할 수 있다.

05 ⑤

⑦은 화자의 지조와 절개를 의미하므로, 화자가 지향하는
삶의 모습을 나타내는 소재라고 볼 수 있다. 그리고 ⑥은

임과 이별한 화자의 슬픔이 이입되어 있는 대상이므로, 이별을 안타까워하는 화자의 마음을 나타내는 소재라고 볼 수 있다.

⊠ 오답 풀이
① ⓒ은 화자의 감정이 이입되어 있는 소재가 맞지만, ㉠은 화자의 태도를 나타낼 뿐 화자의 감정이 이입되어 있는 소재가 아니다.
② 화자가 지향하는 도덕적 가치를 상징하는 것은 ㉠이다. ⓒ은 이에 해당하지 않는다.
③, ④ ㉠과 ⓒ 모두에 해당하지 않는 설명이다.

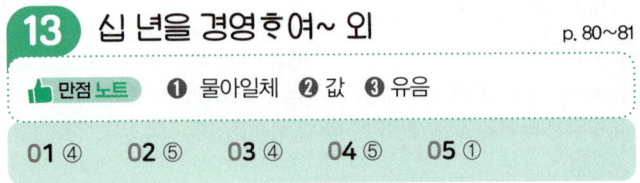

13 십 년을 경영ᄒ여~ 외 p. 80~81

만점 노트 ❶ 물아일체 ❷ 값 ❸ 유음

| 01 ④ | 02 ⑤ | 03 ④ | 04 ⑤ | 05 ① |

01 ④

(가)~(다)에는 모두 자연 친화적인 태도가 나타나 있다. 하지만 ④는 불변하는 자연의 영속성을 본받아 학문 수양에 정진하겠다는 화자의 의지를 담고 있기 때문에, 자연 친화의 태도를 보이고 있는 다른 작품들과는 거리가 멀다.

⊠ 오답 풀이
① 가을 달밤의 풍류와 정취를 노래하고 있다.
② 산촌 생활에서의 안빈낙도를 노래하고 있다.
③ 자연에서의 은거 생활을 노래하고 있다.
⑤ 전원에서 즐기는 풍류를 노래하고 있다.

02 ⑤

(가)에는 화자가 오랜 세월 준비하여 초가삼간을 짓고 이를 자연에 나누어 주겠다는 태도가 드러나 있다. 자연에 동화된 심정이 나타날 뿐, 인공적인 요소와 자연적인 요소의 대조는 나타나지 않는다.

03 ④

〈보기〉에 제시된 반영론적 관점에 따라 작품을 감상한 것은, 작품에 반영된 당시의 시대상을 추측하고 있는 ④이다.

⊠ 오답 풀이
①, ②, ③, ⑤ 작품 자체에 초점을 맞춘 절대론적 관점(내재적 관점)에 따라 작품을 감상한 것이다.

04 ⑤

(다)는 자연의 순리에 순응하면서 자연스럽게 늙어 가고 싶은 마음을 노래하고 있을 뿐, 해학적인 상황을 드러내고 있지는 않다.

⊠ 오답 풀이
①, ② '절로절로'를 반복하여 우리말 표현의 묘미를 살리면서 자연의 순리에 따르는 삶의 태도를 강조하고 있다.
③ 유음인 'ㄹ'의 반복으로 리듬감을 살리고 있다.
④ 초장과 중장에서 대구의 기법으로 시상을 전달하고 있다.

05 ①

〈보기〉의 화자는 세속적인 삶에서 벗어나 자연 속에서 안빈낙도하는 소박한 삶의 태도를 보이고 있다. (가)의 화자가 십 년이나 계획을 세워서 지은 집이 '초려 삼간'이라는 것은, 화자가 안빈낙도하는 소박한 삶의 자세를 추구하고 있음을 나타낸다. 나머지 시어는 모두 '자연'을 의미한다.

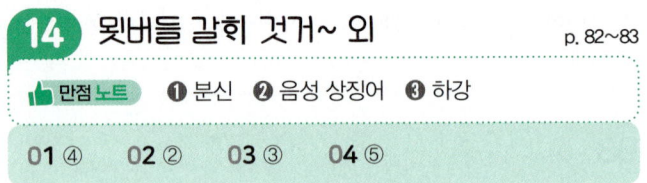

14 뭿버들 갈ᄒᆡ 것거~ 외 p. 82~83

만점 노트 ❶ 분신 ❷ 음성 상징어 ❸ 하강

| 01 ④ | 02 ② | 03 ③ | 04 ⑤ |

01 ④

(가)의 화자가 꺾어 임에게 보낸 '뭿버들'은 화자의 분신이자 임에 대한 사랑과 정성의 징표라고 할 수 있다. 〈보기〉의 화자도 '매화'를 꺾어 임이 계신 곳에 보내고자 하는데, '매화'는 화자의 분신이자 임에 대한 화자의 사랑과 정성을 의미한다.

02 ②

(나)와 〈보기〉에는 모두 임에 대한 간절한 그리움이 드러날 뿐, 부정적 상황을 극복하려는 화자의 능동적 태도는 나타나 있지 않다.

03 ③

〈보기〉에는 한밤중에 독수공방하는 화자의 쓸쓸한 처지가 나타나 있고, (나)의 초장에는 '밤(시간)'이라는 추상적 대상을 시각적으로 형상화하는 발상 및 표현이 사용되었다. 이러한 〈조건〉에 맞춰 시행을 창작한 것은 ③이다.

⊠ 오답 풀이
⑤ '추억의 보따리를 풀어 헤쳤다'고 추상적 대상인 '추억'을 시각적으로 형상화하고 있지만, 독수공방하는 화자의 처지가 나타나 있지 않다.

04 ⑤

'외로온 쭘'은 임에 대한 화자의 간절한 그리움을 드러내는 표현이다. (다)에 화자가 떠나간 임을 잊고자 한다는 내용은 나타나 있지 않다.

❌ 오답 풀이

① '이화우'는 배꽃이 떨어지는 봄을 의미하고 '추풍낙엽'은 낙엽이 떨어지는 가을을 의미하므로, 이는 임과의 이별이 오래 지속되었음을 나타낸다.

② 하강의 이미지는 위에서 아래로 떨어지는 느낌을 주는 이미지이므로, '이화우'와 '추풍낙엽'은 하강의 이미지를 환기한다.

③ '이별훈 님'과 '저'는 모두 화자가 그리워하는 임을 가리킨다.

④ '천 리'는 오래전 이별한 임과 화자 사이의 정서적 거리감을 드러낸다.

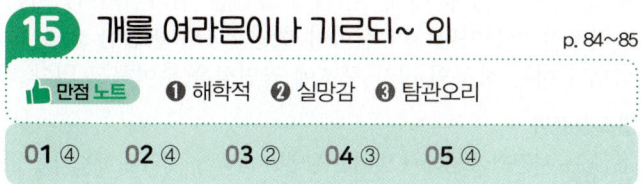

15 개를 여라믄이나 기르되~ 외　　　　p. 84~85

👍 **만점 노트**　❶ 해학적　❷ 실망감　❸ 탐관오리

01 ④　　02 ④　　03 ②　　04 ③　　05 ④

01 ④

(가)~(다)는 모두 사설시조로, 개인의 생활 감정을 솔직하게 표현하거나 현실에 대해 비판적인 태도를 드러내고 있다. 하지만 현실에서 도피하거나 이상향을 갈망하는 모습은 사설시조의 특징으로 볼 수 없다.

02 ④

(가)에서는 오지 않는 임에 대한 원망을 '개'에게 전가하고 있을 뿐 화자의 감정을 다른 대상에 이입하는 방법이 쓰이지는 않았다. 또한 임을 기다리는 안타까운 마음을 해학적으로 드러내고 있어 애상적인 정서가 부각되고 있지도 않다.

❌ 오답 풀이

⑤ (가)에서는 오지 않는 임에 대한 원망을 '개'에게 전가하고 있는데, 이러한 심리는 '노여움을 애매한 다른 데로 옮김을 비유적으로 이르는 말'인 '종로에서 뺨 맞고 한강에서 눈 흘긴다.'라는 속담으로 나타낼 수 있다.

03 ②

〈보기〉에서 사설시조는 실생활 소재들을 활용하여 일상에서 일어나는 문제를 주로 다루었다고 하였다. (나)에서 '버섯', '신'과 같이 일상에서 흔히 볼 수 있는 소재를 활용한 것은 맞지만, 이 소재들이 임의 소중함을 상징하고 있지는 않다.

❌ 오답 풀이

① '곰븨님븨'와 '쳔방지방'은 엎치락뒤치락하며 허둥지둥 달려가는 모양을 흉내 낸 음성 상징어로, 이를 통해 임이 온 줄 알고 급하게 달려가는 화자의 행동이 생동감 있게 드러난다.

③ 화자는 '거머흿들'을 보고 임이라고 생각하여 엎치락뒤치락하며 허둥지둥 달려갔으나 화자가 본 것은 사실 '주추리 삼대'였다. 화자가 '주추리 삼대'를 임으로 착각한 것이나 임이 왔다고 생각하여 달려

가는 모습에서 해학성을 느낄 수 있다.

④ 임을 그리워하는 절실한 마음을 드러내기 위해 화자의 행동을 구체적으로 자세히 제시하다 보니 중장의 길이가 늘어난 것으로 이해할 수 있다.

⑤ 화자는 '즌 듸 모른 듸 골희지 말고 워렁충창 건너가서' 임에게 '정엣말'을 하려고 했다. 이런 화자의 행동에서 임에 대한 애정을 과감히 드러내려는 대담성을 엿볼 수 있다.

04 ③

(다)의 중장부터 화자가 '두터비'로 바뀐다고 가정한다면, 중장의 내용은 '두터비'가 '백송골'을 보고 두엄 아래 자빠진 체험과 '백송골'을 보고 깜짝 놀란 감정을 직접 드러낸 것으로 이해할 수 있다.

❌ 오답 풀이

① '백송골'이 우위에 놓인 관계는 바뀌지 않는다.

② '백송골'과 '두터비'가 갈등하는 모습이나 갈등의 원인은 나타나 있지 않다.

④, ⑤ 종장에서는 '두터비'가 자기 합리화를 하고 있을 뿐, 부정적인 상황에 맞서거나 과거의 행적을 반성하고 있지 않다.

05 ④

(나)의 화자는 임을 애타게 기다리다가 '주추리 삼대'를 임으로 착각했으므로, '주추리 삼대'는 착각을 유발하는 소재라고 할 수 있다. 하지만 (다)의 '두험'은 '두터비'가 거만한 자세로 앉아 있던 곳으로 백성들에게 수탈한 재물을 의미할 뿐 성찰을 유도하는 소재라고 할 수 없다.

❌ 오답 풀이

① 화자가 애타게 기다리지만 오지 않는 '님'은 그리움의 대상이며, 백성을 괴롭히는 탐관오리를 의미하는 '두터비'는 비판의 대상이다.

② ⓒ에서 산을 바라보는 것은 임이 오기를 기다리는 화자의 기대감이 행동화된 것인 반면, ⓑ에서 산을 바라보는 것은 힘없는 백성에게 횡포를 부리는 두터비의 거만함이 반영된 것이다.

③ ⓒ은 화자가 '주추리 삼대'를 보고 임이라고 판단한 것이라는 점에서 시적 화자의 생각이라고 할 수 있다. ⓓ는 관찰자 입장에 있는 화자가 '두터비'의 심리를 표현한 것이라는 점에서 시적 대상인 '두터비'의 심리라고 할 수 있다.

⑤ ⓜ에는 '그나마 밤이라 다행이다'라는 화자의 안도감이 담겨 있다는 점에서, 화자가 허탈해하면서 자기를 비웃고 있음을 알 수 있다. ⓔ에는 '내가 날렵했기에 그나마 피멍은 들지 않았다'라는 자화자찬이 담겨 있다는 점에서, '두터비'가 자신의 행동을 합리화하고 있음을 알 수 있다.

정답과 해설

Ⅲ | 현대 소설

핵심 개념

✔ 개념 체크 p. 88~93

01 전형적 인물   02 ①   03 간접 제시   04 ①   05 ④   06 인물과 인물의 갈등   07 ⑤   08 ④   09 발단   10 액자식 구성   11 ④   12 1인칭 관찰자 시점   13 ①   14 ①   15 ⑤

02 '허 생원'은 작품의 주인공으로 중심인물이고, '조 선달'은 주인공의 친구로 주변 인물이다.

03 내성적이고 소심한 허 생원의 성격을 간접적으로 제시하고 있다.

04 ①은 인물의 내면에서 일어나는 내적 갈등이고, 나머지는 인물과 그 인물을 둘러싼 외부 요인 사이에서 발생하는 외적 갈등이다.

05 김동리의 〈역마〉는 주인공 성기와 그를 둘러싼 운명과의 갈등을 다룬 작품이다.

06 극심한 가뭄 속에 물을 끌어다 쓰는 일로 인한 인물과 인물 사이의 외적 갈등이 드러나 있다.

08 순진하고 어수룩한 '나'는 점순이가 감자를 주는 이유가 자신을 좋아하기 때문임을 알아차리지 못하고 있다.

09 등장인물을 소개하는 소설의 구성 단계는 발단이다. 발단에서는 인물과 배경이 제시되고 사건의 실마리를 제공한다.

11 이 작품은 시간의 순서에 따르지 않고, '현재 → 과거'로 전개되는 역순행적 구성 방식을 취하고 있다.

13 이 작품은 서술자가 작품 밖에 위치하여 인물의 심리를 직접 서술하고 있는 전지적 작가 시점을 취하고 있다. ②는 1인칭 주인공 시점, ③과 ⑤는 작가 관찰자 시점, ④는 1인칭 관찰자 시점에 관한 설명이다.

14 '두꺼비', '말 대가리'와 같은 표현을 사용하여 부정적 인물을 희화화하고 있다.

15 북을 메고 떠돌아다닌 민 노인(민익태)의 '허랑방탕한 한평생'을 요약적으로 제시하고 있다.

---

01 고향 p. 94~95

 만점 노트   ❶ 액자식   ❷ 일체감   ❸ 관찰자

01 ⑤   02 ④   03 ⑤   04 ⑤   05 ①

01 ⑤

[A]는 '그'가 일제의 식민지 지배로 인해 고향을 떠날 수밖에 없었던 상황에 대해 '나'에게 들려준 이야기이다. 이는 이리저리 떠돌아다니며 살아야 했던 '그'의 비참한 삶을 중심으로 하는 작품의 서사 구조에 필연성을 부여하고 있다.

❌ 오답 풀이

① [A]는 사건의 흐름에서 벗어난 장면이 아니며, 위기감 해소와도 관련이 없다.
② [A]는 '그'가 '나'에게 들려준 이야기이므로, 지나간 사건을 추리하여 재구성한 것이 아니다.
③ [A]는 '그'가 자신의 시각에서 하고 있는 이야기이므로, 하나의 사건을 여러 각도에서 살펴보고 있다고 할 수 없다.
④ [A]는 상반된 역사적 해석을 대비하고 있지 않다.

02 ④

구주 탄광과 대판 철공장에서 일할 때 '벌이는 조금 나았으나'라고 하였으므로, '그'는 일본에서 벌이가 부족해 고향으로 돌아온 것이 아니다.

03 ⑤

이 글은 삶의 터전을 잃고 유랑하는 '그'를 통해 일제 강점기 우리 민족의 비참한 생활상을 그리고 있으므로, 제목으로는 ⑤가 가장 적절하다.

04 ⑤

ⓗ은 삶의 터전과 가족을 잃은 분노로 한곳에 정착하지 못하는 '그'의 모습을 보여 준다. '그'가 유랑의 삶을 운명으로 받아들이고 있지는 않다.

05 ①

'그'가 일본을 떠나 고향에 온 것은 고국산천이 그리웠기 때문이다. '그'가 고향을 버렸던 일에 대해 죄책감을 느끼고 있다는 내용은 나타나 있지 않다.

❌ 오답 풀이

② 〈보기〉에서 작가 현진건은 해외 동포들의 비극적인 삶에 대해 자주 접할 수 있었다고 했는데, '그'가 겪은 서간도에서의 삶과 일본 탄광에서의 노동 등은 이러한 작가의 경험에 바탕을 둔 것이라고 추측

할 수 있다.
③ 〈보기〉에서 이 작품은 일본의 폭력적 식민 지배가 낳은 폐단을 고발하고 있다고 했는데, 동양 척식 주식회사와 중간 소작인의 횡포는 이를 잘 보여 주고 있다.
④ 〈보기〉에서 이 작품은 식민 지배의 직접적인 피해 계층이 한국 민중이라는 사실을 집약적으로 드러내고 있다고 했는데, 온갖 고난을 겪다가 고향까지 잃어버린 '그'의 비참한 삶은 이를 구체적으로 보여 주고 있다.
⑤ 〈보기〉에서 이 작품은 1920년대 식민지 조선의 피폐함을 잘 드러내고 있다고 했는데, 나이에 비해 늙어 보이는 '그'의 모습과 고향을 잃고 떠도는 '그'의 고달픈 삶은 당시 암울했던 우리 민족의 삶을 짐작하게 한다.

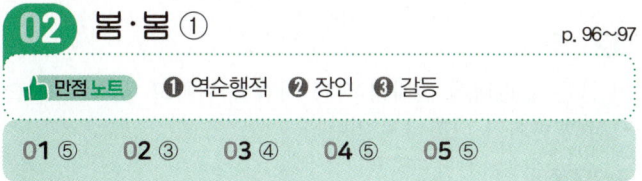

02 봄·봄 ①
p. 96~97

만점노트 ❶ 역순행적 ❷ 장인 ❸ 갈등

01 ⑤   02 ③   03 ④   04 ⑤   05 ⑤

01 ⑤
'나'와 장인이 구장을 찾아가 성례 문제에 대해 따지는 하나의 사건이 나타나 있을 뿐, 동시에 진행되는 사건이 병렬적으로 제시되어 있지 않다.

❌ 오답 풀이
① 성례를 시켜 달라고 조르는 '나'와 점순이의 키가 커야 한다는 '장인'의 갈등이 드러나 있다.
② 사투리와 함께 '쌍년의 자식'과 같은 비속어를 사용하여 현장감과 사실성을 부여하고 있다.
③ 장인에게 이용당하면서도 이를 깨닫지 못하는 어수룩한 청년을 서술자로 내세워 해학적 웃음을 주고 있다.
④ '나'가 주인공인 1인칭 시점으로 '나'의 내면 심리가 직접 제시되고 있다.

02 ③
ⓒ은 장인의 말에 동조하는 것이지, '나'와 장인의 갈등을 중재하려는 의도가 담긴 것이 아니다. ⓒ에는 소작인의 처지라서 마름인 장인의 기세에 눌린 구장의 우유부단한 태도가 나타나 있다.

03 ④
'나'는 끝까지 장인과 구장의 의도를 알아차리지 못하므로, 음모의 진실을 알게 됨으로써 해학적 상황에서 벗어난다는 설명은 적절하지 않다.

❌ 오답 풀이
① 장인의 사주를 받은 구장이 '나'를 회유하고 있으므로, 장인과 구장은 '나'를 속이고 해학적 상황에 빠뜨리는 공모자라고 할 수 있다.

② '구장님이 날 위해서 조용히 데리고 아래와 같이 일러 주었기 때문이다.' 등에서 알 수 있듯이, 어수룩한 '나'는 구장이 자신을 편들어 이야기하고 있다고 오해하고 있다.
③ 독자는 작품에 제시되어 있는 여러 정보를 통해 상황을 정확하게 판단할 수 있는데, 뭉태 역시 소작인의 처지인 구장이 마름인 장인의 편을 든 것이라고 상황을 정확하게 인식하고 있다.
⑤ 어수룩한 '나'는 끝까지 장인과 구장의 음모를 알아차리지 못하고 있다.

04 ⑤
장인은 점순이의 키가 자라야 혼인을 시킬 수 있다는 입장을 고수하면서, 반발하는 '나'에게 논리적으로 설명하지 않고 자신이 키가 크지 말라고 한 것이 아니라며 억지 주장을 펼치고 있다.

05 ⑤
[A]에서 장인이 '나'와의 계약을 없었던 일로 하자고 말하고 있지는 않다. 그리고 장인은 '나'를 설득하여 계속 일을 시키려고 하기 때문에 ⓔ와 같이 말하지는 않을 것이다.

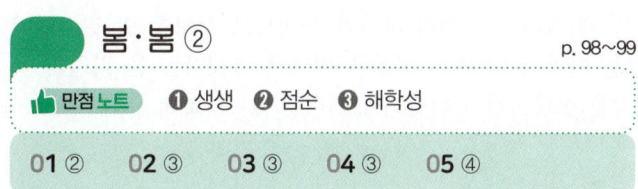

봄·봄 ②
p. 98~99

만점노트 ❶ 생생 ❷ 점순 ❸ 해학성

01 ②   02 ③   03 ③   04 ③   05 ④

01 ②
이 글은 인물의 말과 행동을 통해 인물의 성격을 드러내고 있다. 인물의 외양을 묘사한 부분은 나타나 있지 않다.

02 ③
ⓐ는 급소를 잡힌 '나'가 다급한 마음으로 장인에게 애원하며 부른 호칭이고, ⓑ는 장인의 의도를 알아차리지 못한 '나'가 내쫓기지 않았다는 사실에 고마워하며 부른 호칭이다.

03 ③
㉠은 장인이 가을에는 성례를 시켜 주겠다고 '나'를 회유하면서 빨리 콩밭을 갈라고 말하는 장면이다. 이는 어수룩한 '나'의 심성을 이용하여 계속 일을 시키려는 장인의 의도를 보여 준다.

04 ③
〈보기〉에서 이 작품의 제목은 매년 봄마다 반복되는 '나'와 장인의 갈등과 화해라는 구조의 순환을 상징한다고 하였다.

봄이 되면 '나'는 장인에게 성례를 요구한다. 장인은 가을에는 성례시켜 주겠다며 회유한다. 하지만 가을이 와도 점순이의 키가 자라지 않았다며 성례를 시켜 주지 않아 다음 봄에도 계속 일만 한다. 이번에도 '성례'라는 갈등의 원인이 해결되지 않았으므로 앞으로도 '나'와 장인의 갈등이 반복될 것이라는 점을 짐작할 수 있다.

05 ④

이 글에서 '나'가 장모님을 피하여 점순이에게 도움을 청하는 장면은 찾을 수 없으므로, 이는 시나리오에서 새롭게 첨가된 부분으로 볼 수 있다.

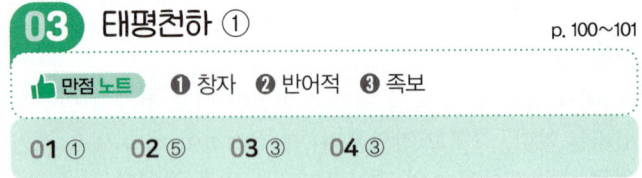

03 태평천하 ①
p. 100~101

👍 만점 노트 ❶ 창자 ❷ 반어적 ❸ 족보

01 ① 02 ⑤ 03 ③ 04 ③

01 ①

윤 직원은 가문을 빛나게 할 필생의 사업으로 네 가지 방책을 세웠는데, 그중의 하나가 거짓으로 족보를 만드는 일이다. 따라서 '족보'는 가문을 빛나게 하겠다는 윤 직원의 욕망을 충족시키기 위한 수단이라고 할 수 있다.

02 ⑤

이 글에서는 서술자가 판소리 창자처럼 경어체를 사용함으로써 독자들에게 친근감을 느끼게 하고 독자들과 함께 등장인물을 조롱하고 풍자하는 듯한 효과를 얻고 있다. 이로 인해 판소리와 같은 우리의 문학적 전통을 잘 계승한 작품이라는 평가를 받는다.

03 ③

문벌이 없음을 섭섭히 여긴 윤 직원은 거짓으로 족보를 만들고 돈으로 직원 벼슬을 사는 등의 방책을 세운다. 하지만 족보 만들기는 신통한 결과를 내지 못했고 직원 벼슬은 돈으로 차지한 것일 뿐이라는 점에서, 윤 직원이 실속 없는 방책만 내놓았다고 평가할 수 있다.

04 ③

'어디 그런 영리하고도 실없는 사람이야 있나요.'는 마름 자리를 차지하기 위해 윤 직원네의 족보를 외워 가지고 다니며 불러 주는 사람이 없었다는 의미를 지닌 설의적 표현이다. 따라서 이는 족보를 외우면서 환심을 사려는 사람이 없었음을 나타낸다.

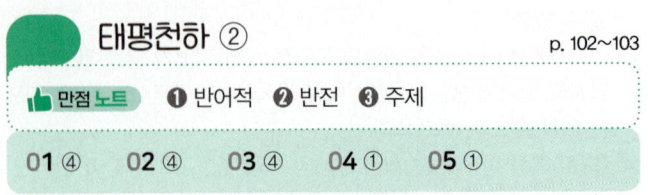

태평천하 ②
p. 102~103

👍 만점 노트 ❶ 반어적 ❷ 반전 ❸ 주제

01 ④ 02 ④ 03 ④ 04 ① 05 ①

01 ④

이 글은 일제 강점기의 지주이자 고리대금업자인 윤 직원을 중심으로 그의 가족의 부정적인 면모를 그려 냄으로써 당대 사회의 모순을 풍자하고 있다. 서술자는 표면적으로는 중립적인 자세를 취하는 듯이 보이지만, 사실은 인물의 대화와 행동을 희화화하여 부정적 인물인 윤 직원의 이기적이고 반민족적인 사고방식을 비판하고 있다.

02 ④

이 글은 일관되게 전지적 작가 시점을 취하고 있으며, 서술 시점의 변화가 나타나지 않는다.

❌ 오답 풀이

①, ③ '전보'는 윤 직원 집안을 몰락으로 내몰게 되는 결정적 계기가 되므로, 주인공의 운명을 예고하며 작품의 주제를 암시하는 소재이다.

②, ⑤ '전보'는 윤 직원이 가장 믿고 있던 둘째 손자 종학의 검거 사실을 알리고 있으므로, 작품의 분위기를 전환시키며 새로운 갈등 구조를 야기하는 소재이다.

03 ④

ㄹ은 윤 직원이 사회주의에 대해 좋지 않은 감정을 지니고 있음을 드러낸 말이다. 둘째 손자 종학이 사회주의에 당했다는 뜻이 아니라, 옳지 않은 사회주의에 참여한 종학을 꾸짖는 말이다. '당헌'은 '옳은, 마땅한'의 뜻을 지닌 말이다.

04 ①

윤 직원은 종학이 경시청에 붙잡혔다는 말에 놀라 엉덩방아를 찧은 것이므로, ⓐ에 담겨 있는 윤 직원의 심리는 '놀람'이다. 그리고 윤 직원은 종학이 사회주의 운동에 참여했다는 사실에 분노해 방바닥을 치며 일어선 것이므로, ⓑ에 담겨 있는 윤 직원의 심리는 '분노'이다.

05 ①

'밭 잃고 집 잃은 동무들아 / 어데로 가야만 좋을까 보냐'라는 내용과 일제 강점기의 민요라는 정보를 통해, 〈보기〉의 시적 화자는 일제 강점기에 착취당하고 떠도는 민중이라는 것을 알 수 있다. 이러한 시적 화자라면 당시를 '태평천하'라고 인식하고 있는 윤 직원의 왜곡된 현실관을 비판하게 될 것이다.

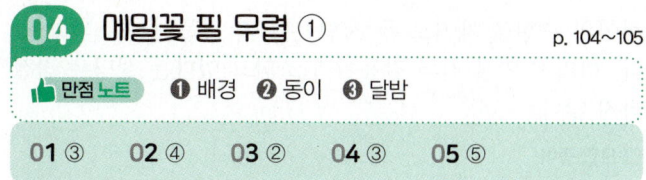

04 메밀꽃 필 무렵 ①

p. 104~105

01 ③   02 ④   03 ②   04 ③   05 ⑤

01 ③

허 생원 일행이 봉평 장에서 대화 장으로 향하고 있으므로 공간의 변화가 나타나지만, 인물 간의 갈등은 드러나 있지 않다.

02 ④

이 글은 메밀꽃 핀 달밤의 정경을 서정적으로 묘사하여 시적이고 낭만적인 분위기를 형성하고 있다. '달의 숨소리가 손에 잡힐 듯이'는 고요하고 낭만적인 달밤의 모습을 형상화한 것이지 이러한 배경이 무서운 분위기를 조성하고 있지는 않다.

03 ②

허 생원이 성 서방네 처녀 이야기를 하다가 말머리를 아끼는 듯이 담배를 피우는 것은, 옛 추억을 떠올리며 젊은 날의 짧았던 사랑을 그리워하는 것으로 이해하는 것이 가장 적절하다.

04 ③

작품의 내용과 〈보기〉의 조건을 고려하여 초청장을 만들어 보는 문제이다. 따라서 작품의 내용에서 벗어나지 않아야 하고, [A]에 나타난 서정적이고 낭만적인 분위기를 작가의 작품 세계의 특징으로 제시해야 하며, 비유적 표현을 사용해야 한다. 이러한 요건을 모두 만족시킨 것은 ③이다.

05 ⑤

'생각하면 무섭고도 기막힌 밤이었어.'는 성 서방네 처녀가 그렇게 생각했다는 뜻이 아니라, 허 생원이 성 서방네 처녀와의 하룻밤 인연에서 느낀 감정을 나타낸 말이다. 따라서 허 생원이 ⓔ와 같이 말했다고 보기 어렵다.

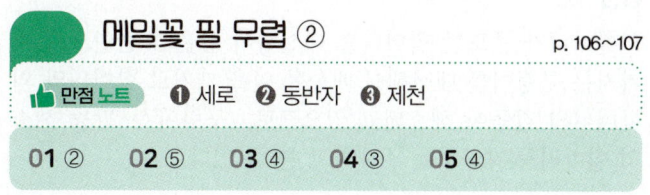

메밀꽃 필 무렵 ②

p. 106~107

01 ②   02 ⑤   03 ④   04 ③   05 ④

01 ②

ⓛ은 동이를 질책하여 곤경에서 벗어나려는 것이 아니라,

허 생원이 물에 빠진 자신을 자책하면서 동이에 대한 미안함을 전달하고 있는 발화이다.

❌ 오답 풀이

① 모친의 친정이 봉평이라는 말에, 허 생원이 동이에게 아버지에 대한 추가 정보를 요구하고 있다.
③ 모친이 제천에 있다는 동이의 말은, 허 생원이 다음 목적지를 제천으로 결정하는 계기를 제공하고 있다.
④ 동이가 자신의 아들일지도 모른다는 충격에 물에 빠진 허 생원은 나귀 생각을 하다가 물에 빠졌다고 변명하고 있다.
⑤ 제천까지 동행하자는 허 생원의 제안에는 동이의 모친을 만나 동이가 자신의 아들인지 확인하고 싶다는 기대가 담겨 있다.

02 ⑤

모친의 친정이 봉평이라는 말을 듣고 동이가 자신의 아들일지도 모른다는 생각을 하게 된 허 생원은, 동이가 자신과 같은 왼손잡이라는 것을 알고는 자신의 아들임을 확신하게 된다.

03 ④

'봉평'은 허 생원이 성 서방네 처녀와의 잊지 못할 추억을 간직한 공간이다. 그리고 '제천'은 성 서방네 처녀일지도 모르는 동이의 모친이 있는 곳으로, 허 생원으로 하여금 성 서방네 처녀를 만날 수도 있다는 희망을 갖게 하는 공간이다.

04 ③

[A]는 허 생원이 현재 자신의 심정을 나귀의 상황에 빗대어서 표현하고 있는 것으로 볼 수 있다. '나귀'는 허 생원의 삶을 상징하며, 허 생원과 동일시되는 대상이다. 따라서 나귀와 인연을 맺은 '강릉집 피마'는 성 서방네 처녀와 대응된다. 또한 사건 전개 과정에서 동이의 모친과 성 서방네 처녀가 동일 인물로 암시되므로 '나귀 새끼'는 동이와 대응된다.

05 ④

성 서방네 처녀와 맺은 아름다운 인연을 회상하던 허 생원은, 동이의 모친 고향이 봉평이라는 말에 동이가 자신의 아들일지도 모른다고 생각하게 된다. 〈보기〉의 질문과 대답의 과정은 허 생원과 동이의 관계를 밝히는 데 필요한 과정으로, 인간과 자연의 조화를 추구하는 것과는 관련이 없다.

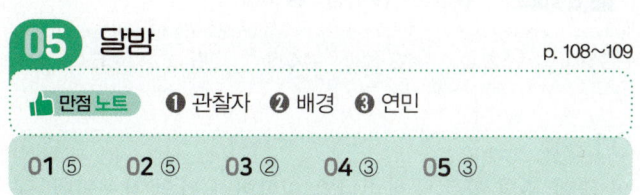

05 달밤

p. 108~109

01 ⑤   02 ⑤   03 ②   04 ③   05 ③

정답과 해설

01 ⑤

이 글은 작품 속의 서술자인 '나'가 주인공인 황수건의 말과 행동을 관찰하여 전달하는 1인칭 관찰자 시점을 취하고 있다.

❌ 오답 풀이
① 서술자는 작품 속에 있는 '나'이며, '나'가 사건에 직접 개입하여 논평하고 있지도 않다.
② 서술자가 자신의 이야기를 중심으로 사건을 전개하는 것은 1인칭 주인공 시점이다.
③ 어수룩한 인물은 황수건이지 서술자인 '나'가 아니다.
④ 장면에 따라 서술자가 바뀌지 않고 일관되게 '나'로 고정되어 있다.

02 ⑤

ⓐ는 '나'에게 고마운 마음을 전하고자 황수건이 훔쳐다 준 것이고, ⓑ는 삶에 지친 황수건이 고달픈 심정으로 부른 것이다. 따라서 황수건의 착한 성품을 드러내는 것은 '포도'이며, '노래'는 황수건의 성품과 직접적인 관련이 없다.

03 ②

황수건은 새로 온 급사의 근력을 시험하기 위해 삼산 학교 대문에 돌멩이를 가져다 놓았다. 그러나 자신의 예상과 다르게 새로 온 급사가 돌멩이를 어떻게 치웠는지 보지 못해 실망하고 있다.

04 ③

'나'가 황수건이 훔친 포도의 값을 물어 준 것은 평소에 연민의 시선으로 바라보던 황수건이 매를 맞고 있어 안타까웠기 때문이다. '나'가 황수건에게 마음의 빚을 지고 있다는 내용은 나타나 있지 않다.

05 ③

마지막 장면에서는 각박한 시대를 살아가는 황수건의 불우한 처지와 평화롭고 아름다운 달밤의 모습을 대비하여 애상적 분위기를 조성하는 한편 여운을 남기고 있다. 하지만 부정적 현실을 극복하려는 황수건의 굳센 의지는 드러나 있지 않다.

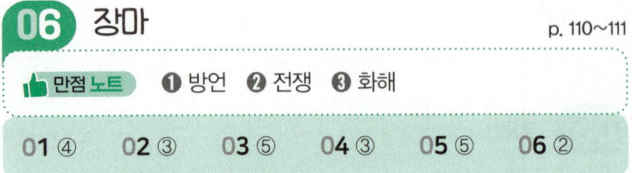

06 장마
p. 110~111

만점 노트 ❶ 방언 ❷ 전쟁 ❸ 화해

01 ④　02 ③　03 ⑤　04 ③　05 ⑤　06 ②

01 ④

이 글의 주된 갈등은 할머니와 외할머니 간의 갈등인데, 구렁이의 출현을 계기로 두 사람 사이의 갈등이 해소되고 있다. 따라서 인물 간의 갈등이 고조되고 있다는 설명은 적절하지 않다.

❌ 오답 풀이
① '성님', '몸뗑이' 등과 같은 방언을 사용하여 사실감을 높이고 토속적 분위기를 내고 있다.
② 서술자인 '나'가 사건을 관찰하면서 서술하고 있는 1인칭 관찰자 시점을 취하고 있다.
③ 분단 상황을 축약해 놓은 한 가족의 모습을 통해 이념 대립과 전쟁이라는 민족의 비극을 형상화하고 있다.
⑤ 시간적 배경인 장마의 시작은 비극적 사건과 이념적 대립을 의미하고, 장마의 끝은 대립의 극복과 갈등의 해소를 나타내고 있다.

02 ③

할머니가 안심했다는 듯이 눈을 지그시 감은 것은 아들이 한을 풀고 저승으로 편안하게 떠났으리라는 안도감에서 나온 것이다.

❌ 오답 풀이
② 외할머니는 한을 지닌 사람이 죽으면 구렁이로 환생한다는 민간 신앙을 믿고 있기 때문에, 삼촌이 한을 풀고 저승으로 가 편히 쉬기를 바라는 마음에서 구렁이를 달래고 배웅한 것이다.

03 ⑤

사랑채에서 쉬고 있던 외할머니가 할머니가 머물고 있는 큰방으로 건너오는 장면은 두 할머니의 갈등이 해소될 것임을 암시하는 장면이다. 할머니와 외할머니가 각자의 아들(국군과 빨치산) 문제로 크게 다툰 후 외할머니의 큰방 출입이 전혀 없었는데, 할머니가 죽은 삼촌으로 여기는 구렁이를 잘 배웅해 준 외할머니에게 고마워하며 큰방으로 외할머니를 모셔 오라고 청했기 때문이다.

04 ③

이 글은 국군 아들을 둔 외할머니와 빨치산 아들을 둔 할머니가 무속 신앙을 바탕으로 갈등을 해소하는 과정을 그리고 있다. 이를 통해 작가는 정서적 화해와 민족의 동질성 회복으로 이념 대립과 분단 현실을 극복할 수 있음을 나타내고 있다.

05 ⑤

외할머니가 졸도한 할머니를 대신하여 삼촌의 현신으로 여겨지는 구렁이를 대접해서 배웅한 일을 계기로 할머니와 외할머니의 갈등이 해소되고 있으므로, '구렁이'는 갈등 해소의 실마리를 제공하는 소재로 볼 수 있다.

06 ②

〈보기〉에서 말하는 문제는 한국 문학의 특수성을 어떻게 다른 나라의 독자들에게 이해시킬 것인지에 대한 것이다. 그런데 인물들 사이의 심리적 갈등 양상은 세계의 모든 문학 작품에 보편적으로 나타나는 것이므로, 한국 문학이 가지고 있는 특수성과 관련된 내용으로 적절하지 않다.

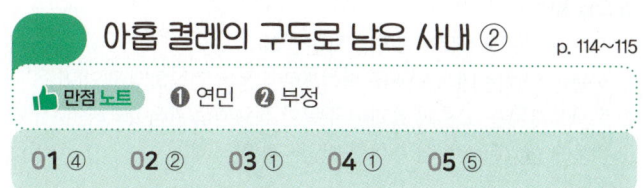

07 아홉 켤레의 구두로 남은 사내 ①　　p. 112~113

👍 만점 노트　❶ 상징적　❷ 지식인　❸ 자존심

01 ②　　02 ⑤　　03 ④　　04 ②　　05 ⑤

01 ②

1인칭 관찰자 시점에서는 관찰자이자 서술자인 '나'가 작중 인물과 상황에 대해 자신의 생각을 드러내게 된다. 이 글에서도 작품에 직접 등장하는 서술자 '나'가, 권 씨가 돈을 빌리러 왔다가 거절당하고 돌아간 사건에 대한 자신의 생각을 드러내고 있다.

02 ⑤

'나'는 권 씨가 빌리려는 돈의 액수가 많고 아내의 양해도 구해야 해서 권 씨에게 돈을 빌려주는 것을 망설이고 있다. '나로서는 거금에 해당하는 10만 원'이라고 하였으므로, 권 씨가 빌리려는 돈이 크지 않다는 것은 적절하지 않다.

❌ 오답 풀이
① '오 선생, 이래 봬도 나 대학 나온 사람이오.'라는 권 씨의 말을 통해 알 수 있다.
② '집을 살 때 학교에다 진 빚을 아직 절반도 못 가린 처지'라는 구절을 통해 알 수 있다.
③ '그가 처음으로 점잖지 못한 그 말을 사용했기 때문에'라는 구절을 통해 알 수 있다.
④ '끼니조차 감당 못하는 주제에 막벌이 아니면 어쩌다 간간이 얻어 걸리는 출판사 싸구려 번역 일'이라는 구절을 통해 알 수 있다.

03 ④

서술자인 '나'는 세입자인 권 씨가 돈을 빌려 달라고 부탁하자 '지금 내 형편에 현금은 어렵군요.'라며 거절한다. 하지만 돌아가는 권 씨의 뒷모습을 보고 안타까운 마음에 '뛰어가서 그를 부르고 싶은 충동'을 느끼게 된다. 즉, '나'는 돈을 빌려주는 것이 부담스러워 냉정하게 거절하면서도 권 씨에게 죄책감과 연민을 느끼고 있다.

04 ②

권 씨가 '나'에게 분만 수술비를 빌리러 왔다가 거절당하고 돌아가는 장면은 현실에서 무력감을 느끼는 한 인물의 모습을 보여 준다. 이때 권 씨가 '나'에게 자신이 대학까지 나온

사람임을 밝히는 것은 끝내 자존심만큼은 잃지 않으려 발버둥치는 권 씨의 심리를 잘 드러내 준다.

05 ⑤

[A]의 '나(오 선생) − 그(권 씨)'를 〈보기〉에서는 '나(권 씨) − 그(오 선생)'로 바꾸어 표현하였다. 곧 서술의 초점이 되는 인물인 '권 씨'의 심정이 [A]에서는 다른 인물에 의해 관찰되는 모습으로 드러났지만, 〈보기〉에서는 주인공인 '나'의 심정으로 직접 드러나기 때문에 [A]에 비해 더 정확하게 드러나는 효과가 있다.

❌ 오답 풀이
③ 서술 시점을 바꾼 것은 사실이나 '오 선생'의 시점이 부각되는 것이 아니라 '권 씨'의 시점이 부각되는 것이다.

아홉 켤레의 구두로 남은 사내 ②　　p. 114~115

👍 만점 노트　❶ 연민　❷ 부정

01 ④　　02 ②　　03 ①　　04 ①　　05 ⑤

01 ④

ⓔ은 아내의 분만 수술비를 마련해야 하는 어려운 상황에서 낮에 '나'에게 돈을 빌리러 갔다가 거절당한 권 씨(강도)가 냉혹한 사회와 현실에 대한 불신감을 노골적으로 드러내고 있는 장면이다.

02 ②

강도 행각을 끝내고 집을 나가는 장면에서 '그'는 엉겁결에 자기가 사는 문간방으로 들어가려고 한다. 이런 대목에서 강도가 권 씨임이 또 한 번 드러나게 되지만, '나'는 끝내 이를 모른 체하고 '그'에게 대문이 있는 방향을 일러 준다. 즉, '나'는 권 씨를 배려하여 그의 정체가 드러나지 않게 하려고 ⓐ와 같이 말한 것이다.

03 ①

권 씨는 뜻하지 않게 시위에 휘말려 전과자가 되고 지금은 살길조차 막막하지만, 지식인으로서의 자존심만은 지키려고 노력하는 인물이다. 유리알처럼 반짝반짝 닦여 있는 구두는 현실의 좌절을 보상받고자 하는 권 씨의 마지막 자존심을 상징하고 있다.

04 ①

'궁여지책(窮餘之策)'은 '궁한 나머지 생각다 못하여 짜낸 계책'을 뜻하는 말로, 아내의 수술비를 마련하기 위해 어쩔 수

정답과 해설

없이 '나'의 집에 강도로 들어온 권 씨의 상황을 나타내기에 적절하다.

❌ 오답 풀이
② 수구초심(首丘初心): 고향을 그리워하는 마음
③ 가렴주구(苛斂誅求): 세금을 가혹하게 거두어들이고, 무리하게 재물을 빼앗음.
④ 분기탱천(憤氣撑天): 분한 마음이 하늘을 찌를 듯 격렬하게 북받쳐 오름.
⑤ 교언영색(巧言令色): 아첨하는 말과 알랑거리는 태도

05 ⑤

〈보기〉에서는 사건, 서술 시점, 시·공간적 배경, 인물 등 작품을 이루는 내적 요소를 중심으로 작품을 감상하는 내재적 접근 방법에 대해 설명하고 있다. 이러한 관점에서 작품을 이해한 사람은 ⑤의 '정민'이다.

❌ 오답 풀이
① 작가의 의도에 주목한 표현론적 관점이다.
② 작품을 이루는 내적 요소를 중심으로 작품을 감상하지 않았다.
③ 독자에게 주는 교훈과 효과에 주목한 효용론적 관점이다.
④ 작품에 반영된 현실에 주목한 반영론적 관점이다.

08 황만근은 이렇게 말했다
p. 116~117

👍 만점 노트 ❶ 이기적 ❷ 이장 ❸ 논평

01 ①   02 ①   03 ⑤   04 ⑤   05 ①

01 ①

민 씨와 이장의 대화를 통해 황만근의 실종, 황만근이 고장 난 경운기를 끌고 궐기 대회에 간 일, 이장이 투쟁 방침과 다르게 트럭을 타고 궐기 대회에 간 일 등의 사건이 전달되고 있다.

❌ 오답 풀이
② 이 글은 서술자가 작품 밖에 있는 전지적 작가 시점을 취하고 있다.
③ 이장과 민 씨의 대화 장면만 제시되어 있으며 서술자가 달라지지도 않는다.
④ 황만근의 실종과 관련된 이장과 민 씨의 다툼이 나타날 뿐 극적인 반전은 드러나지 않는다.
⑤ 인물 간의 대화를 중심으로 사건이 전개되고 있으며 섬세하게 인물을 묘사한 부분은 나타나 있지 않다.

02 ①

황만근은 궐기 대회의 방침을 지키기 위해 먼 거리임에도 불구하고 낡은 경운기를 몰고 갔으므로, ㉮를 통해 황만근의 우직한 성품을 엿볼 수 있다. 아울러 궐기 대회에 간 황

만근이 돌아오지 않아 민 씨와 이장이 말다툼을 하고 있으므로, ㉮는 민 씨와 이장의 갈등을 야기하고 있다.

03 ⑤

㉤은 민 씨에게 논리적으로 밀린 이장이, 도시에서 살다가 망하여 귀농한 민 씨의 처지를 비하하며 민 씨를 공격하는 말이다. 하지만 이장이 자신의 경제적 지위를 앞세우고 있지는 않다.

04 ⑤

자신이 할 일이 많아 트럭을 타고 갔다는 것은 이장의 변명에 불과하다. 이장은 황만근에게 경운기를 몰고 가라고 했으면서도, 자신은 국도로 경운기를 몰고 가는 것이 위험하고 거리도 멀어 트럭을 타고 간 것이다.

❌ 오답 풀이
① '도시에서 쫄딱 망해 가이고 귀농을 했시모'라는 이장의 말을 통해 알 수 있다.
② '반편은 누가 반편입니까.'라는 민 씨의 말을 통해 알 수 있다. 민 씨는 마을에서 유일하게 황만근의 훌륭한 성품을 인정해 주는 인물이다.
③ '만그이가 그걸 하루 이틀 몰았나. 남들이 못 몬다 뿌이지.'라는 이장의 말을 통해 알 수 있다.
④ '보나 마나 어디서 술 처먹고 주질러 앉았을 끼라.'라는 이장의 말을 통해 알 수 있다.

05 ①

이 글에는 황만근의 실종으로 인한 민 씨와 이장의 갈등이 나타나 있다. 이 글이나 〈보기〉에서 마을 사람들이 갈등을 해소하고 화해하는 모습은 찾을 수 없다.

Ⅳ | 고전 소설

핵심 개념

✓ **개념 체크**   p. 120~125

01 ①	02 ⑤	03 ③	04 ⑤	05 ③	06 남두성	07 ②	08
① 09 ①	10 ④	11 몽자류 소설	12 ①	13 ①	14 ⑤	15
⑤ 16 ⑤	17 ②	18 ②

01 고전 소설은 대체로 비극적 결말이 아니라 행복한 결말을 맺는다.

02 제시된 부분에서는 빼어난 외모를 지닌 재자가인형 인물이 등장하고 있다.

03 제시된 부분에서는 현실에서 일어나기 어려운 비현실적인 사건이 제시되고 있다.

04 영웅의 일대기 구조를 지닌 소설에서 주인공은 조력자의 도움으로 위기를 극복하는 것이 일반적이다.

05 꿈속에서 온갖 부귀영화를 누리다 깨어난 상황은, '한바탕의 봄꿈'이라는 뜻으로, 헛된 영화나 덧없는 일을 비유적으로 이르는 말인 '일장춘몽'으로 표현할 수 있다.

07 다른 작품은 모두 영웅·군담 소설이지만, 〈서동지전〉은 우화 소설에 해당한다.

08 〈운영전〉은 궁녀 운영과 선비 김 진사의 이루어질 수 없는 사랑을 다룬 애정 소설로, 고전 소설에서는 드물게 비극적 결말의 작품이다.

09 〈양반전〉에서는 부인의 입을 빌려 양반의 경제적 무능과 비생산적인 모습을 비판하고 있다.

10 〈임진록〉은 중국 소설 문체의 영향을 받은 작품이며, 나머지는 모두 판소리계 소설이다.

11 〈조신의 꿈〉은 '현실 - 꿈 - 현실'의 환몽 구조를 지닌 설화로, 몽자류 소설의 기원이 되었다.

12 제시된 부분은 흥부가 말하고 있는 것일 뿐 서술자의 개입이 나타나지 않는다. 대구와 반복, 열거를 통해 볼기의 구실과 관련된 내용을 극대화하여 독자에게 흥미를 주고 있다.

13 자신이 태어나자마자 돌아가셔서 어머니의 얼굴도 모르고 살아온 심청이의 한을 표현하기에는 '각골통한'이 적절하다.

14 ⓐ는 삼대의 죽음을 보고는 적진이 크게 놀라 허둥지둥 도망가는 상황을 나타낸 것이다. 이러한 상황을 가장 잘 나타낸 한자 성어는 '혼비백산'이다.

15 ㉠은 춘풍의 처가 비장이 되어 추월에게 설욕하고 춘풍을 찾음은 물론, 호조의 돈까지 돌려받은 상황이다. 여러 이득을 한꺼번에 얻은 상황을 가장 잘 드러내는 말은 '일거양득'이다.

16 ⓐ는 국순이 나랏일을 돌보지 않는 임금에게 간언을 해야 함에도 불구하고 입을 굳게 다문 채 아무 말도 하지 않는 상황이다. 이러한 상황은 '함구무언'으로 나타낼 수 있다.

17 최척은 전쟁으로 인해 가족과 헤어져 지내다가, 의형제를 맺고 의지하며 지내던 여유문마저 병들어 죽자 의탁할 곳이 막막해진다. 이러한 상황은 '사고무친'으로 나타낼 수 있다.

18 특은 죽을 뻔하다가 겨우 살아났으므로, 이러한 상황은 '명재경각'으로 나타낼 수 있다.

필수 작품

01 이생규장전   p. 126~127

👍 **만점 노트**   ❶ 비현실 ❷ 홍건적

| 01 ④ | 02 ③ | 03 ④ | 04 ④ | 05 ③ |

01 ④

인물들에게 시련이 거듭되는 것은 맞지만, 궁극적으로는 주어진 운명에 순응하고 있으므로 운명을 개척한다고 볼 수 없다.

❌ **오답 풀이**

① 이생과 최 씨의 사랑이 홍건적의 난과 같이 두 사람의 사랑을 방해하는 세계와 충돌하면서 갈등이 빚어지고 있다.

② 산 남자와 죽은 여자의 생사를 초월한 사랑을 그리고 있다.

③ 죽은 여인의 넋과 이승에서 몇 해를 더 지낸다는 것은 현실에서 일어날 수 없는 전기적 요소이다.

⑤ 우연히 맺어진 남녀 간의 인연을, 반복되는 '만남 - 이별'의 구조를 통해 운명적 사랑으로 승화시키고 있다.

02 ③

이생이 부모의 유골과 여인의 유골을 함께 수습한 것은 아니다. 부모의 유골은 여인이 환생한 후에 여인과 함께 수습하였고, 여인의 유골은 여인이 저승으로 떠난 후에 거두어 부모의 무덤 곁에 묻어 주었다.

03 ④

[A]는 이생과 여인이 이별해야 하는 상황에서 여인이 부르

는 이별의 노래이다. 도적에게 죽임을 당하고 이생과 헤어져야 했던 상황, 다시 만난 이생과 이별하고 저승으로 돌아가야만 하는 상황 등을 비유적으로 표현함으로써 애절한 이별의 정한을 함축적으로 드러내고 있다.

04 ④

㉠은 여인이 초월적 존재인 '하느님'의 도움으로 환생하여 이생과 재회하게 되었다는 내용이다. 〈보기〉에서 이야기의 성격이 이와 유사한 것은, 도미의 아내가 초월적 존재인 '하늘'의 도움으로 위기를 극복하고 남편을 만났다는 내용의 ⓓ이다.

05 ③

'결초보은(結草報恩)'은 '죽은 뒤에라도 은혜를 잊지 않고 갚음을 이르는 말'이므로, 부부간의 행복한 생활을 나타내기에는 적절하지 않다. 이러한 상황을 나타내는 한자 성어로는 '금실지락(琴瑟之樂)'이 있다.

ⓧ 오답 풀이
① 설상가상(雪上加霜): 눈 위에 서리가 덮인다는 뜻으로, 난처한 일이나 불행한 일이 잇따라 일어남을 이르는 말
② 일장춘몽(一場春夢): 한바탕의 봄꿈이라는 뜻으로, 헛된 영화나 덧없는 일을 비유적으로 이르는 말
④ 흥진비래(興盡悲來): 즐거운 일이 다하면 슬픈 일이 닥쳐온다는 뜻으로, 세상일은 순환되는 것임을 이르는 말
⑤ 회자정리(會者定離): 만난 자는 반드시 헤어짐. 모든 것이 무상함을 나타내는 말

---

02 사씨남정기 ①
p. 128~129

만점 노트 ❶ 풍간 ❷ 사필귀정

01 ② 　 02 ⑤ 　 03 ⑤ 　 04 ⑤ 　 05 ③

01 ②

사건이 시간 순서대로 배열되어 있으므로 순행적 구성이다. 시간의 순서를 뒤바꾸어 제시한 역순행적 구성은 나타나 있지 않다.

ⓧ 오답 풀이
① 이 글은 유 한림의 집안을 배경으로 하여 정실 부인인 사 씨와 첩인 교 씨의 갈등을 그린 가정 소설이다.
③ 선한 인물의 전형인 사 씨와 악한 인물의 전형인 교 씨의 갈등을 중심으로 이야기를 진행하고 있다.
④ 유 한림과 교 씨의 대화를 통해 사 씨가 집안에서 쫓겨날 것임을 예고하고 있다.
⑤ 유 한림의 사랑을 얻기 위한 사 씨와 교 씨의 대결이 독자의 흥미를 유발하고 있다.

02 ⑤

사 씨를 내쫓지 않으면 자손이 끊어질 것이라는 말은 유 한림이 한 것이다. 교 씨가 유 한림에게 이와 같은 말로 사 씨를 모함했는지는 나타나 있지 않다.

ⓧ 오답 풀이
① '사 씨는 오라버니께서 아끼던 사람'이라는 두 부인의 말을 통해 알 수 있다.
② '두 부인은 그 자리에 사 씨가 없는 것을 보고는'을 통해 알 수 있다.
③ '더러운 행실을 한 단서가 이미 드러났을 때에도'라는 유 한림의 말을 통해 알 수 있다.
④ '다른 사람이 무슨 말을 해도 절대 그대로 믿지 말게.'라는 두 부인의 말을 통해 알 수 있다.

03 ⑤

ⓔ의 '이 사람'은 유 한림이 쫓아내려고 하는 사람이므로, 교 씨가 아니라 사 씨를 가리킨다.

04 ⑤

유 한림은 사 씨가 저주를 하고, 더러운 행실을 하고, 흉악한 짓(계집종을 시켜 교 씨의 아들 장주를 독살한 일)을 했다고 믿어 사 씨를 집에서 쫓아내려고 한다. 사 씨가 자식을 낳지 못해서 쫓겨나는 것은 아니므로 ⑤는 당시의 사회·문화적 상황에 대한 적절한 추론이 아니다.

05 ③

사 씨가 베치마에 다북쑥처럼 헝클어진 머리를 하고 있어 보기에도 처참한 것은 사실이다. 하지만 ⓒ은 낡고 해진 옷을 입고 있는 사 씨의 모습을 그린 것이 아니라, 의복의 무게도 이기지 못할 정도로 초췌해져 있는 사 씨의 건강 상태를 나타낸 것이다.

사씨남정기 ②
p. 130~131

만점 노트 ❶ 숙종 ❷ 권선징악

01 ① 　 02 ③ 　 03 ③ 　 04 ③ 　 05 ①

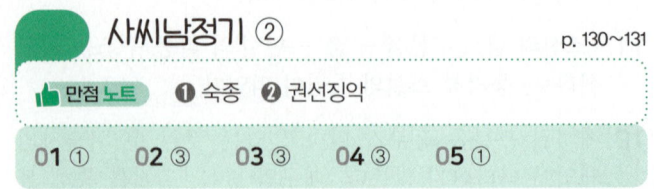

01 ①

고전 소설의 특징 중 하나는 비현실적 요소에 의해 사건이 전개된다는 점이다. 사 씨가 꿈에서 만난 왕비에게 자신을 인도할 사람이 있을 것이라는 말을 들었는데, 여승이 꿈결에 나타난 관음보살의 말을 듣고 사 씨를 찾은 것은 비현실적인 요소로 볼 수 있다.

ⓧ 오답 풀이
② 인물의 내면 심리를 세밀하게 묘사한 부분은 나타나 있지 않다.

③ 대화 위주로 사건이 전개되는 것은 맞지만, 인물 간의 갈등이나 그 해소 과정은 나타나 있지 않다.
④ 고전 소설에 서술자의 개입이 자주 나타나기는 하지만, 제시된 지문에는 서술자가 개입하여 생각을 드러낸 부분이 나타나 있지 않다.
⑤ 대화 위주로 사건이 전개될 뿐 배경을 묘사한 부분은 나타나 있지 않다.

02 ③

꿈속에서 왕비는 사 씨에게 장강, 반첩여 등의 부인들을 소개해 주었는데, ⓒ은 그 '부인들'이 아니라 아황과 여영 '두 왕비'의 초상을 그린 것이다.

03 ③

의지할 곳 없이 앞길이 막막했던 사 씨는 '꿈'에서 왕비를 만나 앞으로 벌어질 일과 조력자가 나타날 것임을 듣게 된다. 따라서 '꿈'에서 일어난 사건은 '사 씨'가 의지할 곳을 알려 주었으므로, 미래에 대한 불안감을 심화하고 있다는 설명은 적절하지 않다.

04 ③

사 씨는 꿈에서 깬 후 한동안 멍한 상태에 있었고, "내가 어디 갔다 왔느냐?"라고 묻는 것으로 보아 잠시 현실과 꿈을 분간하지 못했음을 알 수 있다.

❌ 오답 풀이
① 사 씨는 황릉묘에서 꿈을 꾼 것이 아니라, 꿈에서 깬 후 황릉묘를 찾아갔다.
② 사 씨는 주렴을 내리는 소리에 꿈에서 깨었다.
④ 여승과 여동은 꿈결에 관음보살의 명을 받고 사 씨 일행을 찾아왔다.
⑤ 여승 일행이 묘문으로 들어왔으므로, 사 씨 일행은 황릉묘에서 여승 일행을 만난 것이다.

05 ①

의지할 곳 없이 앞길이 막막했던 사 씨는 ⓐ에서 왕비를 만나 조력자가 나타날 것임을 듣게 된다. 그리고 병세가 심해져 죽을 지경에 이른 유 한림은 ⓑ에서 노파를 만나 병을 낫게 할 방법을 듣게 된다. 따라서 ⓐ와 ⓑ에는 모두 꿈을 꾼 주체인 사 씨와 유 한림을 돕는 존재가 출현한다.

❌ 오답 풀이
② ⓐ에는 아황, 여영, 장강, 반첩여 등의 역사적 인물이 등장하지만, ⓑ에는 역사적 인물이 등장하지 않는다.
③ ⓐ에서 왕비는 사 씨가 조력자의 도움을 받게 될 것이라고 말하고 있고, ⓑ에서 노파는 유 한림에게 병에 든 물을 먹으면 병이 나을 것이라고 말하고 있다. 즉, ⓐ와 ⓑ 모두 꿈을 꾼 주체가 처한 고난이 완화되거나 해소될 것임을 암시하고 있다.
④ ⓐ와 ⓑ 모두 꿈을 꾼 주체인 사 씨와 유 한림이 공유하고 있는 과거의 기억이 나타나지 않는다
⑤ ⓐ와 ⓑ 모두 꿈을 꾼 주체인 사 씨와 유 한림의 출생 내력이 제시되어 있지 않다.

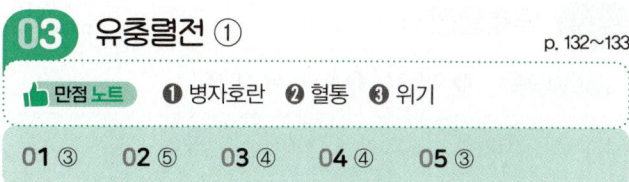

03 유충렬전 ①
p. 132~133

👍 만점 노트　❶ 병자호란　❷ 혈통　❸ 위기

01 ③　02 ⑤　03 ④　04 ④　05 ③

01 ③

이 작품은 영웅 서사 구조를 충실하게 따르고 있는 영웅 군담 소설로, 필연적이고 인과적인 요소에 의해 사건이 전개되는 것이 아니라 우연적이고 비현실적 요소에 의해 사건이 전개되고 있다.

02 ⑤

강성한 남쪽 오랑캐와 싸워 이길 수 없음에도 불구하고 토번과 가달을 정벌하자는 정한담의 주장에 동조하는 것으로 보아, 천자가 사리에 어두운 인물임을 알 수 있다. 또 유심을 죽여야 한다는 정한담의 주장과 이에 반대하는 왕공렬의 주장 사이에서 눈치를 보는 것으로 보아, 천자가 줏대 없이 신하들의 의견에 휘둘리는 인물임을 알 수 있다.

03 ④

'새알이 천 근의 무게를 견디리까?'는 국력이 약한 명나라가 강성한 토번과 가달을 이길 수 없다는 뜻이므로, ⓔ은 명나라를 가리킨다. 나머지는 모두 토번과 가달을 가리키는 말이다.

04 ④

'태조 황제 사당 안에 유 상공을 배향하였으니'는 태조 황제의 사당에 유심 선조의 신주를 함께 모실 만큼 유심의 가문이 충신 가문임을 강조한 것일 뿐, 사당에 태조와 충신을 함께 모셔야 한다는 뜻이 아니다.

❌ 오답 풀이
① '개국 공신 유기의 자손', '죄를 용서하옵소서'라는 말을 통해 알 수 있다.
② '위인이 정직하고 일심이 충직하오니'라는 말을 통해 알 수 있다.
③ '남적을 치지 말자는 말이 사리에 당연하옵거늘'이라는 말을 통해 알 수 있다.
⑤ '유심을 죽이면 직간할 신하 없사올 것이니'라는 말을 통해 알 수 있다.

05 ③

제시된 지문에서는 남적 토벌과 유심 처벌(ⓒ)에 대한 내용이 전개되고 있는데, 그 결정자는 모두 천자이다. 남적 토벌에 찬성하는 사람은 정한담(ㄱ)과 최일귀이고, 반대하는 사람은 유심(ㄴ)이다. 그리고 유심 처벌에 찬성하는 사람은 역시 정한담과 최일귀이고, 반대하는 사람은 왕공렬(ㄹ)이다.

정답과 해설

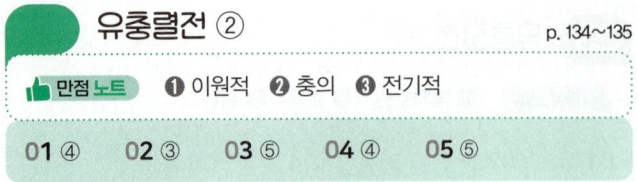

01 ④

'어찌 아니 급히 갈까.', '귀신인들 아니 울며 ~ 혼백인들 아니 울리오.', '정한담의 혼백인들 아니 가며 간담인들 성할쏘냐.' 등에서 서술자가 직접 개입하여 인물과 사건에 대한 자신의 주관적 견해를 드러내고 있다.

❌ **오답 풀이**
① 작품 전체의 시간적 배경은 중국 명나라 시대이지만, 제시된 지문에는 구체적인 시간적 배경이 제시되어 있지 않다.
② 인물의 외양을 묘사한 부분이나 인물이 내적으로 갈등하는 부분은 제시되어 있지 않다.
③ 현실에서 벌어지는 사건만 나타날 뿐 꿈속의 사건은 제시되어 있지 않다.
⑤ 제시된 지문에는 현실 세계의 사건만 나타날 뿐 초월적 공간은 제시되어 있지 않다.

02 ③

'천자 백사장에 엎어져서 반생반사 기절하여 누워 있거늘'을 통해, 정한담이 칼을 들고 치려고 할 때 천자는 체통을 잃고 백사장에서 기절했음을 알 수 있다.

❌ **오답 풀이**
① 원수가 타던 말은 천사마이고, 정한담이 타던 말이 형산마이다.
② 원수는 정한담을 사로잡았다.
④ 원수의 영웅적 면모를 부각하기 위해 물을 다스리는 강신 하백을 언급한 것일 뿐. 원수가 무찌른 것은 정한담이다.
⑤ 원수가 적병을 함몰코자 했을 뿐, 원수가 위기에 빠지지는 않았다.

03 ⑤

주인공에 의해 '도성'에 새로운 질서가 창출될 것이라고 짐작할 만한 근거가 나타나 있지 않다. 유충렬이 전형적인 충신임을 고려할 때, '도성'의 질서를 회복하는 것은 주인공이 아니라 천자로 보아야 한다.

04 ④

대원수 유충렬은 호산대에서 천기를 살펴보고는 도성이 함락되고 천자의 목숨이 위태로움을 알아채므로, 호산대의 배경을 밝고 명랑한 분위기로 표현하는 것은 적절하지 않다(ㄱ). 그리고 정한담은 유충렬에게 사로잡혔으므로 정한담이 도망가면서 여유와 의연함을 드러낸다는 것도 적절하지 않다(ㅁ). 이를 제외한 ㄴ, ㄷ, ㄹ은 제시된 지문의 내용을 잘 반영하고 있다.

05 ⑤

유충렬은 정한담을 물리치고 천자를 구해 도성으로 돌아가는 영웅적 활약을 펼친다. 이는 영웅 서사 구조 중에서, 국가의 위기를 영웅적 활약으로 극복하고 위업을 달성하는 ⓔ에 해당한다.

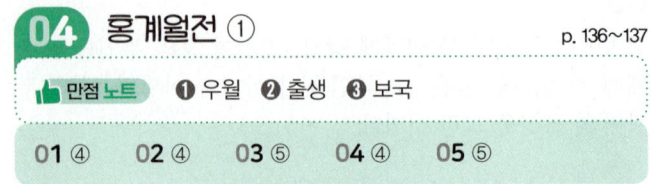

01 ④

계월은 여성임이 밝혀져 앞으로는 나라를 위해 싸우지 못하고 규중에서만 세월을 보내야 하는 문제 상황에 처하게 되었다. 이러한 문제는 계월이 여자임을 알고도 벼슬을 거두지 않은 천자에 의해 해결되는데, 천자가 초월적 조력자는 아니다.

❌ **오답 풀이**
① 계월이 여성임이 밝혀지고 천자가 계월과 보국을 혼인시키려는 이야기가 시간의 흐름에 따라 진행되고 있다.
② '계월 비감하여 ~', '계월이 황공 감사하여 ~' 등과 같이 서술자가 인물의 심리를 직접적으로 드러내고 있다.
③ 남장을 하고 전쟁에서 공을 세운 계월이 여자임이 밝혀져 위기에 처하는 등 남장이 사건 전개에 중요한 역할을 하고 있다.
⑤ 계월, 천자, 위국공 등의 대화와 행동을 중심으로 사건이 전개되고 있다.

02 ④

'평국의 혼인을 위해 짐이 중매를 서고자 하는데, 그대의 뜻은 어떠한가?', '평국과 함께 공부하던 보국으로 정하고자 하는데, 그대의 생각은 어떠한가?'를 통해 천자가 계월을 보국과 혼인시키려 한다는 것을 알 수 있다.

03 ⑤

계월이 남복을 벗고 여복을 입은 것은, 여성임이 밝혀졌기 때문에 앞으로는 규중에서 평범하게 여성으로서의 삶을 살아야 한다고 생각했기 때문이다. 따라서 계월이 눈물을 흘린 것은 여성으로서의 사회적 속박에 얽매여 살아야 하는 서러움 때문이라고 볼 수 있다.

04 ④

영웅의 일대기 구조 중에서 '장사랑의 난에 부모를 잃고'는 어려서의 위기에 해당하고, '여공의 덕으로 살아났사옵니다'는 조력자의 구출과 양육에 해당한다.

05 ⑤

이 글과 〈보기〉의 내용에서 당대의 내세관을 추론할 수 있는 근거는 나타나 있지 않다. 〈보기〉에서는 다시 남자로 태어나 공자와 맹자의 행실을 배우겠다고 했지, 공자와 맹자의 행실을 실천하면 남자로 태어난다고 하지는 않았다.

❌ **오답 풀이**

① 이 글에서 계월이 남장을 한 것과 〈보기〉에서 계월이 남자로 다시 태어나기를 바라는 것 등을 통해 당시에 여성의 사회 활동에 제약이 많았음을 짐작할 수 있다.

② 이 글에서 천자를 속인 죄를 처벌해 달라고 청하는 것과 〈보기〉에서 천자의 하교를 배반할 수 없다는 것 등을 통해 당시 신하에게는 충의가 중요시되었음을 짐작할 수 있다.

③ 〈보기〉에서 부모의 명을 거역할 수 없다는 것을 통해 당시에 부모의 뜻을 따르는 것이 미덕이었음을 짐작할 수 있다.

④ 〈보기〉에서 보국을 섬긴다는 것을 통해 당시가 여필종부의 사회였음을 짐작할 수 있다.

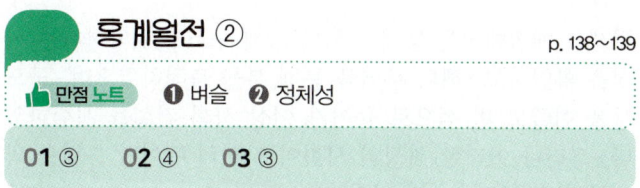

홍계월전 ② p. 138~139

👍 **만점 노트** ❶ 벼슬 ❷ 정체성

01 ③ 02 ④ 03 ③

01 ③

'순망치한(脣亡齒寒)'은 '서로 이해관계가 밀접한 사이에 어느 한쪽이 망하면 다른 한쪽도 그 영향을 받아 온전하기 어려움을 이르는 말'로 계월에게 구출된 보국의 상황을 나타내기에 적절하지 않다.

❌ **오답 풀이**

① 종횡무진(縱橫無盡): 자유자재로 행동하여 거침이 없는 상태

② 일사불란(一絲不亂): 한 오리 실도 엉키지 아니함이란 뜻으로, 질서가 정연하여 조금도 흐트러지지 아니함을 이르는 말

④ 선공후사(先公後私): 공적인 일을 먼저 하고 사사로운 일은 뒤로 미룸.

⑤ 사면초가(四面楚歌): 아무에게도 도움을 받지 못하는, 외롭고 곤란한 지경에 빠진 형편을 이르는 말

02 ④

〈보기〉에서는 남성인 변 사또가 상대인 춘향에게 수청을 들라고 부당한 요구를 하고 있는 것이 맞다. 하지만 이 글에서 여성인 계월이 상대인 보국에게 나가 싸우라고 한 것을 부당한 요구라고 볼 수 없다.

03 ③

보국은 수 합도 채 겨루지 않아 운평을 죽이고, 달려오는 운경에게 '너도 같이 저승길로 보내 주마.'라고 외치고 있다. 보국은 운평에게 승리하고 난 후 기세가 오른 상황이므

로, ⓒ에서 당황해서 떨리는 목소리로 연기하도록 지도하는 것은 적절하지 않다.

❌ **오답 풀이**

① 대규모 전쟁이 벌어지는 상황과 티.S라는 촬영 기법의 특징을 고려할 때, ⓐ에서 멀리서 전쟁터를 조망하면서 촬영하는 것은 적절하다.

② 적장에게 소리치는 상황을 고려할 때, ⓑ에서 보국의 위엄을 드러내기 위해 삼척장검과 갑옷을 소품으로 준비하는 것은 적절하다.

④ 위기에 처한 보국의 상황을 고려할 때, ⓓ에서 긴박한 분위기의 효과음을 사용하는 것은 적절하다.

⑤ 갑자기 포위된 보국이 당황하고 있다는 점을 고려할 때, ⓔ에서 표정을 확대해서 촬영하는 것은 적절하다.

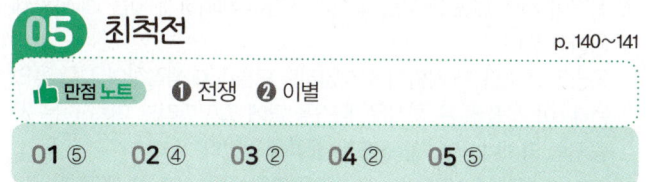

05 최척전 p. 140~141

👍 **만점 노트** ❶ 전쟁 ❷ 이별

01 ⑤ 02 ④ 03 ② 04 ② 05 ⑤

01 ⑤

최척은 아내가 지은 시를 아내와 비슷한 목소리의 인물이 읊는 것을 듣고, 그 인물이 혹시 아내가 아닌지 확인하고 싶어 한다. 하지만 최척 일행이 다음 날 아침까지 기다린 것은 시를 읊은 사람이 옥영이라는 확신이 서지 않아서가 아니라, 깊은 밤에 소란을 일으킬까 염려되었기 때문이다.

❌ **오답 풀이**

① '자기 일가가 왜적에게 당했던 일'을 통해 최척과 옥영이 왜적 때문에 이별했음을 알 수 있다.

② '옥영은 어젯밤 배 안에서 최척의 퉁소 소리를 들었다. ~ 혹시 자기 남편이 저쪽 배에 타고 있는 것이 아닐까 의심하여'를 통해 옥영은 퉁소를 분 사람이 최척일지도 모른다고 생각했음을 알 수 있다.

③ '저건 내 아내가 지은 시일세. 우리 부부 말곤 아무도 알지 못하는 시야.'를 통해 옥영이 과거에 자신이 지은 시를 최척에게 들려준 적이 있음을 알 수 있다.

④ '최척은 ~ 안남(베트남)으로 장사하러 갔다.'를 통해 최척과 옥영의 재회가 베트남에서 이루어지고 있음을 알 수 있다.

02 ④

최척은 정유재란 당시에 옥영이 왜적에게 해를 입어 죽었다고 생각하고 있었다. ⓔ은 옥영이 지은 시를 듣고 일본 배에 있는 사람이 옥영일지도 모른다는 기대감과 죽은 옥영이 살아 있을 리가 없다는 생각이 뒤섞인 말로, 기대감이 절망감으로 바뀐 것은 아니다.

03 ②

ⓐ에서는 젊고 용감한 두홍의 성격을 직접 제시하고 있고, ⓑ에서는 침착하고 신중한 송우의 성격을 간접 제시하고

있다. 성격의 직접 제시는 말하기에 해당하고, 간접 제시는 보여 주기에 해당한다.

04 ②

[A]는 조선에서 옥영이 최척의 퉁소 소리를 듣고 지은 시로, 최척에 대한 옥영의 사랑과 그리움을 압축적으로 드러내고 있다. '안개 속에서도 길 잃지 않으리'라는 시구를 통해 최척과 옥영의 재회를 짐작할 수 있을 뿐, 이 시에 새로운 고난을 예고하는 내용은 나타나 있지 않다.

❌ 오답 풀이
① '길 잃지 않으리'에 최척과 옥영의 재회가 암시되어 있는 것으로 볼 수 있다.
③ 옥영이 시를 읊는 소리는 최척과 옥영이 재회하게 되는 계기를 제공하고 있다.
④ 옥영은 퉁소를 분 사람이 최척일지도 모른다고 생각하여 시를 읊었는데, 이 시를 들은 최척은 '퉁소를 땅에 떨어뜨리고 마치 죽은 사람처럼 멍하니 서 있'을 정도로 충격을 받았다.
⑤ 고전 소설에서 삽입시는 사건의 전개 방향을 암시할 뿐만 아니라 단조로움을 탈피하고 함축성과 문학성을 높이는 효과를 준다.

05 ⑤

밤에 최척은 시 읊는 소리를 듣고 헤어졌던 아내일지도 모른다고 생각하게 되므로, 밤은 최척이 새로운 상황을 맞이하면서 긴장이 조성되는 시간이다. 그리고 아침이 되어 일본 배로 간 최척은 옥영과 재회하게 되므로, 아침은 극적 장면이 펼쳐지면서 긴장이 해소되는 시간이다.

❌ 오답 풀이
① 밤에는 최척과 옥영이 퉁소 소리와 시 읊는 소리로 교감하고 있을 뿐 초월적 존재는 나타나 있지 않고, 아침에는 최척과 옥영이 재회하고 있을 뿐 현실적 문제와 대결하고 있지 않다.
② 최척과 옥영이 위기에 처했다가 벗어나는 모습, 운명과 대결하거나 조력자가 등장하는 모습은 나타나 있지 않다.
③ 밤에는 최척과 사람들이 배 안에서 시를 읊은 사람을 찾아갈 계획에 대해 이야기하고 있으므로 새로운 계획이 구상되고 있다고 볼 수 있지만, 아침에는 일본 배에 찾아가 시를 읊은 사람에 대해 물어보고 있으므로 계획을 직접 실행하고 있다고 볼 수 있다.
④ 밤에는 최척과 옥영이 서로에 대한 그리움으로 슬퍼한다는 점에서 내면적 갈등이 있다고 할 수 있지만 그 갈등이 점진적으로 심화되고 있다고 보기는 어렵고, 아침에는 최척과 옥영이 재회하고 있으므로 새로운 인물들 간의 갈등이 나타나 있지 않다.

06 허생전 ①
p. 142~143

👍 만점 노트 ❶ 실학사상 ❷ 매점매석 ❸ 이상국

01 ④ 02 ⑤ 03 ③ 04 ⑤ 05 ②

01 ④

〈보기〉에서는 양민을 해치고 국법을 어지럽히는 도적들을 잡아 처벌해야 한다고 주장하고 있다. 하지만 이 글의 허생은 도적들을 데리고 빈 섬으로 들어가 스스로 살아갈 수 있는 길을 열어 주고 있으므로, 처벌만이 능사가 아니라 양민으로 돌아갈 수 있는 길을 열어 줘야 한다는 ④가 허생이 할 수 있는 말로 가장 적절하다.

❌ 오답 풀이
③ 조정이 무능한 것은 맞지만 허생이 보여 준 해결 방법이 담겨 있지 않다.

02 ⑤

허생이 섬을 떠나려는 이유는 땅이 좁고 덕이 엷어서 이상국 건설에 한계가 있기 때문이다. 허생이 더 넓은 공간에서 자신의 능력을 펼치겠다는 생각을 드러내고 있지는 않다.

03 ③

허생은 매점매석을 통해 조선의 경제 구조가 취약하다는 사실을 확인하고, 해외 무역을 통해 부를 축적하였으며, 군도들을 이끌고 빈 섬으로 들어가 이상 사회 건설을 시험하였다. 그러나 이러한 허생의 시험이 자신의 뛰어난 능력을 확인하기 위한 것은 아니었다.

04 ⑤

ⓑ는 명분과 허례허식에만 집착하는 당대의 사대부들을 비판하려는 의도가 담긴 표현이다. 허생은 글을 아는 자들이 현실과 유리된 채 백성들의 곤궁한 삶은 돌보지 않고 공리공론만 일삼아 오히려 사회에 해를 끼친다고 생각했기 때문에 그들을 '화근'이라고 표현한 것이다.

05 ②

작가가 이상향을 설정했다는 것은 삶의 여유가 있어서가 아니라, 그만큼 현실이 고통스럽기 때문에 현실과 다른 이상향을 꿈꾼 것으로 해석할 수 있다.

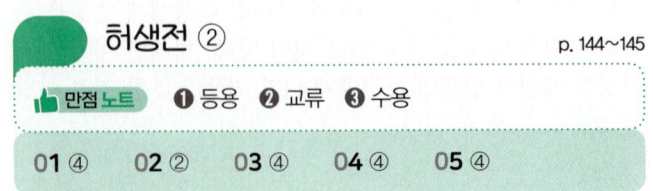

허생전 ②
p. 144~145

👍 만점 노트 ❶ 등용 ❷ 교류 ❸ 수용

01 ④ 02 ② 03 ④ 04 ④ 05 ④

01 ④

이 글은 한문 소설로 양반층을 독자로 상정하고 있으므로 평민 문학의 대표작이라고 할 수 없다.

02 ②

㉡은 실리를 추구하는 것을 보여 주는 소재이고, 나머지는 모두 사대부들이 명분에 집착하는 것을 보여 주는 소재이다.

03 ④

'이제 대명을 위해 원수를 갚겠다 하면서'를 통해 사대부들이 명나라를 은혜의 나라로 섬기고 있음을 알 수 있고, '누가 변발을 하고 호복을 입으려 하겠습니까?'를 통해 사대부들이 청나라와 접촉하는 것을 수치로 여기고 있음을 알 수 있다.

☒ 오답 풀이

① 허생이 명분에만 집착한 허구적인 북벌론을 비판하고 있는 것으로 보아, 당시에 청나라에 대한 정벌 계획이 강력하게 추진되었다고 볼 수 없다.
② 인재를 추천할 테니 삼고초려하여 맞으라는 허생의 제안을 받아들이지 않는 것으로 보아, 당시에 널리 인재를 찾고 있었다고 볼 수 없다.
③ 서민들이 청나라에 가서 장사를 하게 하자고 허생이 제안하는 것으로 보아, 당시에 서민들 사이에서 청나라와 실질적인 경제적 교류가 이루어졌다고 볼 수 없다.
⑤ 이완에게 훈척 권귀의 집을 빼앗아 명나라 장졸들에게 나누어 줄 수 있느냐고 묻고 있을 뿐, 명나라 장졸들이 훈척 권귀의 집을 빼앗은 것이 아니다.

04 ④

〈보기〉에서는 허생이 제안한 계책이 실현되고 있다. 허생의 계책을 받아들여 개혁에 앞장선 이완 대장과 사대부의 변화가 돋보일 뿐, 허생의 영웅적인 행적이나 비범한 능력은 오히려 위축된 모습을 보이고 있다.

☒ 오답 풀이

① 이 글의 결말은 미완으로 끝나 여운을 남기면서 독자의 상상력을 자극하지만, 〈보기〉는 결말이 완결적으로 끝나 독자의 상상력을 제한하고 있다.
② 이 글의 결말에서는 현실의 문제가 해결되지 않은 채 끝을 맺었지만, 〈보기〉에서는 현실의 문제가 해결되면서 끝을 맺었다.
③ 이 글의 결말이 미완으로 끝난 것은 허생의 개혁 방안이 당시에 수용되기 어려웠음을 암시한다. 따라서 〈보기〉와 같이 현실의 문제가 해결되면서 끝난 것은 허생의 주장이 현실에서 수용될 수 있음을 보여 주는 것이다.
⑤ 일반적으로 고전 소설은 행복한 결말로 끝을 맺는데, 〈보기〉 역시 모든 문제가 해결되어 일반적인 고전 소설의 결말 방식과 유사하다.

05 ④

이 글은 당대 사회의 모순을 드러내면서 올바른 현실 인식과 사회 개혁을 촉구하고 있는 작품이다. 현실의 모순과 이를 개혁하고자 하는 의지는 오늘날에도 유효한 주제이므로,

이 작품은 시대를 초월하여 오늘날의 우리에게도 흥미를 주고 있다.

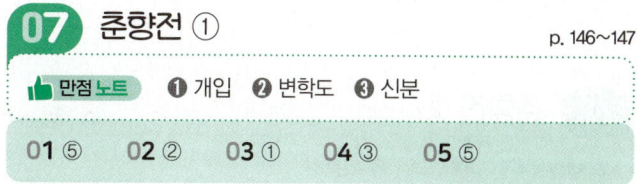

07 춘향전 ①

p. 146~147

👍 만점 노트   ❶ 개입 ❷ 변학도 ❸ 신분

01 ⑤   02 ②   03 ①   04 ③   05 ⑤

01 ⑤

인물 간의 대화를 통해 죽을 위기에 처한 춘향의 상황을 드러내고 있으며, 춘향의 탄식을 통해 걸인 행색으로 온 이몽룡을 보고 좌절하는 춘향의 내면을 드러내고 있다.

☒ 오답 풀이

① 춘향이 비몽사몽간에 머리에는 금관을 쓰고 몸에는 홍삼을 걸친 이몽룡의 꿈을 꾸지만, 이는 이몽룡의 과거 급제를 바라는 춘향의 소망이 반영될 것일 뿐 환상적인 분위기를 조성하고 있지는 않다.
② '한참 이리 반기다가 임의 형상 자세히 보니 어찌 아니 한심하랴.'에 서술자의 개입이 나타나지만, 이를 통해 이몽룡을 희화화하고 있지는 않다.
③ 사건이 순차적으로 진행되고 있기는 하지만, 갈등이 해소되고 있지는 않다.
④ 우의적 소재나 사건 해결의 실마리를 제공하는 소재는 나타나 있지 않다.

02 ②

춘향은 과거에 급제하여 자신을 구해 줄 것으로 기대했던 이몽룡이 걸인 행색으로 나타나자 좌절한다. '곧장 맞고 죽거들랑 ~ 신원이나 하여 주오.'라며 유언을 남기고 있으므로, 이는 춘향이 더 살기를 단념한 모습이다.

03 ①

금관을 쓰고 홍삼을 입은 것은 장원 급제자의 복색이다. 이는 이몽룡의 과거 급제를 바라는 춘향의 기대감이 꿈으로 나타난 것으로 볼 수 있다.

04 ③

㉮는 남편을 뜻하는 '서방(書房)'과 서쪽을 뜻하는 '서방(西方)'의 발음이 같은 것을 이용한 언어유희의 표현이다. 춘향의 모친인 월매는 언어유희의 표현을 통한 비꼬는 말투로, 기대와 달리 거지 행색으로 나타난 이몽룡에 대한 실망감을 드러내고 있다.

05 ⑤

기생의 딸 춘향이 양반의 자제 이몽룡의 선산에 묻히고 싶

다고 한 것은 신분 상승에 대한 꿈을 드러낸 것으로 볼 수 있다. 따라서 ⓑ는 정절을 강요하는 당대 사회에 대한 비판 의식이 투영된 공간이 아니라, 죽어서라도 신분 상승을 이루겠다는 춘향의 의지와 관계 깊은 공간이라고 할 수 있다.

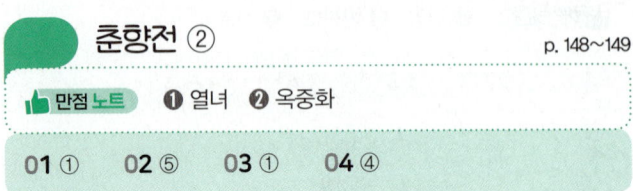

춘향전 ②　　　　　　　　　　　p. 148~149

> 👍 **만점 노트**　❶ 열녀　❷ 옥중화

> 01 ①　　02 ⑤　　03 ①　　04 ④

01　①
이 글이 시대를 넘어 다양한 갈래로 재창조되는 것은 신분을 넘어선 사랑과 사랑을 지키려는 주인공의 의지 등이 현대인에게도 공감대를 형성하고 있기 때문이다. 인물들의 전형적인 모습은 선과 악의 구도를 통해 권선징악의 주제를 강조할 수는 있으나, 흥미를 더해 주는 것과는 관련이 없다.

02　⑤
'도적질은 내가 하마. 오라는 네가 받아라.'는 생일잔치 음식을 주는 대로 실컷 먹은 후에 어사출두하여 본관 사또를 벌하겠다는 의도를 나타낸 것으로, 앞으로 전개될 사건의 복선에 해당한다.

❌ **오답 풀이**
① '진양조가 높아 가는데'는 잔치의 흥이 오르는 것을 나타낸 것으로, 기생들이 본관 사또를 풍자하고 있는지는 알 수 없다.
② 사령은 걸인이 어사또인지 모르고 있다.
③ 운봉 영장은 걸인 행색을 한 어사또가 양반이라고 판단하고 있다.
④ 본관 사또는 이몽룡이 잔치에 끼어드는 것이 못마땅하지만 마지못해 운봉의 요청을 받아들인 것이다.

03　①
㉠은 사람의 '갈비'와 음식의 한 종류인 '갈비'라는 동음이의어를 활용한 언어유희이다. ① 역시 절개가 굳은 여자를 가리키는 '열녀(烈女)'와 열 사람을 가리키는 '열녀(十女)'라는 동음이의어를 활용한 언어유희에 해당한다.

❌ **오답 풀이**
②, ④ 발음의 유사성을 이용한 언어유희에 해당한다.
③ 언어의 도치에 의한 언어유희에 해당한다.
⑤ 유사한 음운의 반복을 이용한 언어유희에 해당한다.

04　④
④는 반어적 표현에 대한 설명이다. [A]에서는 은유법과 대구법 등을 이용하여 탐관오리의 가렴주구를 풍자하고 있을 뿐, 반어적 표현은 사용되지 않았다.

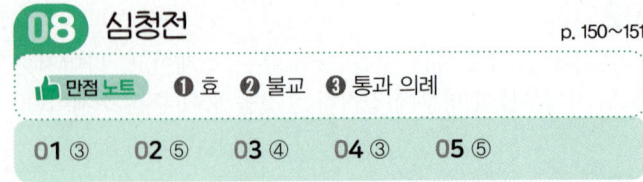

08　심청전　　　　　　　　　　　p. 150~151

> 👍 **만점 노트**　❶ 효　❷ 불교　❸ 통과 의례

> 01 ③　　02 ⑤　　03 ④　　04 ③　　05 ⑤

01　③
전기적 요소는 현실에서 일어날 수 없는 기이하고 신기한 이야기가 나오는 것을 말한다. 인당수에 몸을 던진 심청이 옥황상제의 명령으로 구출되는 장면은 이러한 비현실적이고 전기적인 요소에 해당한다.

02　⑤
이 글은 시간의 흐름에 따라 '현실계 → 환상계 → 현실계'로 이야기가 전개되는 것이지, 이야기 안에 또 다른 이야기가 들어 있는 액자식 구성을 취하고 있는 것이 아니다.

03　④
㉮에서는 인당수에 도착한 남경 상인들의 위태로운 상황을 묘사하고 있다. '점입가경(漸入佳境)'은 '시간이 지날수록 하는 짓이나 몰골이 더욱 꼴불견임을 비유적으로 이르는 말'로, 이러한 위태로운 상황을 나타내기에 적절하지 않다.

❌ **오답 풀이**
① 누란지위(累卵之危): 층층이 쌓아 놓은 알의 위태로움이라는 뜻으로, 몹시 아슬아슬한 위기를 비유적으로 이르는 말
② 백척간두(百尺竿頭): 백 자나 되는 높은 장대 위에 올라섰다는 뜻으로, 몹시 어렵고 위태로운 지경을 이르는 말
③ 설상가상(雪上加霜): 눈 위에 서리가 덮인다는 뜻으로, 난처한 일이나 불행한 일이 잇따라 일어남을 이르는 말
⑤ 풍전등화(風前燈火): 바람 앞의 등불이라는 뜻으로, 사물이 매우 위태로운 처지에 놓여 있음을 비유적으로 이르는 말

04　③
남경 상인들은 장사를 하여 큰 이익을 얻겠다는 목적을 달성하기 위해 사람을 제물로 바치며 고사를 지내고 있고, 심청은 아버지의 눈을 뜨게 하겠다는 목적을 달성하기 위해 인당수에 몸을 던지고 있다.

05　⑤
남경 상인들이 심청을 제물로 바치는 것은 조선 후기 상업의 비인간성을 보여 준다기보다 민간 신앙이 반영된 흔적이라고 보아야 한다.

고등국어

국어 공부에 필요한 모든 내용을 알차게 정리한 고고 시리즈!

● 문학 핵심 개념과 갈래별 주요 이론 정리

● 빈출 어휘, 시험 용어, 고전 어휘, 한자 성어 정리

● 국어 교과서 주요 작품 및 수능 필수 작품 집중 학습

● 내신형 문제 및 수능형 문제를 통한 문제 해결 능력 기르기

국어 교재 목록

고등 국어 기초 실력 완성
고고 시리즈
고등 국어 공부, 내신과 수능 대비에 필요한 모든 내용을
알차게 정리한 교재

기본
문학
문법

밥 먹듯이 매일매일 국어 공부
밥 시리즈
기출 공부를 통해 수능 필살기를 익힐 수 있도록 돕는
친절한 학습 시스템

처음 시작하는 문학 | 처음 시작하는 비문학 독서
문학 | 비문학 독서
언어와 매체 | 화법과 작문
어휘력

문학 영역 갈래별 명품 교재
명강 시리즈
수능에 출제될 만한 주요 작품과 실전 문제가 갈래별로
수록된 문학 영역 심화 학습 교재

현대시
고전시가
현대소설
고전산문

국어 기본 실력 다지기
국어 개념 완성
국어 공부에 꼭 필요한 개념을 예시 작품을 통해 완성할
수 있는 교재

문이과 통합 수능 실전 대비
국어는 꿈틀 시리즈
문이과 통합 수능 경향을 반영하여 수능 실전에 대비할
수 있도록 구성한 교재

문학
비문학 독서

내신·수능 대비
고등 국어 통합편
고1 국어 교과서 핵심 내용을 한 권으로 총정리하는 교재

일목요연한 필수 작품 정리
모든 것 시리즈
새 문학 교과서와 EBS 교재 수록 작품, 그 밖에 수능에 나올
만한 작품들을 총망라한 교재

현대시의 모든 것 | 고전시가의 모든 것
현대산문의 모든 것 | 고전산문의 모든 것
문법·어휘의 모든 것

문학 작품 집중 학습
문학 비책
필수&빈출 문학 작품 194편을 한 권으로 총정리하는 교재

고전시가 비책
고전시가 최다 작품의 필수 지문을 총정리한 고전시가 프리미엄 교재